Provas Digitais no Processo do Trabalho: Realidade e Futuro

Provas Digitais no Processo do Trabalho: Realidade e Futuro

Coordenadores:
Ana Paula Silva Campos Miskulin
Danielle Bertachini
Platon Teixeira de Azevedo Neto

LACIER

LACIER
Lacier Livraria e Editora
www.livrarialacier.com.br

Rua Doutor Quirino, 808 – Centro
CEP 13015-081 – Campinas, SP – Brasil

Maio, 2022

Diretor: *Lacier José de Rezende*
Diretor assistente: *Eduardo Soares Aureliano*
Projeto de capa: *Fabio Giglio*
Projeto gráfico e editoração eletrônica: *Peter Fritz Strotbek – The Best Page*

Ficha Catalográfica

Dados Internacionais de Catalogação na Publicação (CIP)
(Câmara Brasileira do Livro, SP, Brasil)

Provas digitais no processo do trabalho : realidade e futuro / coordenação Ana Paula Silva Campos Miskulin , Danielle Bertachini , Platon Teixeira de Azevedo Neto. — 1. ed. — Campinas, SP : Lacier Editora, 2022.

Vários autores.
Bibliografia.
ISBN 978-65-88805-28-2

1. Direito à privacidade 2. Direito do trabalho 3. Justiça do trabalho I. Miskulin, Ana Paula Silva Campos. II. Bertachini, Danielle. III. Neto, Platon Teixeira de Azevedo.

22-110200 CDU-347.998:331(81)

Índices para catálogo sistemático:

1. Brasil : Justiça do trabalho 347.998:331(81)

Aline Graziele Benitez – Bibliotecária – CRB-1/3129

Sumário

Apresentação 7

Prefácio 11

"Dadologia" e Sociedade Digital: Novos Paradigmas e seus Impactos no Processo do Trabalho — *Ana Paula Silva Campos Miskulin*, *Danielle Bertachini* e *Platon Teixeira de Azevedo Neto* 15

O Ambiente Virtual, a Sociedade em Rede e a Prova Eletrônica — *Kleber de Souza Waki* 39

A Prova Digital: Um Breve Estudo sobre seu Conceito, Natureza Jurídica, Requisitos e Regras de Ônus da Prova Correlatas — *José Antônio Ribeiro de Oliveira Silva* 68

A Prova Digital como Meio de Prova Atípica: Aspectos Teóricos e um Caso Prático — *Luciane Cardoso Barzotto* 95

Ônus da Prova Digital no Processo do Trabalho — *Tereza Aparecida Asta Gemignani* 107

Requisitos Legais da Prova Digital: Autenticidade, Integridade e Cadeia de Custódia — *Vitor Leandro Yamada* 121

Prova Digital e Privacidade — *Herminegilda Leite Machado* 158

Direito à Privacidade e Limites Constitucionais — Uma Análise sobre os Limites ao Exercício do Contraditório e Ampla Defesa sob a Perspectiva da Produção Probatória e a Consecução da Tutela Justa — *Fabiano Fernandes Luzes*, *Marcos Dias de Castro* e *Maurício Madeu* 175

Provas Digitais, Lei Geral de Proteção de Dados e Princípio da Publicidade Processual — *Erotilde Ribeiro dos Santos Minharro* 192

Prova Oral Obtida por *WhatsApp* e Aplicativos Similares: Uma Breve Análise — *Guilherme Guimarães Feliciano* 212

Meios de Validação da Prova Digital: Verifact; HTTrack; Wayback Machine; Ata Notarial; OriginalMy; Arquivos em Nuvem — *Paulo Ludgero, Patrícia Medeiros* e *Valéria Ribeiro* 219

Novos Meios de Busca da Verdade: A Geolocalização — *Olga Vishnevsky Fortes* 235

Do Panoptismo ao Pós-Panoptismo: Controle da Geolocalização dos Trabalhadores pelo Empregador — *Fabrício Lima Silva* 247

Muito Além da Imagem da Fotografia Digital: A Utilização dos Metadados como Prova Judicial — *Ana Cláudia Pires Ferreira de Lima* 259

Perícia Computacional no Processo do Trabalho — *Francina Nunes da Costa* e *Giuliano Giova* 277

Algumas Notas sobre a Jurisprudência e a Prova Digital no Procedimento Disciplinar e Processo do Trabalho em Portugal — *Duarte Abrunhosa e Sousa* e *João Moreira Dias* 296

Ferramentas para a Otimização da Análise dos Dados Obtidos com as Provas Judiciais — *Ana Paula Silva Campos Miskulin, Danielle Bertachini, Crisnamurti Vale* e *Gustavo Nunes e Castro* 319

Apresentação

A necessidade de explorar temas relevantes para o cotidiano trabalhista e a carência de material nesta seara são as forças motrizes desta coletânea que reúne os maiores estudiosos do assunto na atualidade. Tratar hoje de provas digitais no processo do trabalho possui importância indiscutível: presta-se tanto a propósitos acadêmicos quanto a objetivos práticos.

Daí porque se associaram autores reconhecidos como estudiosos na temática para conjugar os seus esforços com o escopo de apresentar à comunidade acadêmica e profissional o mais profundo conjunto de textos da atualidade abordando diversos espectros de atuação no cenário probatório da contemporaneidade no processo laboral.

A obra tem o seu pontapé com o artigo destes coordenadores, tratando da realidade vivente, propondo uma nova ciência que visa estudar os dados, e abarcando os novos paradigmas e seus impactos no processo do trabalho. O texto em questão possui aspectos teóricos e práticos.

Como sequência nesse itinerário, tem-se o trabalho do magistrado trabalhista Kleber de Souza Waki sobre ambiente virtual, sociedade em rede e prova eletrônica, trazendo o conceito e o alcance desta. Também evidencia questões relativas à produção de prova, ônus da prova e outras questões práticas referentes às provas digitais.

Aliando teoria e prática, o também magistrado José Antônio Ribeiro define prova judicial e prova digital, realizando as diferenciações necessárias acerca dessas e esclarece as mudanças paradigmáticas que têm caracterizado a nossa sociedade digital. Traz ainda uma série de exemplos e de situações práticas que certamente ajudarão o leitor a se guiar na análise e produção das provas nos casos concretos.

A Desembargadora Luciane Barzotto aborda a atipicidade dessa nova espécie de prova, trazendo a lume o CPC de 2015 e caso prático para análise. A Desembargadora Tereza Asta, por sua vez, examina especificamente o ônus da prova digital no processo do trabalho, tratando ainda dos direitos fundamentais envolvidos na instrução probatória.

Em seguida, o Juiz Vitor Yamada discute as semelhanças entre a prova documental em geral e a prova digital, tratando das especificidades desta, em especial abordando autenticidade, integridade e cadeia de custódia, além da admissibilidade da prova digital no processo laboral.

Tratando de privacidade e os limites constitucionais, os dois artigos seguintes, o primeiro da juíza Herminegilda e o segundo dos juízes Fabiano, Marcos e Maurício, analisam com profundidade as divisas da atuação jurisdicional e a garantia do contraditório e da ampla defesa com vistas a uma tutela justa. O texto da também magistrada Erotilde avança pelo princípio da publicidade e trata da Lei Geral de Proteção de Dados.

A coletânea passa a palmilhar uma parte mais prática, com os textos a seguir. O artigo do juiz Guilherme Guimarães Feliciano aborda, especificamente, a questão da prova oral obtida pelo *WhatsApp*, aplicativo multiplataforma de mensagens instantâneas, e por outros aplicativos similares, tratando de aspectos processuais como impugnação da prova, legalidade, utilidade e validade desse meio probante, atento aos princípios da instrumentalidade das formas e da duração razoável do processo.

Os textos subsequentes passam pela mesma trilha, versando sobre os novos meios de validação da prova digital, como o artigo dos advogados Paulo e Valéria e da Juíza Patrícia. Oferecendo análise percuciente do controle por geolocalização, o artigo da magistrada Olga e o trabalho do magistrado Fabrício lançam luzes sobre esse novo instrumento de prova disponível aos juízes, com olhares diversos, colaborando para uma análise dialética da matéria, ideal para uma obra jurídica como a que se apresenta à comunidade científica.

Na mesma esteira prática seguem a juíza Ana Cláudia tratando da fotografia digital e da utilização de metadados como prova judicial e a juíza Francina e o professor Giuliano com o tema da perícia computacional no processo do trabalho, oferecendo instrumentos aos operadores do direito de forma assaz técnica, colaborando, neste último caso, para as provas periciais a serem potencialmente realizadas na Justiça do Trabalho.

Caminhando para o final da obra, temos um artigo de direito comparado, apresentado pelos professores portugueses Duarte Abrunhosa e João Moreira Dias tratando da prova digital no procedimento disciplinar e no processo do trabalho em Portugal, contribuindo tanto para um exame processual quanto das relações materiais laborais.

Para encerrar, tem-se um relato das iniciativas promovidas pelo TRT da 12ª Região, pioneiro na criação do Núcleo de Provas Digitais no Brasil, e desenvolvedor de ferramentas bastante práticas que proporcionam a todos os usuários soluções colaborativas para otimização dos trabalhos dos atores processuais e dos demais envolvidos na prestação jurisdicional.

Enfim, a obra é, ao mesmo tempo, teórica e prática. Abrange direito material e processual. É sobretudo nacional, mas também estrangeira. Pode constituir ponto de partida para novas pesquisas, porém serve como ponto de chegada em alguns aspectos do estudo apresentado. Torna-se fonte de estudos acadêmicos e manancial para operadores com viés prático. Mas, antes de tudo, configura-se como coletânea que pretende desbravar esse novel caminho das provas digitais no processo do trabalho e oferecer à comunidade jurídica um olhar técnico, plural e profundo acerca desse universo com tantas possibilidades no cenário probatório. Convidamos os leitores a seguirem conosco por essa jornada!

Com os nossos abraços,

Ana Paula Silva Campos Miskulin

Danielle Bertachini

Platon Teixeira de Azevedo Neto

Prefácio

A Justiça do Trabalho, no bojo da Revolução Tecnológica 4.0, foi convocada a adaptar a forma de administrar a justiça e a aproveitar as potencialidades que o desenvolvimento digital pode oferecer para melhorar a prestação jurisdicional.

Nesse contexto de virtualização do Poder Judiciário pela inserção da Tecnologia 4.0 assenta o compromisso de cumprir os princípios constitucionais da duração razoável do processo e da celeridade em sua tramitação (art. 5º, inciso LXXVIII, CR/88), do devido processo legal (art. 5º, LIV, CR/88), da eficiência (art. 37, *caput*, CR/88) e do acesso à justiça (art. 5º, inciso XXXV, CR/88).

O cumprimento da Constituição é o projeto intergeracional do Poder Judiciário, ou, nas palavras de Jürgen Habermas, ***"uma constituição pode ser entendida como projeto histórico que os cidadãos procuram cumprir a cada geração"***.[1]

Seguindo o raciocínio de Jürgen Habermas, se a ordem jurídica é moldada por uma forma de vida em sociedade[2], a prestação jurisdicional inserida nessa ordem irá refletir os ganhos, os avanços e as inovações tecnológicas, sem prejudicar ou menosprezar os direitos fundamentais constitucionalmente assegurados.

É esse compromisso intergeracional de cumprir os princípios constitucionais que norteia a atuação do Poder Judiciário e garante que se valha das conquistas tecnológicas de cada tempo. Como reflexo dessa responsabilidade assumida, preserva-se a qualidade da prestação jurisdicional e a sociedade ganha com aumento da eficiência na entrega de serviços por meio do crescimento nos índices de produtividade.

Os avanços da Revolução Tecnológica 4.0 aplicados ao processo do trabalho permitiram um aprimoramento da democratização do acesso à Justiça, por meio do uso de recursos de forma eficiente e econômica.

Como marco desse percurso histórico de investimento em tecnologia, a gestão 2020-2022 do Conselho Superior da Justiça do Trabalho deixou como legado a implementação do **Projeto Provas Digitais**.

---

(1) HABERMAS, Jürgen. *A inclusão do outro*. Estudos de teoria política. Tradução: George Sperber. Paulo Astor Soethe (UFPR). São Paulo: Edições Loyola, 2002. p. 230.

(2) *Ibidem*, p. 245.

Como expressão concreta deste símbolo, foi editado o **Ato Conjunto TST. CSJT.CGJT n. 31/2021**, que trata das diretrizes relacionadas à expedição de ordens judiciais por magistrados do trabalho, contendo requerimentos de informações de dados armazenados, em função do acesso que se conseguiu a eles assegurar à Plataforma LE Portal.

Seguindo esse procedimento, todos os magistrados da Justiça do Trabalho podem solicitar informações telemáticas que considerem úteis para a busca da verdade real no âmbito da instrução processual, como por exemplo o conteúdo de um e-mail ou um dado de geolocalização, o que pode, inclusive, vir a dispensar a produção de prova oral.

O valor das provas digitais consiste em oferecer ferramentas capazes de auxiliar de forma mais efetiva na busca da verdade real, proporcionando o cumprimento dos direitos constitucionais ao devido processo legal, contraditório e ampla defesa, além de realizar o princípio da eficiência.

Nesse contexto, é com satisfação que prefacio a obra coletiva "PROVAS DIGITAIS NO PROCESSO DO TRABALHO: REALIDADE E FUTURO", que constitui marco revolucionário na reunião de artigos que tratam da evolução tecnológica aplicada ao mundo do trabalho e, consequentemente, ao Direito material e processual do Trabalho.

Cada um de seus capítulos expressa as transformações geradas pela integração da tecnologia à Justiça do Trabalho. Os Autores cuidadosamente refletem sobre as provas digitais, metadados e softwares, os direitos constitucionais envolvidos em seu uso no processo do trabalho e os avanços obtidos para a prestação jurisdicional.

Os organizadores, Dra. Ana Paula Silva Campos Miskulin, Dra. Danielle Bertachini e Dr. Platon Teixeira de Azevedo Neto, reuniram material acadêmico de altíssima qualidade, oferecendo aos leitores rico conteúdo para o conhecimento da realidade e do futuro das provas digitais no processo do trabalho.

A obra coletiva agrega o conhecimento já solidificado sobre o impacto da tecnologia na ciência do processo, em feito inédito, divulgando as transformações nas relações processuais e os impactos para a concretização da Justiça.

Assim, é pertinente a reflexão literária trazida pelo escritor inglês Julian Barnes, ao tratar de dois ofícios desenvolvidos pelo ser humano a partir da ciência e tecnologia que jamais tinham sido reunidos em uma atuação conjunta até o fim do século XIX, e, ao serem combinados, promoveram transformações revolucionárias. Poeticamente, sua prosa afirma:

> "Você junta duas coisas que nunca foram juntadas antes. E o mundo se transforma. As pessoas podem não reparar na hora, mas isso não importa. Mesmo assim, o mundo se transformou."(1)

Julian Barnes falava do balonismo e da fotografia. O primeiro: uma técnica que desafia a gravidade e leva o ser humano às alturas, a segunda: uma tecnologia avançada para a época e, inclusive, uma arte, capaz de registrar uma imagem em uma fração delimitada no tempo.

Podemos utilizar a mesma conclusão de Julian Barnes para reconhecer o encontro da Justiça do Trabalho com a tecnologia, que não se deu hoje, mas tem se desenvolvido há algumas décadas. Essa reunião transformou o mundo e continua a revolucionar a forma como a prestação jurisdicional vem sendo oferecida à sociedade.

Talvez muitos não tenham percebido essa transformação na sua origem, quando ainda incipiente. Hoje, porém, a fusão entre a Justiça do Trabalho e a tecnologia é evidente e avança cada vez mais transformando este ramo especializado, transpondo barreiras e revolucionando a atuação de todo o Poder Judiciário brasileiro.

A obra coletiva "PROVAS DIGITAIS NO PROCESSO DO TRABALHO: REALIDADE E FUTURO" apresenta material profícuo para a análise das transformações tecnológicas que tem revolucionado o funcionamento e o exercício da competência constitucional da Justiça do Trabalho. Abre espaço para reflexões relevantes sobre o futuro dessa parceria exitosa entre ciência tecnológica e o processo do trabalho.

Estou certa de que os leitores desta obra estarão enriquecidos e atualizados e compreenderão a importância e a segurança que as provas digitais promovem e o significado do projeto Justiça 4.0.

Maria Cristina Irigoyen Peduzzi
Ministra. Ex-presidente do TST e
do CSJT. Ex-conselheira do CNJ.
Presidente Honorária da ABDT

(1) BARNES, Julian. *Altos voos e quedas livres.* Tradução: Léa Viveiros de Castro. Rio de Janeiro: Rocco, 2014. p. 11.

"Dadologia" e Sociedade Digital: Novos Paradigmas e seus Impactos no Processo do Trabalho

Ana Paula Silva Campos Miskulin[(1)]
Danielle Bertachini[(2)]
Platon Teixeira de Azevedo Neto[(3)]

Introdução

A computação e a internet mudaram a vida das pessoas nos últimos anos. Se se pensava que o futuro vinha para trazer carros voadores, teletransporte e viagens interestelares, ele chegou com os avanços na comunicação global. Por meio da rede mundial de computadores, tem-se acesso a uma incalculável fonte de conhecimento e a uma inestimável quantidade de dados armazenados nas mais diversas bases.

---

(1) Juíza do Trabalho do TRT da 15ª Região. Mestre em Direito do Trabalho pela USP. Especialista em Direito e Processo do Trabalho pela UFG. Pesquisadora do Núcleo de Pesquisa e Extensão: o trabalho além do Direito do Trabalho da USP. Professora. Autora do livro *Aplicativos e Direito do Trabalho:* a era dos dados controlados por algoritmos. Coordenadora de obras sobre Direito Processual do Trabalho e Tecnologia. Fez parte da primeira turma do curso de Formação de Formadores promovido pela ENAMAT, em abril de 2021, sobre Provas Digitais, tendo após atuado como tutora do respectivo curso na Enamat e ministrado outros cursos e palestras, também sobre o mesmo tema.

(2) Juíza do Trabalho desde 2000, tendo iniciado no TRT15. Em 2010 foi removida ao TRT12, estando atualmente lotada na 7ª VT de Florianópolis. Concluiu o curso de especialização em Direito Econômico do Trabalho pela Unicamp/CESIT e o Master em Direito Social do Trabalho na França, em Lyon (Université Lumière 2), entre 2004 e 2006. Fez parte da primeira turma do curso de Formação de Formadores promovido pela ENAMAT, em abril de 2021, sobre Provas Digitais, tendo após atuado como tutora do respectivo curso na Enamat e ministrado outros cursos e palestras, também sobre o mesmo tema.

(3) Juiz titular de Vara do Trabalho (TRT18). Coordenador do Curso de Produção e Análise de Provas Digitais no Processo do Trabalho da ENAMAT. Professor adjunto de Direito Processual do Trabalho e professor permanente do Programa *Stricto Sensu* de Pós-Graduação em Direito e Políticas Públicas da Universidade Federal de Goiás (UFG). Doutor em Direito pela Universidade Federal de Minas Gerais. Mestre em Direitos Humanos pela UFG. Titular n. 3 da Academia Goiana de Direito.

É possível viajar num universo digital novo chamado metaverso, que conjuga, pela internet, a realidade com um mundo virtual(4). Também se pode comunicar facilmente hoje com chamadas em vídeo ou por ferramentas de comunicação com pessoas em qualquer lugar do planeta. Todos os acessos, todas as ações e conversas realizadas por meio de dispositivos informáticos deixam rastros que podem ser úteis de várias formas, inclusive em processos judiciais.

Nessa esteira, o escopo deste artigo é demonstrar, dentro de nossas possibilidades, esse itinerário percorrido nessa nova época chamada de "Era da Informação" ou "Era Digital" até a utilidade de todo o manancial de registros ao processo laboral. Como é cediço, ao longo de toda a existência da Justiça do Trabalho no Brasil, houve forte dependência à prova testemunhal para chegar a uma decisão que solucionasse os conflitos oriundos da relação capital/trabalho. Com o universo das provas digitais, abre-se uma nova fonte de informações que se somam aos mecanismos probatórios de atingimento da "verdade".

Ao longo do texto, buscar-se-á, em primeiro lugar, supor o surgimento de uma nova "ciência" que se poderia denominar "dadologia", diante da nova fonte de conhecimento existente. Os dados passariam a ser, nesse contexto, um novo objeto de análise, com princípios estruturantes e forma de análise especial, que certamente, por terem conteúdos criados pelo homem, não se confundiriam com os das ciências da natureza.

Depois, procurar-se-á empreender um percurso pelo terreno das provas digitais em geral, perpassando as novas tecnologias dentro desse cenário e, no aspecto temporal, realizando ainda um exame das transformações ocorridas no período pandêmico. Desse modo, a internet, as redes sociais e toda a regulamentação existente para trazer ao mundo jurídico alcance e limitações compõem o arcabouço teórico da segunda parte do presente texto.

Em seguida, caminhando para um espectro prático, pretender-se-á evidenciar possibilidades de utilização das provas digitais no processo do trabalho, sem pretensão de esgotamento do tema: primeiro, porque há limitação espacial; segundo, porque são impensáveis e inesgotáveis as formas de uso das provas digitais, que dependem dos avanços tecnológicos e do envolvimento humano nas ferramentas disponíveis.

---

(4) De forma bastante simples e compreensível, Daniel Patterson explica o significado e alcance atual do metaverso.

Enfim, pretender-se-á lançar luzes a esse novo fenômeno que se descortina perante o nosso entendimento. Continuar-se-á, assim, partindo do questionamento acerca dessa nova ciência.

1. "Dadologia": nasce uma nova ciência?

Existem várias palavras no português que contêm o sufixo "logia" e indicam ciências ou disciplinas acadêmicas que cuidam do estudo de determinado objeto (por exemplo, biologia, deontologia, sociologia). Para os estudiosos do tema, o vocábulo "ciência" não é unívoco, apesar de haver certo consenso sobre se tratar de um tipo específico de "conhecimento". Há intensa e infindável discussão sobre a possibilidade de falar, ou não, em Ciência Jurídica. À indagação sobre se o direito é uma ciência, Michel Miaille é enfático: "Claro. Mas não à maneira das ciências exactas (sic). Uma ciência aproximativa, de algum modo, mas uma ciência, apesar de tudo" (MIAILLE, 2005, p. 26). A malograda tentativa de Hans Kelsen de constituir uma teoria pura do direito, superada pelo chamado pós-positivismo jurídico, demonstra a dificuldade de evitar "um sincretismo metodológico que obscurece a essência da ciência jurídica e dilui os limites que são impostos pela natureza do seu objeto" (KELSEN, 1994, p. 2), nas palavras do citado jusfilósofo.

Dois aspectos precisam ser analisados dentro desse contexto: i) a exclusividade ou não de um objeto; ii) a "pureza" ou não dessa nova "ciência", que passa pela possível interdisciplinaridade, desde a já existente ou não. A Ciência Jurídica tem enfrentado esses problemas. Não há um só objeto ou aspecto a ser analisado quando se trata da realidade vivente no mundo do Direito. Recaséns-Siches trouxe uma nova visão ao fenômeno com o seu tridimensionalismo específico(5), sendo, no Brasil, desenvolvida a teoria tridimensional do Direito, própria de Miguel Reale(6), com base em estudos também realizados na Alemanha, Itália, França e em outros países, evidenciando os aspectos da vigência (relacionado à norma), da eficácia (relacionado ao fato social) e do fundamento (aos valores existentes em cada sociedade). Hoje se chega a defender uma teoria pentadimensional do Direito(7). Dentro desse contexto, as ciências, que não as da natureza e, às vezes, nem mesmo estas, normalmente se veem imbricadas ou relacionadas a outras, como no caso do direito, da sociologia e da psicologia, por exemplo.

---

(5) Confira em seus estudos, inclusive no clássico *Tratado General de Filosofia del Derecho.*

(6) Cf.: REALE, Miguel. *Teoria Tridimensional do Direito.* São Paulo: Saraiva, 2010.

(7) Cf.: ALVES, Hélio Gustavo. *Teoria Pentadimensional do Direito:* pura e prognosticada. São Paulo: LTr, 2019.

Norberto Bobbio, no clássico "Teoria della Scienza Giuridica", compara e estabelece aproximações e separações entre a chamada "Ciência Jurídica" e a "Filosofia do Direito" e ainda aquela referente às "ciências do espírito ou culturais", às "ciências históricas" e às "ciências formais". Conclui que a investigação empreendida pelo cientista do direito possui aspectos comuns às ciências do espírito ou culturais pelo caráter de seu objeto, que não pertence ao mundo da natureza, mas ao da cultura. Nesse contexto, a ciência do Direito — que não se confunde com a "verdadeira ciência", conforme ele mesmo diz, que seria a ciência natural, ou seja, a "ciência por excelência" — possui as proposições normativas como objeto, a experiência como fundamento, a interpretação como método e, como fim, o sistema[8].

Dentro desse espectro aberto, o conhecimento buscado dentro de toda ciência deve ser entendido de forma ampla, "de modo a abarcar todo tipo de informação armazenada, acessada ou utilizada para determinar consequências, ainda que por processos não conscientes ou mesmo não vivos" (MACHADO, 2021). Nesse diapasão, conhecimento pode ser definido como uma relação entre o sujeito que conhece (cognoscente) e um objeto (cognoscido).

Partindo desses pressupostos, busca-se enunciar essa nova "ciência", a ciência de dados, expressão utilizada inclusive por Marcos Cesar Weiss no estudo intitulado "Sociedade sensoriada: a sociedade da transformação digital", que aqui se ousa chamar de "dadologia". Tem-se, como certo, um novo objeto de estudo, que seria o dado. Assim, unindo-se o dado (novel objeto) ao sufixo "logia" (que exprime a noção de estudo), tem-se a composição "dadologia", que objetiva o conhecimento desse novo fenômeno da humanidade. Um exame que exige conhecimentos de informática e direito, entre outros, sendo marcante a sua interdisciplinaridade, demarcada temporalmente pela contemporaneidade nessa nova sociedade, com métodos próprios (análise e interpretação dos dados) e com princípios também peculiares (autenticidade, integridade, auditabilidade, imutabilidade, entre outros).

A linguagem dessa nova ciência é também específica. Diferentemente da linguagem verbal, cuja unidade básica é a palavra falada ou escrita, o computador utiliza a linguagem digital, que é aquela que surgiu com o aparecimento da informática e, por meio da combinação de números, permite armazenar e transmitir informações em meios eletrônicos (CEREJA e VIANNA, 2018).

---

(8) Cf.: BOBBIO, Norberto. *Teoria della Scienza Giuridica.* Torino: Giappichelli, 1950.

Hoje, com o uso massivo dos computadores, todas as informações foram convertidas para a linguagem binária dos computadores, que, segundo Laura Brunet (2017), é baseada em *bit* (que é a contração das palavras binário e digital [números zero e um]), a qual não pode ser compreendida pelo ser humano sem o auxílio de uma máquina que faça a tradução para uma linguagem compreensível.

Segundo Brunet (2017, p. 22), parte-se da percepção do *bit* para chegar à noção de *byte*, o qual é formado por um grupo de 8 *bits*, que representam uma unidade informativa como uma letra do alfabeto, um número ou outro caractere. Para tanto, a autora relembra que se criou o Código ASCII,

> cuja função é codificar dados, com base em combinações de zeros e sim, conseguindo expressar todos os caracteres da linguagem e da comunicação. Um padrão foi imposto para representar números decimais, caracteres alfabéticos, sinalização especial e teclas de função ou comandos de controle.(9)

São exemplos de dados digitais as fotografias digitais, arquivos de textos, áudios, vídeos, planilhas eletrônicas, entre outros, independentemente da base física eletrônica na qual estejam armazenados, como um servidor, telefone celular, HD, *pen drive*, cartão de memória ou mesmo um computador de mesa ou *tablet*.

Hoje, todo tipo de conteúdo (áudio, vídeo, texto e imagens) e de serviços podem ser distribuídos por meio de diferentes redes (fixa, banda larga, infraestrutura móvel, satélite, cabo terrestre, fibra ótica) e isso pode ser feito por diversos dispositivos de consumo (PC, TV, telefones celulares, *tablet*).

Em razão de tudo isso, a interação entre os humanos mudou. Pessoas se comunicam, às vezes, muito mais pelas redes ou por dispositivos telemáticos do que por meios físicos. A internet também se transformou desde a era inicial (web 1.0) até a época atual, conhecida como "era da inteligência artificial" (web 4.0). O uso massivo da inteligência artificial acaba por gerar uma retroalimentação de desenvolvimento exponencial do sistema, com humanos afetando e desenvolvendo as máquinas e estas interferindo nos relacionamentos e no próprio aspecto físico do humano.

---

(9) Tradução livre do original: "[...] cuya función es la codificación de los datos, en base a las combinaciones de ceros e ynos, logrando expressar todos los caracteres del lenguaje y la comunicación. Se ha impuesto un estándar de así representar a las cifras decimales, los caracteres alfabéticos, la señalética especial, y las teclas de función u ódenes de control".

Por meio de algoritmos que rastreiam os hábitos dos usuários da internet, acessando os dados por eles gerados, sobretudo os periféricos ou colaterais, que são aqueles que não são essenciais ao provedor do conteúdo em si ou para o funcionamento e melhoria de seu serviço), é possível traçar um perfil da pessoa e proceder a uma análise preditiva do comportamento do consumidor, além de monetizar dados coletados e evadidos, como bem pontuado pela autora Shoshana Zuboff em sua obra A Era do Capitalismo de Vigilância.

Esse processo de retroalimentação de dados foi ainda mais acelerado em razão da pandemia, que impôs algumas necessidades, como fazer compras *on-line*, trabalhar em *home office*, fazer ginástica em casa, participar de vídeo chamadas, surgindo, assim, uma nova cultura.

Diante disso, apesar da compreensão de que existem exclusão e analfabetismo digital, fato é que muita gente que antes tinha aversão ao digital a ele se rendeu por uma questão de necessidade ou de comodidade, já que, para ter acesso aos serviços, **é necessário** aderir à política de dados das empresas que nem sempre são claros.

No caso do aplicativo *WhatsApp*, por exemplo, são captados os dados de localização, de conexão de dispositivo, o horário em que foi iniciado e finalizado o acesso, a quantidade de tempo sem acesso e até as pessoas com quem conversou[10].

A assistente virtual Alexa, por exemplo, também consegue captar áudios produzidos no ambiente, depois de ter recebido um comando padrão, o que inclusive já foi utilizado em uma investigação criminal na Flórida (ARBULU, 2019).

Todos esses acontecimentos sociais exigem mudanças nas regulações e nas políticas de dados, com vistas à garantia de direito fundamentais, como os da intimidade e da proteção dos próprios dados.

Assim, toda gama de informações produzidas nos mais diversos ambientes informáticos, acessáveis pelos mais diversos equipamentos, de *smartphones* a computadores de mesa, de páginas na internet a redes sociais, constituem materiais de uso no conjunto probatório disponível ao magistrado. Mas aqui se alerta: não é a conversa em si, o documento produzido digitalmente ou qualquer outro dado que constituem objeto de estudo do "dadólogo", ou do cientista de dados, mas o método para alcançá-lo e os princípios que envolvem a utilização adequada desses documentos.

---

(10) Conforme consta na sua política de dados.

2. Surgimento e contexto das provas digitais

O tema provas digitais é incipiente na Justiça do Trabalho e tem sido objeto de capacitação dos seus juízes e servidores em todo Brasil, suscitando muitas dúvidas e discussões concernentemente à sua aplicação prática aos casos concretos[(11)].

No entanto, em outras áreas do Direito, como é o caso do Direito Processual Penal, as provas digitais já têm sido estudadas havia algum tempo, especialmente em razão dos crimes cometidos no ciberespaço.

Na verdade, como o Direito integra o campo das ciências sociais, nunca foi prioridade para seus profissionais explorar os domínios da informática e dominar suas ferramentas.

Não obstante, de um tempo para cá, é possível afirmar que houve uma verdadeira mudança de paradigma do modelo social, da sociedade da informação, marcada pela hiperconectividade (que deve vir a ser objeto de estudo dessa nova ciência alcunhada de "dadologia").

Pesquisa realizada em 2021 constatou que, no Brasil, o tempo gasto pelos usuários navegando na internet é de 10h08min diários, das quais 3h42min são dedicadas às redes sociais[(12)].

Além da utilização da internet para fins profissionais, diversos tipos de relações migraram para o ciberespaço que passou a ser o ambiente para todo tipo de interação entre humanos (incluindo o metaverso), entre humanos e máquinas e entre máquinas.

A informática, cuja etimologia deriva da junção das palavras informação e automática (BRUNET, 2017), sempre foi útil para o processo de tratamento automático de dados, desde a sua coleta, armazenamento, processamento e utilização. Porém, com a popularização da internet e a fusão dos computadores e das comunicações automáticas, houve uma mudança drástica no modo de vida das pessoas, a qual passou a demandar uma resposta do Direito em relação à forma de transmissão e de tratamento da informação.

---

(11) A Escola Nacional de Formação e Aperfeiçoamento de Magistrados do Trabalho (ENAMAT) e as escolas judiciais regionais ofereceram e continuam oferecendo uma série de cursos telepresenciais e em EaD para capacitar magistrados em provas digitais no processo do trabalho. Os servidores têm sido treinados em cursos ofertados pelo Conselho Superior da Justiça do Trabalho.

(12) Disponível em: <https://datareportal.com/reports/digital-2021-brazil>. Acesso em: 11 fev. 2021.

Se, antes, cada meio de comunicação tinha uma única finalidade e infraestrutura própria — a TV para assistir a programas em redes abertas ou por assinatura, o telefone para realizar e receber chamadas de voz num local fixo e, posteriormente, o aparelho celular para comunicação de voz ou mensagem quando a pessoa estava em movimento, o computador de mesa ou portátil era utilizado para acessar a internet (RODRÍGUEZ, 2017) —, agora o desenvolvimento da tecnologia possibilita a convergência dos meios de comunicação em um único dispositivo, o que também altera o regime regulatório no campo do direito das telecomunicações.

Isso porque a internet e as telecomunicações são indissociáveis, porém são serviços que não se confundem e têm regimes jurídicos diferentes (SUNFELD e ROSILHO, 2015).

Sunfeld e Rosilho (2015) relembram que a Lei Geral de Telecomunicações (Lei n. 9.472, de 16 de julho de 1997), em seus arts. 60 e 61, distinguiu o sistema de telecomunicações — "conjunto de equipamentos ou aparelhos, dispositivos e demais meios necessários à realização de telecomunicação" do serviço de valor adicionado — "atividade que acrescenta, a um serviço de telecomunicações que lhe dá suporte e com o qual não se confunde, novas utilidades relacionadas ao acesso, armazenamento, apresentação, movimentação ou recuperação de informações".

A internet é, portanto, considerada um serviço de valor adicionado, porque, para funcionar, ela depende da infraestrutura das telecomunicações, mas, por ser um serviço livre, não depende de outorga estatal e não se sujeita à regulação pública. Lado outro, os serviços de telecomunicações são serviços de titularidade estatal (Constituição Federal, art. 21, XI) e, para serem prestados, dependem de outorga estatal (concessão ou autorização). Eles estão sujeitos à regulação estatal, a cargo da Agência Nacional de Telecomunicações (SUNFELD e ROSILHO, 2015).

Nesse cenário, a questão regulatória passou a enfrentar desafios porque a digitalização das redes alterou a estrutura necessária às comunicações, já que, na maioria dos países, os modelos regulatórios desses serviços eram baseados na sua infraestrutura. No caso da telefonia, por exemplo, os custos eram baseados em tarifas fixas e no consumo por minutos (RODRÍGUEZ, 2017).

Para o jurista argentino Roberto Dromi (2017), a convergência tecnológica tem um campo de incidência ainda mais amplo e refere-se ao "conjunto de processos de transformação social, económica, organizacional e tecnológica que a digitalização está possibilitando e promovendo".

Atualmente, especialmente após o advento da pandemia da Covid-19, é possível afirmar que houve a digitalização de nossa vida ou, pelo menos, de boa parte dela.

O distanciamento social impôs a comunicação a distância, mediada por tecnologias com as quais não se estava acostumado a lidar, e essa realidade também foi incorporada pelo Poder Judiciário, que adotou várias medidas inovadoras durante o período pandêmico, no intuito de minimizar os impactos da pandemia da covid-19, as quais podem ser resumidas com as ações que integram o Programa Justiça 4.0, que tem por objetivo "promover o acesso à justiça, por meio de ações e projetos desenvolvidos para o uso colaborativo de produtos que empregam novas tecnologias e inteligência artificial".

Mesmo antes da pandemia, vários serviços do Poder Judiciário passaram a basear-se nessas tecnologias digitais, como os alvarás eletrônicos, penhoras *on-line*, mandados, protocolos e pauta de audiências eletrônicos (ZANIOLO, 2021).

As peças processuais, como petições, recursos e decisões passaram a ser digitalizadas, assim como os documentos juntados pelas partes, dando origem ao processo eletrônico, regulamentado pela Lei n. 11.419/2006.

Atualmente, além das audiências telepresenciais, que se tornaram corriqueiras na Justiça do Trabalho, ferramentas de *visual law*, *links* com armazenamento de documentos em nuvem e *QR code*, são exemplos de novidades que passaram a fazer parte do repertório do profissional da área jurídica.

Desse modo, tornou-se impraticável trabalhar nessa área sem conhecer um pouco da arquitetura da internet, alguns de seus aspectos técnicos e ferramentas de análise de dados.

A determinação do MEC para a inclusão da disciplina Direito Digital nas grades curriculares dos cursos de Direito corrobora essa necessidade.

Nesse cenário, diante da mudança no comportamento social das pessoas que, livres, ou pressionadas pela necessidade de ter acesso a algum serviço, passaram a compartilhar seus dados na internet, é que se originam as provas digitais, assim entendidas como "o meio de demonstrar a ocorrência de um fato ocorrido em meio digital, ou que tem no meio digital um instrumento de demonstração de determinado fato de seu conteúdo" (Thamay e Tamer, 2020, p. 33).

3. As provas digitais no Processo do Trabalho: prática

Essa nova ciência de dados (ou "dadologia") permitirá uma compreensão maior desses novos fenômenos e repercutirá nas outras ciências, como a jurídica, e se entranhará pelos seus ramos, como o processo do trabalho.

Ainda sem essa construção principiológica estruturada, vislumbra-se uma série de possibilidades de utilização de provas digitais no Processo do Trabalho, de forma que, se resumidas em um único artigo, seria uma missão inatingível, dada a diversidade fática que se extrai da realidade das relações laborais, sobretudo das que são trazidas para a apreciação do Poder Judiciário Trabalhista.

De todo modo, para ilustrar a pertinência do uso das provas digitais nos processos que tramitam perante a Justiça do Trabalho, trar-se-ão alguns exemplos práticos, tanto reais quanto hipotéticos, sobretudo no intuito de demonstrar a importância da mudança de chave de um pensar analógico para um pensar digital.

Assim, quando se pensa em provas digitais, ou melhor dizendo, em evidências digitais que podem ser utilizadas como meio de prova e obtidas de informações evadidas em redes sociais, os três principais aspectos que podem ser extraídos de tal análise são os seguintes: a) análise de vínculo entre pessoas, no sentido de nível de relacionamento; b) análise de perfil pessoal, no qual pode-se incluir hábitos de consumo, viagens, patrimônio; e c) análise de dados de geolocalização. Porém, a eficiência e a assertividade do uso das provas digitais não se resumem a esses aspectos, dos quais podem ir muito além, como se procura demonstrar nas hipóteses que serão trazidas neste artigo, para instigar o leitor à reflexão e ao pensar digital.

Inicialmente tratar-se-á sobre dados de geolocalização e suas infinitas utilidades no conjunto probatório no processo trabalhista.

Uma das situações mais demandadas na Justiça do Trabalho é o pedido de reconhecimento de tempo de vínculo de emprego. E, nessas situações, as alegações de defesa também mais comuns trazem ou a negativa total da prestação de serviços, ou um questionamento quanto à frequência das atividades realizadas pelo trabalhador, ensejando, assim, uma natureza contratual diversa daquela pretendida na ação. E, em ambas as situações, os dados de geolocalização da parte autora podem ser muito úteis, quando não satisfativos, para o convencimento do magistrado no acatamento de uma das teses divergentes apresentadas.

Ao partir da premissa da dinâmica do ônus probatório e tendo em vista a aptidão para a produção da prova, a parte autora, na grande maioria dos casos, possui condições de demonstrar tanto um comparecimento habitual no local alegado como de prestação de serviços e no período pretendido de reconhecimento de vínculo de emprego quanto a frequência desse comparecimento. Ademais, isso é possível, pois ela pode ter acesso a seus dados de localização, conforme a configuração de seu dispositivo celular ou da conta de acesso vinculada, os quais são armazenados na sua conta Google ou Apple, conforme o sistema utilizado (se Android ou IOS, respectivamente). E esses mesmos dados disponíveis do Painel de Controle (ou *dashboard*) podem ainda ser exportados e disponibilizados nos autos mediante a funcionalidade conhecida como *takeout*(13).

Da mesma forma, a parte também pode ter acesso a dados de geolocalização disponíveis em aplicativos pares, como o *Facebook*(14) ou *Waze*(15), pois as referidas plataformas também fazem um registro da localização: no primeiro caso, conforme configurações ou deslocamento; no segundo, independentemente de configuração, conforme se expressa nos termos de uso e política de privacidade(16).

Outra forma de demonstrar um dado de geolocalização ocorre por meio do aplicativo *Google Maps*(17), que também permite uma demonstração mais rápida e pontual, ou seja, individualizada, de localização. Essa prática é muito útil quando se pretende, desde logo, conferir se há dados de geolocalização registrados no aparelho, o que pode ser verificado em tempo real (por gravação, se em audiência telepresencial, ou por registro em ata, no caso de audiência presencial), com determinação judicial de preservação dos referidos dados até a exportação respectiva, quando necessário.

Ainda, pela própria especificidade na linha do tempo no *Google Maps*, pode-se escolher um dia determinado e, apenas com essa informação, verificar dados relevantes à questão controvertida, de modo que a produção da prova já fica cumprida, de forma rápida e eficaz, para que seja então feita a apreciação pelo magistrado dentro de todo o contexto probatório, cabendo justamente fazer uma

---

(13) Disponível em: <https://takeout.google.com/settings/takeout?pli=1> e <https://support.apple.com/pt-br/HT211970#:~:text=Ao%20inicial%20sess%C3%A3o%20com%20seu,associados%20ao%20seu%20ID%20 Apple>. Acesso em: 11 fev. 2021.

(14) Disponível em: <https://pt-br.facebook.com/help/android-app/278928889350358>.

(15) Disponível em: <https://www.waze.com/pt-BR/live-map/>.

(16) Diponível em: <https://www.waze.com/pt-BR/legal/privacy>.

(17) Disponível em: <https://support.google.com/maps/answer/6258979?hl=pt-BR&co=GENIE.Platform%3DAndroid>.

ressalva quanto a esse aspecto, pois a prova em si comporta várias camadas sobre o mesmo tema, sendo fundamental situar esse conjunto de dados e informações dentro de um contexto de espectro mais abrangente.

O simples fato de existir um registro de presença num determinado local não significa, por si só, que a tese inicial ou da defesa está integralmente convalidada, sendo sempre recomendável, caso haja ainda algum resquício de dúvida, que se proceda a um confronto de dados para ratificar a informação. E, no caso de geolocalização, esse confronto pode ser obtido, por exemplo, de dados requisitados de geolocalização por conexões em antenas de rádio base, ou seja, de telefonia celular móvel (conhecida pela sigla ERB), ou ainda por confronto com registros de ativação e desativação de alarme, dados de monitoramento por imagens, com o uso em aplicativos de transporte, seja provenientes de plataformas especializadas, como UBER, seja ainda dos registros digitais de acesso ao transporte público, entre outros.

Evidentemente os dados obtidos por esse meio de prova, logo, digital, não excluem outros que venham a ser produzidos de forma complementar, como a produção de prova testemunhal ou até pericial, se ainda assim restar necessário, e isso por conta da já mencionada eficácia e assertividade da prova digital.

Como mencionado, o acesso da parte aos próprios dados de localização pode depender das configurações do dispositivo de aparelho celular, bem assim de outros fatores, como perda de acesso à conta no *Google* ou *Apple*, seja pela perda da senha específica, seja pelo não mais acesso a um *e-mail*, nos casos, por exemplo, de utilização de aparelho móvel institucional e devolvido ao antigo empregador quando do desligamento contratual.

Todavia, isso não quer dizer, necessariamente, que esses dados tenham sido perdidos. Nessas hipóteses, e diante da relevância da verificação dos dados referidos ao processo, o que será analisado caso a caso pelo magistrado, existe a possibilidade de encaminhamento de ofício ao provedor de aplicação em questão, por exemplo, *Google*, *Apple* ou *Facebook*, determinando o encaminhamento ao Juízo dos dados de localização(18) relevantes ao deslinde do feito(19).

---

(18) Note-se, porém, que, segundo os arts. 5º, VIII, 15 e 22 do Marco Civil da Internet, o provedor de aplicações de internet tem a obrigação legal de manter os "respectivos registros de acesso a aplicações de internet", e não o conteúdo em si. Todavia, possuindo esses dados, os quais, pela prática, se sabe que eles possuem, não há óbice à solicitação, mediante determinação judicial para fins de formar conjunto probatório em processo judicial,. É relevante lembrar que a questão do uso de dados de geolocalização, em questões análogas, está sendo discutida no âmbito do STF, a exemplo dos Temas ns. 977 e 1.148, de Repercussão Geral.

(19) Prevê o Marco Civil que os registros de conexão serão armazenados por um ano e os registros de acesso a aplicações de internet pelo prazo de seis meses (arts. 13 e 15 da Lei n. 12.965/2014).

Ademais, outra funcionalidade disponível dentro da plataforma *Google Maps* é o uso do recurso Street View[20], que foi lançado em 2007, nos USA, porém, no Brasil, os primeiros registros foram feitos em 2009 e a função ficou disponível no país em 2010. A ideia inicial era de um carro que tirasse fotos em 360 graus por todos os lugares que passasse, alcançando várias cidades pelo mundo. Essa ideia permanece até hoje, mas foi aprimorada com o tempo e funciona por meio de um computador que grava as imagens com informações do GPS.

Desde 2012, o Google também utiliza o Trekker[21], uma espécie de mochila *high-tech* com uma câmera 360 graus, conseguindo, dessa forma, obter imagens de locais aonde os carros não conseguem ir, como dentro de museus, parques temáticos de difícil acesso e até cemitérios[22].

No entanto, talvez vocês estejam se perguntando: como isso pode ser útil ao Processo do Trabalho? Pois bem. Imaginem uma reclamação trabalhista em que uma trabalhadora doméstica questione acerca das condições de trabalho em um apartamento residencial, buscando o reconhecimento do nexo causal entre as atividades realizadas com a doença ocupacional que a acomete.

Não há dúvidas da dificuldade da produção de provas nessas situações, ou seja, quando da realização do trabalho doméstico, sobretudo quanto à descrição do local, como o tamanho da residência, a altura que teria que alcançar para fazer o trabalho, a disposição de escada apropriada ou não, entre outras. São questões de difícil demonstração pela prova oral, tão somente.

Ainda imaginem que, no caso, a parte autora apresente como testemunha outra trabalhadora doméstica que teria trabalhado no prédio ao lado, mas que afirme que, pelo fato de as unidades serem próximas e completamente envidraçadas, era possível o acompanhamento das tarefas da parte autora. A alegação pode parecer, à primeira vista, de pouca confiabilidade.

Porém, com o uso dos recursos disponibilizados pelo *Street View* e ante a análise do caso narrado supra, a magistrada pode constatar todas as alegações referidas e prosseguir com a instrução processual, de forma mais segura e com

(20) Disponível em: <https://www.google.com/intl/pt-BR/streetview/>.

(21) Disponível em: <https://blog.google/products/maps/mapping-stories-new-street-view-trekker/>.

(22) Disponível em: <https://www.techtudo.com.br/noticias/2017/05/stgreet-view-faz-10-anos-relembre-como-tudo-comecou.ghtml>.

tranquilidade, portanto procedendo à valoração da prova com base nessas constatações em tempo real[(23)].

Além do mais, uma funcionalidade muito útil desse recurso é a possibilidade de o estabelecimento ter contratado referido serviço com o *Google*[(24)], como estratégia de *marketing*. E, fazendo isso, justamente pela opção do uso da mochila *Trekker* já citada supra, é possível a visualização do interior do estabelecimento, em 360º[(25)].

Nessa mesma linha análoga de constatações em tempo real, é a inspeção judicial virtual.

Como exemplo, menciona-se um processo em que a juíza Francina Nunes da Costa, do TRT da 15ª Região, realizou uma inspeção virtual em tempo real e gravada pelo *link* da audiência. quando vistoriou o local de trabalho do autor no caso sob análise, para averiguar o cumprimento das medidas adotadas para o combate e prevenção da covid[(26)].

Igual prática poderia ser de grande valia em situações, por exemplo, em que houvesse a necessidade de constatar a disponibilidade de jaquetas térmicas para acesso a câmaras de congelamento, ou ainda se, em um determinado local, haveria visibilidade do público externo do vestiário destinado à troca de uniforme de trabalhadoras.

Outra alegação recorrente em ações trabalhistas diz respeito à jornada extraordinária e, aqui, apresentam-se duas situações corriqueiras: a) alegação de sobrejornada não apontada; b) ausência de possibilidade de controle efetivo de jornada, como nos casos de trabalhadores externos ou em teletrabalho.

Nesse contexto, as mesmas ferramentas mencionadas por ocasião da busca ao reconhecimento do vínculo de emprego também são extremamente úteis nestas situações: dados de geolocalização no painel de controle (ou *dashboard*) e exportados pela própria parte interessada, combinados com os dados de conexão de sinal pelas antenas de rádios base.

---

(23) Hipótese verificada nos autos do processo RTOrd 0000876-19.2019.5.12.0037, do Tribunal Regional do Trabalho da 12ª Região.

(24) Disponível em: <https://www.google.com/intl/pt-BR/streetview/business/>

(25) O Street View ainda conta com uma régua temporal, com que é possível verificar a data da captura das imagens analisadas e se, normalmente, há mais que um registro temporal em cada local.

(26) A inspeção judicial foi realizada nos autos do processo RTOrd 0010861-35.2020.5.15.0088, do Tribunal Regional do Trabalho da 15ª Região.

É interessante ater-se a essa combinação de evidências digitais, sobretudo aos dados de ERB. Antes de mais nada, é preciso lembrar que, quando se fala em exportação de dados de geolocalização pela parte interessada, referimo-nos a dados dos quais ela tem a posse, a gestão. Então vem a questão: esses dados podem ser adulterados? E a resposta é sim. Mas é interessante prosseguir no questionamento: existem meios de analisar se houve adulteração? A resposta continua sendo sim. Porém, em caso de impugnação fundamentada, a melhor forma de ratificação de tais dados são as informações provenientes das operadoras de telefonia móvel, ou dados de ERB. E por quê? Porque esses dados são fornecidos por terceiros, pela operadora; no caso, portanto, fora do alcance da parte. Ainda que esses dados não tragam a precisão que os dados do painel de controle trazem, pois são obtidos quando há um raio de alcance e se utiliza efetivamente um dos meios de registro (ligações, SMS ou conexão por pacote de dados). A conjugação de ambos pode dar-nos uma direção mais segura no acatamento das evidências deles provenientes.

Além dos dados de ERB e do painel de controle, há dados que podem ser obtidos como fonte principal ou complementar das provas digitais em termos de geolocalização, tais como: dados de *login* e *logout* ante um sistema computacional, sobretudo quando uma senha é requerida; dados de acesso a áreas restritas, com a utilização de crachás eletrônicos ou magnéticos; dados de registro de passagem em praças de pedágio; dados de rastreamento muito comuns em casos de transporte de cargas, bastante detalhados, os quais são, em sua grande maioria, armazenados e gerenciados por empresas terceirizadas, considerando o valor da carga transportada e por exigência das empresas seguradoras, inclusive); dados de câmeras de segurança, ainda que fora do circuito interno de TV, como as câmera de vigilância dos bairros; e, por fim, dados de registro de uso de vale-transporte, como os do cartão cidadão, já mencionado, sendo relevante ressaltar que essas informações têm sido muito eficazes na elucidação de controvérsias envolvendo jornada de trabalho, sobretudo quando da alegação de apontamento da jornada e prosseguimento no labor.

Outras situações que não raro aparecem nos processos trabalhistas até então se mostravam de difícil comprovação e podem ser solucionadas ante a análise de dados de geolocalização são as controvérsias que versam sobre a negativa de comparecimento em estabelecimento bancário para saque de valor recebido em rescisão contratual e a apresentação do trabalhador no local de trabalho, para reassumir suas funções após uma alta médica.

Considerando essas hipóteses aventadas, verifica-se que, além da relevância da oitiva das partes antes da determinação da produção de provas digitais, para que se haja o maior detalhamento possível de toda a situação fática trazida em juízo e se garanta a estabilização dos fatos alegados pelas partes, o que, por sua vez, viabiliza uma correta delimitação dos pontos controvertidos, a combinação de ferramentas de obtenção de provas digitais mostra-se de grande valia, sobretudo para assegurar, desse modo, que o magistrado tenha uma visão global do contexto fático-probatório para a formação do convencimento e, assim, melhor solução do litígio.

No entanto, as possibilidades de utilização das provas digitais vão além. Também é possível mencionar as questões afetas à análise de vínculos, no sentido de nível de relacionamento e engajamento entre pessoas, a qual pode ser feita mediante as postagens publicadas em redes sociais pelas pessoas envolvidas; logo, partes, testemunhas e até terceiros referidos. Como exemplo hipotético, é possível identificar a adesão de trabalhadores a um movimento paredista ou até mesmo seus idealizadores, com possível análise dos limites legais dessa atuação. Para tanto, um canal muito comum de cooptação e divulgação em casos análogos é o *Twitter*[27], o qual possui muitas ferramentas interessantes de investigação em fontes abertas[28], como o *Socialbearing*[29].

Do mesmo modo também, é possível fazer uma busca mais aprofundada sobre o perfil de pessoas dentro das redes sociais, para analisar, com mais segurança, o grau de relacionamento havido entre elas, o que é muito útil nos casos de alegação de contradita sob o fundamento de amizade íntima, pois não há mais dúvidas de que o mero fato de serem "amigos" em redes sociais não mais se sustenta para fins de comprovar referida impugnação.

Dessa forma, o uso de ferramentas específicas de mineração de dados[30], como a extensão *InstantDataScraper*[31], possibilita a visualização de quantos amigos os investigados têm em comum, quantas mensagens postadas por cada um deles são comentadas pelo outro, entre outros.

---

(27) Disponível em: <https://twitter.com/explore>.

(28) Chama-se de OSINT as fontes abertas de informação suscetíveis de investigação. Disponível em: <https://pt.wikipedia.org/wiki/OSINT#:~:text=OSINT%20(sigla%20para%20Open%20source,cient%C3%ADficas%20e%20emiss%C3%B5es%20de%20TV>.

(29) Disponível em: <https://socialbearing.com/>

(30) Disponível em: <https://pt.wikipedia.org/wiki/Minera%C3%A7%C3%A3o_de_dados>

(31) Disponível em: <https://chrome.google.com/webstore/detail/instant-data-scraper/ofaokhiedipichpaobibbnahnkdoiiah>.

Além da análise dessas inúmeras possibilidades que as provas digitais nos proporcionam, é possível mencionar a aptidão para demonstrar a autoria, logo, a autenticidade, bem como a integridade, no sentido de não adulteração de evidências digitais.

Um exemplo é a busca da confirmação de metadados(32), no sentido de ratificação quanto à autoria, os quais serviram como base para a aplicação de uma justa causa por difamação. Assim, quando um trabalhador ataca a idoneidade da empresa de forma aberta nas redes sociais, mas nega o fato, há formas de registrar, de maneira segura e válida, a publicação enquanto ela ainda está disponível(33), tornando possível sua reprodução a qualquer momento, em qualquer instância do processo judicial, como também faculta a identificação da autoria da postagem em si, caso haja negativa, ou dúvidas, quanto a ela.

Portanto, ante a solicitação dos detalhes do registro da postagem ao provedor de conteúdo(34), por exemplo, Facebook, tais quais os dados cadastrais do usuário, o IP(35) utilizado por ocasião da postagem, entre outros, é possível identificar o usuário a quem foi atribuído aquele IP naquele dia e horário específicos da postagem em apreço e, com isso, identificar possivelmente sua autoria.

Para finalizar, destaca-se que, ainda no contexto da análise de perfil e vínculos da pessoa, é possível verificar a existência de ligação entre duas empresas, quando se discute, em fase de conhecimento ou de execução, a existência de grupo econômico empresarial.

Exemplo disso foi no cumprimento da Sentença n. 1000223-30.2020.5.02.0332, no qual a magistrada "reconheceu o pertencimento de uma empresa a um grupo econômico por meio da utilização da ferramenta Wayback Machine como meio

---

(32) Um item de um metadado pode dizer do que se trata aquele dado, geralmente uma informação inteligível por um computador. Os metadados facilitam o entendimento dos relacionamentos e a utilidade das informações dos dados. Fonte: <https://pt.wikipedia.org/wiki/Metadados>

(33) Por exemplo, com base no registro via Verifact. Disponível em: <https://www.verifact.com.br/>, ata notarial ou outros meios semelhantes.

(34) Os **provedores de conexão**, obviamente, são aqueles responsáveis por fornecerem os serviços de **conexão** à Internet, como Vivo, Claro, entre outras. Já os **provedores de aplicação** são aqueles que fornecem um conjunto de funcionalidades acessíveis por meio de um terminal, como um computador, celular, conectado à Internet. Fonte: <https://riccipi.com.br/dados-pessoais-e-o-cumprimento-da-obrigacao-legal-prevista-no-marco-civil-da-internet/#:~:text=Os%20provedores%20de%20conex%C3%A3o%2C%20obviamente,%2C%20celular%2C%20conectado%20%C3%A0%20Internet>.

(35) O termo **IP** (Internet Protocol) é um número identificador dado ao seu computador, ou roteador, ao conectar-se à rede. Por meio desse número, seu computador pode enviar e receber dados na internet. O **IP** é definido pelo seu provedor de internet. Fonte: https://www.dialhost.com.br

de prova. O portal armazena versões mais antigas de sites da web, sendo considerado uma 'máquina do tempo' da rede, que ajuda a revelar tentativas de adulterações e fraudes"[36].

Nota-se, portanto, que, cada dia mais, as provas digitais se revelam como ferramentas poderosas para auxiliar o magistrado e as partes a desvendar fatos controvertidos e, dessa forma, agilizar a entrega da prestação jurisdicional.

Logo, considerando que a cultura muda toda vez que a tecnologia avança e cabe ao direito evoluir para regrar uma sociedade cuja cultura mudou por conta da tecnologia, é de extrema importância que os operadores do direito transponham essa disrupção e passem a ver o processo por outro viés, mais digital do que analógico, compreendendo a relevância da busca dos rastros digitais e da combinação de ferramentas que sejam úteis ao deslinde do feito, de forma mais célere e assertiva, proporcionando à sociedade, assim, mais eficiência e segurança jurídica.

4. Poderes instrutórios do juiz/inexistência de hierarquia/análise conjunta e casuística

O direito à prova é corolário dos princípios constitucionais do devido processo legal (art. 5º, LIV, da CF), do contraditório e da ampla defesa (art. 5º, LV, da CF).

Em nível infraconstitucional, o Código de Processo Civil adotou o princípio da ampla liberdade probatória ao preceituar, no art. 369, que "as partes têm o direito de empregar todos os meios legais, bem como os moralmente legítimos, ainda que não especificados neste Código, para provar a verdade dos fatos em que se funda o pedido ou a defesa e influir eficazmente na convicção do juiz".

Percebe-se, portanto, que, para o exercício do direito constitucional à prova, se admitem não todos os meios de prova, mas apenas aqueles que sejam legais e moralmente legítimos, o que deixa claro que o direito à prova não é um direito absoluto.

Isso ocorre porque há outros direitos igualmente tutelados pela constituição, como é o caso do direito à proteção de dados pessoais (inclusive digitais), recentemente erigidos à categoria de direitos fundamentais, pela Emenda Constitucional n. 115/2022.

---

(36) Disponível em: <https://www.migalhas.com.br/quentes/350654/wayback-machine-juiza-fundamenta-decisao-usando-maquina-do-tempo>.

Segundo o inciso LXXIX do art. 5º da Constituição Federal, "é assegurado, nos termos da lei, o direito à proteção dos dados pessoais, inclusive nos meios digitais".

Observa-se que a proteção constitucional dos dados pessoais faz remissão aos termos da lei e é importante notar que a Lei Geral de Proteção de Dados, que regula o tratamento de dados, com o objetivo de proteger os direitos fundamentais de liberdade e de privacidade e o livre desenvolvimento da personalidade da pessoa natural, flexibiliza a referida proteção em situações específicas.

Tanto o art. 7º, VI, quanto o art. 11, II, "*d*", da LGPD admitem a realização do tratamento de dados pessoais para o exercício regular de direitos em processo judicial, administrativo ou arbitral, dispensando inclusive o consentimento quando se tratar de dados sensíveis.

Da mesma forma, o seu art. 23, também admite o tratamento de dados pelas pessoas jurídicas de direito público mencionadas no art. 1º da Lei de Acesso à Informação, a qual também se aplica aos Poderes Legislativo, Executivo, Judiciário e Ministério Público, para que cumpram a sua finalidade pública, na persecução do interesse público, com o objetivo de executar as competências legais e atribuições legais do serviço público.

Logo, o direito à proteção de dados (inclusive digitais), assim como o direito constitucional à prova, pode ser limitado e, não raro, ser necessário ponderar diante de eventual conflito entre esses dois direitos.

Nesse aspecto, não é demais lembrar que o *procedural due process* não deixa de ser uma garantia "no sentido de que possui caráter instrumental em relação aos direitos materiais". Essa garantia não pode ser entendida apenas como uma garantia de meio, mas também como uma garantia de resultados, o que inclui as "decisões comprometidas com uma ordem jurídica justa" (FELICIANO, 2016, p. 613 e 461).

Nesse sentido, concorda-se com a lição de Feliciano (2016, p. 461), para quem, "na dimensão dos fatos, o processo deve ser capaz de reproduzir, com a maior autenticidade possível, a historicidade da lide sociológica", sendo certo que a limitação do direito à prova, a depender do caso concreto, poderá impossibilitar a concessão de tutela a um direito fundamental e, portanto, frustrar a efetividade que se espera do Poder Judiciário.

O princípio da ampla liberdade probatória coaduna-se com a busca de efetividade do processo com vistas a tutelar o direito material, e, em se tratando de direitos fundamentais, como ocorre na maioria dos casos no âmbito da Justiça do Trabalho, mais amplo ainda é o poder instrutório conferido ao juiz.

Segundo o art. 765 da CLT, os Juízos devem assegurar o andamento rápido das causas e podem determinar qualquer diligência necessária ao esclarecimento delas.

Sem adentrar a discussão existente entre a busca da verdade real ou da verdade processual, representada pelas versões dadas aos fatos pelas partes, o fato é que "existe uma prioridade na consideração do direito material em relação ao direito material" (MARINONI, ARENHART E MITIDIERO, 2016, p. 185). Esses autores destacam que

> considerar o processo civil um meio para a tutela dos direitos significa antes de qualquer coisa pensar *primeiro* nas situações de direito material que se pretende proteger por meio do exercício da ação para somente *depois* cogitar das técnicas processuais adequadas para sua efetiva proteção.

Obviamente que isso não quer dizer que a técnica processual deva ser abandonada ou criada pelo magistrado, já que tal atribuição pertence ao legislador; mas, dentro do arcabouço legal existente, deve-se compatibilizar a hermenêutica dos dispositivos legais, a fim de assegurar a efetividade da tutela jurisdicional pretendida.

Assim, discorda-se da padronização de uma ordem de prioridade entre os meios de prova, cabendo ao magistrado analisar, em cada caso concreto, a melhor forma de conduzir a instrução processual.

Nos autos do n. 0000658-34.2021.5.12.0000 (MSCiv), por exemplo, o reclamado requereu fosse oficiado à operadora de telefonia para obter os dados de geolocalização do autor, num caso em que se discutia a extrapolação da jornada, o que foi deferido pelo magistrado; mas, em sede de Mandado de Segurança, a liminar foi concedida sob os seguintes fundamentos:

> Tendo em vista essas premissas, e alinhando-as ao caso em tela, duas são as razões pelas quais entendo que a prova digital pretendida pela ré nos autos originaria e então autorizada pela autoridade dita coatora ainda não se faz necessária.

> A um, porque o pedido da autora versa sobre horas extras em uma semana por mês, durante a contratualidade, sendo matéria que, sabidamente, pode ser dirimida mediante a apresentação de documentos e produção de prova testemunhal, meios estes que foram expressamente requeridos pelas partes (inicial e defesa).
>
> A dois, porque ainda não ouvidas as partes e testemunhas até o presente momento, pelo que não esgotados, ainda, os meios ordinários de prova de forma a justificar o deferimento da prova digital. Precoce, portanto, a autorização judicial.

Ora, a prova da jornada para estabelecimentos com mais de 20 empregados ocorre, inicialmente, com a anotação dos horários em registro de ponto. Todavia, é comum a parte autora impugnar tal meio de prova documental sob o fundamento de que não retratam a realidade.

O magistrado não sabe, porém, se os registros de horário são realmente fidedignos, pois, do mesmo modo que o autor pode ter registrado os horários e ter continuado trabalhando, pode também ter registrado e não trabalhado mais.

Assim, será necessário facultar às partes oportunidade para demonstrarem a retidão ou não desse documento.

O fato de ser possível a colheita de prova testemunhal não afasta a possibilidade de produzir outra prova pré-constituída se essa for, por exemplo, apta a esclarecer os fatos alegados.

Basta imaginar a hipótese em que, ao sair do trabalho, o autor passasse diariamente por uma praça de pedágio ou utilizasse o cartão do vale-transporte, hipóteses em que os registros dos horários em que passou por tais lugares, que são preexistentes, serão muito mais confiáveis para demonstrar a veracidade das alegações do que um depoimento testemunhal.

Se existe uma prova que, aos olhos do magistrado, seja mais confiável ou melhor represente a faticidade do caso, não há óbice que tal prova seja introduzida nos autos antes de qualquer outro. Não há uma hierarquia entre os meios de prova ou uma sequência legal a ser seguida.

No momento em que se inicia a instrução processual, é lícito às partes produzir suas provas e contraprovas, e não há previsão legal que determine que seja dada prioridade a uma em detrimento de outra, com exceção de atos para os quais a lei exija uma forma específica para sua comprovação.

A título de exemplo, citam-se os casos em que se discutem a de doença profissional ou a presença de insalubridade, nas quais a perícia pode ser determinada em qualquer fase da instrução processual, ficando a critério do magistrado a discricionariedade de eleger o melhor momento para tanto.

Quando se trata diferentemente de prova técnica, como é o caso da aferição da insalubridade, a parte não sabe ao certo o resultado que pode esperar do laudo, pois não possui o conhecimento especializado necessário para tirar tais conclusões. Já no caso de uma prova digital, a parte sabe de antemão se aquele fato ocorreu ou não, de modo que, antes de formular as suas pretensões em Juízo, deve avaliar como formular suas teses, já que, cada dia mais, é possível constatar a veracidade das alegações por meio de pegadas registradas com a ajuda da internet.

Considerações finais

Este artigo acaba por trazer mais questionamentos do que conclusões dentro desse universo ainda pouco explorado das provas digitais. Ainda não se pode afirmar, peremptoriamente, que existe uma ciência específica a respeito de dados, com objeto e método próprios, tampouco vislumbrar os limites das fronteiras da sociedade digital contemporânea. Aqui se pretende anunciar possibilidades tanto de estruturação dessa fonte de conhecimento quanto de aplicabilidade prática e descortinar uma gama de aplicabilidades concretas. Porém, há de se construir ainda um terreno firme entre a teoria e a prática. Prevalecem, hoje, ainda as incertezas da estrada de tijolos amarelos do Mundo Mágico de Oz.

Nesse caminho a palmilhar, é possível ver o início da estrada, com base em experiências antes percorridas. Os princípios estruturantes do direito digital e a linguagem própria do mundo da informática consistirão nas bases dessa nova ciência, que tem os dados como objeto de estudo. Tal montagem dessa nova teoria da "dadologia" vem sendo feita concomitantemente à experiência obtida com a prática na utilização desses conteúdos. Construir uma base que sirva às outras ciências, com possíveis repercussões na ciência da informação e da ciência jurídica representa o desafio dos estudiosos da temática.

Dentro das possibilidades limitadas por circunstâncias espaciais e temporais, busca-se apresentar conjecturas acerca desse novo cenário científico e tecnológico, passando pelo advento e atual contexto das provas digitais, além de inúmeras constatações úteis de aplicação desse meio probatório no processo laboral.

Utilizações pontuais verificadas empiricamente diante das aplicações existentes na atualidade foram examinadas no texto de modo exemplificativo, pois não se pretende esgotar o assunto, e sim dirigir os holofotes para trilhas possíveis a serem cruzadas pelos magistrados trabalhistas nos casos que se apresentam cotidianamente como singelo contributo às discussões travadas na contemporaneidade.

Referências bibliográficas

ALVES, Hélio Gustavo. *Teoria pentadimensional do direito:* pura e prognosticada. São Paulo: LTr, 2019.

ARBULU, Rafael. *Alexa, da Amazon pode ser testemunha de assassinato na Flórida.* Disponível em: <https://canaltech.com.br/casa-conectada/alexa-da-amazon-pode-ser-testemunha-de-assassinato-na-florida-154371/>. Acesso em: 20 abr. 2022.

BOBBIO, Norberto. *Teoria della Scienza Giuridica.* Torino: Giappichelli, 1950.

BRASIL. Tribunal Regional do Trabalho da 12ª Região. *Processo n. RTOrd 0000876-19.2019.5.12.0037.* Disponível em: <https://pje.trt12.jus.br/consultaprocessual/detalhe-processo/0000876-19.2019.5.12.0037/1#c095790>. Acesso em: 02 maio 2022.

______. Tribunal Regional do Trabalho da 12ª Região. *Recurso Ordinário Processo n. 0001703-74.2012.5.01.0039.* Recorrente: Recorrido: Relator: Desembargador Ivan da Costa Alemão Ferreira, 23 de setembro de 2014.

______. Tribunal Regional do Trabalho da 15ª Região. Processo n. RTOrd 0010861-35.2020.5.15.0088. Disponível em: <https://pje.trt15.jus.br/consultaprocessual/detalhe-processo/0010861-35.2020.5.15.0088/1#6923d98>. Acesso em: 02 maio 2022.

BRUNET, L. N. La Sociedad de La Información y Del Conocimiento. In: BAUZÁ, M. *Manual de Derecho Informático e Informática Jurídica I.* Montevideo: Fundación de Cultura Universitaria, 2017. p. 11-34.

CEREJA, W., VIANNA, C.D. *Português Linguagens 6º ano.* São Paulo: Atual, 2018.

DINIZ, Maria Helena. *Compêndio de Introdução à Ciência do Direito.* 22. ed. rev. e atual. São Paulo: Saraiva, 2011.

DROMI, R. *Convergência tecnológica:* telefonía, televisión e Internet. Disponível em: <https://ar.vlex.com/vid/convergencia-telefonia-television-internet-41609118>. Acesso em: 25 mar. 2022.

FELICIANO, G. G. *Por um processo realmente efetivo.* São Paulo: LTr, 2016.

KELSEN, Hans. *Teoria pura do direito.* Trad. por João Baptista Machado. 4. ed. São Paulo: Martins Fontes, 1994.

MACHADO, Hugo de Brito. *O direito e sua ciência*: uma introdução à epistemologia jurídica. 2. ed. Indaiatuba, SP: Editora Foco, 2021.

MARINONI, L.; ARENHART, S. C.; MITIDIERO, D. *O Novo Processo Civil.* São Paulo: Revista dos Tribunais, 2016.

MIAILLE, Michel. *Introdução Crítica ao Direito*. 3. ed. Lisboa: Editorial Stampa, 2005.

PATTERSON, Daniel. *Incrível metaverso:* o futuro da internet. EUA: Catsbook, 2021.

REALE, Miguel. *Teoria Tridimensional do Direito*. 5. ed. 8. tir. São Paulo: Saraiva, 2010.

RODRÍGUEZ, M. J. *Derecho Informático e Informática Jurídica I.* Montevideo: Fundación de Cultura Universitária, 2017.

SUNDFELD, C. A.; ROSILHO, A. A governança não estatal da internet e o direito brasileiro. *Revista de Direito Administrativo*, [S. l.], v. 270, p. 41-79, 2015. DOI: 10.12660/rda.v270.2015.58737. Disponível em: https://bibliotecadigital.fgv.br/ojs/index.php/rda/article/view/58737. Acesso em: 30 mar. 2022.

WATSAPP. *Política de dados*. Disponível em: <https://faq.whatsapp.com/general/security-and-privacy/information-for-law-enforcement-authorities/?lang=pt_br>. Acesso em: 20 abr. 2022.

WEISS, Marcos Cesar. *Sociedade sensoriada:* a sociedade da transformação digital. ESTUDOS AVANÇADOS, 33 (95), 2019.

ZANIOLO, P. A. *Crimes Modernos:* o impacto da tecnologia no Direito. Salvador: JusPodivm, 2021.

O Ambiente Virtual, a Sociedade em Rede e a Prova Eletrônica

Kleber de Souza Waki[(1)]

1. A sociedade convergente

A relação entre o homem e a máquina tem, sempre, a marca evolutiva. A partir da descoberta de nossas primeiras ferramentas, o homem vem interagindo na busca da dominação absoluta da natureza e na construção permanentemente adaptada de seu *habitat*, tentando saciar as suas necessidades, que são infindáveis.

A descoberta da possibilidade de aproveitar as forças da natureza — desde o curso de um rio, movendo as pás de um moinho na produção de farinha, até a compreensão de mecanismos que poderiam gerar energias controladas, como a técnica de gerar o fogo, vapor, combustão, energias hídricas e nuclear, especialmente quando convertidas em energia elétrica — alimentou as revoluções industriais que se seguiram. Neste contexto, em que passamos do estágio das ferramentas manuais para as máquinas mecânicas e, em mais um novo salto, avançamos para o estágio das máquinas que estão sendo ensinadas (e aprendendo a pensar sozinhas), imprimimos mudanças na sociedade que impactaram — e continuando influenciando — todas as nossas relações sociais.

Fazendo um pequeno corte histórico das gerações de nosso tempo, presenciamos os computadores pessoais se disseminando nas residências e nas atividades produtivas de todos os setores da economia (primário, secundário e terciário). É quase inimaginável que alguma atividade produtiva acredite ser possível abrir mão da tecnologia da informação sem comprometer o seu desenvolvimento.

---

(1) Bacharel em Direito (UFMT). Especialista em Direito do Trabalho e Direito Processual do Trabalho (UFG). Juiz do Trabalho, TRT 18ª Região.

Em uma sociedade permeada de tecnologia — e que estabeleceu nova e planetária teia social marcada por uma vigilância exponencial de tudo e todos —, podemos concluir que boa parte dos fatos comuns passaram a ser ordinariamente registrados (áudios, vídeos, fotografias, dados estatísticos etc.). Além disso, as pessoas foram estimuladas a entregar cada vez mais seus dados pessoais ao trafegarem no mundo da rede mundial de computadores, gerando informações em patamares astronômicos (*big data*[(2)]), mas não inúteis.

Aliás, a compreensão do dado eletrônico, resumido à sua expressão binária (1 byte; 8 bits), é fundamental na compreensão da sociedade digital. O *byte* é um código sequencial de oito *bits*, para os quais se atribuem os valores 0 e 1 (binário), e representa uma unidade de informação, como, por exemplo, uma letra do alfabeto, um espaço entre duas palavras etc.[(3)]. A unidade de informação eletrônica, por sua vez, tem a característica de poder ser transmitida mediante replicação de seu conteúdo, conservando, ambos, a mesma originalidade. Imagine, por exemplo, que você escreveu um e-mail e irá enviá-lo para o destinatário. A transmissão deste *e-mail* se dá por replicação, pois o texto originalmente escrito continuará gravado em sua máquina, até que você decida apagá-lo — e é bem provável que o usuário comum ainda deixará rastros digitais que permitirão recuperar o conteúdo apagado. Assim, se uma impressão digital é gravada e convertida pela máquina em unidade de informação, temos um arquivo que, em tese, é possível de

---

(2) Vale anotar, aqui, a advertência de DONEDA (2020) acerca dos *mitos* que se alimentam acerca dos grandes bancos de dados e, por exemplo, o tema da privacidade, especialmente quando evolui o pensamento para a adoção da *identidade única*. É importante refletir sobre os rumos de uma sociedade que congrega, em um só lugar e confia a um só ente (no caso, o Estado), o volume de informação de todos os seus cidadãos: "Certamente, alguns dos 'mitos' ou lugares comuns relacionados à privacidade somente podem ser compreendidos quando mais bem examinados. Assim ocorre, por exemplo, com algumas noções que acompanham a *práxis* nessa área, como a ideia de que o potencial perigo para a privacidade dos cidadãos, representado inicialmente pelo Governo, deu lugar a outra ideia segundo a qual o setor privado representaria uma ameaça ainda maior. Permanecem, latentes e plausíveis, porém, as hipóteses de rastreamento e controle invisível por parte do governo como perigo potencial para um futuro, que inclusive pode tomar proporções trágicas caso sociedades totalitárias tenham acesso às tecnologias necessárias. Outros 'mitos' da privacidade pertencem à mesma ordem de ideias como a noção de grandes bancos de dados centralizados seriam as grandes ameaças à privacidade. Certamente, o processamento distribuído de informações e o desenvolvimento de noções como a do *Big Data* de certa forma 'democratizaram' essa arquitetura, fragmentando o tratamento de dados pessoais, porém as questões referentes aos grandes bancos de dados continuam pertinentes e presentes, por exemplo, nas discussões referentes à adoção de um número de identificação único ou de cartas de identidades digitais" (DONEDA, Danilo. *Da Privacidade à Proteção de Dados* — fundamentos da Lei Geral de Proteção de Dados. 2. ed. rev. e atual. São Paulo: Revista dos Tribunais, 2020. E-book).

(3) É fácil encontrar, na *internet*, *sites* que funcionam como "tradutores" do código binário. Uma letra "a", por exemplo, estaria representada pelo código binário 01000001 e o espaço vazio seria 00100000.

ser replicado, conservando as mesmas características do original, razão pela qual, em relação a determinados dados, é imperativo assegurar coberturas especiais de proteção.

Estamos falando de segurança da informação e, comumente, do uso da criptografia dos dados recolhidos. As senhas baseadas apenas em *algo que você sabe* (*something you know*) costumam ser as mais fáceis de serem decifradas; uma camada adicional de segurança consistiria em adicionar um segundo fator: *algo que você tem* (*something you have*) como, por exemplo: um *token*, uma chave. Quanto mais camadas de segurança forem sendo acrescentadas, maior será a confiabilidade na integridade e conservação das informações. Uma terceira camada poderia se basear em pedir a informação sobre *algo que expresse a sua biometria*, ou seja, algo que você é (*something you are*) tais como impressões digitais, linhas do rosto, modo de caminhar, leitura da íris dos olhos etc. Hoje, já se fala em autenticação também pela localização espacial (*somewhere you are*).

Para dissociar o que é a informação para a máquina e o que ela significa para nós, pensemos na sonda Juno voltando suas lentes fotográficas para o planeta Júpiter, enquanto orbita ao seu redor. Uma vez captada a fotografia, não há uma marcação da luz sobre um papel-filme, para ser mergulhado em produtos químicos e contemplado pelos olhos humanos. Os dados das imagens serão automaticamente replicados pela máquina e viajarão pelo espaço, desde aquele longínquo planeta até alcançar uma outra máquina receptora na Terra. Esta será capaz de receber, armazenar e interpretar estes dados, convertendo-os para a compreensão humana por meio dos sentidos da visão, além de repassar outras informações que poderão ser exploradas tão somente pelo uso da razão, tais como as informações sobre os campos magnéticos, medições de tempestades, registros de temperaturas, gases, elementos químicos e minerais etc.

Eis as características de nossa Sociedade Digital ou Convergente, conectada em rede, apreendendo, produzindo, replicando e fazendo trafegar informações acerca das ações e omissões humanas. São os dados desses conflitos humanos que, quando capturados por essas máquinas, dão origem ao que chamamos de prova eletrônica e que compreendem toda sorte de informações: áudio, vídeo, local geográfico (GPS), temperaturas, registros computacionais de ações e omissões das tarefas humanas (*logs*, por exemplo), dados para análises racionais *(v.g.*, elementos químicos) etc.

Quanto maior a vigilância que o homem estabelece em seu tecido social, maior será o controle de suas próprias ações.

PINHEIRO (2010) delineou, com bastante precisão, a obsessão humana pelo avanço tecnológico na comunicação e os esforços para a criação de uma grande aldeia global e a chamou de Sociedade Digital ou Convergente. A facilidade na comunicação interliga o mundo financeiro; permite vendas personalizadas e estoque zero, com redução de custos; promove o desenvolvimento de logística jurídica capaz de refletir a multidiversidade cultural dos povos — o que força o pensamento jurídico a buscar também uma uniformização para aplicações globais; torna evidente o fosso que separa as nações que dominam a tecnologia de povos que precisam ser instruídos em tecnologia (novo critério de subdesenvolvimento); torna a informação um ativo do Poder e desterritorializa a aplicação do Direito(4).

Este mundo novo — em permanente rejuvenescimento — exige nossa atenção contínua para aspectos que, até então, julgávamos relativamente resolvidos, mas que estão a desafiar novas visões, perspectivas e soluções para problemas que não existiam(5). A título de ilustração, poderíamos citar:

Como lidar com o direito à privacidade e à intimidade?

- Como implementar o direito à desconexão e o direito ao esquecimento?
- Como evitar que os algoritmos de nossas máquinas não produzam ações discriminatórias?
- O que são dados sensíveis e como eles devem ser armazenados, acessados e tratados?
- Como a democracia pode *avançar* com a tecnologia e como ela deve se *proteger* em relação à tecnologia?
- Como deve ser a proteção do trabalho em relação à automação?
- Como deve ser tratada a segurança da informação: o que, como e a quem deve ser confiada a informação e o que é possível ou vedado fazer com ela?

---

(4) PINHEIRO, Patrícia Peck. *O Direito Digital*. 4. ed. São Paulo: Saraiva, 2010. p. 63-68.

(5) Há uma frase, usada como anedota, em que se diz: *"a informática veio resolver todos os problemas que, antes, não existiam"*. O mais engraçado é que a frase expressa exatamente a realidade da tecnologia da informação.

Em uma sociedade convergente, é inevitável o aporte, cada vez mais comum, de provas eletrônicas junto aos processos judiciais, tanto nos conflitos individuais, quanto nos coletivos. Por isso, precisamos aprofundar nossos estudos sobre *o conceito da prova eletrônica, suporte, técnicas de inserção no processo, acesso ao seu conteúdo, o risco de exposição de informações da rede pessoal de outrem e da rede pública do Judiciário bem como a correlação destes riscos com as garantias da ampla defesa e do contraditório* etc. Estes são apenas alguns dos aspectos mais urgentes sobre os quais precisamos construir novas abordagens.

Os litígios costumam se apresentar no processo judicial sob duas vertentes básicas (ou uma, ou outra, ou ambas[6]):

a) O conflito decorre de interpretação acerca da aplicação do ordenamento jurídico, pois os fatos que embasam a questão jurídica são aceitos como existentes (matéria de direito). Quando não há um fato controvertido, a rigor não há necessidade da produção de prova; ou

b) os fatos alegados como base *para as pretensões* ou *para o exercício do direito de defesa*, são, em si, questionáveis (matéria de fato). Nesta hipótese, adentramos no terreno do direito probatório. Vamos a um exemplo: tanto autor quanto réu estão de acordo que a prestação do trabalho além da jornada legal enseja o direito ao pagamento de horas extras, porém enquanto o autor alega ter executado este trabalho extra, o fato é negado pela defesa do réu.

A *prova*, em nosso ordenamento jurídico, tem múltiplos significados e uma compreensão mais exata não poderia ser realizada sem dar atenção à sua qualidade multifacetada (conexão direta ou indireta com o fato a ser provado; resultado; eficácia; licitude etc.).

---

(6) Importante advertir que esta é uma forma de visão mais simplificada adotada apenas para a compreensão do campo da prova. O processo pode albergar fatos controvertidos e questão jurídica controvertida (interpretação da regra) e, ainda assim, manter o foco apenas na questão jurídica, como se dá no terreno dos precedentes e, especialmente, quando a questão estiver sendo examinada em fase recursal por jurisdição extraordinária. Para entender isso melhor, vamos a um exemplo. Digamos que, ajuizada a demanda, tenhamos nela uma alegação de que determinado fato foi *gerador* de um tributo cobrado. Esta demanda pode sofrer a resistência do contribuinte, que negará o fato. Ademais, o contribuinte também poderá resistir quanto à interpretação de que a ocorrência possa desencadear a cobrança do tributo. Vamos supor que, vencidas as fases processuais e aberta a etapa recursal, estejamos em em sede de Recurso Especial (no qual não cabe mais revolver os fatos). No conflito descrito remanesce, contudo, a controvérsia apenas quanto à questão jurídica (ou seja, se o fato pode ou não ser considerado gerador do tributo exigido). Portanto, ainda que toda questão jurídica de um conflito esteja assentada sobre fatos, o que o precedente resolverá será, sempre, a questão jurídica que deles emerge.

Em uma apresentação simples, poderíamos dizer que a *prova* está *associada ao fato controvertido* e que, por isso mesmo, tem como escopo atuar na *demonstração do fato (existência, não existência)* para influenciar a formulação de um *juízo de inteligência (convicção) humana*. Para produzir uma conclusão baseada na *inteligência humana, a informação* precisa chegar ao órgão julgador pelos canais receptivos do homem: a visão, o tato, a audição, o olfato e o paladar. É na *precisão* da informação que a prova ganha musculatura em seu propósito: demonstrar o fato, eliminar a controvérsia para fazer prevalecer a versão alegada.

Notem que, se por razões diversas, for eliminada a potencial controvérsia sobre o *fato*, a *prova* perde a razão de ser. Esta qualidade (a não controvérsia; presunção de veracidade) pode ser presumida:

a) em razão da notoriedade que o fato assumiu;	*Exs::* *— um ato de renúncia de cargo político, amplamente noticiado na imprensa local, nacional e mundial;* *— um incêndio de grandes proporções ocorrido no local onde se processará a demanda; etc. (v. art. 374, I, CPC).*
b) em decorrência do ônus processual;	*Ex.s:* *— falta injustificada da parte à audiência na qual se requereu o seu depoimento pessoal, atraindo a aplicação da confissão tácita e a dispensa da produção de provas (art. 362, § 2º, CPC);* *— porque a parte adversa expressamente reconheceu como verdadeiros os fatos da lide deduzidos pelo seu adversário (art. 374, II e III, CPC)* *— em razão da revelia (art. 344, CPC; 844,* caput, *CLT)*
c) por força de lei.	*Ex.: na dívida parcelada, a quitação da última parcela estabelece presunção legal de que teria havido o pagamento das anteriores (presunção relativa, pois admite prova em contrário — art. 322, Código Civil).*
d) em atenção ao princípio da economia processual (e em observância ao dever processual — art. 77, III, c.c. art. 370, parágrafo único; art. 464, § 1º, II, CPC; no rito sumaríssimo trabalhista, há regra específica: art. 852-D, CLT);	*Ex.s:* *— prova desnecessária ou inútil, ou seja, quando não houver relação com os fatos relevantes do conflito ou mesmo com os fatos secundários, com os quais se possa identificar alguma correlação relevante;* *— prova repetitiva, excessiva, impertinente, protelatória;*

Oportuno destacar que, quando se tratar de direitos indisponíveis, é outra a disciplina probatória, não sendo cabível: 1 – extrair os efeitos da revelia (art. 844, § 4º, II, CLT; art. 345, II, CPC); 2 – estabelecer convenção processual a respeito da distribuição do ônus da prova (art. 373, § 3º, I, CPC); 3 – extrair o efeito da confissão (art. 392, *caput*, CPC); 4 – dispensar a produção de provas em razão da ausência de pessoa que deva dela necessariamente participar (art. 362, § 2º, CPC).

Voltando ao ponto, é na *precisão do fato* que a prova eletrônica tem mais chances de se destacar, porque a informação não é elaborada a partir da percepção humana mais simpática a esta ou aquela causa; muito raramente falharia na transmissão do fato informado, como pode acontecer com a vagueza dos depoimentos pessoais. Com maior *precisão* na demonstração dos fatos, a consequência mais imediata é o afastamento das *versões* do processo judicial, levando o instrumento ao ponto mais próximo possível da *realidade* outrora vivenciada pelos litigantes. Por conseguinte, a trilha culminará em uma percepção mais concreta sobre qualidades que conceituamos como verossimilhança, verdade provável e verdade real.

É claro que, no parágrafo anterior, estamos falando de uma prova eletrônica que preenche os requisitos para alcançar o desiderato de qualquer *prova*. Afinal, se ela (a prova) não permite visualizar o que deve ser visto; não permite ouvir o que precisaria ser ouvido e não permite compreender o ocorrido e solucionar a questão, ela falha em alcançar a eficácia pretendida e, nesse caso, pouco importa qual é o seu suporte.

2. A prova como direito da parte. matizes constitucionais (contraditório e ampla defesa). Motivação e fundamentação. Construção do conceito

Antes de entrarmos no conceito da prova eletrônica — e porque precisamos dele —, voltemos os olhos para o dispositivo nuclear da *prova* no atual Código de Processo Civil.

Diferentemente do CPC de 1973[7], a prova agora assume, explicitamente, o seu papel como um *direito processual* atribuído à parte — ainda que o juízo possa, também, produzi-la de ofício[8] —, quanto aos fatos relacionados à pretensão ou

(7) CPC/1973 (dispositivo revogado): Art. 332. Todos os meios legais, bem como os moralmente legítimos, ainda que não especificados neste Código, são hábeis para provar a verdade dos fatos, em que se funda a ação ou a defesa.

(8) CPC: Art. 370. Caberá ao juiz, de ofício ou a requerimento da parte, determinar as provas necessárias ao julgamento do mérito.

argumentos defensivos, com a clara finalidade de atuar na formação da convicção do julgador(9).

A vinculação da prova como *direito da parte* de atuar de forma ampla (desde que legal e moralmente legítimo) na demonstração dos fatos alegados (da pretensão ou no exercício do direito de defesa) evidencia sua conexão com os princípios constitucionais do *contraditório* e da *ampla defesa* e pode nos oferecer uma ideia diferente em relação à formação do convencimento do julgador (a motivação).

A mudança do novo CPC, suprimindo a expressão "livre" ao tratar do convencimento do julgador, resulta, ao fim, em maior compreensão da cooperação processual, colocando em relevo os papéis dos atores processuais e suas influências a partir dos atos processuais, traçando contornos que conferem um figurino mais democrático para o processo.

Para o professor NEVES (2016: 650-651), não há, contudo, diferença entre o antigo e o novo CPC no que diz respeito à valoração da prova, pois, não houve uma modificação em relação à *valoração* da prova pelo juiz e, exemplo disso, decorre de mera observação do art. 489 do CPC, que não traz nenhuma referência sobre a apreciação da prova(10).

Embora o raciocínio de NEVES esteja correto, pois em seu argumento não defendeu que o julgamento pudesse ser feito de modo aleatório, justificando a sua posição para demonstrar que o *livre* convencimento é uma forma de se contrapor

---

(9) CPC: Art. 369. As partes têm o direito de empregar todos os meios legais, bem como os moralmente legítimos, ainda que não especificados neste Código, para provar a verdade dos fatos em que se funda o pedido ou a defesa e influir eficazmente na convicção do juiz.

(10) NEVES ensina: "Há certa confusão nesse entendimento porque o sistema de livre convencimento motivado tradicionalmente é vinculado à parte fática da decisão, de forma que as novas exigências de fundamentação quanto à parte jurídica não têm aptidão para alterar o sistema de valoração de provas adotado por nosso sistema processual. (...)

Não há como discordar da corrente doutrina que ensina nunca ter existido discricionariedade do juiz quanto à prova, não sendo razoável se concluir que o princípio do 'livre convencimento' legitimaria exame irracional das provas produzidas, tendo servido apenas para se contrapor ao sistema da prova tarifada. Por isso, discordo que a mudança legislativa teria afastado uma discricionariedade na valoração da prova, que em meu entendimento não existia na vigência do CPC/1973. (...)

Como se pode notar de simples leitura do § 1º do art. 489 do Novo CPC, nenhuma das exigências quanto à fundamentação da decisão diz respeito à valoração das provas e, por consequência, à decisão da parte fática da demanda. Insisto mais uma vez que se perdeu uma ótima oportunidade de fazê-lo, mas não há como querer criar aquilo que não está previsto. Se nenhuma exigência quanto à fundamentação da parte fática da demanda está prevista no dispositivo legal, exatamente como ele poderia modificar o atual sistema de valoração de provas?" NEVES, Daniel Amorim Assumpção. *Código de Processo Civil comentado artigo por artigo*. Salvador: JusPodivm, 2016. p. 650-651.

ao *sistema tarifado* das provas, acreditamos que há um outro enfoque que precisa ser abordado: a questão emergente, em relação a esta discussão, diz respeito à qualidade das decisões judiciais. Afinal, o antigo CPC permitiu, ou não, a lavratura de decisões que pareciam distantes dos fatos e das questões jurídicas colocadas em debate? Houve ou não a adoção de enunciados de súmulas e aplicações de tais disposições como se fossem regras abstratas? Formularam-se, ou não, alterações nas redações de enunciados sem casos concretos que inspirassem as alterações e este agir está ou não mais próximo da elaboração de regras abstratas como faz o legislador ao propor as leis?

No esforço de demonstrar a interligação entre o art. 489 do CPC e o conjunto probatório reunido, THEODORO JR. *et al.* (2016[(11)]) defendem a distinção entre *motivação* e *fundamentação*:

> Ao se partir dessa percepção e analisar o modo como as decisões são fundamentadas, torna-se imperativa uma nova perspectiva dinâmica (substancial) para a referida cláusula constitucional com aplicação concreta da garantia e que expanda o próprio conteúdo do texto da Constituição.
>
> Ocorre que cabe considerar que o texto originário do projeto de Novo CPC, apresentado ao Senado (PLS n. 166/2010) abria a possibilidade de reduzir *fundamentação* à mera *motivação*. Ou seja, a motivação seria o apontamento *pelo juiz* dos elementos que *ele* — de modo individual e solitário — considerou mais relevantes no caso e que fizeram que *ele* tomasse tal decisão em determinado sentido — e não em outro. (...)
>
> Nesse caso, ao mesmo tempo em que os poderes do juiz diminuem, ele se torna mais envolvido na reconstrução das instituições públicas, tendo em vista que não haverá uma decisão tomada apenas pela sua atuação (solitária, centralizada), mas o resultado da decisão será construído em conjunto determinado pela conjunção das partes e assistentes envolvidas no processo.

Eis o caminho da *prova* no processo. É direito da parte, tem índole constitucional (porque associada ao devido processo legal, contraditório e ampla defesa) e busca a demonstração dos fatos do conflito. Sua pertinência é extraída da narrativa

---

(11) THEODORO JR., Humberto; NUNES, Dierle; BAHIA, Alexandre Melo Franco; PEDRON, Flávio Quinaud. *Novo CPC* — Fundamentos e Sistematização, 3. ed. Rio de Janeiro: Forense, 2016. p. 333-334, 371.

da pretensão (*causa petendi)* e dos argumentos defensivos e a tipificação dos fatos dispõe sobre o ônus, mas a dificuldade das partes poderá resultar na inversão do *onus probandi*.

De todo o exposto, extrai-se que a *prova* é elemento de *informação*, capaz de provocar, por meio dos sentidos humanos, a formação da convicção do órgão julgador.

Quanto mais imprecisa a prova, em relação aos fatos que quer demonstrar, mais nítida será:

(i) a *verdade provável* (a verossimilhança, aqui compreendida como uma presunção de uma realidade provável diante da mera alegação); ou

(ii) a *verdade possível* (onde a conclusão se extrai das provas recolhidas, com toda a carga da imprecisão humana, ou seja, conjunto probatório permeado de contradições ou mesmo dúvidas, que podem emergir até mesmo da parcialidade de quem prestou as declarações);

(iii) a utópica busca da *verdade real*.

Pensemos, agora, na *prova eletrônica*, aqui considerada como *unidade de informação eletrônica*, capaz de reproduzir — por intermédio de um programa (*software*) e uma máquina (*hardware*) — *os fatos alegados e que se pretendem demonstrar* no processo, constatáveis ou não[12] por meio de parte dos sentidos

---

(12) A Lei n. 11.419/2006, ao regulamentar o processo eletrônico, já dispunha em seu art. 13, *caput*, a característica do *tráfego de informações eletrônicas*, inclusive *provas eletrônicas*:

"Art. 13. O magistrado poderá determinar que sejam realizados por meio eletrônico a exibição e o envio de dados e de documentos necessários à instrução do processo". ATHENIENSE (2010), em relação a este dispositivo, comentava: "O *caput* dispõe sobre a competência do juiz em determinar a exibição por meio eletrônico de dados ou documentos necessários à instrução do processo, enquanto no § 1º trata dos cadastros públicos.

A competência do juiz preceituada no *caput*, ou seja, a possibilidade de requisitar a exibição de documentos, é regida pelo CPC no art. 355 (...).

No processo tradicional, a exibição de documentos é um procedimento incidental muito utilizado como medida cautelar de produção antecipada de provas, no qual o juiz poderá requisitar à parte ou a terceiro, documentos necessários à instrução do processo que supostamente estejam em seu poder. No processo eletrônico, o procedimento também será o mesmo, porém tanto a requisição quanto a exibição poderão ocorrer por meio eletrônico.

Os documentos que poderão ser requisitados são aqueles mencionados no art. 11, ou seja, aqueles gerados de forma eletrônica ou até mesmo os documentos digitalizados considerados como instrumento de prova. Cumpre ressaltar que a utilização da certificação digital garantirá maior certeza quanto à integridade de informação.

Considerando que existirá uma demanda crescente pelo manuseio de provas geradas em formato digital em diferentes formas, o expediente da parte de requerer ao magistrado a exibição ou envio de documentos por meio eletrônico visando à instrução do processo será cada vez maior.

humanos. Por exemplo: gravações de áudio e/ou vídeo; textos transcritos em mensagens; fotografias digitais; assinaturas digitais (com ou sem certificação digital); registros contábeis; transferências eletrônicas; recursos em criptomoedas; tráfego na internet; etc.

Diferentemente da memória humana, os registros eletrônicos não criam *falsas memórias*, não sofrem a influência humana do interrogatório quando se quer acessar as informações necessárias, não expressam preferências na narrativa e não se associam a qualquer interesse a favor do conflito. Cabe, no entanto, um alerta: não raras vezes, o conjunto probatório envolve provas que são geradas a partir de outras provas. Assim se dá com a inquirição de partes e testemunhas em relação a documentos (recibos, provas emprestadas etc.) e registros de acareações e reinterrogatórios. A memória humana, como dito, é falha, pois não só tem dificuldades em apreender os fatos, como pode gerar falsas memórias, inclusive em decorrência da técnica de inquirição empregada. PALMA, BRUST-RENCK e NEUFELD (2016) tratam deste tema com maestria:

> A memória pode ser definida de forma simples como o conjunto de habilidades para adquirir, armazenar e recuperar (evocar) informações, dessa forma, o processo mnemônico não envolve uma única habilidade, mas sim uma combinação complexa de subsistemas (...).
>
> Uma importante falha da memória é sua capacidade de distorcer informações, criando falsas memórias (...).
>
> As falsas memórias podem ocorrer de dois modos: espontaneamente ou via implantação de sugestão de falsas informações. As geradas espontaneamente são endógenas, ou seja, internas ao sujeito, também são denominadas autossugeridas, resultam do processo normal de compreensão, obra de processos de distorção mnemônicas endógenas, sem a interferência externa à pessoa. Uma interferência ou interpretação pode ser lembrada como parte da informação original e comprometer a fidedignidade da memória recuperada, outra distorção comum, endógena, é recordar uma informação que se refere a um determinado evento como pertencente a outro (...).

Por outro lado, essa regra poderia ser aplicada no sentido de que o interessado que estiver distante do foro onde tramita o processo pudesse requerer em juízo que o magistrado digitalize determinadas peças processuais e promova-lhes a transmissão por meio eletrônico, para ganhar tempo no cumprimento de certas diligências". (ATHENIENSE, Alexandre. *Comentários à Lei n. 11.419/2006 e as práticas processuais por meio eletrônico nos tribunais brasileiros*, Curitiba: Juruá, 2010. p. 230-231).

> O procedimento de sugestão de falsa informação consiste na apresentação de uma informação falsa compatível com a experiência, que com isso, passa a ser incorporada na memória (...). Elas advêm de sugestões externas ao sujeito, devido a aceitação de uma falsa informação posterior ao evento ocorrido, podendo ocorrer tanto de forma acidental quanto de forma deliberada, produzindo uma redução das lembranças verdadeiras e um aumento das falsas memórias. Esse efeito de sugestionabilidade pode ser entendido como uma aceitação e subsequente incorporação na memória de falsas informações posterior a ocorrência do evento original (...).
>
> Cabe ressaltar que as distorções mnemônicas são diferentes da mentira deliberada ou simulação. Nas falsas memórias as pessoas acreditam que o fato recordado aconteceu realmente, acreditando piamente em sua lembrança. Já na mentira, a pessoa tem consciência de que o fato apresentado não aconteceu, mesmo sustentando-o como se fosse verdade (...). As simulações e as mentiras são embasadas em alguma pressão social, já as falsas memórias são fenômenos cognitivos, ou seja, fenômenos mnemônicos.(13)

Não é diferente a percepção de CABRAL (2020) em relação à maior captação dos fatos do conflito por meios digitais e o esmaecimento das versões — aqui anotado como a menor confiança na memória humana:

> Sem embargo, atualmente existe uma superdocumentação dos fatos da vida. Qualquer aparelho portátil pode registrar fatos. Os telefones celulares inteligentes (*smartphones*) hoje em dia trazem câmeras fotográficas embutidas, e quase todo conflito é acompanhado de algum registro documental, em áudio e/ou em vídeo. Edifícios, escritórios e empresas catalogam a entrada e saída de pessoas em cadastros com fotos; registros telefônicos indicam as antenas que os celulares acessaram e a análise de GPS permite posicionar um indivíduo no planeta com menos de cinco metros de margem de erro. Isso tudo, acompanhado de sistemas de reconhecimento facial, permite comprovar onde e quando certas pessoas estiveram, ou mesmo traçar o trajeto pelo qual passaram em um determinado espaço de tempo.

---

(13) PALMA, Priscila de Camargo; BRUST-RENCK, Priscila Goergen; NEUFELD, Carmem Beatriz. O Papel da Memória na Psicologia do Testemunho. In: NOJIRI, Sérgio (Coord.). *Direito, Psicologia e Neurociência*. Ribeirão Preto: Editora IELD, 2016. p. 106-107, 118).

> De outro lado, estudos de neurociência têm revelado que a memória humana é mais falível do que se imaginava, permitindo-se questionar a precisão da lembrança que as testemunhas têm do fato probando e trazendo ao debate questões como falhas na percepção sensorial e na recuperação do fato probando pela memória.(14)

O crescimento das provas eletrônicas nos autos implicará no confronto destes conteúdos com a coleta das provas orais em audiência. É preciso estar atento sobre como as partes tendem a reagir diante da prova eletrônica e isso nos remete a um outro ponto: a autenticidade da prova digital.

De novo, há de se insistir neste ponto: quanto mais fiel, amplo e preciso o registro acerca dos fatos do conflito, menor será a força da versão e mais improvável será a formação da convicção do juízo de verossimilhança ou da verdade possível. É importante destacar que o conjunto probatório, em si, não se confunde com a motivação e a fundamentação do órgão julgador. Além da demonstração dos fatos, o elemento decisivo na solução do conflito continua sendo a *valoração dos fatos* e a *interpretação* acerca da aplicação da norma jurídica. A precisão da prova eletrônica apenas concorre para que entre as alegações e a decisão, a valoração das decisões esteja mais próxima do ideal, como nunca jamais estivemos.

Por fim, não se pode olvidar que a *prova eletrônica* também pode ser produzida de ofício e, neste particular, é oportuno sublinhar que a comunicação dos autos processuais com a *informação* (o dado) *eletrônica*, quando estabelecida diretamente entre *sistemas* deve estar marcada pela *validação*. Não se adequa a um processo contemporâneo e democrático a mera consulta à informação disponível na rede mundial de computadores, sem qualquer possibilidade de validação (fontes abertas). Em se tratando de informação que trafegue por meio de sistemas interligados ao processo judicial eletrônico, a *autenticidade* é característica essencial a ser exigida na construção desta arquitetura processual. O modelo processual precisa estar atento à*s existentes cadeias de custódia da prova*, pois nem sempre bastará a mera ausência de impugnação, especialmente quando tal inércia vier de ente que não tem poderes para confessar.

Esta característica nos remete à conclusão de que o processo eletrônico pode e deve ser pensado de forma diferente do processo de papel, físico. Além das características já sublinhadas acima, a *prova eletrônica* também se distingue pela

---

(14) CABRAL, Antonio do Passo. Processo e Tecnologia: novas tendências. In: WOLKART, Erik Navarro *et. al.* (Coords.). *Direito, Processo e Tecnologia*. São Paulo: Thomson Reuters, 2020. E-book, RB-3.7.

facilidade de captação, transmissão e utilização dos dados, inclusive na formulação da convicção do julgador, contribuindo para a celeridade processual.

O novo CPC já dispõe sobre atos processuais eletrônicos e exige sua realização por *padrões abertos*. Além disso, deve atender aos requisitos de *autenticidade*(15), *integridade*, *temporalidade*, *não repúdio* e *conservação*. Correndo os autos em segredo de Justiça, deve ser observada a *confidencialidade*, sendo esta qualidade também anotada quanto aos procedimentos de *conciliação* e/ou *mediação*, assim como nos atos de execução (v. arts. 166, § 1º; 189; 195; e 773, parágrafo único, CPC)(16).

Mais uma vez, é essencial o alerta contido na doutrina de PINHEIRO (2010(17)): não basta aceitar a realidade de que, paulatinamente, os fatos dos conflitos estão migrando para registros digitais. É um dever dos operadores digitais "*esclarecer, explicar e ensinar como adequadamente registrar operações eletrônicas*" e, ao Estado, cabe o papel de estabelecer *padrão de conduta para certificação dos documentos*, disciplinando, com clareza, uma Gestão Eletrônica de Documentos.

Não obstante a *precisão* do fato registrado na prova eletrônica tenha o condão de afastar as versões a respeito dos acontecimentos do conflito, ainda caberá o questionamento acerca da autenticidade da prova. Daí a advertência de NASCIMENTO (2020(18)) quanto à necessidade da guarda do arquivo

---

(15) Um documento público ou particular, firmado com assinatura digital, com certificação digital, detém presunção de autenticidade em relação ao subscritor (art. 10, § 1º, MP n. 2.200-2/2001). V. também, art. 219, C.C.

(16) PIMENTEL (2016) ensina: "A ICP pode ser conceituada como um conjunto de protocolos lógico-informáticos pelos quais os conteúdos dos documentos eletrônicos são criptografados com o escopo de garantir sua inviolabilidade, integridade e autenticidade. Dessa forma, assegura-se tanto a fidedignidade do conteúdo quanto a identidade dos usuários de um sistema informático. Consoante o art. 1º da MP n. 2.200-2/2001, a ICP-Brasil foi instituída com o objetivo de proporcionar segurança às transações eletrônicas, por isso possui a atribuição de gerenciar a forma de constituição e de validação dos documentos eletrônicos. Para tanto, possui a prerrogativa de fiscalizar as Autoridades Certificadoras, as quais emitem certificados digitais. A ICP-Brasil obedece a uma hierarquia gerencial, pela qual há uma Autoridade Certificadora Raiz, representada pelo ITI (Instituto Nacional de Tecnologia da Informação), a qual se sobrepõe e administra as demais Autoridades Certificadoras, e tem, ainda, a prerrogativa de gerar as chaves de segurança do sistema". (PIMENTEL, Alexandre Freire. Art. 195. In: STRECK, Lênio Luiz; NUNES, Dierle; CUNHA, Leonardo (Orgs.). *Comentários ao Código de Processo Civil.* São Paulo: Saraiva, 2016. p. 312).

(17) *Ob. cit.*, p. 207.

(18) Nas palavras de NASCIMENTO (2020): "Como já afirmado, é possível que seja necessário realizar perícias para atestar a autenticidade do material encontrado on-line, como também é possível que os peritos sejam chamados a depor, para explicar o procedimento técnico adotado na coleta e interpretação das evidências eletrônicas. Por vezes, os chamados prints, ou seja, capturas da imagem estática que se vê na tela do computador ou do celular em um determinado momento, gerarão mais problemas

matriz, especialmente quanto aos metadados que podem ali estar registrados (data do arquivo, horário, tipo de equipamento utilizado etc.).

3. Provas eletrônicas. A Ata Notarial e a Técnica do *Blockchain*. Procedimento para custódia da prova eletrônica

THAMAY e TAMER (2020), em estudo dedicado às provas digitais, formulam duas questões: a) *"o que justifica chamar a prova de digital?"* e b) *"o que torna útil a categorização entre provas e provas digitais?"* E respondem:

> A resposta para todas essas perguntas parece possível a partir da própria semântica do termo *digital* agregado, o que induz a duas acepções de compreensão. Uma primeira, segundo a qual a prova digital pode ser entendida como a demonstração de um fato ocorrido nos meios digitais, isto é, um fato que tenha como suporte a utilização de um meio digital. E, uma segunda, em que, embora o fato em si não tenha ocorrido em meio digital, a demonstração de sua ocorrência pode se dar por meios digitais. (...)
>
> Dito isso, somando-se às ideias postas até aqui, parece ser possível conceituar a prova digital como: o instrumento jurídico vocacionado à demonstrar a ocorrência ou não de determinado fato e suas circunstâncias, tendo ele ocorrido total ou parcialmente em meios digitais ou, se fora deles, esses sirvam como instrumento para sua demonstração. A prova digital é o meio de demonstrar a ocorrência de um fato ocorrido em meio digital, ou que tem no meio digital um instrumento de demonstração de determinado fato de seu conteúdo.(19)

---

do que soluções, uma vez que eles não incluem os metadados dos arquivos compartilhados on-line. Muitas vezes, apenas com acesso ao arquivo de imagem ou áudio original será possível de fato saber quando ele foi gerado, por qual aparelho, e por quem foi publicado. (...). O ideal, contudo, é que cada parte que se valha de uma prova eletrônica mantenha o seu próprio arquivo original armazenado para eventual perícia e contraprova, pois, reitere-se, alguns dados apenas estarão disponíveis no arquivo original. A título de exemplo, aplicativos de mensagens instantâneas costumam excluir os metadados de fotos compartilhadas por seus sistemas, e redes sociais ou plataformas de compartilhamento de vídeos podem apagar conteúdos que considerem violentos ou impróprios, fazendo com que se perca a prova do ilícito. Por fim, a manutenção desse arquivo, por vezes, pode ser associada ao link permanente supracitado, que mostre o estado da página da internet no momento em que o dado foi extraído". (NASCIMENTO, Bárbara Luíza Coutinho. Provas Digitais obtidas em fontes abertas na internet: conceituação, riscos e oportunidades. In: WOLKART, Erik Navarro *et. al.* (Coords.). *Direito, Processo e Tecnologia.* São Paulo: Thomson Reuters, 2020. E-book, posição RB-4.6, 4.9).

(19) THAMAY, Rennan; TAMER, Maurício. *Provas no Direito Digital* — Conceito da prova digital, procedimentos e provas digitais em espécie. São Paulo: Revista dos Tribunais, 2020. p. 32-33.

O Código Civil, ao tratar da demonstração do fato jurídico, reconhece a existência das provas em suporte eletrônico. Diz o art. 225, *in verbis*:

> Art. 225. As reproduções fotográficas, cinematográficas, os registros fonográficos e, em geral, quaisquer outras reproduções mecânicas ou eletrônicas de fatos ou de coisas fazem prova plena destes, se a parte, contra quem forem exibidos, não lhes impugnar a exatidão.

O fato jurídico, portanto, reputa-se demonstrado, à vista da prova digital, quando não lhe for oposta qualquer insurgência. Esta também é a diretriz processual:

> Art. 411. Considera-se autêntico o documento quando:
>
> I – (...);
>
> II – a autoria estiver identificada por qualquer outro meio legal de certificação, inclusive eletrônico, nos termos da lei;
>
> III – não houver impugnação da parte contra quem foi produzido o documento.
>
> (...)
>
> Art. 422. Qualquer reprodução mecânica, como a fotográfica, a cinematográfica, a fonográfica ou de outra espécie, tem aptidão para fazer prova dos fatos ou das coisas representadas, se a sua conformidade com o documento original não for impugnada por aquele contra quem foi produzida.
>
> § 1º As fotografias digitais e as extraídas da rede mundial de computadores fazem prova das imagens que reproduzem, devendo, se impugnadas, ser apresentada a respectiva autenticação eletrônica ou, não sendo possível, realizada perícia.
>
> § 2º Se se tratar de fotografia publicada em jornal ou revista, será exigido um exemplar original do periódico, caso impugnada a veracidade pela outra parte.
>
> § 3º Aplica-se o disposto neste artigo à forma impressa de mensagem eletrônica.

Havendo impugnação, no entanto, deve ser apresentada a autenticação eletrônica ou, não sendo possível, realizada a perícia na fonte. Note que o Código não fala em documento *original* e *cópia*, uma vez que, no plano digital, a cópia pode replicar integralmente o que é tratado como original. Os arquivos replicados costumam ser idênticos, embora também seja possível constatar derivações distintas (por exemplo, modificando a resolução das imagens; o formato do arquivo; acrescentando-se informação nas cópias que não se encontravam no arquivo primário, dentre outras formas de alteração ou adulteração). Igual disciplina se aplica em relação às mensagens eletrônicas. A apresentação de uma mensagem de *e-mail*, impressa ou digitalizada, quando impugnada pela parte adversa, pode resultar na determinação de exibição do arquivo eletrônico matriz (de onde se extraiu a cópia impressa) ou até mesmo do equipamento para ser periciado (telefone, computador, tablet etc.).

Ao tratar dos documentos eletrônicos (arts. 439-441), o novo CPC estabeleceu duas condições iniciais: a) a possibilidade de sua conversão na forma impressa (ou digitalizada); e b) a possibilidade de verificação de sua autenticidade.

Uma das formas de comprovação da autenticidade pode se dar por meio da *ata notarial* (art. 384 c.c. art. 405, CPC), mas é preciso uma atenção especial em relação a esta *prova*. A ata notarial consiste em declaração expedida pelo notário acerca de algum fato (lícito ou ilícito), inclusive *imagem ou som* que estejam gravados em arquivos eletrônicos. O tabelião poderá, por exemplo, extrair cópia e identificar conteúdo e endereço eletrônico de uma página publicada na internet, mas não se infere, a partir daí, a autenticidade do conteúdo *apenas porque a ata lavrou o que era exibido*. A página publicada na internet e registrada em ata pode estar hospedada em endereço falso ou ter o conteúdo adulterado parcial e/ou temporariamente. O registro em ata notarial de gravação de voz prova o conteúdo, mas não é capaz de conferir a autenticidade em relação ao autor da gravação.

É neste contexto que começam a surgir vozes propondo a adoção da tecnologia do *blockchain* para registro imediato do fato jurídico disposto na forma eletrônica (uma página na internet, publicações em redes sociais, gravações de áudio contidas em aparelhos celulares/aplicativos etc.). Mas, o que é *blockchain*?

CAMPOS (2018) a define como "um grande livro contábil virtual, contínuo, que registra todas as transações de Bitcoin realizadas, desde a primeira em 2009, mantido através de um método de consenso por todos os participantes de forma colaborativa" e que tem como objetivo "ser uma prova permanente de todas as transações e prevenir o chamado 'gasto duplo', ou seja, a duplicação ou utilização dupla de um mesmo Bitcoin. O Blockchain é organizado em blocos conectados entre si, que, por conta de características trazidas pelas especificações do protocolo da Rede Bitcoin, é capaz de garantir segurança, imutabilidade e a rastreabilidade das transações"[(20)].

Como se nota, trata-se de uma tecnologia associada à criptomoeda Bitcoin. Ao resolver o *dilema dos generais bizantinos*, a técnica consolidou uma rede de verificação contínua e permanente, em atividade de *mineração* de blocos, resultando daí as qualidades de segurança e confiabilidade às transações realizadas

(20) CAMPOS, Emília Malgueiro. *Criptomoedas e* blockchain: o Direito no mundo digital. Edição do Kindle. Rio de Janeiro: Lumen Juris, 2018.

com a criptomoeda[21]. Em resumo, quem utiliza a *criptomoeda* paga taxa por sua utilização. Estes recursos (taxas) são utilizados para remunerar os *mineradores*, ou seja, aqueles usuários que dedicam tempo e energia tentando solucionar problemas matemáticos e que, ao cumprirem esta tarefa, ganham o direito de *validar as transações realizadas nos últimos 10 (dez) minutos* e essa validação é amplamente verificada pelos demais usuários da rede. Na hipótese de um minerador invalidar uma transação correta resultará na rejeição do bloco de informações trabalhado

(21) Explica CAMPOS (2018): "Muito tem se falado na mídia sobre o potencial do Blockchain, apesar da desconfiança com o Bitcoin e criptomoedas em geral, como se fossem tecnologias independentes e o Blockchain tivesse, isoladamente, a capacidade de garantir imutabilidade e segurança, que são os resultados mais admirados dessa tecnologia. No entanto, esses resultados são trazidos pelo protocolo da Rede Bitcoin, e não simplesmente pela estrutura do Blockchain especificamente. E isso é decorrência do fato do protocolo de Satoshi Nakamoto ter resolvido um dilema já conhecido dos estudiosos das redes distribuídas, denominado "Dilema dos Generais Bizantinos", proposto por Marshall Pease, Robert Shostak e Leslie Lamport em 198225. Resumidamente, eles trouxeram a seguinte questão: em uma rede distribuída, ou seja, onde não há um centralizador que traz a confiança, como é possível confiar na informação gerada pelos outros membros da rede? O mecanismo desenvolvido por Satoshi para resolver esse dilema é o método de consenso utilizado pelo protocolo para a validação das transações, chamado de *Proof of Work*. Se a Rede Bitcoin inova ao substituir a confiança do intermediário por tecnologia, podemos afirmar que a *Proof of Work*, ou prova de trabalho, é o mecanismo que garante essa confiança. E como isso funciona? As transações de valores são realizadas dentro da Rede e, a cada dez minutos, aproximadamente, determinados participantes da rede, que são os mineradores, disputam uma prova matemática complexa, baseada em criptografia, e quem encontra a solução correta primeiro adquire o direito de validar as transações realizadas nos últimos dez minutos, formando um bloco que será anexado à cadeia de blocos já validados, por isso o nome "cadeia de blocos". A própria complexidade da prova matemática que os mineradores realizam é controlada pelo software do Bitcoin, que a cada 2 semanas, aproximadamente, avalia o tempo médio gasto pelos mineradores no período e faz a calibragem do *software*, para ajustar o nível de dificuldade de forma que os blocos sejam minerados em aproximadamente 10 minutos cada. Para exercer a atividade de mineração e colaborar com a Rede validando as transações, um minerador precisa ter um equipamento específico e despender, além do esforço computacional, uma grande quantidade de energia elétrica no processo. Para entender melhor a prova de trabalho realizada na atividade de mineração na Rede Bitcoin e o que ela representa, podemos fazer uma analogia com a construção das pirâmides pelos egípcios. Ao utilizarem alta tecnologia, recursos financeiros e humanos enormes para sua construção, os egípcios queriam evidenciar o quanto eram competentes e capazes. Na Rede Bitcoin, ao investirem recursos extrínsecos à rede, ou seja, que têm valor não apenas para a rede, mas para todos em geral, no caso, grande quantidade de energia elétrica, os mineradores demonstram que estão investindo e colaborando com a rede validando as transações, e, portanto, são confiáveis, visando o recebimento de incentivo: uma certa quantidade de novos e recém-emitidos Bitcoins, além das taxas de transação, que são pequenos percentuais das operações, pagos pelos usuários em cada transação, para remuneração dos mineradores pela validação dos blocos. Além disso, após a validação de um bloco de transações pelo minerador, o resultado pode ser facilmente conferido pelos demais usuários da rede, garantindo, portanto, o consenso distribuído. Se um minerador invalidar uma transação válida, por exemplo, em uma tentativa de fraude, isso será identificado pelos demais membros da rede, que rejeitarão o bloco desse minerador, abrindo espaço para que outro minerador valide esse bloco e receba o incentivo, enquanto o fraudador apenas gastou energia e esforço computacional à toa. É isso que torna o Bitcoin tão revolucionário, pois o sistema no qual se baseia foi idealizado de forma a tornar mais vantajoso economicamente para os usuários colaborarem honestamente com a rede, do que tentar trapacear." (CAMPOS, Emília Malgueiro. *Criptomoedas e* blockchain*:* o Direito no mundo digital. Edição do Kindle).

por este minerador e ele será excluído, sendo a transação atribuída a outro minerador que, cumprindo com o seu ofício de verificação e validação, irá receber o incentivo.

Logo, o mecanismo de validação das informações começou a despertar a atenção para outras aplicações, conforme ensina CAMPOS (2018):

> Em razão desse timestamp garantido pelo Blockchain, mencionado no capítulo anterior, é possível utilizá-lo para outras aplicações, inclusive com finalidades jurídicas para prova de autenticidade como, por exemplo, registro de documentos, direitos autorais, e assinatura de contratos. Considerando que o Blockchain permite registros seguros, confiáveis, contínuos e, principalmente, imutáveis, somado ao timestamp, é possível garantir um registro seguro e confiável, com data e hora.
>
> Consequentemente, isso possibilita a utilização do Blockchain para produção de registros para várias aplicações, até mesmo uso como prova em ações judiciais. De acordo com o Código de Processo Civil, em seu art. 332, provas são todos os meios legais, bem como os moralmente legítimos, ainda que não especificados, hábeis para provar a verdade dos fatos em que se fundam a ação. À exceção, é claro, quando a lei exige um determinado tipo de documento para prova de um fato, como no caso da propriedade imóvel ou de automóvel.
>
> Vamos imaginar, por exemplo, uma ação judicial por violação de direitos autorais ocorrida em um site na Internet. Para comprovar essa violação, a parte poderia se valer de uma ata notarial para demonstrar que, naquele dia e horário, determinado endereço eletrônico apresentava uma certa imagem. No entanto, é possível produzir esse tipo de comprovação, via Blockchain, aproveitando-se justamente do *timestamp*, ou seja, um registro seguro e confiável que aquele conteúdo foi exibido naquele dia e horário.
>
> Em relação à assinatura de contratos, a Medida Provisória n. 2.200/2001 dispõe que, se as partes concordarem com o modelo de certificação digital utilizado, ele é válido, inclusive aqueles não emitidos pela ICP-Brasil, desde que admitido pelas partes como válido ou aceito pela pessoa a quem for oposto o documento. Da mesma forma prevê o Código Civil, ao estabelecer que, se não houver forma prescrita em lei, qualquer manifestação de vontade das partes é válida.

> Nessa linha, já existem plataformas digitais que disponibilizam serviços como registros de prova de autenticidade, assinatura e certificação, registro de direitos autorais e outros tipos, com base em *Blockchain*. Parece claro, portanto, que não há qualquer impedimento legal para utilização de provas obtidas por meio desse tipo de tecnologia. No entanto, é importante que o Poder Judiciário se dedique a estudar o assunto, a fim de que não tenhamos decisões judiciais totalmente contrárias ao objetivo da tecnologia, como aquelas que declararam vínculo empregatício dos motoristas com o Uber, por exemplo.(22)

CARACIOLA, ASSIS e DELORE (2020) observaram a ata notarial, como documento público — ou seja, aquele dotado de fé pública — e cotejaram com a prova gravada com a técnica do blockchain, para concluir pela possibilidade do uso desta *prova eletrônica*, assim como a de outras tecnologias (que continuam avançando) que cumpram o mister de ofertar o registro do fato jurídico com segurança quanto à sua integralidade e autenticidade, mesmo que se trate de documento eletrônico privado:

> A ata notarial é documento público, realizada perante o tabelião de notas, mas — tal qual outros documentos públicos — admite prova em contrário quanto ao seu conteúdo (não havendo dúvida quanto à sua autoria). Mas, especificamente em relação a postagens na internet, a ata notarial se mostra, na prática forense, como um relevante meio de prova.
>
> Porém, o objetivo que se atinge com a ata notarial pode ser atingido por outros meios de prova, ainda que não documento público?
>
> A resposta a que chegamos neste capítulo foi positiva.
>
> Para nós, dúvida não há que esse desiderato de alta confiabilidade da prova e presunção que se obtém com a ata notarial pode ser obtido, também, por meio da produção da prova documental via blockchain. A doutrina que se debruça sobre esse assunto vem se manifestando nessa linha, e já há precedente judicial nesse sentido. Isso porque a forma pela qual se dá a cadeia de atos impede que exista a adulteração de seu conteúdo.

(22) Ob. cit. (e-book, pos. 552-579 de 1472, edição Kindle).

Assim, para fins probatórios, aqui defendemos que para produzir uma prova *ad perpetuam rei memoriam*, poderá a parte se valer, indistintamente, da ata notarial ou do uso do *blockchain* — sendo que a vantagem deste último seria a possibilidade de sua utilização a qualquer dia e horário, bem como o menor custo.

Mas é possível de se cogitar que outros meios de prova tecnológicos também possam ser equiparados à ata notarial — ainda que isso seja mais polêmico. Como exemplo, uma transmissão ao vivo feita por aplicativo (como por *Instagram* ou *Facebook*, em que haja a manutenção dessa gravação), em que por exemplo se mostra o conteúdo de determinado site da internet. Mas essa, reitere-se, é uma proposta, restando verificar como doutrina e jurisprudência vão se posicionar em relação a isso.(23)

A técnica, aliás, já vem sendo utilizada no Poder Judiciário. O *site* Migalhas noticiou que nos autos do processo 2237253-77.2018.8.26.0000, o autor registrou o conteúdo publicado na internet utilizando a técnica blockchain, carreando a documentação como prova junto ao processo. O pedido de liminar (para exclusão das publicações) foi negado e o autor aviou recurso, que também foi negado pela 5ª Câmara de Direito Privado do TJSP. Embora o referido *site* noticie que a relatora do recurso tenha declarado que a documentação "era hábil a comprovar a veracidade da existência do conteúdo", na verdade este trecho era uma repetição do que disse o autor(24).

Em outro processo da Justiça comum, a decisão faz menção ao blockchain, mas para assentar que a prova eletrônica poderia ter sido utilizada, mas não o foi:

> "*1) Nulidade do leilão*
>
> Não há nos autos qualquer prova de que o imóvel, efetivamente, não tenha permanecido disponível no período de praceamento, no sítio do leiloeiro. Alegam que efetuaram o acesso e não localizaram o bem: mas nada comprovam, nem quanto ao acesso, nem quanto à ausência de publicidade.

(23) CARACIOLA, Andrea; ASSIS, Carlos Augusto; DELLORE, Luiz; Prova produzida por meio de *blockchain* e outros meios tecnológicos: equiparação à ata notarial? In: LUCON, Paulo Henrique dos Santos; WOKART, Erik Navarro; LAUX, Francisco de Mesquita; RAVAGNANI, Giovani dos Santos (Coords.). *Direito, Processo e Tecnologia*. São Paulo: Thomson Reuters, 2020.

(24) Disponível em: <https://www.migalhas.com.br/quentes/298803/magistrada-considera-valido-registro-de-prova-em-blockchain-em-acao-sobre-conteudo-ofensivo>. Acesso em: 23 set. 2020. Na página, há *link* para o voto da relatora.

Mister notar que, na forma do art. 384 do Código de Processo Civil, a prova ou existência de um fato pode ser documentada através de ata notarial. Para além da ata notarial, há um sem-fim de outras tecnologias — inclusive, mais viáveis financeiramente — que se prestam ao registro de fatos, tais como uso de *blockchain*.

Supostamente constatando uma grave irregularidade no leilão do imóvel, como a que narram em sua impugnação, aparentemente, optaram os executados por nada registrar — sequer criar uma evidência de suas alegações, como as capturas de tela acostadas às fls. 2245/2248.

Não há um mínimo de prova ou sequer de evidência que permita ao Juízo conhecer das alegações dos executados quanto à irregularidade do leilão pelo que, nesse sentido, não merece acolhimento a impugnação apresentada." (Juíza de Direito Camila Rodrigues Borges de Azevedo, assinado em 05.12.2019, processo 0007749-35.2018.8.26.0100, 19ª Vara Cível, S. Paulo/SP)[(25)]

Em razão da pandemia e a retomada das audiências por meio telepresencial, a juntada de provas eletrônicas por meio de *mídias* (*v.g.*, pendrives) tornou-se inviável. No TRT 18ª Região, a Corregedoria Regional editou o Provimento n. 05/2020, dispondo, de forma excepcional, sobre "*o procedimento de juntada, pela parte interessada, de arquivo de áudio e/ou de vídeo e sua degravação por meio de compartilhamento não editável na 'nuvem', com indicação nos autos e do link para acesso ao arquivo, utilizando-se, preferencialmente, do 'Google Drive'*". O procedimento tem como escopo não só a guarda e anexação da prova eletrônica, mas evitar o contato humano com o suporte físico da mídia (CD, DVD, pendrive), fazendo dele mais um vetor de disseminação do vírus causador da COVID-19.

Assim, enquanto durar o estado de pandemia, a parte interessada em anexar a prova eletrônica deverá:

a) disponibilizar o arquivo de áudio e vídeo em servidor na nuvem, com compartilhamento não editável oferecido por meio de *link*;

b) o Tribunal fará o download do referido arquivo e o salvará em pasta específica em diretório de servidor interno, cuidando de verificar se o arquivo se encontra livre de ameaças (vírus, *malwares* etc.);

c) conferida a higidez do arquivo baixado, ele será carregado no *Google Drive* do Tribunal, em pasta associada à unidade judiciária onde tramita o processo e, a partir daí, poderá ser compartilhado (apenas para leitura) pelo

---

(25) Informação disponível no *site* do TJSP: <https://esaj.tjsp.jus.br/cpopg/abrirDocumentoVinculadoMovimentacao.do?processo.codigo=2S000TH3O0000&cdDocumento=75366748&nmRecursoAcessado=Decis%C3%A3o>. Acesso em: 23 set. 2020.

Tribunal com a parte adversa dos autos, também mediante informação de link não editável.

Outras fórmulas de compartilhamento de arquivos de provas eletrônicas em que se conserve o conteúdo em servidores privados, sujeitos à eventual remoção (por quem o depositou na nuvem) ou alteração (inclusive por aqueles que obtém *links* que permitam a edição do documento), não se afiguram como um modelo adequado para a instrução processual. Convém lembrar que a *prova* que instrui os autos deve ficar albergada *nos autos* ou, quando não possível a sua anexação, deve estar em mídia *armazenada na Secretaria da Unidade Judiciária*, pois esta é a forma mais segura de se preservar o conteúdo tal qual como oferecido pela parte em momento adequado (não precluso).

De realçar que não há muita eficácia em se determinar que é dever da parte apresentar os arquivos livres de ameaças (como vírus; cavalos de Troia; etc.), pois este é um dever processual que deve ser cumprido independentemente de um alerta explícito do Poder Judiciário. A ação ou omissão de alguém, diante de um dever, atrai a sua responsabilidade por eventuais danos que possa vir a acarretar a outrem. Ademais, se esta prova não está sob a custódia do Poder Judiciário, pode ser impossível detectar *quem* contaminou *o que* ou *quem* adulterou *o que* e *quando*. Afinal, os arquivos: 1 – não foram depositados em juízo; 2 – não foram verificados pelo Poder Judiciário quanto à existência de ameaças; 3 – os acessos não se dão em servidores do Tribunal; e 4 – não são controlados pelo Poder Judiciário.

Se estas informações eletrônicas possuírem conteúdo que deva estar sob a proteção do segredo de Justiça, também é importante salientar que a proteção constitucional da privacidade e do respeito ao direito de imagem se dá no âmbito do processo judicial e dos objetos, a ele relacionados, que estejam sob a custódia do Poder Judiciário. Um arquivo eletrônico armazenado em *servidor* do Tribunal é informação que, eventualmente, pode ser preservada por ordem de segredo de Justiça, tanto quanto o seria qualquer documento físico guardado em pasta sob o signo da confidencialidade na Secretaria do Juízo. Não há como conferir a mesma proteção para arquivos eletrônicos hospedados na *nuvem* em servidores associados a contas privadas, evidentemente.

Em tempos normais, a *prova eletrônica* costuma ser apresentada em mídias físicas, como um pendrive. Alguns aspectos merecem atenção especial:

a) como a prova é eletrônica, o arquivo se encontra gravado na linguagem binária e sua leitura somente é possível mediante o recurso de máquina (*hardware*) e aplicativo próprio (*software*). Como não se sabe qual é o formato do arquivo, ele tanto pode estar em formato livre (e acessível por meio de programas com licenças gratuitas) como proprietário (o que demandaria custos para que o Tribunal adquirisse as licenças proprietárias). O ideal é que o Poder Judiciário estabeleça padrões de arquivos em formatos abertos, mas nem sempre a prova estará gravada no formato padronizado e nem sempre a parte deterá conhecimento tecnológico suficiente para fazer a imediata conversão. Não cabe restringir a prova a ser anexada, mas é ônus da parte exibir o equipamento e o programa necessários para a exibição do conteúdo eletrônico;

b) mesmo quando a parte traz, em juízo, a prova eletrônica armazenada em uma mídia, que ficará guardada na Secretaria do Juízo, e uma segunda mídia a ser ofertada para a parte adversa, é impossível saber, apenas à vista dos olhos humanos, se os suportes físicos estão, realmente, armazenando exatamente o mesmo arquivo. Por isso, a prova eletrônica deve ser exibida em audiência e somente a partir daí deve ser aberto o prazo para manifestação da parte adversa;

c) contendo áudio, é recomendável que o conteúdo seja integralmente degravado, para que a compreensão da prova se dê pelo contexto integral. Isso não torna a prova eletrônica descartável, pois o tom da voz pode ser crucial para a compreensão do fato;

d) a prova armazenada em Secretaria é aquela que deve ser trazida para exibição em audiência e nunca deve ser entregue para a parte adversa ou devolvida para a parte autora, a não ser que o Tribunal tenha feito alguma cópia de segurança — o que torna a prova armazenada em suporte físico desnecessária. É recomendável que a parte interessada na prova eletrônica traga uma mídia para ser custodiada pela Secretaria e, no mesmo dia, entregue tantas cópias quanto necessárias para os demais litigantes. Na data da exibição da prova, quando for concluída a apresentação, convém inquirir os litigantes que receberam a mídia extra, se confirmam que o arquivo exibido em audiência confere com aquele que lhes foi entregue. Se houver qualquer dúvida, o Tribunal extrairá cópia para este litigante e abrirá a contagem do seu prazo para manifestação. Caso a parte adversa confirme que já assistiu ao seu conteúdo anteriormente, poderá trazer a peça de impugnação em mãos, protocolando-a imediatamente e, com isso, colaborando com a celeridade processual.

4. As provas em ambiente telemático, a pandemia e as teleaudiências

A Lei n. 11.419/2006 procurou incorporar a tecnologia da informação ao processo judicial, disciplinando o desenvolvimento de sistemas eletrônicos de processamento de ações judiciais (SEPAJ). Portanto, desde a elaboração da petição inicial e anexação de documentos, autuação e distribuição, citações e intimações, despachos e decisões, recursos, enfim, todos os atos processuais devem ter previsão de produção eletrônica, pois o processo nasce e se desenvolve no ambiente virtual.

Esta nova arquitetura processual, no entanto, não afastou a aplicação do princípio da oralidade, notadamente a mediação do juiz com as partes, testemunhas e demais partícipes do processo. Ainda assim, o Código Processual comum avançou ao prever:

a) o depoimento pessoal eletrônico *"da parte que residir em outra comarca, seção ou subseção judiciária diversa daquela onde tramita o processo"*, mediante o uso da videoconferência (art. 385, § 3º);

b) a oitiva de testemunhas por videoconferência (ou outro recurso telemático) quando "residir em comarca, seção ou subseção judiciária diversa daquela onde tramita o processo";

c) a utilização de documentos eletrônicos (arts. 439-441);

d) a gravação dos depoimentos das testemunhas (art. 460);

e) a intimação de peritos e assistentes técnicos por mensagens destinadas aos seus endereços eletrônicos (art. 465, § 2º, III, c/c art. 477, § 4º);

f) realização de audiência de conciliação ou de mediação por meio eletrônico (art. 334, § 7º); e

g) a gravação da audiência, sendo desnecessária a autorização judicial (art. 367, §§ 5º e 6º).

Como podemos notar, os recursos telemáticos visam alcançar pessoas que residam *fora da comarca* em que corre o processo e, evidentemente, a medida vai ao encontro do interesse daqueles que serão ouvidos. Evidentemente, caso prefiram se deslocar até o juiz da causa, a audiência será marcada normalmente.

Em tempos de pandemia e do regime extraordinário do Poder Judiciário, que adotou medidas excepcionais para não permitir aglomerações nos fóruns, as ferramentas da tecnologia têm sido utilizadas para um propósito ainda mais amplo: manter todos (partes, testemunhas, advogados, servidores, juízes) em suas respectivas casas.

Para MONTEIRO NETO (2020) a existência de previsões legais para a adoção de ferramentas voltadas à inquirição virtual denunciam uma adaptação do princípio da oralidade aos tempos contemporâneos. Para o autor, há uma renovação quanto à compreensão da *imediatidade* e arremata:

> Essas inovações repercutem diretamente sobre a percepção dos comportamentos e a interpretação dos dados armazenados, razão por que, se há eventuais perdas em espontaneidade e diálogo que seriam franqueados pela oralidade "presencial", a imediação "virtual" retém outros ganhos de qualidade aptos a influenciar positivamente a valoração a posteriori dos elementos probatórios. Os impactos têm, por fim, clara repercussão cultural, tendente à paulatina alteração no padrão de comportamento de todas as pessoas que deponham em juízo.[26]

A rigor, a coleta dos depoimentos de partes e testemunhas, assim como a possibilidade de oitiva de peritos, não pode ser considerada como distorcida apenas porque se utilizou da videoconferência. É, também, improvável que a mácula decorra do fato de que, não só o inquirido, mas também os inquisidores estivessem tão distantes do fórum quanto o próprio depoente.

A questão preocupante não está na videoconferência e na óbvia distância imposta entre quem pergunta e quem responde, mas na escolha do meio de documentação do ato. A pretexto de que a audiência gravada daria ênfase ao princípio da oralidade, corremos o risco de instituir método mais gravoso na execução dos serviços judiciários. Não devemos nos esquecer de que a escrita — e, por causa dela, a lavratura da ata resumida — também é exemplo de tecnologia que busca otimizar a produção judiciária. Vale destacar que o princípio constitucional da efetividade se impõe na administração pública, além da diretriz da razoável duração do processo. Até que ponto a revisão da prova por meio de repetição integral das provas orais gravadas não comprometeria a eficiência da prestação jurisdicional?

---

(26) MONTEIRO NETO, João Pereira. Imediação virtual e produção da prova oral por videoconferência. In: LUCON, Paulo Henrique dos Santos,; WOKART, Erik Navarro; LAUX, Francisco de Mesquita; RAVAGNANI, Giovani dos Santos (Coords.). *Direito, Processo e Tecnologia*. São Paulo: Thomson Reuters, 2020.

O sistema processual eletrônico caminha para um registro, sem dúvida, mais oral ou nem tanto. Os sistemas poderão "conversar" entre si a respeito dos dados que interessam para a solução do conflito e consolidar as informações em relatórios escritos; poderão organizar as provas e apontar as incoerências em relação aos depoimentos colhidos ou em cotejo com outros fatos (por exemplo: uma testemunha declarou ter presenciado o fato pela manhã, durante o seu turno, mas naquele dia a sua escala teria iniciado à tarde ou estaria de folga), mas, para tanto, precisamos avançar no desenvolvimento de inteligência artificial. É a atuação conjunta da inteligência humana e artificial que produzirá os melhores resultados, pois somos melhores naquilo em que a máquina falha (tarefas mais sensoriais e simples, como seguir uma receita, cortar um cabelo) e a máquina é infinitamente mais eficiente onde levaríamos demasiado tempo para buscar o mesmo resultado (análises matemáticas, estatísticas, organização de dados etc.).

Conclusões

As gerações de nosso tempo acompanharam a evolução dos computadores, antes reservados em salas enormes, para pequenas e poucas tarefas, para a mais completa ocupação de todos os espaços: nos lares, celulares, aparelhos domésticos, veículos, fábricas, serviços, agricultura etc.

Dentro desta ampla teia, nossas relações jurídicas foram desenvolvendo novas expressões e preocupações: contratos eletrônicos; teletrabalho; valores da privacidade/intimidade e preservação do direito de imagem; comunicações eletrônicas; redes sociais; sistemas bancários (financeiros) informatizados; processo judiciário eletrônico; direitos autorais; tributação eletrônica; direito ao esquecimento; direito à desconexão; plataformas de trabalho etc. Virtualizamos nossas relações sociais e, com esta medida, ampliamos os registros eletrônicos dos fatos que, em boa parte, sustentam os conflitos.

A prova é um direito da parte, associada ao fato controvertido, que tem como propósito demonstrar a alegação do direito pretendido ou resistido. A classificação do fato disciplina o ônus probatório e a imprecisão da demonstração dificulta a percepção da verdade possível. Por outro lado, a precisão do fato demonstrado esmaece a força das versões e torna mais sólida e previsível a motivação e os fundamentos da decisão.

A demonstração, com maior exatidão, dos fatos não implica, necessariamente, na previsão do que será decidido, pois ainda resta a valoração e a interpretação acerca da aplicação da lei. A questão torna-se essencialmente jurídica, pois os fatos *precisos* afastam do conflito a discussão acerca dos acontecimentos.

Enquanto o fato pode ser registrado por meio da tecnologia eletrônica, o fato eletrônico pode ser, inclusive, guardado como prova em documento público (ata notarial) ou documento privado vinculado a procedimento capaz de assegurar robusta autenticidade: a tecnologia blockchain.

Por fim, as provas também podem assumir a feição eletrônica quando realizada a instrução mediante o uso de recursos eletrônicos para colheita e gravação das informações. O sistema processual eletrônico precisa avançar para assegurar que a prova seja padronizada (em relação às formas de admissibilidade, sem prejuízo de manter a prova como elemento de demonstração ampla), colhida, verificada, disponibilizada e conservada adequadamente e mediante o uso de inteligência artificial que seja capaz de atuar em parceria com a inteligência humana. Só assim colheremos resultados virtuosos, sem desnaturar a qualidade humana que é essencial na prestação jurisdicional.

Bibliografia

ATHENIENSE, Alexandre. *Comentários à Lei n. 11419/2006 e as práticas processuais por meio eletrônico nos tribunais brasileiros*. Curitiba: Juruá, 2010.

CAMPOS, Emília Malgueiro. *Criptomoedas e* blockchain*:* o Direito no mundo digital. Edição do Kindle.

CARACIOLA, Andrea; ASSIS, Carlos Augusto; DELLORE, Luiz; Prova produzida por meio de blockchain e outros meios tecnológicos: equiparação à ata notarial? In: LUCON, Paulo Henrique dos Santos; WOKART, Erik Navarro; LAUX, Francisco de Mesquita; RAVAGNANI, Giovani dos Santos (Coords.). *Direito, Processo e Tecnologia*. São Paulo: Thomson Reuters, 2020.

DONEDA, Danilo. *Da Privacidade à Proteção de Dados* — Fundamentos da Lei Geral de Proteção de Dados. 26 ed. rev. e atual. São Paulo: Revista dos Tribunais, 2020. E-book.

MONTEIRO NETO, João Pereira. Imediação virtual e produção da prova oral por videoconferência. In: LUCON, Paulo Henrique dos Santos; WOKART, Erik Navarro; LAUX, Francisco de Mesquita; RAVAGNANI, Giovani dos Santos (Coords.). *Direito, Processo e Tecnologia*. São Paulo: Thomson Reuters, 2020.

NASCIMENTO, Bárbara Luíza Coutinho. Provas Digitais obtidas em fontes abertas na internet: conceituação, riscos e oportunidades. In: WOLKART, Erik Navarro *et. al.* (Coords.). *Direito, Processo e Tecnologia*. São Paulo: Thomson Reuters, 2020. E-book.

NEVES, Daniel Amorim Assumpção. *Código de Processo Civil comentado artigo por artigo*. Salvador: JusPodivm, 2016.

PINHEIRO, Patrícia Peck. *O Direito Digital*. 4. ed. São Paulo: Saraiva, 2010.

THAMAY, Rennan; TAMER, Maurício. *Provas no Direito Digital* — Conceito da prova digital, procedimentos e provas digitais em espécie. São Paulo: Revista dos Tribunais, 2020.

THEODORO JR., Humberto; NUNES, Dierle; BAHIA, Alexandre Melo Franco; PEDRON, Flávio Quinaud. *Novo CPC* — Fundamentos e Sistematização. 3. ed. Rio de Janeiro: Forense, 2016.

A Prova Digital: Um Breve Estudo sobre seu Conceito, Natureza Jurídica, Requisitos e Regras de Ônus da Prova Correlatas

José Antônio Ribeiro de Oliveira Silva[1]

Introdução

A *prova judicial* é todo mecanismo colocado à disposição das partes para que consigam convencer o juiz a respeito da existência do fato afirmado na causa de pedir, nas razões defensivas e/ou em manifestações posteriores. Esta é a *finalidade da prova*, referida expressamente na parte final do art. 369 do CPC.

Com efeito, as partes têm o direito de utilizar os meios de prova típicos ou atípicos "para provar a verdade dos fatos em que se funda o pedido ou a defesa e influir eficazmente na convicção do juiz". Esse é o objetivo da prova: *influir diretamente* no juízo de valor que será manifestado pelo juiz a respeito dos fatos controvertidos; é dizer, influir *de modo eficaz* na convicção que o juiz irá formar na análise da prova produzida. Daí se infere que as partes têm o legítimo direito de tentar convencer o juiz de que suas afirmações estão do lado da justiça, por qualquer meio *eticamente aceitável* (SILVA, 2021, p. 228-229).

Ocorre que estamos vivendo *mudanças radicais* na sociedade em geral e nas relações humanas (e jurídicas) a partir do final do século passado, com o avanço descomunal de todas as tecnologias, sobretudo das relacionadas à (i) *informação* e à (ii) *comunicação*. Estamos "caminhando" a passos largos do mundo físico para o mundo virtual. A vendagem de bens (inclusive imóveis) no metaverso — um

(1) Juiz Titular da 6ª Vara do Trabalho de Ribeirão Preto (SP). Doutor em Direito do Trabalho e da Seguridade Social pela Universidad de Castilla-La Mancha (UCLM), na Espanha — Título revalidado pela Universidade de São Paulo (USP). Mestre em Direito Obrigacional Público e Privado pela UNESP. Professor Contratado do Departamento de Direito Privado da USP de Ribeirão Preto (2017 a 2019) e da Escola Judicial do TRT-15.

ambiente virtual imersivo construído por meio de diversas tecnologias que integram os mundos real e virtual, no qual as pessoas podem "interagir umas com as outras, trabalhar, estudar e ter uma vida social por meio de seus avatares (bonecos virtuais customizados) 3D" (Disponível em: <https://www.infomoney.com.br/guias/metaverso/>. Acesso em: 17 jan. 2022) — não deixa margem a dúvidas de que as transformações são deveras abrangentes e numa velocidade jamais verificada nos milênios anteriores.

Natural, portanto, que as provas dos atos e fatos jurídicos, dos contratos, do cumprimento e descumprimento de suas cláusulas etc. estejam cada vez mais "presentes" no *espaço-tempo digital*. Se todos os dados são lançados em arquivos eletrônicos, mídias sociais e até nas nuvens, já há pessoas — e são muitas — que sequer imprimem esses dados. Já não tem mais havido fotografias reveladas, contratos impressos e um *sem-fim de desaparições* do mundo físico. As comunicações humanas têm sido *basicamente virtuais*, com o uso das tantas tecnologias da informática/telecomunicações, e praticamente ninguém mais imprime e/ou faz degravação das conversas e outros dados daí resultantes.

Todo esse espaço-tempo virtual tem dado origem ao que se tem convencionado denominar de *metadados*. Há questões interessantíssimas sobre os metadados, que vão desde (i) quem (pode) armazena(r) tantos dados relacionados a bilhões de pessoas — humanas e jurídicas — a (ii) *quem pode exigir sua exibição*, inclusive numa demanda judicial.

Exsurge, aqui, o grande problema (jurídico) de se construir uma *teoria* (acerca) *das provas digitais*, que nos dê segurança sobre *várias questões*, dentre elas: (i) o que é uma prova digital; (ii) que espécie de prova é essa, vale dizer, qual sua natureza jurídica; (iii) quais regras irão disciplinar a sua produção no âmbito do processo, em especial, como atender aos requisitos da (a) autenticidade, (b) integridade e (c) preservação da cadeia de custódia; e, inclusive, (iv) *de quem será o ônus da prova quando se tratar de prova digital.*

Destarte, o objetivo deste breve artigo é o de apresentar ideias a respeito da *admissibilidade da prova digital*, bem como de investigar *a quem caberia o ônus da prova*, quando o fato puder ser demonstrado por uma prova não material. Não é tarefa fácil, tendo em vista que se trata de instituto muito recente na teoria geral da prova, cujos contornos ainda estão por ser delimitados pelo estudo dos doutrinadores, inclusive a partir da incipiente jurisprudência a respeito dessa temática.

1. Prova digital: do que se trata?

De saída, convém registrar que ainda há poucos escritos específicos sobre a prova digital, quando comparadas as recentes monografias e os artigos doutrinários publicados sobre a matéria com a quantidade de escritos sobre a prova "convencional". Por certo que, na teoria geral da prova — temática estudada há séculos — encontram-se muitos aportes que podem servir de *bússola* na investigação do que seria exatamente a prova digital.

Antes, porém, penso ser importante registrar a *mudança de paradigma* que tem ocorrido na sociedade, e que se reflete na atividade probatória, em juízo. São mudanças intensas e extensas proporcionadas pela utilização cada vez mais frequente dos recursos tecnológicos colocados à disposição das pessoas, naturais e jurídicas.

A incorporação da tecnologia aos mais variados aspectos da vida tem modificado profundamente as interações humanas e a organização da sociedade, redesenhando desde a comunicação, com a substituição das cartas pelo correio eletrônico, dos telefonemas por mensagens instantâneas de texto, áudio ou vídeo etc.; até os registros — públicos ou privados — que se pretendem perenes, antes inscritos em papel com toda sorte de cautela, e hoje amplamente substituídos pelos sistemas de informática; passando, ainda, por toda espécie de atividade que, prescindindo do contato presencial antes necessário ou criando possibilidades inéditas, se vale da *internet*, por meio da qual se acessa e se transmite um volume imenso de informação, se celebram negócios jurídicos e também se praticam atos ilícitos (PASTORE, 2020, p. 64).

É preciso, portanto, saber o que é exatamente *prova digital*, porque os meios probatórios, aparentemente, permanecem os mesmos, mas as *fontes de prova* "se alteram e reclamam a elaboração de novos critérios para o seu adequado exame". Se o rito probatório não se altera, com as formalidades sobre a juntada de documentos e produção de outras provas correlatas, as fontes que se acessam por esses meios tecnológicos, "que é o traço verdadeiramente distintivo do que se chama de *prova digital*, ostenta peculiaridades merecedoras de tratamento diferenciado" (PASTORE, 2020, p. 64).

Rennan Thamay e Mauricio Tamer, em ótima monografia sobre o tema, conceituam a prova digital como

> [...] o instrumento jurídico vocacionado a demonstrar a ocorrência ou não de determinado fato e suas circunstâncias, tendo ele ocorrido

> total ou parcialmente em meios digitais ou, se fora deles, esses sirvam como instrumento de sua demonstração. A prova digital é o meio de demonstrar a ocorrência de um fato ocorrido em meio digital, ou que tem no meio digital um instrumento de demonstração de determinado fato (e) de seu conteúdo (THAMAY; TAMER, 2020, p. 33).

De modo que há *duas vertentes* de análise quando se trata das provas digitais, (i) a primeira relacionada aos fatos ou atos jurídicos *praticados nos próprios meios digitais*, tendo como *suporte* um meio digital, citando-se, como exemplos: (a) envio de *e-mail* ou de mensagem por aplicativos de mensageria, como *WhatsApp*, *Telegram* e outros; (b) publicação de um vídeo na *internet*, no *YouTube*, por exemplo; (c) cópia de *software* ou da base de dados de um computador etc.; e (ii) a segunda, na qual, embora o fato ou ato jurídico tenha sido praticado em meios "convencionais", ele pode ser *demonstrado com a utilização dos meios digitais* disponíveis, servindo estes, portanto, como instrumento de demonstração — de prova em sentido estrito —, podendo ser lembrado como exemplo o seguinte: uma *ata notarial*, na qual o tabelião certifica que fotografias publicadas em mídia social (*Facebook*, *Instagram* e outras) revelam *encontros, viagens e até intimidades* entre determinadas pessoas, o que poderá caracterizar posteriormente, segundo o juízo do destinatário (principal) da prova — em regra, o juiz —, uma amizade íntima, um conluio entre empregado de uma empresa e o diretor de empresa concorrente etc. Aqui, os fatos — encontros, viagens, abraços e beijos — "não são digitais em si, mas os suportes digitais servem de mecanismo de demonstração" (THAMAY; TAMER, 2020, p. 32-33).

Proponho, para facilitar a compreensão da dicotomia, que na primeira vertente temos (i) prova digital *de primeiro grau*, ao passo que, na segunda, uma (ii) prova digital *de segundo grau*, porque, aqui, apenas a prova em si é produzida a partir de meios ou suportes digitais.

Estes autores referidos citam vários exemplos de fatos que ocorrem em meios ou suportes digitais — prova digital de primeiro grau — e que revelam *ilícitos* de natureza civil, trabalhista e criminal (THAMAY; TAMER, 2020, p. 34-39).

Quanto aos ilícitos *de natureza civil*, merecem destaque os seguintes exemplos:

> (i) alguém realiza postagem "inverídica, desatualizada ou desonrosa" em relação a determinada pessoa em mídia social (*Facebook*, *Instagram*, *Twitter* e outros), ou pratica esse ato "por meio de vídeo disponibilizado no *Youtube*"

— nesse caso, o agente causador do dano *se utiliza dos meios digitais* amplamente conhecidos, mais precisamente dos "serviços dos respectivos provedores de aplicação", e a pessoa natural ou jurídica (art. 52 do CC/2002; Súmula n. 227 do STJ) pode buscar em juízo uma *indenização compensatória do dano moral* sofrido em razão daquele ato ilícito (arts. 186 e 927 do CC); ocorre que, para demonstrar esse fato em juízo, o autor da demanda terá de agir rapidamente para conseguir a "preservação do conteúdo e identificação técnica do usuário responsável (obtenção dos registros eletrônicos e dados cadastrais respectivos)", com a produção antecipada de prova ou com a obtenção de uma tutela de urgência, na própria ação indenizatória;

(ii) alguém cria *sites*, utilizando-se das "marcas de outras organizações sem a autorização dessas, gerando benefício ilícito e a confusão ao público consumidor" — aqui temos uma prática que viola a propriedade intelectual de terceiros, "seja no viés da propriedade industrial (marcas, *trade dress* etc.) — Lei n. 9.279, de 1996, seja no viés do direito autoral ou dos direitos sobre o *software*", por meio de fatos praticados *exclusivamente* em meio digital, que normalmente serão demonstrados apenas por *prova pericial* a esse respeito;

(iii) "a prática ilícita comum de compartilhamento não autorizado de materiais ou cursos" por *e-mail* e outros meios digitais, que atenta contra os direitos autorais (Lei n. 9.610/98);

(iv) as práticas de concorrência desleal, dentre tantas, a "utilização de páginas ou *blogs* anônimos vocacionados à propagação de conteúdo ilícito (*v.g.* inverídico ou desatualizado) para levar o concorrente ao descrédito", bem como a "contratação da palavra-chave de busca da empresa concorrente" em sites de busca, como o *Google*, de modo que, quando o usuário faz a busca pelos termos que normalmente identificariam o concorrente, aparecem para si apenas os "resultados patrocinados", diante da "contratação dos chamados anúncios ou *links* patrocinados".

Na *seara trabalhista* — a que mais nos interessa —, os autores afirmam que são muitos os exemplos de ilícitos cometidos *nas relações de trabalho*, com a utilização dos meios digitais, tanto pelo empregado quanto pelo empregador (THAMAY; TAMER, 2020, p. 36-37).

Por parte *do empregado*, podem ser citados os seguintes exemplos:

(i) "o desvio de informações ou de documentos sigilosos e de propriedade das organizações empregadoras para terceiros" — essa prática pode ser empreendida por cópias enviadas por um simples *e-mail*, mas geralmente é bem sofisticada, com a extração de cópia de arquivos digitais (*pen drive*, HD externo etc.), posteriormente entregue ao concorrente; e caracteriza, sem sombra de dúvidas, *justa causa* para o despedimento do empregado, não somente pela quebra de confiança, mas por haver previsão expressa na CLT a esse respeito: constitui figura de justa causa a "violação de segredo da empresa" (alínea "g" do art. 482);

(ii) um empregado, "responsável pela condução de uma RFP — *Request for Proposal*" (um documento de *solicitação de proposta*, "muitas vezes feita por meio de um processo de licitação, por uma agência ou empresa interessada na aquisição de uma mercadoria, serviço ou ativo valioso, a potenciais fornecedores para apresentar propostas comerciais" (Disponível em: <https://en.wikipedia.org/wiki/Request_for_proposal>. Acesso em: 19 jan. 2022) — que, *numa licitação*, "negocie vantagens a determinado concorrente por *e-mail* ou celular corporativo"; de se notar que essa prática também está tipificada como *justa causa* no art. 482, alínea *"c"*, da CLT: "negociação habitual por conta própria ou alheia sem permissão do empregador, e quando constituir ato de concorrência à empresa para a qual trabalha o empregado, ou for prejudicial ao serviço";

(iii) ato de empregado que, em grupo de *WhastApp* da empresa "publica conteúdos desonrosos ou profere xingamentos a outro empregado, tumultuando o ambiente corporativo" — aliás, tem sido muito mais comum que empregados desanquem a honra objetiva da própria empresa ou a subjetiva de proprietários e diretores nesses canais internos de comunicação — grupo de *WhastApp* corporativo —, mas principalmente *em mídias sociais*, como *Facebook*, *Instagram*, *Twitter* e outras; em todos esses casos teremos ilícitos praticados em *suporte digital*, que desafiam a argúcia dos advogados para a produção da prova a respeito dos fatos; novamente, o que se tem aqui é outra figura de *justa causa*, tipificada no art. 482, alínea *"k"*, da CLT, a saber: "ato lesivo da honra ou da boa fama ou ofensas físicas praticadas contra o empregador e superiores hierárquicos, salvo em caso de legítima defesa, própria ou de outrem";

(iv) os autores citam, ainda, o exemplo de empregado que alega "doença para não comparecer em serviço e fique provado, a partir de postagens em mídias sociais que, na verdade, mentiu" — embora se trate de hipótese cada vez mais frequente nas audiências trabalhistas, por coerência, tenho de ressalvar que essa situação não é de prova digital em sentido estrito, ou seja, daquela que demonstra fatos ocorridos em meio digital; aqui, o que se tem é uma *prova digital da segunda vertente* anteriormente analisada, porque os fatos — viagens, festas, jogos etc. — ocorreram em ambiente "físico", não nas plataformas digitais; *apenas as provas* dos fatos que revelam a mentira do empregado — em regra, fotografias publicadas por ele próprio em suas páginas e perfis, nas redes sociais — é que serão consideradas *digitais*; mais uma vez, essa hipótese se trata uma figura de *justa causa*, pois é inadmissível que o empregado apresente atestado médico para não trabalhar em razão de sua doença e, no lugar de permanecer em casa se recuperando, faça suas viagens, compareça em festas, bares ou vá praticar esportes; essa conduta propicia a *quebra da confiança* que deve ser depositada em todo empregado, estando prevista, ainda que não expressamente, na alínea *"b"* do art. 482 da CLT: (ato de) "incontinência de conduta ou mau procedimento".

Contudo, *o empregador* também pode cometer, contra o empregado, ilícitos com o uso dos meios digitais, dando ocasião a uma *prova digital* de sua conduta reprovável (THAMAY; TAMER, 2020, p. 36-37). Citam-se, como exemplos, os seguintes:

(i) prática de *assédio sexual* pelo empregador, que "aborda a empregada por meio de mensagens privadas no WhatsApp com tom indecoroso, sexual — inclusive com envio de imagens — ou de coação" — de se registrar que, em regra, o empregador ou gerente da empresa pratica atos de assédio sexual "a portas fechadas", sem qualquer registro em meio digital, dificultando sobremaneira a produção da prova por parte do(a) empregado(a) vítima desse tipo de assédio; se houver uma *prova digital* dessas investidas, como gravação em áudio no aparelho celular, haverá, aqui, uma situação em que *apenas a prova* é digital; agora, no exemplo dado (pelos autores citados), haverá, sem dúvida, um caso em que o próprio fato ilícito foi cometido por intermédio de aplicativo de mensageria instantânea (*WhatsApp*, *Telegram* e outros); aqui, a *prova é digital* por excelência, desafiando a demonstração da autoria das mensagens, da integridade destas e até da preservação da tal cadeia de custódia, requisitos da prova digital que irei analisar mais adiante;

(ii) "desrespeito ao direito de férias" do empregado, pelo envio (constante) de mensagens por aplicativos e exigência de respostas (e trabalho, portanto) durante o período em que o trabalhador se dedica à sagrada *desconexão do trabalho* — o que se constata, aqui, é um gravíssimo ilícito trabalhista porque o direito ao gozo de férias se trata de um dos mais importantes direitos sociais dos trabalhadores, erigido ao patamar de *direito fundamental* (art. 7º, inciso XVII, da CF/88); a hipótese revela uma situação de *prova digital de primeiro grau*, por assim dizer, porque o fato — trabalho durante o período de férias — ocorreu com a utilização dos meios digitais: cobrança de respostas e informações por *e-mail* ou aplicativo de mensagens instantâneas, com o trabalho prestado também por esses mecanismos digitais;

(iii) realização de horas extras "pela comunicação feita por *WhatsApp* fora do horário de trabalho" — do mesmo modo que no exemplo anterior, aqui se constata outro grave ilícito trabalhista, haja vista que o *direito à limitação da jornada de trabalho* se trata de um direito social histórico (Convenção n. 1 da OIT, de 1919), também consagrado como *direito fundamental* na Constituição brasileira (art. 7º, incisos XIII e XIV, da CF/88); também aqui a hipótese — tão frequente nas relações de trabalho — é de uma *prova digital de primeiro grau*, porque as horas extras, consubstanciadas nas respostas e informações prestadas por *WhatsApp*, foram praticadas com a utilização desse mecanismo digital; a juntada de cópia dessas mensagens — de preferência na íntegra — irá demonstrar que o meio digital foi o utilizado para a própria prestação dos serviços;

(iv) posso citar, ainda, dentre tantos outros exemplos que já começam a fazer parte da jurisprudência trabalhista, o caso de *assédio moral* praticado por gerentes e outros gestores das empresas contra seus empregados, por intermédio de canais de comunicação internos, dentre eles, grupos de *e-mail* corporativo, de *WhatsApp*, *Telegram* e outros; nessa situação, as mensagens agressivas, em regra exigindo o cumprimento de metas ou de outras imposições do empregador, são constantes, por vezes tomando algum empregado como "exemplo" de baixa produtividade ou não comprometimento com as diretrizes da empresa; essas mensagens abusivas, reveladoras do *assédio moral*, quando praticadas com a utilização dos recursos tecnológicos de comunicação — *e-mail* corporativo, grupos de *WhatsApp* e/ou *Telegram* — vão caracterizar a prova como sendo digital, pois os fatos, aí, ocorrem todos no *suporte digital*.

Isso sem falar nos vários casos em que as partes têm se utilizado — ou requerido a utilização — da *geolocalização* para demonstrar fatos ocorridos fora do ambiente virtual — vínculo de emprego, horas extras, justa causa etc. —, ou, pelo menos, para demonstrar um indício a partir do qual se pode presumir a existência do fato probando. Trata-se, no entanto, de matéria bem complexa que não irei analisar neste breve artigo.

Vistas, em linhas gerais, o que pode ser entendido como prova digital, de primeiro e segundo graus, há que se buscar definir qual a *natureza jurídica* do novel instituto. É o passo seguinte.

2. A natureza jurídica das provas digitais

As provas digitais foram muito propagadas desde 2020, por conta da pandemia da Covid-19 e do regime extraordinário de trabalho instaurado em todo o Judiciário brasileiro. Agora, seriam as provas digitais um novo meio de prova? Em caso afirmativo, um meio típico ou atípico de prova?

A princípio, as provas digitais poderiam ser enfeixadas na prova documental *lato sensu* (art. 422 e parágrafos do CPC). Ou, quando muito, seriam documentos eletrônicos (arts. 439 a 441 do CPC). Não obstante, dada a dimensão que a prova digital tem tomado no processo brasileiro, penso que o correto talvez seja mesmo a considerar como um *novo* meio de prova. Seria, assim, a prova digital um *meio atípico de prova*, até porque não há, ainda, no CPC, regras específicas sobre a sua admissibilidade e forma de produção em juízo.

Contudo, parece que os doutrinadores que têm se proposto a estudar essa temática vem considerando a prova digital como uma prova *documental* e esta seria, portanto, sua *natureza jurídica*.

Rennan Tamay e Mauricio Tamer, na monografia já referida, ponderam que *documento* não pode ser entendido "apenas como uma escrita em um papel", sendo que o direito digital está a revelar essa obviedade. "De forma ampla, documento é um objeto com capacidade em materializar um fato, seja por meio da escrita, de sinais, gráficos, símbolos etc. São documentos, portanto, os filmes, as fotos, as transcrições, desenhos". E acrescentam que inclusive a ata notarial, "meio probatório em si considerado, é um documento, mas um documento dotado de pressupostos próprios de formatação de sua autenticidade a justificar sua categorização em separado" (THAMAY; TAMER, 2020, p. 112-113).

Arruda Alvim observa que a palavra "documento" é comumente "utilizada como sinônimo de prova literal", mas o CPC de 2015 faz menção a documentos que "não se ajustam, com rigor, ao conceito de prova literal", porque não revela essa natureza das coisas a "reprodução mecânica, como a fotográfica, a cinematográfica, a fonográfica ou de outra espécie", referida no *caput* do art. 422 do CPC, tampouco as "fotografias digitais e as extraídas da rede mundial de computadores", mencionadas no § 1º deste dispositivo legal. Por isso, o grande processualista acrescenta que há, então,

> [...] uma tendência de se rever a identificação estrita entre documento e coisa, dado que, à vista da evolução tecnológica, nem todo documento possui um suporte físico. Nesse sentido, parece-nos correto ampliar a abrangência do conceito para considerar como documentos aqueles criados através de tecnologias modernas da informação e das comunicações, como os dados inseridos na memória do computador ou transmitidos por uma rede de informática, em geral denominados documentos de informática ou documentos eletrônicos (*Apud* THAMAY; TAMER, 2020, p. 112-113).

De se acrescentar que o § 3º do art. 422 do CPC/2015 determina a aplicação do "disposto neste artigo à forma impressa de mensagem eletrônica". De modo que, embora não se trate de documentos em sentido estrito, até por falta de uma disciplina legal própria e abrangente, as *fotografias* — as reveladas, há muito tempo —, em especial as digitais, os *vídeos* e os áudios, sobretudo quando publicados na *internet* — nas mídias sociais e outros meios —, têm sido todos considerados como *documentos*. Com efeito, a juntada dessa documentação aos autos de um processo, principalmente nos processos eletrônicos, é considerada, por via de consequência, uma *prova documental*.

Com efeito, *documento* é "qualquer suporte físico ou eletrônico em que um fato e suas circunstâncias estão registrados". E a *prova documental*, "por sua vez, é o resultado obtido no processo ou procedimento a partir da utilização desse documento" (THAMAY; TAMER, 2020, p. 113).

É prova documental, por exemplo, o resultado prova obtido no processo a partir de CD, mídia ou HD juntado aos autos em que consta determinado vídeo que interessa à discussão jurídica estabelecida. (...) Igualmente, é prova documental aquela obtida a partir da juntada de extratos de registros eletrônicos (IP, data e hora) obtidos em demanda anterior de quebra de sigilo em face de provedor. As capturas de tela ou *printscreen* também produzem provas documentais. Em suma, o fato está registrado em algum suporte físico ou eletrônico? E esse suporte não é outra prova específica? Se a resposta for positiva para ambas as questões, o resultado prova extraído será documental (THAMAY; TAMER, 2020, p. 114).

Percebe-se, assim, que a doutrina tem feito *distinção apenas em relação ao suporte* do qual a prova documental é extraída. Se de um (i) *suporte físico* — um documento em sentido estrito (contrato, atas etc.), assim considerada também a cópia reprográfica, a fotografia revelada etc. —, haverá uma prova documental *stricto sensu.* Se de um (ii) *suporte digital (ou eletrônico)*, estando o "documento" armazenado em computador ou qualquer outro dispositivo tecnológico (CD, HD), ou ainda publicado ou registrado na *internet* — inclusive nas mídias sociais —, podendo se tratar de fotografia digital, áudios, vídeos e tantos outros formatos, haverá, aí, um documento eletrônico ou digital e, portanto, uma prova documental *lato sensu.* Nesse último caso, talvez seja melhor denominar essa prova de *prova digital*, para bem distingui-la da prova documental clássica.

Há até quem faça distinção entre documentos *eletrônicos* e documentos *digitais.* Nelson Nery transcreve a distinção promovida pelo CONARQ — Conselho Nacional de Arquivos —, que é a seguinte:

> Um documento eletrônico é acessível e interpretável por meio de um equipamento eletrônico (aparelho de videocassete, filmadora, computador), podendo ser registrado e codificado em forma analógica ou em dígitos binários. Já um documento digital é um documento eletrônico caracterizado pela codificação em dígitos binários e acessado por meio de sistema computacional. Assim, todo documento digital é eletrônico, mas nem todo documento eletrônico é digital. (NERY JÚNIOR; NERY, 2015, p. 1.060).

A doutrina registra, contudo, a *inutilidade prática* dessa distinção, no âmbito do sistema processual. Não por outra razão, temos um processo judicial eletrônico — Lei n. 11.419/2006, a Lei do Processo Eletrônico —, atos processuais eletrônicos (arts. 193 a 199 do CPC) e documentos eletrônicos (arts. 439 a 441 do CPC), mas falamos de provas digitais e até mesmo em Direito Digital.

De sorte que o documento eletrônico (ou digital) "é aquele produzido, autenticado, armazenado e transmitido em *suporte eletrônico* na sua forma original" (THAMAY; TAMER, 2020, p. 118-122). São exemplos desses documentos: (i) qualquer documento que esteja "nos formatos e extensões .pdf ou .doc, assinados eletronicamente ou não"; (ii) algum vídeo que tenha sido "elaborado integralmente pelo meio eletrônico" ou que esteja "presente na plataforma conhecida do Youtube, acessível via petição nos autos por QRCode" — um código similar a um código de barras, ao menos de modo visual —, sendo que, a partir de sua leitura, "chega-se a algum conteúdo indexado em rede fechada ou na internet, permitindo sua visualização"; (iii) as mensagens enviadas e recebidas por qualquer aplicativo de mensageria, como *WhatsApp*, *Telegram* e outros; (iv) os *e-mails* ou correios eletrônicos, talvez os mais antigos mecanismos de telecomunicação utilizados para a troca de mensagens no mundo virtual; (v) os áudios em MP3 ou outro recurso tecnológico, gravados até mesmo em aparelho celular, aliás, as provas digitais mais utilizadas atualmente — pelo menos na Justiça do Trabalho —, juntamente com as mensagens por meio de *WhatsApp*.

Agora, não se pode confundir o documento digital (ou eletrônico) com o *documento digitalizado*. Este é um terceiro tipo (de documento), podendo ser considerado como tal aquele documento "originalmente produzido em meio físico e depois transportado, por meio da digitalização (fotografia, utilização de aplicativos, digitalização via *scanner* etc.), para suporte eletrônico" (THAMAY; TAMER, 2020, p. 122-126). São exemplos de *documentos digitalizados*: (i) "o instrumento de mandato (procuração ou substabelecimento) feito e assinado em papel e digitalizado para protocolo em processo eletrônico"; (ii) o contrato (físico) digitalizado e enviado por *e-mail*, em anexo a este — o *e-mail* (mensagem por e-mail) é um documento eletrônico, mas o que vai a ele anexado pode ser um documento digital (produzido no computador) ou um documento digitalizado; (iii) a fotografia de documentos de identificação da pessoa encaminhada ao advogado para a propositura de uma demanda ou a uma empresa, quando da compra de produtos, para a configuração do cadastro do comprador.

Por todo o exposto nesse tópico, percebe-se que a doutrina tem mesmo considerado a prova digital como uma *prova documental*, que compreende os documentos eletrônicos e outras situações muito específicas. Penso, no entanto, que, diante das tantas *singularidades* desse mecanismo probatório, ele deveria ser considerado como um meio particular de prova, por certo que um meio *atípico*. Agora, os documentos eletrônicos, em sentido estrito, já estão tipificados no CPC, como já observado, e podem ser caracterizados como tais.

Enfim, é esperar pela regulamentação mais abrangente de todas as intrincadas questões que envolvem a temática da prova digital, sobretudo a que diz respeito aos *pressupostos de validade* desse mecanismo de demonstração dos fatos ocorridos no mundo virtual, quando então a prova digital poderá até ser considerada, no próprio CPC, como um (novo) meio típico de prova.

3. Requisitos de validade da prova digital

Os problemas começam a surgir quando se enfrentam as várias questões relacionadas à *confiabilidade* da prova digital. Como é sabido, a prova documental derivada dos documentos originais é altamente confiável, sendo um dos mecanismos probatórios mais prestigiados no âmbito do processo civil. Reconhecida a assinatura de quem confecciona esse documento — ou de quem, mesmo não o preenchendo, o subscreve (art. 410, II, do CPC) —, passa a recair sobre os ombros *de quem impugna* o seu conteúdo um pesado encargo probatório (art. 429, I, do CPC), até porque assim disciplina o art. 412 do CPC: "O documento particular de cuja autenticidade não se duvida prova que o seu autor fez a declaração que lhe é atribuída".

Com efeito, de acordo com Marinoni e Arenhart, "a confiabilidade da prova documental — e a importância singular que os ordenamentos processuais lhe emprestam — assenta-se, exatamente, na *estabilidade do suporte* em que a informação é registrada" (*Apud* PASTORE, 2020, p. 64). Daí que o *suporte* de onde provém a prova documental (sua fonte) é deveras relevante para se verificar a (boa) qualidade da prova. Não por outra razão, o *documento original* tem maior força probante, aos olhos do julgador, do que a simples cópia, a menos que seja certificada a "conformidade entre a cópia e o original" (art. 424 do CPC). Em regra, a *autenticidade do documento* — verificada na incontestada assinatura nele aposta — é que serve de baliza para essa confiabilidade.

"Ocorre que o documento produzido em meio eletrônico pode, em regra, ser alterado sem esforço, em meios de armazenamento suscetíveis de regravação". Basta recordar que o "fluxo de dados em uma rede de computadores, como a *internet*" é muito denso e intenso, fazendo com que "a informação armazenada em meio eletrônico" seja apenas temporária, podendo ser substituída, diante de sua "grande volatilidade". Isso proporciona ao documento eletrônico uma "aparente contradição com a natureza e a própria utilidade da prova documental" (PASTORE, 2020, p. 64).

Por isso, para que a prova digital tenha a *mesma confiabilidade* da prova documental extraída de meio ou suporte físico (o documento em si), mister que ela ofereça a mesma segurança jurídica, que somente será proporcionada se atendidas *duas premissas básicas*, as quais estão presentes em toda a extensa regulamentação da prova documental: (i) que resulte bem clara *a origem* do documento digital, ou seja, a sua *autenticidade*, verificável quando não pairar dúvidas sobre a *sua autoria*, por assim dizer; (ii) que se possa verificar a *integridade das informações*, dos dados constantes do documento digital, em quaisquer de seus formatos já examinados — escrita, áudio, vídeo etc. —, o que pode ser verificável até mesmo na fé que possa merecer a pessoa que transporta essa prova para os autos do processo. A *integridade* diz respeito, portanto, à *inalterabilidade do conteúdo* da prova digital.

Vale destacar que tais parâmetros — autenticidade e integridade — são expressamente previstos pela legislação processual para o registro de atos processuais eletrônicos (art. 195 do Código de Processo Civil) e podem ser estendidos, seja por analogia, seja pela própria finalidade da prova, a todo e qualquer registro eletrônico que se pretenda utilizar com força probante no processo.

A verificação da presença desses requisitos depende estritamente do suporte em que os dados são armazenados, da forma como são produzidos, da finalidade a que se destinam e, sobretudo, do estado da técnica. O essencial, portanto, é que se tenha sempre presente a sua imprescindibilidade e, em caso de dúvida fundada, haja o recurso à prova pericial para que o exercício da jurisdição não seja induzido em erro por elementos que não tenham aptidão ou idoneidade para retratar a realidade (PASTORE, 2020, p. 68-69).

Em verdade, a doutrina tem apontado que são *três os requisitos imprescindíveis* — ou pressupostos de validade — para que a prova digital possa ser utilizada com segurança em determinado processo judicial: (i) a *autenticidade*; (ii) a *integridade*; e (iii) a *preservação* da cadeia de custódia. "A falha em qualquer deles resultará na fragilidade da própria prova, tornando-a fraca e até, por vezes, imprestável ou impotente de produzir efeitos no caso concreto" (THAMAY; TAMER, 2020, p. 39-40). Resta saber, portanto, do que se trata cada um desses requisitos.

A *autenticidade* deve ser entendida como "a qualidade da prova digital que permite a certeza com relação ao autor ou autores do fato digital". É, portanto, "a qualidade que assegura que o autor aparente do fato é, com efeito, seu autor real". Dito de outro modo: *autenticidade* é "a qualidade que elimina toda e qualquer hipótese válida e estruturada de suspeição sobre quem fez ou participou da constituição do fato no meio digital" (THAMAY; TAMER, 2020, p. 40).

Daí que, *negada a autoria* do fato digital e pairando séria dúvida sobre quem realmente o praticou, à semelhança do que sucede em relação aos fatos e atos jurídicos ocorridos no mundo real — suporte físico —, o ônus de demonstrar o fato digital (e sua autoria), o *fato constitutivo* do direito do autor da demanda — por exemplo, em ação indenizatória de dano moral —, é de quem o alega (art. 429, II, do CPC). Voltaremos a esse tema do ônus da prova.

Quando se trata de *documento digital*, se a assinatura eletrônica for *certificada* em conformidade com as diretrizes da *ICP-Brasil* — Infra-Estrutura de Chaves Públicas Brasileira —, criada pela Medida Provisória n. 2.200/2001, com a função de "garantir a autenticidade, a integridade e a validade jurídica de documentos em forma eletrônica, das aplicações de suporte e das aplicações habilitadas que utilizem certificados digitais, bem como a realização de transações eletrônicas seguras" (art. 1º da MP), por uma AC — Autoridade Certificadora —, ele *se presume verdadeiro*. A esse respeito, dispõe o art. 10, § 1º, da referida MP:

> As declarações constantes dos documentos em forma eletrônica produzidos com a utilização de processo de certificação disponibilizado pela ICP-Brasil presumem-se verdadeiros em relação aos signatários, na forma do art. 131 da Lei n. 3.071, de 1º de janeiro de 1916 — Código Civil.

Bem sabido que o Código Civil de 2002 manteve a mesma regra, em seu art. 219. Ora, se a assinatura eletrônica *identifica o autor do documento*, pois a codificação de cada assinatura é única, *não há como negar* a autenticidade desse documento. Se a pessoa, natural ou jurídica, argumentar, por exemplo, que alguém se utilizou indevidamente do cartão ou *pen drive* que contém a chave da assinatura, competirá a ela o pesado encargo de comprovar o fato alegado e, salvo em situações que conduzam a severa injustiça, há de se prestigiar a boa-fé objetiva de quem confiou naquela assinatura, pois presumidamente aposta pela única pessoa que a poderia "deter".

Isso porque a *assinatura digital ou eletrônica* "é produto de sofisticada técnica elaborada a partir da criptografia assimétrica, que recebe tal denominação por não se basear em um segredo comum".

Em breve resumo, essa forma de criptografia atua a partir de um conjunto de chaves, compostas de uma sequência de caracteres gerada por computador, a partir de elementos aleatórios e fórmulas matemáticas avançadas que viabilizam a sua correlação. Com elas, permite-se que, a partir da chave pública (assim chamada porque passível de ampla divulgação, sem prejuízo à segurança do mecanismo), qualquer pessoa ou dispositivo possa codificar conteúdo que apenas poderá ser decifrado pela chave privada (cuja posse é reservada ao emissor do par), bem como identificar a chave pública associada ao conteúdo codificado com a chave privada, tudo sem ter acesso a ela; por conseguinte, sem poder acessar conteúdo destinado ao seu detentor de forma protegida nem simular a autoria do código cifrado, que se relaciona exclusivamente à chave pública correspondente.

Uma vez aplicada essa espécie de criptografia sobre determinado conteúdo, a alteração de qualquer mínima unidade de informação — um *bit* que seja, ainda que em metadados que não repercutam diretamente no seu teor — torna impossível que a decodificação resulte no que se assinou ou mesmo algo próximo, dada a assimetria das chaves utilizadas no algoritmo; antes produzindo conteúdo ilegível, no caso de texto, ou inteiramente imprestável, no caso de *software* (PASTORE, 2020, p. 69-70).

Ocorre que a emissão de certificados digitais, com toda essa tecnologia, e apenas pelas autoridades certificadoras autorizadas pela ICP-Brasil, tem um *custo muito elevado*, motivo pelo qual esses certificados são utilizados basicamente no processo judicial eletrônico — no qual são obrigatórios —, nos órgãos públicos e em empresas de grande porte. Daí a presença constante de *outros métodos de autenticação*, até porque a própria MP n. 2.200/2001 isso permitiu, no § 2º de seu art. 10:

> O disposto nesta Medida Provisória não obsta a utilização de outro meio de comprovação da autoria e integridade de documentos em forma eletrônica, inclusive os que utilizem certificados não emitidos pela ICP-Brasil, desde que admitido pelas partes como válido ou aceito pela pessoa a quem for oposto o documento.

No setor de serviços, é bastante comum, para fins de autenticação — *identificação do usuário* —, "o envio de correspondência a um endereço de correio eletrônico, ou de mensagem de texto (SMS) a uma linha de telefonia móvel, contendo um código a ser fornecido ao prestador de serviços na própria plataforma". *Inserido o código*, a empresa que fornece os serviços — de telefonia, *internet* e outros — identifica com segurança que "o usuário de um determinado sistema é o titular da linha ou o detentor do endereço de e-mail", e assim terá condições de "atestar a autoria do que ele venha a produzir nesse ambiente". Ademais, atinge também essa mesma finalidade "o registro da origem de um acesso a um serviço ou aplicação, pelo endereço do Protocolo de *Internet* (IP) e pela porta lógica de origem da conexão", que inclusive permite, "pela consulta aos registros do provedor de conexão à *internet*, identificar o autor de dado conteúdo" ali postado (PASTORE, 2020, p. 71).

Ocorre que há *várias situações* nas quais *se pode discutir* a autenticidade da prova digital produzida nos autos do processo. Dentre elas, podem ser destacadas as seguintes: a) nem sempre o titular do perfil ou página, na *internet*, é o autor real da postagem ofensiva feita numa mídia social, pois há inúmeros casos de criação de perfil falso ou *fake* — nesses casos, a maneira mais adequada de se "atestar a autenticidade de tal prova é realizando a quebra de sigilo da postagem, com o fornecimento judicial das informações por parte dos provedores de aplicação e conexão"; b) pode ser que alguém se utilize do *e-mail* (corporativo) de determinada pessoa, principalmente nas grandes empresas, e, no computador da empresa, envie mensagem a "algum agente público prometendo determinada vantagem ilícita" — nesse caso, uma vez descoberta a prática ilícita, a única forma de se preservar a prova digital é a de se isolar imediatamente o dispositivo (computador) "e seus compartimentos de armazenamento (HD ou SSD" devem ser "clonados e lacrados" (THAMAY; TAMER, 2020, p. 44).

Em relação à *integridade*, a doutrina tem asseverado que esse requisito deve ser compreendido como "a qualidade da prova digital que permite a certeza com relação à sua completude e não adulteração". Com efeito, a prova digital será *considerada íntegra* quando se apresentar "isenta de qualquer modificação em seu estado ou adulteração desde o momento da realização do fato até a apresentação do resultado prova", estando, por isso mesmo, *apta* "a demonstrar a reprodução do fato em sua completude e integridade" (THAMAY; TAMER, 2020, p. 45).

Os *mesmos exemplos* citados em relação ao requisito autenticidade podem ser aqui lembrados, porque denotam a possibilidade de *adulteração* da prova digital, suscitando dúvidas sobre sua idoneidade ou até extirpando seu valor probante por completo. Ainda que haja um autor aparente, (i) pode ser que a publicação maliciosa tenha sido postada em perfil falso ou *fake*, nas chamadas mídias sociais; (ii) pode ocorrer de o *e-mail* por intermédio do qual se comete crime ou ato de concorrência desleal não ter sido enviado pelo seu titular, o autor aparente; (iii) o *printscreen* pode ter sido apresentado, nos autos do processo, a partir de "captura de tela de conteúdo" adulterado. Aliás, é bastante "simples e fácil construir ou alterar uma conversa de aplicativo de mensagens, de *e-mails* ou postagens em mídias sociais. Qualquer pessoa com um mínimo conhecimento de informática tem essa capacidade". Por isso, a doutrina tem recomendado que "o procedimento de coleta da prova seja acompanhado de lavratura presencial de ata notarial apta a atestar, com fé pública, que a integridade for (*sic*) respeitada". Apresenta-se, como alternativa, "a extração de código Hash sobre a cópia feita, atestando que ela é um espelho fidedigno do dispositivo original" (THAMAY; TAMER, 2020, p. 45-46), quando se tratar de dispositivos de armazenamento (HD e SSD).

Ademais, adverte-se que "o documento digital deve ter a sua autenticidade verificada *no meio digital* e assim certificada pelo escrivão, sem prejuízo de permanecer disponível, *no original*, para verificação independente das partes e, se o caso, exame pericial". Agora, além dos documentos digitais em sentido estrito, existe o *extrato digital de banco de dados*, previsto de forma lacônica no art. 11, § 1º, da Lei n. 11.419/2006, o qual tem o *mesmo valor probante* que os originais, "desde que atestado pelo seu emitente, sob as penas da lei, que as informações conferem com o que consta na origem" (art. 425, V, do CPC). Ocorre que, quando se tratar de "informações produzidas em meio exclusivamente eletrônico, assim as inseridas pelo preenchimento de um formulário digital" — por exemplo, as resultantes de transações financeiras feitas em aplicativos dos bancos —, "ou mesmo geradas automaticamente por sistemas informatizados, para registro da sua utilização ou em função dela" — por exemplo: (i) ligações telefônicas; (ii) troca de mensagens; (iii) acesso a páginas da *internet*; (iv) dados de geolocalização obtidos de aplicativos em aparelhos celulares —, "não haverá outro meio de prova possível e a informação deverá ser necessariamente extraída do banco de dados digital" (PASTORE, 2020, p. 72-74).

A questão que se coloca é: quem garante (e: como garantir) que essa extração de dados — *extrato digital de banco de dados* — foi realizada de maneira adequada e sem comprometimento dos dados digitais?

São frequentemente juntadas aos autos, como documento ou mesmo em reprodução de baixa qualidade no corpo dos arrazoados, imagens de telas de computador, em que aparentemente se contém um registro informatizado, mas sem nenhum esclarecimento sobre a criação e guarda dos dados, sobre o método de acesso ao banco de dados nem a responsabilidade por essa atividade.

Fica inteiramente prejudicada, dessa forma, a eficácia probatória do banco de dados digital, porque não se pode garantir que a informação é confiável na origem, tampouco que o que foi reproduzido nos autos corresponde ao que consta na origem (autenticidade), sem possibilidade de alteração desde a extração (integridade) (PASTORE, 2020, p. 75).

Por isso, a doutrina tem recomendado que a *extração dos dados* seja acompanhada por notário e descrita com precisão numa *ata notarial*, ou que, pairando dúvidas sobre a integridade da prova digital, ela seja submetida a criterioso *exame pericial*.

Ocorre que esses procedimentos têm um *custo elevado*, sobretudo a lavratura de ata notarial. Ademais, a *produção* da prova pericial — além de seu custo — pode ser *bastante demorada*, comprometendo a celeridade que se almeja para os processos judiciais. Por essas razões, penso que, no processo do trabalho, diante dos princípios da simplicidade, informalidade, gratuidade e efetividade, é possível admitir a produção menos formal da prova provinda dos meios ou suportes digitais, com a simples "juntada". De modo que, apenas se houver *séria controvérsia sobre sua autoria e conteúdo*, é que deve ser determinada a requisição de dados aos provedores de conexão e aplicação da *internet*, ou a outros detentores da informação produzida em meio digital. Diante da complexidade dessa produção probatória *complementar* — de averiguação da autoria e integridade do "documento" digital —, dela não tratarei neste artigo.

Enfim, também se apresenta como requisito da prova digital a chamada *cadeia de custódia*. A respeito dessa exigência, assim tem se manifestado a doutrina:

> [...] é preciso preservar a autenticidade e a integridade em todo processo de produção da prova digital, desde sua identificação, coleta, extração de resultados, até a apresentação no processo ou procedimento de destino. A ideia é construir verdadeiro registro histórico da evidência, de toda a vida da prova. A ideia é que se alguém seguir os mesmos passos já dados na produção da prova, o resultado será exatamente o mesmo. Nesse ponto, é importante sinalizar datas, horários, quem teve acesso, onde o acesso foi feito e até quaisquer alterações inevitáveis relacionadas. Mais uma vez, se não respeitada a cadeia de custódia da prova, o resultado é a sua imprestabilidade prática, justamente em razão da dúvida que irá pairar a seu respeito (THAMAY; TAMER, 2020, p. 114).

Por isso, é importante que os atores jurídicos, a despeito dos princípios fundamentais do processo do trabalho, tenham *mais cuidado na juntada* aos autos das provas digitais, lembrando-se que mero *printscreen* no corpo das petições (inicial, contestação etc.) *não se trata* sequer de documento, mas de *mera ilustração* para reforçar os argumentos da causa de pedir e da tese defensiva. Daí que, seja (a) na mera extração de um *printscreen* de conversas de *e-mail*, *WhatsApp*, *Telegram*, de páginas ou perfis na *internet*, seja (b) na juntada de CD ou DVD com áudios ou vídeos para comprovar determinados fatos, o advogado da parte — reclamante ou reclamado — deve fazer o possível para *identificar*: (i) a data em que teve acesso à prova; (ii) a data da extração da prova do meio digital; (iii) os horários do acesso e da extração; (iv) quem mais teve acesso à prova, ou quem a acessou e comunicou à parte, porque esta pessoa pode, inclusive, ser ouvida como testemunha do fato digital; (v) em que lugar se deu o acesso e a extração das informações; (vi) se, na extração dos dados, houve alterações inevitáveis, pela própria natureza das coisas.

Somente assim será possível à parte demonstrar ao juiz a *lisura* na extração dos dados, permitindo a *confiabilidade* na prova digital carreada aos autos do processo. E, nesse caso, se a parte contrária alegar *adulteração* das informações, *dela será o ônus de provar* que isso realmente aconteceu, tema que irei analisar na sequência.

4. O ônus da prova a respeito da prova digital

De todos é sabido que o ônus da prova não se trata de obrigação, tampouco de um dever, mas simplesmente de um *encargo* do qual deve se desincumbir a parte que, segundo as regras de definição específicas, tem a *incumbência* de convencer o juiz sobre a existência (veracidade) dos fatos por ela afirmados. Por isso, James Goldschmit assinalava que ônus ou encargo é um peso que se coloca sobre uma pessoa, de modo que ela se desincumba dele (*Apud* DINAMARCO, 1986, p. 185-186).

Com efeito, não se trata de obrigação porque se a parte não se desincumbir do ônus da prova não sofrerá nenhuma sanção jurídica por isso (execução ou pena). E nem mesmo constitui um dever, porque este se dá em relação a alguém, enquanto o ônus é da própria parte, em relação a si mesma, visto que, se não produzir a prova, provavelmente não terá reconhecido seu direito ou pretensão (SILVA, 2000, p. 89). Daí que a consequência para a parte que não se desincumbe de seu ônus subjetivo é o julgamento *desfavorável* à sua pretensão.

Havendo, no processo, *fatos controvertidos, relevantes e pertinentes* (SANTOS, 1990, p. 333-342), e determinados, será necessário investigar sobre o ônus da prova, à luz do art. 373 do CPC/2015 e principalmente do atual art. 818 da CLT, que deixou de enunciar um princípio geral — em verdade, uma regra de hermenêutica — a respeito da prova (quem alega, deve provar), para conter regras objetivas que levam em conta, sobretudo, a *natureza dos fatos controvertidos*.

Preleciona Carlos Alberto Reis de Paula (PAULA, 2001, p. 104-105) que, dentre as tantas teorias criadas para a repartição do ônus da prova entre as partes, merecem destaque as de Chiovenda, Rosemberg e Micheli. Em especial, a teoria desenvolvida por Chiovenda, por ter sido a adotada no direito processual brasileiro (art. 333 do CPC/73; art. 373 do CPC/2015; e, agora, art. 818 da CLT). "Por esta teoria, indica-se a qual das partes incumbe o ônus da prova, consoante a natureza dos fatos". Assim, torna-se necessário verificar, dentre os fatos controvertidos, quais são aquisitivos (constitutivos), impeditivos, modificativos ou extintivos de direitos, estudando-se a sua *natureza jurídica*, na chamada *distribuição estática* do ônus da prova.

Fato constitutivo é o fato que faz nascer o direito ou os efeitos jurídicos pretendidos, ou seja, é o fato a partir do qual existem efeitos jurídicos concretos deduzidos pelo demandante. Por sua vez, *fato impeditivo* é o que impede o nascimento do direito ou a produção de efeitos jurídicos do fato afirmado pelo autor; o fato, em si, não é contestado, pois o que se contesta são os *efeitos jurídicos* do fato. *Fato modificativo* é aquele que altera os efeitos jurídicos do fato constitutivo, sendo, portanto, ônus do demandado. Enfim, *fato extintivo* é o que faz desaparecer todos os efeitos jurídicos do fato constitutivo, como a prescrição, a decadência, o pagamento integral e outros (SILVA, 2021, p. 281-283).

Assim, definida a natureza jurídica dos fatos controvertidos, torna-se bem mais fácil compreender as regras objetivas de definição do ônus da prova. A respeito da definição do ônus, Giuseppe Chiovenda (CHIOVENDA, 1998, p. 447-449), após verificar que não há como estabelecer um princípio geral e completo para a regência do ônus da prova, asseverando que a justificativa da repartição do referido ônus entre as partes está num *princípio de justiça distributiva*, qual seja, o princípio da igualdade das partes, enuncia que, ao autor, compete o ônus da prova do fato constitutivo do seu direito, cabendo, portanto, ao réu: a) "provar fatos que provam a *inexistência* do fato provado pelo autor, de modo direto ou indireto"; b) ou, "sem excluir o fato provado pelo autor", afirmar e provar "*um outro* que lhe elide os efeitos jurídicos, e aí temos a verdadeira prova *do réu*, a prova da *exceção*" (destaques do autor).

Explica o grande Mestre que a mencionada repartição do *onus probandi* leva em conta as condições de existência de uma relação jurídica, devendo o autor, assim, provar as condições específicas dessa relação, ou seja, as que lhe são próprias, essenciais, como o consenso e o preço da coisa na compra e venda. Não tem, portanto, o autor de provar as condições gerais, comuns a todos os negócios jurídicos, como a capacidade dos agentes, a seriedade do consenso, que a coisa não se trata de bem fora do comércio. A falta dessas condições habitualmente presentes deve ser provada por quem a alegar, o réu, por ser *fato impeditivo*.

A mesma doutrina é professada por Moacyr Amaral Santos (SANTOS, 1990, p. 447), para quem a distribuição do ônus da prova pode ser sintetizada em *duas regras*:

1ª) ao autor cabe a prova dos fatos dos quais deduz o seu direito, ao passo que ao réu incumbe a prova dos fatos que, de modo direto ou indireto, atestam a inexistência daqueles, ou seja, a prova contrária ou contraprova;

2ª) ao autor compete a prova do fato constitutivo e ao réu a prova do fato extintivo, impeditivo ou modificativo, explicando o doutrinador que essa regra "reafirma a anterior, quanto ao autor, e atribui o ônus da prova ao réu que se defende por meio de exceção, no sentido amplo".

Obviamente, trata-se da doutrina clássica, esta examinada sucintamente nos parágrafos anteriores. Hoje, não se pode olvidar da *teoria dinâmica* da distribuição do ônus da prova, que foi inclusive positivada no sistema processual brasileiro (art. 373, § 1º, do CPC; art. 818, § 1º, da CLT). Tampouco das especificidades da temática da *inversão do ônus da prova* no processo do trabalho. Contudo, neste breve artigo não terei condições de analisar essas questões.

Quanto ao ônus da prova em *matéria de provas digitais*, há de se ter em mente que essa temática é bem recente. A doutrina e a jurisprudência ainda estão dando os *primeiros passos* para a definição do que se pode entender como prova digital, de sua natureza jurídica e dos requisitos imprescindíveis para a sua (boa) produção em juízo, questões já examinadas brevemente.

Nessa *teoria em construção*, para a definição das regras — estáticas ou dinâmicas — de ônus da prova quanto à produção da prova digital em juízo, o ponto de partida para essa edificação deve ser a clássica teoria geral da prova. Com efeito, é na *teoria geral da prova* (e do ônus da prova) que o jurista deve buscar teorizações e construções normativas que possam subsidiar a difícil definição de regras específicas sobre o encargo probatório, quando se tratar de questões relacionadas às provas digitais.

Pois bem, a se entender a prova digital como uma prova documental *lato sensu* — e parece ser esta a inclinação da doutrina e da jurisprudência, como mencionei anteriormente —, de saída, até que haja construção mais elaborada a respeito dessa temática, devem ser aplicadas as *regras clássicas* sobre ônus da prova, disciplinadas para a produção da *prova documental.*

Destarte, as diretrizes do *art. 429 do CPC* são mesmo o ponto de partida para a definição do encargo de prova, quando a controvérsia se referir a quem compete — pelas regras subjetivas e objetivas do ônus da prova — *demonstrar* ao juiz — o destinatário principal da prova — *o fato digital* alegado nos autos do processo. Eis a dicção do referido dispositivo legal:

> Art. 429. Incumbe o ônus da prova quando:
>
> I - se tratar de falsidade de documento ou de preenchimento abusivo, à parte que a arguir;
>
> II - se tratar de impugnação da autenticidade, à parte que produziu o documento.

Por isso, se a parte contra quem se faz a juntada de um documento *não impugna a assinatura* ou mesmo a reconhece, tendo o confeccionado ou simplesmente subscrito esse documento (art. 410, II, do CPC), passa a recair sobre seus ombros um pesado encargo probatório, em conformidade com o art. 429, I, do CPC. Com efeito, disciplina o art. 412 do CPC que o documento particular "de cuja autenticidade não se duvida prova que o seu autor fez a declaração que lhe é atribuída".

Destarte, a *primeira regra* sobre ônus probatório em matéria de provas digitais é esta: se a parte contra a qual se produziu uma prova digital não impugna sua assinatura, mas *apenas o seu conteúdo*, é dela o ônus da prova. Nesse caso, o que a parte certamente alegará é a *falta de integridade* da prova digital, que esta foi adulterada ou até mesmo que está incompleta — por exemplo, na juntada de *printscreen* de conversas de *WhatsApp*. Em conjunto ou separadamente, poderá alegar a *quebra da cadeia de custódia* quando da extração digital do banco de dados, e, nesse caso, o ônus da prova *também será seu.*

Em suma, se a parte contrária alegar *adulteração* das informações contidas em qualquer prova digital, dela será o *encargo de provar* que, de fato, isso ocorreu, mediante a juntada do (documento) original, da prova por completo (conversações, por exemplo), prova pericial ou até mesmo com o requerimento de *expedição de ofícios* a empresas que guardam os dados de onde foi extraída a prova digital, em regra, os provedores de conexão e/ou de aplicação da *internet.*

Agora, se determinada pessoa, natural ou jurídica, argumentar nos autos do processo que *alguém se utilizou indevidamente* do cartão ou *pen drive* que contém a chave de sua assinatura, *dela será* o pesado encargo de demonstrar que isso realmente aconteceu. Ora, nas relações jurídicas em geral há um imperativo de que se deve prestigiar a *boa-fé objetiva* de quem confiou naquela assinatura, pois, até prova em contrário, presume-se que foi aposta no documento pela única pessoa que a poderia "deter".

De outra mirada, se a parte contra quem se faz a juntada de uma prova digital — documento em sentido estrito ou *lato sensu*, como já visto — *não reconhece sua assinatura* ou *nega a autoria* do fato digital, de modo a gerar dúvida objetiva sobre quem realmente o praticou, o ônus de provar a ocorrência do fato digital, bem como de sua autoria, é de *quem o alega*, em conformidade com o art. 429, II, do CPC. Nesse caso, até se pode considerar que o fato digital, por mais forte razão, será definido como o *fato constitutivo* do direito do demandante, como ocorre numa ação de indenização por dano moral. Se o autor da demanda não comprovar, robustamente, que o fato digital *realmente aconteceu* e que o réu foi a pessoa que o praticou — por exemplo, um ilícito trabalhista consistente na ofensa à honra por meio de conversas de *WhatsApp* ou de publicações em mídias sociais como o *Facebook*, o *Instagram* e outras —, terá seu pedido julgado improcedente.

Em suma, negada a prática do ilícito ou negada sua autoria — uma *negativa absoluta*, portanto —, *de quem alega* o fato digital será a o encargo probatório. Nesse caso, a parte terá que demonstrar o teor da prova digital e que a parte contrária realmente praticou o ato ou fato jurídico, ou seja, que esta assinou o documento digital, que viajou a passeio quando estava de licença por atestado médico e uma infinidade de outras situações já analisadas anteriormente.

Como não tenho a menor pretensão de esgotar um tema tão amplo, complexo e novo no mundo jurídico, penso que, com estas linhas, já poderá o ator jurídico traçar uma *boa estratégia* em matéria de prova digital, a qual deverá angariar a *confiança* de seu(s) destinatário(s).

Por fim, convém ponderar que as provas digitais *não eliminam*, jamais, a necessidade de *produção de prova oral* na ampla maioria dos processos trabalhistas, pois o contrato de trabalho é um *contrato-realidade*, motivo pelo qual a prova testemunhal se sobrepõe à prova documental na Justiça especializada. Compreender a dinâmica da prova digital é fundamental para se produzi-la e para impugná-la, mas os atores jurídicos, em especial os advogados, não podem, jamais, olvidar-se de que *a oralidade está no DNA* do processo do trabalho, motivo pelo qual a prova digital jamais poderá substituir a prova oral na audiência trabalhista, servindo, antes, como instrumento de confirmação ou refutação de situações ocorridas nas relações de trabalho, que são de *trato sucessivo*.

Ademais, a legislação trabalhista *exige a documentação* de inúmeros fatos ocorridos na relação de emprego — recibos de pagamento, cartões de ponto —, além do que a juntada desses documentos nos autos do processo se torna um "dever" do empregador (Súmula n. 338 do TST, por exemplo), não sendo minimamente possível que a prova digital seja utilizada para substituir a *prova documental necessária*. A prova digital não pode ser vista como a panaceia para todos os males, devendo a parte, inclusive, ao apresentar requerimento de sua produção, apontar (i) *fato determinado* e (ii) *justificar* a necessidade da referida prova, apontando data ou, no mínimo, período específico, em conformidade com o art. 22, parágrafo único, da Lei n. 12.965/2014 — o Marco Civil da Internet, no Brasil.

Com isso em mente, a prova digital poderá ser um mecanismo útil, quando produzida com respeito aos requisitos específicos, mas isso *não retira* a possibilidade de produção de prova oral a respeito dos fatos trabalhistas, diante do *princípio da primazia da realidade*, tão realçado pela boa doutrina. E tudo isso vai *influir decisivamente* inclusive na definição do ônus da prova em matéria de provas digitais, mas não haverá tempo para tratar dessa importante correlação neste breve artigo.

Conclusão

O avanço descomunal das tecnologias, sobretudo das relacionadas à *informação* e à *comunicação*, tem provocado *mudanças radicais* na sociedade em geral e nas relações humanas (e jurídicas). Estamos "caminhando" a passos largos do mundo físico para o mundo virtual. Natural, portanto, que as provas dos atos e fatos jurídicos estejam cada vez mais "presentes" no *espaço-tempo digital*, surgindo a necessidade de se construir uma *teoria das provas digitais*.

Ocorre que ainda há poucos escritos específicos sobre a prova digital. Não obstante isso, na edificação dessa teoria, não se pode simplesmente ignorar a *teoria geral da prova*, estudada há séculos, na qual se podem encontrar inúmeros aportes que podem servir de *bússola* na investigação do que seria exatamente uma prova digital e de como ela deve ser produzida em juízo.

Talvez a prova digital nem se trate de um autêntico meio probatório, porque nessa temática importam muito mais as *fontes de prova*. Se o rito probatório continuar o mesmo, com a exigência das mesmas formalidades a respeito da produção da prova documental, o que vai sobressair são *as fontes* às quais se tem acesso pelos meios tecnológicos. Com efeito, há *duas vertentes* de análise quando se trata das provas digitais: 1ª) a relacionada aos fatos ou atos jurídicos *praticados* nos próprios meios digitais, tendo como *suporte* um meio digital — o que ouso chamar de prova digital *de primeiro grau*; 2ª) vertente na qual o fato ou ato jurídico foi praticado em meios "convencionais", em suporte "físico", mas pode ser *demonstrado* com a utilização dos meios digitais disponíveis — prova digital *de primeiro grau*.

Ao que parece, os doutrinadores têm considerado a prova digital como uma prova *documental* e esta seria, portanto, sua *natureza jurídica*. O *documento* é o suporte — físico ou eletrônico — no qual o fato e suas circunstâncias ficam registrados. E a *prova documental* é o resultado obtido no processo, seguindo-se o procedimento para a sua produção. Destarte, a distinção se dá apenas *em relação ao suporte* do qual a prova documental é extraída. Se de um *suporte físico*, haverá uma prova documental *stricto sensu*. Se de um *suporte digital (ou eletrônico)* — computador, CD, HD, *internet* —, haverá um documento eletrônico ou digital e, portanto, uma prova documental *lato sensu*.

Agora, para que a prova digital tenha a *mesma confiabilidade* da prova documental extraída de suporte físico (o documento em si), mister que ela ofereça a mesma segurança jurídica, que somente será proporcionada se observados os seus *três requisitos imprescindíveis*: (i) a *autenticidade* — não pode haver dúvidas sobre a autoria do fato digital, motivo pelo qual é a autenticidade que irá assegurar que o autor aparente do fato é, incontestavelmente, seu autor real; (ii) a *integridade* — há de se assegurar a *inalterabilidade do conteúdo* da prova digital, porque esta somente será considerada íntegra quando se apresentar sem qualquer modificação ou adulteração em seu estado, desde o momento da prática do ato até a apresentação da prova em juízo; e (iii) a *preservação* da cadeia de custódia — há de se preservar a autenticidade e a integridade em *todo o histórico* de produção da prova digital, desde a sua identificação até a sua juntada aos autos do processo, devendo a parte fazer o possível para *identificar* (i) datas e horários de acesso e extração da prova, bem como o lugar em que se isso ocorreu; (ii) se mais alguém teve acesso à prova; (iii) e se, na extração dos dados, houve alterações inevitáveis.

Enfim, se a prova digital é uma prova documental *lato sensu*, devem ser aplicadas à hipótese as *regras clássicas sobre ônus da prova*, disciplinadas para a juntada e a impugnação de documentos. De se observar, portanto, as diretrizes do *art. 429 do CPC*, que são o ponto de partida para a definição desse encargo de prova. Daí que a *primeira regra* sobre ônus probatório em matéria de provas digitais é esta: se a parte contra a qual se produziu uma prova digital não impugna sua assinatura ou autoria, *mas apenas o seu conteúdo*, é dela o ônus da prova. É dizer, se a parte alegar adulteração das informações contidas em qualquer prova digital, *dela será o encargo* de provar que, de fato, isso ocorreu. De outra mirada, se a parte contra quem se faz a juntada de uma prova digital *não reconhece* sua assinatura ou *nega a autoria* do fato digital, o ônus de provar a ocorrência desse fato, bem como de sua autoria, é de quem o alega, porque, nesse caso, terá havido uma *negativa absoluta*.

Uma última observação: as provas digitais *jamais irão eliminar* a frequente necessidade de *produção de prova oral* na ampla maioria dos processos trabalhistas, pois o contrato de trabalho é um *contrato-realidade*. A prova digital poderá ser um mecanismo útil, quando produzida com respeito aos seus requisitos específicos, mas não se pode olvidar do *princípio da primazia da realidade*, velho conhecido dos juslaboralistas.

Referências bibliográficas

CHIOVENDA, Giuseppe. *Instituições de direito processual civil.* Vol. I. Tradução do original italiano por Paolo Capitanio, com anotações do Prof. Enrico Tullio Liebman. Campinas: Bookseller, 1998.

______. *Instituições de Direito Processual Civil.* Vol. II. Tradução do original italiano por Paolo Capitanio, com anotações do Prof. Enrico Tullio Liebman. Campinas: Bookseller, 1998.

DINAMARCO, Cândido Rangel. Ônus de contestar e o efeito da revelia. *Revista de Processo*, v. 11, n. 41, jan./mar. 1986.

NERY JUNIOR, Nelson; NERY, Rosa Maria de Andrade. *Comentários ao Código de Processo Civil.* São Paulo: Revista dos Tribunais, 2015.

PASTORE, Guilherme de Siqueira. Considerações sobre a autenticidade e a integridade da prova digital. *Cadernos Jurídicos*, São Paulo, ano 21, n. 53, jan./mar. 2020, p. 63-79.

PAULA, Carlos Alberto Reis de. *A especificidade do ônus da prova no processo do trabalho.* São Paulo: LTr, 2001.

SANTOS, Moacyr Amaral. *Primeiras linhas de direito processual civil.* 2. vol. 13. ed. São Paulo: Saraiva, 1990.

SILVA, José Antônio Ribeiro de Oliveira. *Questões relevantes do procedimento sumaríssimo:* 100 perguntas e respostas. São Paulo: LTr, 2000.

______. *Manual das Audiências Trabalhistas:* Presencial, por Videoconferência e Telepresencial. Salvador: JusPodivm, 2021.

THAMAY, Rennan; TAMER, Mauricio. *Provas no direito digital:* conceito da prova digital, procedimentos e provas digitais em espécie. São Paulo: Thomson Reuters Brasil, 2020.

A Prova Digital como Meio de Prova Atípica: Aspectos Teóricos e um Caso Prático

Luciane Cardoso Barzotto[1]

Introdução

Pode-se dizer que as provas no processo terão grandes transformações porquanto serão cada vez mais produzidas atipicamente, por conta da entrada do processo no movimento de digitalização da sociedade. Ou, dito de outro modo, com a sociedade digital as pessoas deixam rastros ou pegadas na rede mundial de computadores, as quais podem ser seguidas pela autopublicidade dada pelas postagens na internet ou em aplicativos de comunicação em massa, ou mesmo ainda pela simples geolocalização de celulares, por exemplo.

Neste curto artigo queremos apenas lançar ao leitor a reflexão de como as provas digitais vão colaborar para o convencimento do juiz e como elas podem ser consideradas fontes de verossimilhança no processo. Para tanto, divide-se o artigo em cinco partes: concepções de prova; verossimilhança no CPC de 2015; provas atípicas e o conceito de prova digital como prova atípica. Na parte final, traz-se um caso de aplicação da prova digital ao processo, a qual acarretou a redução da necessidade probatória (redução do módulo de prova, com aplicação do princípio da verossimilhança) e o aumento da certeza na solução do feito.

1. Concepções de prova

Entende-se que a definição de MELENDO (1978, p. 22) sobre a noção de prova processual é bastante completa:

---

(1) Desembargadora Federal do Trabalho da 4ª Região. Professora da graduação e do PPGD UFRGS. Doutora em Direito pela UFPR. Pós-doutora pela Universidade de Edimburgo. Coordenadora do Grupo de Estudo Direito e Fraternidade da UFRGS – Cnpq. Coordenadora do Grupo de Estudos LGPD da EJUD4. E-mail: lucicard@terra.com.br.

> "A prova é verificação de afirmações, formuladas pelas partes, relativas, em geral, a fatos, e, excepcionalmente, a normas jurídicas, que se realizam utilizando fontes, as quais chegam ao processo por determinados meios, trazidas aquelas pelos litigantes, e, dispostos estes pelo juiz, com as garantias jurídicas estabelecidas, ajustando-se ao procedimento legal, adquiridas para o processo e valoradas de acordo como normas de sã crítica, para levar o juiz a uma convicção."

Para BENTHAM (1971, p. 10) a prova significa a passagem do fato conhecido para o fato desconhecido. Aliás, este mesmo autor clássico comenta que a arte do processo é a arte de administrar as provas.

Muito foi escrito sobre o conceito de provas mas, para fins do nosso trabalho, arrolamos, ainda que sinteticamente, algumas concepções sobre prova (BARZOTTO, 2021, p. 31-35):

a) resultado (convicção do juiz – Castro Mendes);

b) atividade (Liebman e Chiovenda);

c) juízo (prova é o resultado de um silogismo – Calamandrei);

d) meio (é um meio de convencimento do juiz – Carnelutti);

e) reconstrução do passado (são indícios convergentes – Dellepiane);

f) demonstração da verdade possível (Carnelutti fala em processo formal de fixação);

g) justificação (a prova é uma escolha para o futuro, pressuposto para a decisão – Castro Mendes).

Por fim, para o CPC 2015, segundo o art. 369 a prova é vista como direito da parte:

> As partes têm o direito de empregar todos os meios legais, bem como os moralmente legítimos, ainda que não especificados neste Código, para provar a verdade dos fatos em que se funda o pedido ou a defesa e influir eficazmente na convicção do juiz.

> A prova pode ser vista como o objetivo da atividade das partes, visando fundamentar suas alegações. Alegações são espécies qualificadas de afirmações sobre a realidade, que deverão ser demonstradas processualmente, porque contém afirmações duvidosas. Os pontos dúbios das alegações surgem pelo contraditório gerando alegações

> incompatíveis pelas afirmações dos adversários. A oposição de alegações incompatíveis gera questões, que, por sua vez, em conjunto dão origem à controvérsia. Uma questão deve ser caracterizada por possuir pressupostos em comum e divergir no ponto dúbio em que a oposição deve ser reduzida a alegações simples e contrárias (MICHELI, 1961, p. 112).

É importante ressaltar o sentido etimológico do termo: *probatio* advém de *probus*, que originou, em português, as palavras "prova" e "probo". No seu sentido subjetivo, sugere a aprovar ou fazer aprovar, representando uma escolha íntima de acolher ou rejeitar os argumentos de uma, ou de outra parte. Contemplando o aspecto subjetivo da prova, FERRAZ JUNIOR (1994, p. 379) aduz que provar

> significa a produção de uma espécie de simpatia, capaz de sugerir confiança, bem como a possibilidade de garantir, por critérios de relevância, o entendimento dos fatos num sentido favorável (o que envolve questões de justiça, equidade, bem comum etc.).

Interpreta-se a prova como direito da parte, uma vez que os atores precisam estabelecer uma adesão do julgador. Para que cada parte atinja seu desiderato, o juiz ao conduzir a prova deverá utilizar a ideia de comunidade. A ampliação dos poderes do juiz conduzir a prova se dá num contexto em que o processo é visto como microcosmo comunitário que contempla as possibilidades probatórias de ambas as partes.

A prova, como direito diz respeito à possibilidade de proposição, aceitação e produção dos meios relevantes à comprovação dos fatos que dão suporte ao pedido e a defesa. A prova concebida como direito não diminui a necessidade de que a parte tenha que provar, como fardo que lhe é imposto pela teoria do ônus da prova. Ao juiz cabe a análise da prova sendo que sua constatação deve ser fundamentada pelo acolhimento da prova preponderante dos fatos.

Num processo tido por colaborativo, deve o juiz garantir a possibilidade probatória, em igualdade de condições (MITIDIERO, 2012). Relacionados ao amplo princípio da igualdade, temos o princípio da legalidade, segundo o qual ninguém está obrigado a fazer ou deixar de fazer alguma coisa senão em virtude de lei (art. 5º, inciso II), o direito de ação (art. 5º, inciso XXXV), o contraditório e ampla defesa (art. 5º, inciso LV), além do princípio do devido processo legal (art. 5º, inciso LIV), todos da Constituição Federal em vigor.

A prova tida como direito da parte também está substancialmente ligada ao aspecto de acesso à justiça, garantida no art. 5º, inciso XXXV, da Constituição, bem como ao direito à da motivação das decisões, conforme a previsão do art. 93, inciso IX da CF/88.

Ou seja, a afirmação da prova como direito afina a temática probatória com as grandes linhas constitucionais de direitos fundamentais relacionados ao processo, conservando seus principais aspectos teóricos.

Portanto, os grandes temas probatórios se orientam por estas concepções e pelo fato de que a prova tem que ser lícita, ainda que não prevista no ordenamento judicial e apontem para a verossimilhança do fato narrado.

2. Verossimilhança no CPC de 2015

Piero Calamandrei define verossimilhança a partir do sentido de aproximação de graus de certeza probatória.

A teoria da verossimilhança foi incorporada no CPC de 2015 e é apontada como:

1. técnica antecipatória de tutela;

2. técnica de produção probatória;

A verossimilhança no CPC 2015 é utilizada basicamente para tutelas provisórias e delimitação de meios de prova.

a) "tutelas provisórias de urgência" (art. 300 do CPC/2015) — probabilidade e antecipações de tutela recursal ou concessões de efeito suspensivo a recursos (arts. 955, parágrafo único, 1.012, § 4º, 1.019, I e 1.026, § 1º, do CPC/2015).

b) na delimitação prévia dos meios de prova e dinamização do ônus probatório (art. 357, II do CPC/2015) e 345 do CPC, IV — revelia — do CPC/2015).

De fato, o art. 357 do CPC refere que, se não ocorrer ao juiz de extinguir, julgar antecipado o mérito (total ou parcial), no inciso II, ele deve: delimitar as questões de fato sobre as quais recairá a atividade probatória, especificando os meios de prova admitidos. Importante salientar que a doutrina alemã construiu a tese da verossimilhança como uma possibilidade de reduzir o módulo de prova das partes. Em termos simples redução do módulo de prova seria diminuir a necessidade probatória de alguns fatos, como menciona Gerard Walter, em obra clássica sobre livre apreciação da prova, a partir do princípio da verossimilhança, pelo qual não precisa o juiz dissipar até as últimas dúvidas para considerar um fato provado.

Aqui entra, a partir da verossimilhança, a possibilidade de utilização de provas atípicas, como técnicas probatórias, como se verá. Técnicas de verossimilhança são bases para a formação do convencimento do juiz a partir dos quais o juiz combina elementos para formar sua convicção. As técnicas de verossimilhança envolvem a utilização de provas atípicas para a formação do convencimento do juiz.

3. Provas atípicas

As provas atípicas são aquelas não taxativamente constantes dos códigos processuais. No entanto, são importantes par atingir juízos de verossimilhança. As mais conhecidas são máximas de experiência, fatos notórios, indícios, presunções; comportamento processual das partes, como veremos brevemente[2].

3.1. Máximas de experiência

São o "saber privado" do juiz. Máximas de experiência significam a possibilidade de julgar se um fato é verossímil ou inverossímil, segundo o que normalmente acontece. As máximas de experiência estão formuladas no CPC da seguinte maneira:

> "Art. 375. O juiz aplicará as regras de experiência comum subministradas pela observação do que ordinariamente acontece e, ainda, as regras de experiência técnica, ressalvado, quanto a estas, o exame pericial."

3.2. Prova "prima facie"

É uma categoria de prova usada para justificar a valoração da prova em cautelares e liminares.

3.3. Categoria da aparência

É utilizada para proteger 3º de boa-fé e responsabilizar aquele que cria expectativas através da aparência jurídica de certa situação.

---

(2) Aqui utilizamos resumo de trabalho de nossa autoria, cfe. BARZOTTO, Luciane Cardoso. *Prova testemunhal:* verossimilhança e abordagem hermenêutica. 2. ed. São Paulo: RT, 2021.

3.4. Fatos notórios

Fatos notórios dizem respeito sobre a certeza da existência de que um fato é compartilhado pelo juiz e uma generalidade indeterminada de pessoas. Não se trata de conhecimento privado, mas de conhecimento compartilhado.

3.5. Indícios

Indícios são fatos conhecidos capazes de nos levar, por via de inferência a fatos desconhecidos.

3.6. Presunções

a) é a dedução que identifica o fato desconhecido a partir do fato conhecido;

b) é um substituto da prova;

c) é uma prova indireta fundada em indícios;

d) é a conclusão que se extrai de outros fatores probatórios que não as declarações humanas;

e) se tornam ficções quando se distanciam dos fatos.

3.7. Comportamento processual das partes

Este meio de prova não tipificado é importante quando se examina a licitude ou não do comportamento, vinculando-se ao princípio da boa-fé processual.

Atualmente, com o uso das redes, o comportamento processual das partes pode ser analisado tranquilamente pelas fontes abertas e por aquilo que as partes e suas relações publicam na internet.

3.8. Provas digitais como provas atípicas

Pois bem, na decisão devem ser articuladas todas estas provas atípicas acima referidas, com as provas típicas (testemunhas, perícias, documentos, conforme art. 212 do Código Civil e 369 do CPC) e, argumentativamente, deve haver explicitação motivada da convicção do juízo sobre o conjunto probatório, à luz do art. 371 do CPC que expressamente refere: "O Juiz apreciará a prova constante dos autos, independente do sujeito que a tiver promovido, e indicará na decisão as razões da formação de seu convencimento."

O CPC de 2015 inovou com relação a duas provas que antes eram consideradas atípicas. Regulou a ata notarial e a juntada de fotografias. A que a ata notarial prevista no art. 384 do CPC/2015 é um documento público que faz prova não só da sua formação, mas também da veracidade do conteúdo digital que o tabelião descreveu (art. 405 do CPC/2015). Já a fotografia juntada aos autos vem regulamentada pelo art. 422 do CPC, estando aí permitidos, do mesmo modo, os vídeos, por analogia.

Atualmente surge uma nova forma de prova atípica, que é a prova eletrônica, digital ou virtual. Trata-se de uma prova surgida com a digitalização processual.

4. Conceito de prova digital e sua classificação como prova atípica

O conceito de prova digital pode ser dado por THAMAY E TAMER (2020, p.33), como:

> o instrumento jurídico vocacionado a demonstrar a ocorrência ou não de determinado fato, suas circunstâncias, tendo ele ocorrido total ou parcialmente em meios digitais ou, se fora deles, esses sirvam como instrumento para sua demonstração.

Ou seja, a prova digital ou demonstra a ocorrência de um fato ocorrido no mundo digital ou é um meio digital para comprovar determinado fato. Atualmente temos um conceito de prova digital contido no projeto de Lei n. 4.939/20. No art. 4º deste projeto de lei temos a definição de prova digital como sendo "toda a informação armazenada ou transmitida em meio eletrônico que tenha valor probatório". O parágrafo único estipula que à prova digital aplicam-se subsidiariamente as disposições relativas às provas em geral.

A prova atípica digital eletrônica, no entanto, já está autorizada nos termos na Lei n. 11.419, de 19 de dezembro de 2006, cujo art. 13 refere:

> O magistrado poderá determinar que sejam realizados por meio eletrônico a exibição e o envio de dados e de documentos necessários à instrução do processo.

Neste dispositivo legal temos uma autorização legal para que o juiz determine a realização de provas digitais, típicas ou atípicas.

O juiz, ao acessar banco de dados de um site está utilizando a prova digital. Por estas provas pode-se reafirmar ou desconstituir outras provas produzidas. Os vídeos, textos e todas as postagens em redes sociais podem constituir provas atípicas e autônomas a ser admitidas no processo em geral. As fontes abertas de prova digital se obtêm, principalmente, na rede mundial de computadores. São, estas provas, exemplificativamente: fotos e vídeos postados publicamente, em perfis abertos. Estas postagens podem ser acessadas pelo juiz ou pelas partes e utilizadas como prova para a formação da convicção judicial, no processo judicial.

Veja-se que as provas típicas (testemunhas, perícias, documentos) podem ser produzidas de forma atípica, como é, por exemplo, a forma da videoconferência adotada agora em época de pandemia. Elas seguem sendo uma prova típica que recebem a influência da prova atípica (virtual) na sua produção. Ou seja, uma prova típica (testemunhal) pode ser realizada por um meio eletrônico, atípico (videoconferência), autorizado pelo CPC. A sua interpretação deve seguir os padrões usuais da hermenêutica probatória.

No entanto, uma prova atípica digital, é constituída em meio digital e merece uma análise por novos cânones. Segundo PATURY (2021), os atributos de validade da prova digital são a integridade, imutabilidade, temporariedade e publicidade. Estes elementos de validade, devem ser confrontados por outros meios de prova a partir da técnica da verossimilhança que impõe sempre a visão da prova no seu contexto e conjunto, no confronto das teses opostas.

No Pacote Anticrime — Lei n. 13.694/2019, a legislação federal elencou 10 (dez) etapas a serem seguidas a fim de concretizar a estrutura válida da prova (cadeia de custódia) que são: i) reconhecimento; ii) isolamento, iii) fixação; iv) coleta; v) acondicionamento; vi) transporte; vii) recebimento; viii) processamento; ix) armazenamento; e x) descarte. Estes devem ser os passos seguidos para que a prova digital atípica possa se constituir validamente no processo.

A cadeia de custódia pode ser definida pela norma NBRISO/IEC 27037 como "*um documento indentificando a cronologia de movimento e do manuseio da potencial evidência digital*". Outra definição da cadeia de custódia está no art.158- A do CPP: *Considera-se cadeia de custódia o conjunto de todos os procedimentos utilizados para manter e documentar a história cronológica do vestígio coletado em locais ou vítimas de crimes.*

Há que se utilizar a possibilidade de rastreamento do iter probatório, dentro do devido processo legal, mantendo-se a cadeia de custódia da prova, especialmente na esfera penal. Na esfera do Processo Civil e do processo do trabalho também é necessário que se sigam estes passos. Precisa-se com urgência a formação dos operadores do direito para a utilização do que se tem chamado de letramento digital, para fins de descobrirmos com maior facilidade elementos de provas que já estejam contemplados em fontes abertas e, os que, mesmo estando em fontes fechadas, possam ser adquiridos e utilizadas lícita e validamente.

Além disso, encontra-se superada a ideia de que as redes sociais são inadmissíveis como meio de prova, embora ainda exista controvérsia sobre a possibilidade de o juiz solicitar informações sobre dados gerados pelas partes em consultas a sites como Google, o que inclusive será objeto de manifestação pelo Supremo Tribunal Federal, no Tema n. 1.148.

Ainda que a prova de conversas de *WhatsApp* seja volátil, existe a possibilidade de conferir a sua legitimidade como prova. Um dispositivo móvel — celular — pode ser fornecido como prova, sendo o juiz, mediante autorização do titular, capaz de investigar o conteúdo das mensagens. Isso pode ser feito por extração do texto das mensagens (com o consentimento dos envolvidos, o que geralmente pode ser feito em audiência) ou mediante captura de tela ou uma fotografia da tela do computador. Se submetida ao contraditório e não impugnado este *"print"* este pode ser utilizado como meio de prova válido. Convém lembrar que conteúdos postados pela própria parte na rede mundial de computadores é o que se denomina prova evadida (publicizada na rede pela própria parte), na teoria de PATURY (2021), que é o contrário de prova invadida, não gera problemas na esfera da privacidade de quem forneceu a prova, tornando-a pública, ao postar um vídeo no Youtube e, ou, conversas de *WhatsApp*, por exemplo.

5. Um estudo de caso concreto de utilização de prova digital

Provas mais simples, também atípicas, vem ganhando destaque, como é, por exemplo, o "*print* de tela". Esses "*prints* de tela" — de celular, de computador, de páginas de internet, de aplicativos, nada mais são do que imagens juntadas eletronicamente aos autos. Estas imagens podem ser distorcidas e se tornarem "*fake*". No entanto, por diversas técnicas e maneiras o juiz pode confrontar a veracidade destas provas eletrônicas, mediante confronto com outras provas ou mesmo, utilizando mecanismos de verificação. Ainda convém lembrar que há a presunção de veracidade se não houver impugnação do documento, na esteira do art. 428 do CPC.

Para ilustrar um uso simples das provas digitais, "*print* de tela", traz-se o seguinte caso, extraído do Processo trabalhista n. 0020759-61.5.04.00.29, do TRT4, resumidamente explicado:

> "Um motoboy ajuíza ação contra empresa terceirizada e *Ifood*: quer desbloqueio de cadastro do motoboy na plataforma do *Ifood*, que era controlada, segundo narra a inicial, pela primeira ré (empresa intermediadora de motos de entrega). O autor já demonstra, na inicial, o bloqueio do seu perfil, junto à 1ª ré, mediante *"print"* de tela, o que não foi motivo de impugnação pelas rés. No processo, ambas as reclamadas negam o bloqueio dos dados usados no trabalho do autor. O direito material ao acesso aos dados decorre da LGPD, art. 18, inciso II (Lei n. 13.709/18). No processo, o juízo defere antecipação de tutela para que, em 24 horas, ambas empresas liberarem o

> cadastro do trabalhador em plataformas (visto que ambas negavam a responsabilidade pela ausência de acesso do autor). A primeira reclamada libera bloqueio do autor e comprova por *"print"*. Este print (mesmo que equivalente a uma foto) equipara-se a uma prova digital, porque extraído de uma plataforma e tornado público no processo pelo print: ele representa uma operação digital da empresa (desbloqueio) e não foi impugnada pela parte adversa- autor, o qual obteve sucesso no seu pleito, a partir da conferência no aplicativo das rés que seu perfil estava desboqueado. Pois bem, resolveu-se a ação apenas pelas provas digitais produzidas. Se as partes e o juiz pensam digital, o módulo de prova é reduzido (aplica-se o princípio da verossimilhança), porque as provas já podem ser desde logo produzidas na inicial e defesa a partir do modo digital/eletrônico. Se as partes pensam digital- levam o juiz a pensar digital- e o processo se desenvolve, do ponto de vista probatório, de forma digital. A situação das plataformas nos leva a pensar cada vez mais de forma digital na produção da prova. Portanto, neste estudo caso acima narrado, houve a desnecessidade de prova testemunhal (qual empresa teria bloqueado o acesso aos dados do autor: se empresa A ou B) e o direito foi contemplado com celeridade e certeza a partir do print.

O print de tela foi acolhido como meio de prova válido à luz do art. 422 do CPC. Ainda, aplica-se ao caso, a dicção do art. 225 do CPC:

As reproduções fotográficas, cinematográficas, os registros fonográficos e, em geral, quaisquer outras reproduções mecânicas ou eletrônicas de fatos ou de coisas fazem prova plena destes, se a parte, contra quem forem exibidos, não lhes impugnar a exatidão.

Por fim, é importante que tenhamos a convicção da democracia na prova e no processo, como o princípio da não surpresa e da cooperação, que estão trazidos no art. 6 e 10 do CPC. Por isso ela deve ser produzida de acordo com os grandes princípios da motivação, contraditório e ampla defesa. Ainda deve se apontar que a prova geralmente é de faculdade supletiva ao juízo. Caberia, em princípio às partes a sua requisição ao juízo ou produção direta, se possível. Geraldo Prado fala que temos uma prova digital que, como prova atípica, que traz ao juízo uma nova forma de poderes instrutórios (PRADO, 2021). O autor entende que devemos ter subsídios para a proteção da prova digital, eletrônica ou *e-evidence*, o que nos remete a outra questão ainda a ser discutida, a segurança destas provas.

Estamos num momento de inteligência artificial que diversos grupos de trabalho tentam implementar novidades no âmbito processual, sendo que há no judiciário mais de 72 projetos de inteligência artificial (FREITAS, 2021). Recorda-se ainda a Resolução n. 332 do CNJ que trata da ética, transparência e governança no uso de inteligência artificial e a Resolução n. 350 do CNJ que trata da cooperação judicial. As provas digitais nos aproximam da inteligência artificial no processo e exigem nova leitura da dinâmica probatória. No entanto, como refere Luís Greco, há que se manter a responsabilidade do julgador na condução deste processo crescente de algoritmização da justiça.

Considerações finais

Hoje temos a influência forte de uma teoria digital do processo e um tecno-direito que tem uma nova forma de ser concebido e interpretado, especialmente nas novas tendências hermenêuticas, as quais o CPC de 2015 já autoriza, a partir de seus regramentos sobre a prova.

Atribuir sentido ao conjunto probatório continua sendo um desafio para o juiz. O julgador pode, de forma justificada e a partir da técnica da verossimilhança, com a utilização de provas digitais como provas atípicas, ampliar suas possibilidades interpretativas na análise da racionalidade das provas, do processo, e do próprio Direito, a partir de um novo pensar de forma digital.

Referências bibliográficas

BARZOTTO, Luciane Cardoso. *Prova testemunhal:* verossimilhança e abordagem hermenêutica. 2. ed. São Paulo: RT, 2021.

BENTHAM, Jeremy. *Tratado de las pruebas judiciales.* Trad. Manuel Osorio Florit. Buenos Aires: EJEA, 1971.

CALAMANDREI, Piero. *Opere giuridiche:* la genesi logica della sentenza civile. Napoli: Morano Editore, 1965. p. 2-53.

CARNELUTTI, Francesco. *La prueba civil.* 2. ed. Buenos Aires: Depalma, 1982. p. 200-1.

CARPARO, Eduardo. Inferência para melhor explicação (IME) e persuasão racional: ferramentas e critérios de adequada valoração probatória. *Revista de Processo*, São Paulo, Revista dos Tribunais, v. 45, n. 300, fev. 2020, p. 49-72.

CHIOVENDA, Giuseppe. *Instituições de Direito Processual Civil.* São Paulo: Saraiva, 1969. vol. I.

CESÁRIO, João Humberto. As provas eletrônicas no processo do trabalho. *Revista LTr:* Legislação do Trabalho, São Paulo, v. 82, n. 5, p. 539-546, maio 2018.

DELLEPIANE, Antonio. *Nova teoria da prova.* 2. ed. Rio de Janeiro: José Konfino, 1958.

FERRAZ JUNIOR, Tércio Sampaio. *Introdução ao estudo do Direito.* São Paulo: Atlas, 1994.

FERREIRA NETO, Arthur Leopoldino; JOÃO, Paulo Sergio. A prova documental eletrônica no processo do trabalho: validade e valoração. *Revista de Direito do Trabalho*, São Paulo, v. 45, n. 206, p. 205-231, out. 2019.

FREITAS, Hyndara. Judiciário brasileiro tem ao menos 72 projetos de inteligência artificial nos tribunais. Disponível em: <https://www.jota.info/coberturas-especiais/inova-e-acao/judiciario-brasileiro-tem-ao-menos-72-projetos-de-inteligencia-artificial-nos-tribunais>. Acesso em: 17 abr. 2021.

GAIO JÚNIOR, Antônio Pereira; RAMOS, Rafaella Cardoso. Prova documental eletrônica como objeto probatório no contexto do processo civil brasileiro. *Revista de Processo*, São Paulo, v. 43, n. 282, p. 179-199, ago. 2018.

GRECO, Luis. *Poder de julgar sem responsabilidade de julgador:* a impossibilidade jurídica do juiz-robo. São Paulo: Marcial Pons. 2020.

KNIJNIK. Danilo. *A prova nos juízos cível, penal e tributário*. Rio de Janeiro: Forense, 2007. p. 26-33.

LIEBMAN, Enrico Tullio. *Manuali di Diritto Processual Civile*. Milano: Giuffrè, 1973.

MELENDO, Santiago Sentís. *La prueba* — los grandes temas de derecho probatorio. Buenos Aires: EJEA, 1978. p. 22.

MENDES, João de Castro. *Do conceito de prova em Processo Civil*. Lisboa: Ática, 1961. p. 269.

MICHELI, Gian Antonio. *La carga de la prueba*. Buenos Aires: EJEA, 1961. p. 112-3.

MITIDIERO, Daniel. Processo justo, colaboração e ônus da prova. *Revista do Tribunal Superior do Trabalho*, São Paulo, v. 78, n. 1, p. 67-77, jan./mar. 2012.

PATURY, Fabrício. Curso sobre Provas digitais. *Enamat*, abril de 2021.

PRADO, Geraldo. Disponível em: <https://www.conjur.com.br/2021-jan-26/prado--notas-cadeia-custodia-prova-digital.>.

THAMAY, Rennan; TAMER, Mauricio. *Provas no Direito Digital* — Conceito de prova digital, procedimentos e provas digitais em espécie. São Paulo: Revista dos Tribunais, 2020.

WALTER, Gerhard. *Libre apreciación de la prueba*. Trad.Tomás Banzhaf. Bogotá: Editorial Temis Libreria, 1985.

Ônus da Prova Digital no Processo do Trabalho

Tereza Aparecida Asta Gemignani[1]

"A raposa sabe muitas coisas;
o porco-espinho sabe uma só, mas muito importante.
O valor é uma coisa muito importante."
Ronald Dworkin

Introdução

A evolução tecnológica, que teve início no final do século XX, intensificou-se nas primeiras décadas do século XXI, alterando os parâmetros de tempo e espaço.

As novas formas de viver e trabalhar passaram a exigir um estado permanente de conexão, transformando a inclusão digital em um direito fundamental e provocando o desenvolvimento acelerado das tecnologias digitais, para atender às novas necessidades da sociedade contemporânea.

A pandemia provocada pela Covid-19 acelerou os efeitos desta mudança ao apresentar, como desafio, a necessidade de manter a atividade produtiva e, ao mesmo tempo, garantir o distanciamento social, o que levou ao aprimoramento das ferramentas digitais.

Se, por um lado, a intensificação do uso destas ferramentas possibilitou a implementação de novas formas de comunicação e reorganização da atividade

(1) Doutora em Direito do Trabalho — Pós-graduação *stricto sensu* pela USP - Universidade de São Paulo. Desembargadora do Trabalho - TRT da 15ª Região. Membro da ABDT — Academia Brasileira de Direito do Trabalho - cadeira 70.

produtiva, por outro lado ampliou expressivamente o acesso aos dados pessoais, estilo de vida e localização dos indivíduos, alterando de maneira significativa as relações humanas e, consequentemente, a natureza das controvérsias e conflitos que lhe são correlatos, impactando o modelo até então adotado quanto a produção da prova, nos processos que aportam ao Poder Judiciário.

Este artigo propõe a reflexão sobre os direitos fundamentais e o devido processo legal neste novo modelo probatório digital, abordando especialmente a questão do ônus na produção das provas digitais.

1. Os direitos fundamentais e o devido processo legal digital

O processo tem uma dupla dimensão, como explica Marinoni(2), pois de um lado serve ao interesse das partes que almejam a tutela de seus direitos e, de outro lado, à própria administração da justiça.

Por isso, os direitos fundamentais postos pelo art. 5º da Constituição Federal se revestem de importância central para fixação dos eixos normativos, que devem ser observados pelas regras infraconstitucionais para conformação de um processo justo. Para tanto, explica que o direito ao processo justo "impõe deveres organizacionais ao Estado na sua função legislativa, judiciária e executiva" e, por isso, no "Estado Constitucional, o processo só pode ser compreendido como o meio pelo qual se tutela os direitos na dimensão da Constituição".

Entre os direitos fundamentais estabelecidos pela Lei Maior, necessário trazer à colação os que são reitores do nosso sistema processual, postos no art. 5º com o escopo de assegurar que:

> "LIV - ninguém será privado da liberdade ou de seus bens sem o devido processo legal;
>
> LV – aos litigantes, em processo judicial ou administrativo, e aos acusados em geral são assegurados o contraditório e ampla defesa, com os meios e recursos a ela inerentes;"

O contraditório e a ampla defesa conformam o âmago do devido processo legal, atendendo não só ao interesse das partes litigantes, mas também ao interesse público, ao assegurar o cumprimento dos objetivos da República Federativa do Brasil, voltados à construção de uma sociedade justa, a fim de garantir o desenvolvimento nacional.

---

(2) MARINONI, Luiz Guilherme, ARENHART, Sérgio Cruz, MITIDIERO, *Daniel. Novo Código de Processo Civil comentado.* São Paulo: Revista dos Tribunais, 2015. p. 86 e seguintes.

Este fio condutor deve moldar todo o processo, inclusive os procedimentos referentes à produção da prova digital, cuja amplitude passou a exigir o redimensionamento de antigos conceitos, que até então se apresentavam centrais no processo trabalhista, como o princípio da oralidade.

Nesta fase de transição que estamos vivendo, em que o modelo probatório passa por transformações relevantes ante a possibilidade da produção de provas digitais, o *devido processo legal digital* deve manter a conotação substantiva dos princípios constitucionais processuais, notadamente os que foram erigidos como direitos fundamentais.

2. A prova

A prova é o coração do processo judicial, órgão vital sem o qual é impossível atingir o objetivo de solucionar conflitos com eficácia, a fim de obter a pacificação com justiça.

Pondera Humberto Theodoro Junior(3) que a prova tem duplo sentido: objetivo, por atuar como meio hábil para demonstrar a existência de um fato e subjetivo que é a "certeza (estado psíquico) originada quanto ao fato, em virtude da produção do instrumento probatório. Aparece a prova, assim, como convicção formada no espírito do julgador em torno do fato demonstrado".

Como a produção da prova se destina à apuração de fatos controvertidos, relevantes e determinados, o art. 369 do CPC assegura às partes o direito de utilizar todos os meios legais e moralmente legítimos, ainda que não especificados no código, para provar a verdade dos fatos em que se funda o pedido ou a defesa.

O art. 374 do CPC estabelece que não dependem de prova os fatos notórios, confessados, incontroversos e aqueles em cujo favor milita presunção legal de existência ou veracidade. Porém, a forma peculiar em que ocorre a divulgação dos fatos digitais "notórios", muitas vezes pautados pelo exagero e exacerbação, até mesmo distorção, do que efetivamente acontece no mundo real, torna imperiosa a releitura deste preceito.

Assim sendo, a produção de provas digitais, mediante a utilização das novas ferramentas tecnológicas, exige uma reconfiguração dos conceitos até então estabelecidos quanto à prova documental e pericial, ampliando o leque de possibilidades.

---

(3) THEODORO JUNIOR, Humberto. *Curso de Direito Processual Civil*. vol 1. 50. ed. Rio de Janeiro: Forense, 2009. p. 411.

Em nosso sistema jurídico a produção da prova está garantida pela Constituição como um direito fundamental ao contraditório e ampla defesa, que assim integram o devido processo legal, o que deve ser observado como norte também para o *devido processo digital*, no momento em que se caminha para a edificação de um novo modelo probatório.

Neste contexto, é preciso pontuar que, embora a produção de provas digitais amplie a utilização das documentais e periciais, tal não significa que a prova testemunhal deva ser descartada, mas, sim, redimensionada, pois mantém sua importância como meio para obtenção da verdade real, notadamente quando diversa da verdade digital ou do que é demonstrado pelos recursos do *metaverso.*

Ademais, importante ressaltar que, apesar de suas peculiaridades e características próprias, a produção da prova digital está submetida aos mesmos parâmetros que até aqui atuaram como regentes do sistema, entre os quais podemos destacar :

A unidade da prova: a prova deve ser apreciada por cotejamento, considerando seu conjunto e não de forma isolada.

1. A comunhão da prova: independentemente de quem produziu a prova, ela pertence ao processo

2. Oportunidade: há um momento certo para a produção da prova (arts. 434 a 438 do CPC), inclusive quanto aos documentos eletrônicos (arts 439 a 441 do CPC), podendo ser antecipada nas situações previstas no ordenamento (art. 381 do CPC), ou seja, quando haja fundado receio de que se torne impossível ou muito difícil a verificação de certos fatos no decorrer da ação; a prova a ser produzida possa viabilizar a autocomposição ou outro meio adequado para a eficaz solução de conflito; o prévio conhecimento dos fatos possa justificar ou evitar o ajuizamento de ação.

3. Contraditório: a parte contrária tem direito de manifestar-se sobre todas as provas produzidas no processo, quer se trate de documentais (art. 437 CPC), periciais (art.467 CPC) e testemunhais (art.457 CPC e 829 CLT).

3. A prova digital

As novas ferramentas tecnológicas vêm provocando significativa alteração no DNA do processo judicial, notadamente quanto à ampliação das possibilidades de produção das provas digitais, tanto periciais quanto documentais, conferindo maior protagonismo à atuação do juiz, na esteira do preceituado no art. 396 do

CPC, ao estabelecer que o *"juiz pode **ordenar** que a parte exiba **documento** ou **coisa** que se encontre em seu poder"*.

Com efeito, quando se trata da produção de provas digitais, a atuação do juiz se torna muito mais proativa, pois na maioria dos casos são determinadas de ofício, ampliando o alcance da aplicação do art. 370 do CPC, ao prever que *"Caberá ao juiz, de ofício ou a requerimento da parte, determinar as provas necessárias ao julgamento do mérito"*.

Tal ocorre porque a prova não interessa apenas às partes, mas também ao Estado-Juiz, para proceder ao devido esclarecimento dos fatos e garantir a credibilidade das instituições judiciais, pela pacificação dos conflitos com justiça.

Assim, surge o desafio de construir um novo modelo probatório judicial, que possa garantir, também no ambiente digital, a primazia da realidade e reafirmar a conotação substantiva deste princípio basilar do direito processual trabalhista.

Neste novo "pensar digital do processo", a atuação do juiz se reveste de notória centralidade, não só para a fixação de novos critérios para a interpretação dos fatos revelados, mas também para compreender a nova dinâmica exigida para a produção da prova digital, quanto à aferição da autenticidade e proteção da privacidade, notadamente ante a possibilidade de aferições biométricas, físicas e funcionais do corpo e da mente humana, e do acesso aos hábitos de vida, consumo e até de uso do patrimônio pessoal. Assim, ocorre uma revalorização da diretriz prevista no art. 765 da CLT, ao estabelecer que o juiz tem "ampla liberdade na direção do processo", fortalecendo esta característica peculiar do processo trabalhista.

Mas não é só.

A atuação judicial no processo eletrônico, inclusive quanto ao tratamento de dados coletados pela prova digital, se reveste de importância nuclear para garantir também os direitos fundamentais postos pelos incisos X e LX do art. 5º da CF/88, que protegem a honra, intimidade, imagem e privacidade.

Nesta esteira seguiu o Marco Civil da Internet (Lei n. 12.965/2014), ao prever que:

"(...)

Art. 3º A disciplina do uso da internet no Brasil tem os seguintes princípios:

I – garantia da liberdade de expressão, comunicação e manifestação de pensamento, nos termos da Constituição Federal;

II – proteção da privacidade;

III – proteção dos dados pessoais, na forma da lei;

(...)

Art. 11. Em qualquer operação de coleta, armazenamento, guarda e tratamento de registros, de dados pessoais ou de comunicações por provedores de conexão e de aplicações de internet em que pelo menos um desses atos ocorra em território nacional, deverão ser obrigatoriamente respeitados a legislação brasileira e os direitos à privacidade, à proteção dos dados pessoais e ao sigilo das comunicações privadas e dos registros."

Na mesma senda, indispensável colacionar os critérios estipulados pela LGPD, (Lei n. 13.709/2018) para disciplinar o tratamento de dados pessoais, inclusive nos meios digitais, por pessoa natural ou por pessoa jurídica de direito público ou privado, entre os quais devem ser destacados os elencados em seu art. 6º.

Destarte, ante as regras postas pela LGPD quanto à requisição e tratamento de dados não só das partes, mas também de terceiros, que muitas vezes ficam expostos quando são acessados os bancos de dados, tanto dos aplicativos quanto dos sistemas de intranet das organizações empresariais, é imperioso observar o respeito à privacidade, intimidade, honra e imagem das pessoas naturais, como prevê o art. 2º da Lei n. 13.709/2018, o que pode suscitar controvérsias quanto à disponibilização de dados dos trabalhadores à tomadora de serviços, nos casos de terceirização.

Ademais, é necessário observar os parâmetros postos pela mencionada lei no que se refere ao consentimento, regras de bloqueio e eliminação, uso de compartilhamento e relatórios de impacto quanto à descrição dos processos de tratamento, a fim de evitar lesão aos direitos fundamentais.

Neste contexto, se reveste de especial relevo a discussão acerca da natureza taxativa ou exemplificativa, do rol constante do inciso II do art. 5º da Lei n. 13.709/2018, que conceitua dados sensíveis nos seguintes termos:

"Art. 5º Para os fins desta Lei, considera-se:

(...)

II – dado pessoal sensível: dado pessoal sobre origem racial ou étnica, convicção religiosa, opinião política, filiação a sindicato ou a organização de caráter religioso, filosófico ou político, dado referente à saúde ou à vida sexual, dado genético ou biométrico, quando vinculado a uma pessoa natural."

No que se refere à requisição de registros, que pode ser pleiteada pelo trabalhador em caráter incidental ou autônomo, necessário observar o disposto nos arts. 22 e 23 da Lei n. 12.965/2014 (Marco Civil da Internet),ao estabelecer que:

> "Art. 22. A parte interessada poderá, com o propósito de formar conjunto probatório em processo judicial cível ou penal, em caráter incidental ou autônomo, requerer ao juiz que ordene ao responsável pela guarda o fornecimento de registros de conexão ou de registros de acesso a aplicações de internet.
>
> Parágrafo único. Sem prejuízo dos demais requisitos legais, o requerimento deverá conter, sob pena de inadmissibilidade:
>
> I – fundados indícios da ocorrência do ilícito;
>
> II – justificativa motivada da utilidade dos registros solicitados para fins de investigação ou instrução probatória; e
>
> III – período ao qual se referem os registros.
>
> Art. 23. Cabe ao juiz tomar as providências necessárias à garantia do sigilo das informações recebidas e à preservação da intimidade, da vida privada, da honra e da imagem do usuário, podendo determinar segredo de justiça, inclusive quanto aos pedidos de guarda de registro."

Quanto à proteção de dados confidenciais que caracterizam os casos de segredo comercial e industrial, cabe trazer à colação o constante da Lei n. 9.279/96, que regula direitos e obrigações relativos à propriedade industrial, ao prever:

> "Art. 206. Na hipótese de serem reveladas, em juízo, para a defesa dos interesses de qualquer das partes, informações que se caracterizem como confidenciais, sejam segredo de indústria ou de comércio, deverá o juiz determinar que o processo prossiga em segredo de justiça, vedado o uso de tais informações também à outra parte para outras finalidades."

Apesar de tratar da questão de forma incipiente, por não ter em 2015 a ideia da dimensão que a utilização da prova digital assumiria poucos anos depois, o art. 422 do CPC traçou algumas regras ao estabelecer que qualquer reprodução mecânica, como a fotográfica, a cinematográfica, a fonográfica ou de outra espécie, tem aptidão para fazer prova dos fatos ou das coisas representadas, se a sua conformidade com o documento original não for impugnada por aquele contra quem foi produzida.

Dispôs que as fotografias digitais e as extraídas da rede mundial de computadores fazem prova das imagens que reproduzem, devendo, se impugnadas, ser apresentada a respectiva autenticação eletrônica ou, não sendo possível, realizada perícia. Estabeleceu também que, quando se tratar de fotografia publicada em jornal ou revista, será exigido um exemplar original do periódico, caso impugnada a veracidade pela outra parte, prevendo a aplicação destes mesmos critérios "à forma impressa de mensagem eletrônica".

No processo trabalhista, as provas digitais vêm sendo utilizadas com mais frequência nos seguintes casos:

Quando a controvérsia se refere à extensão da jornada trabalhada — o juiz expede oficio à operadora de telefonia, para fornecer dados das estações de radio base (ERB), em conexão com o número de celular do reclamante, em que constam os horários e locais percorridos em um determinado período de tempo. O mapeamento das chamadas recebidas e realizadas pela antena ERB identifica a localização de origem e destino do local físico, em que está localizado o celular utilizado pelo reclamante.

Nos casos em que a geolocalização do celular abrange perímetros de até 5 km de distância da antena, sem conseguir localizar um determinado endereço, é necessário inserir o azimute num programa especifico para ver a área de abrangência. É preciso casar a geolocalização com as informações de atendimento registradas no aplicativo, para fechar a apuração.

A produção destas provas digitais resvala em direitos fundamentais, que muitas vezes aparecem em rota de colisão, provocando divergências quanto a segurança, necessidade e adequação para sua realização.

Neste sentido, a decisão proferida no MSCiv 0000658-34.2021.5.12.0000, relª Gisele Pereira Alexandrino[4] que cassou a produção de prova digital de geolocalização determinada nos autos da *ATOrd 0000415-82.2021.5.12.0035*, sob o seguinte fundamento:

> "Ainda que autorize o ordenamento jurídico a realização de prova digital de geolocalização, por atingir a esfera da vida privada das pessoas, cabe ao Juízo sopesar a sua real necessidade, frente aos demais meios de prova disponibilizados às partes pela legislação processual."

Na sequência, negou provimento ao agravo interno *in verbis:*

> "Cassada em sede liminar a decisão proferida nos autos originais, que autorizou precocemente a prova digital de geolocalização e não apresentando o agravante argumentos capazes de reformar a decisão monocrática, deve ser negado provimento ao agravo interno."

(4) Disponível em: <www.trt12.jus.br>. Acesso em: 14 jan. 2022.

1. Inspeção virtual no banco de dados dos aplicativos utilizados pela empresa, para localizar os *logs* de acesso concedidos aos empregados.

2. Perícia nos dados dos aplicativos que registram as operações realizadas por trabalhadores externos, notadamente para aferir a veracidade da alegação patronal quanto à impossibilidade de controle da jornada. Para tanto, são acessados os dados cadastrais e apuradas as informações pertinentes, em especial os registros de *check in* e *check out* lançados pelo autor nos sistemas informatizados da empresa.

A rápida evolução das ferramentas eletrônicas abriu um vasto leque de possibilidades para a produção de provas digitais, trazendo para a arena de discussão a necessidade de reformular alguns conceitos, entre os quais merecem ser destacados:

1. A lealdade da prova digital: como a forma de obtenção da prova digital é relevante, pois pode contribuir para sua eficácia ou comprometer os resultados de sua aferição, deve ser considerada para fixação do critério de distinção entre meio idôneo ou ilícito ? ou não ?

2. Oportunidade para a produção da prova digital: como o amplo espectro da prova digital aumenta a possibilidade de violação do direito à intimidade, sua utilização como prova emprestada deve ser balizada por outros critérios, além daqueles previstos no art. 372 do CPC? Ou não?

3. A atribuição do ônus da prova digital: deve considerar os mesmos parâmetros já postos pelo ordenamento processual? Ou não?

4. O ônus da prova digital

Ao tratar do tema, o art. 818 da CLT prevê que, quanto ao fato constitutivo do direito alegado, o ônus da prova incumbe ao reclamante, cabendo ao reclamado a produção da prova de existência do fato impeditivo, modificativo ou extintivo do direito do autor.

Entretanto, a crescente complexidade das questões controversas passou a exigir em alguns casos a alteração desta ordem legal, com a inversão do ônus, atribuindo o encargo de uma parte à parte contrária.

Em relação à matéria, a doutrina diferencia dois critérios:

1. O primeiro afere a aptidão para produzir a prova

A atribuição do ônus probatório deve considerar quem tem as melhores condições para produzir a prova necessária dos fatos, que são objeto da controvérsia.

Assim é preciso aferir, no caso concreto, quando a produção da prova necessária é extremamente dificultosa ou até mesmo impossível para a parte que alegou o fato, ao mesmo tempo em que se apresenta de fácil realização pela outra parte, por deter os meios necessários para tanto. Nestas circunstâncias, a racionalidade processual voltada à efetividade da tutela, impõe ao juiz distribuir o ônus da prova de forma diferenciada, observando a aptidão de cada parte.

2. O segundo é direcionado pela distribuição dinâmica do ônus da prova

Considera que a atribuição do ônus não pode ser regida por critério estático, devendo ser avaliada de maneira dinâmica, no sentido de que o ônus deve ser imputado àquele que possui as melhores condições — fáticas, técnicas, econômicas — para tanto.

Portanto, enquanto a inversão do ônus da prova busca tutelar e proteger os direitos fundamentais da parte que tem menos recursos, quando não há paridade de armas, a teoria da distribuição dinâmica foca a efetividade da tutela jurisdicional.

A positivação dos critérios de inversão do ônus da prova pelo Código de Processo Civil de 2015 considerou aplicáveis estes dois critérios, assim conferindo maior segurança ao procedimento, nos termos dos §§ 1º e 2º do art. 373 do CPC, ao prever que:

> § 1º Nos casos previstos em lei ou diante de peculiaridades da causa relacionadas à impossibilidade ou à excessiva dificuldade de cumprir o encargo nos termos do *caput* ou à maior facilidade de obtenção da *prova do fato contrário, poderá o juiz atribuir o ônus da prova de modo diverso, desde que o faça por decisão fundamentada, caso em que deverá dar à parte a oportunidade de se desincumbir do ônus que lhe foi atribuído.*
>
> § 2º A decisão prevista no § 1º deste artigo não pode gerar situação em que a desincumbência do encargo pela parte seja impossível ou excessivamente difícil.

O mesmo ocorreu no processo trabalhista, quando a Lei n. 13.467/2017 inseriu o § 1º ao art. 818 da CLT, estabelecendo:

"*§ 1º* Nos casos previstos em lei ou diante de peculiaridades da causa relacionadas à impossibilidade ou à excessiva dificuldade de cumprir o encargo nos termos deste artigo ou à maior facilidade de obtenção da prova do fato contrário, poderá o juízo atribuir o ônus da prova de modo diverso, desde que o faça por decisão fundamentada, caso em que deverá dar à parte a oportunidade de se desincumbir do ônus que lhe foi atribuído." Assim, positivou a diretriz que já vinha sendo construída pela jurisprudência trabalhista, como evidenciaram as

Súmulas ns. 212 e 338 do TST[(5)], na esteira do inciso III do art. 6º do CDC (Lei n. 8.078/90), que para tanto considerou a fragilidade do consumidor nas relações consumeristas, situação análoga à do empregado nas relações trabalhistas. Portanto, o § 1º acrescentado ao art. 818 da CLT veio conferir substrato normativo para aplicação da distribuição dinâmica do ônus da prova no processo trabalhista.

No caso das provas digitais, quando a inversão ou a distribuição dinâmica do ônus da prova importar no tratamento de dados pessoais, é preciso considerar a finalidade, adequação, necessidade, qualidade dos dados, transparência e segurança, conforme requisitos assim postos expressamente pelo art. 6º da Lei n. 13.709/2018 (LGPD). Assim, é necessário aferir:

1. finalidade: a realização do tratamento de dados deve se pautar por propósitos legítimos, específicos, explícitos e informados ao titular, sem possibilidade de tratamento posterior de forma incompatível com essas finalidades. Assim, é permitido tratamento limitado ao uso de dados essenciais, na medida necessária para alcançar a finalidade do ato;

2. adequação: compatibilidade do tratamento com as finalidades informadas ao titular, de acordo com o contexto do tratamento;

3. necessidade: limitação do tratamento ao mínimo necessário para a realização de suas finalidades, com abrangência dos dados pertinentes, proporcionais e não excessivos em relação às finalidades do tratamento de dados;

4. qualidade dos dados: garantia, aos titulares, de exatidão, clareza, relevância e atualização dos dados, de acordo com a necessidade e para o cumprimento da finalidade de seu tratamento;

---

(5) *Súmula n. 212* do TST: DESPEDIMENTO. ÔNUS DA PROVA (mantida) – Res. n. 121/2003, DJ 19, 20 e 21.11.2003. O ônus de provar o término do contrato de trabalho, quando negados a prestação de serviço e o despedimento, é do empregador, pois o princípio da continuidade da relação de emprego constitui presunção favorável ao empregado.

Súmula n. 338 do TST: JORNADA DE TRABALHO. REGISTRO. ÔNUS DA PROVA (incorporadas as Orientações Jurisprudenciais ns. 234 e 306 da SBDI-1) – Res. n. 129/2005, DJ 20, 22 e 25.04.2005.

I – É ônus do empregador que conta com mais de 10 (dez) empregados o registro da jornada de trabalho na forma do art. 74, § 2º, da CLT. A não apresentação injustificada dos controles de freqüência gera presunção relativa de veracidade da jornada de trabalho, a qual pode ser elidida por prova em contrário. (ex-Súmula n. 338 – alterada pela Res. n. 121/2003, DJ 21.11.2003)

II – A presunção de veracidade da jornada de trabalho, ainda que prevista em instrumento normativo, pode ser elidida por prova em contrário. (ex-OJ n. 234 da SBDI-1 – inserida em 20.06.2001)

III – Os cartões de ponto que demonstram horários de entrada e saída uniformes são inválidos como meio de prova, invertendo-se o ônus da prova, relativo às horas extras, que passa a ser do empregador, prevalecendo a jornada da inicial se dele não se desincumbir. (ex-OJ n. 306 da SBDI-1- DJ 11.08.2003)

5. transparência: garantia, aos titulares, de informações claras, precisas e facilmente acessíveis sobre a realização do tratamento e os respectivos agentes de tratamento, observados os segredos comercial e industrial;

6. segurança: utilização de medidas técnicas e administrativas aptas a proteger os dados pessoais de acessos não autorizados e de situações acidentais ou ilícitas de destruição, perda, alteração, comunicação ou difusão.

Entre esses requisitos, avultam de importância os referentes à finalidade, adequação, necessidade e segurança, em torno dos quais certamente ocorrerão os mais intensos debates, por constituírem balizadores da conduta judicial, que passa a ter notória relevância para nortear a mineração dos dados coletados.

Portanto, o tratamento de dados deve ficar limitado ao mínimo necessário e adequado para atingir a finalidade do ato, com a utilização de medidas aptas a proteger esses dados de acessos não autorizados e de situações acidentais ou ilícitas de destruição, perda, alteração, comunicação ou difusão.

Ademais, em relação às provas digitais assume especial relevo a necessidade de garantir a autenticidade, integridade e fidedignidade, requisitos sem os quais a obtenção dos dados se torna imprestável como meio de prova.

Neste contexto, é preciso observar as cadeias de custódia, de que tratam os arts. 158-A e 158-B, acrescentados pela Lei n. 13.964/2019 ao Decreto-lei n. 3.689/41 (CPP), aplicando-se o art. 429 quanto ao ônus da prova, ao prever:

> "Art. 429. Incumbe o ônus da prova quando:
>
> I – se tratar de falsidade de documento ou de preenchimento abusivo, à parte que a arguir;
>
> II – se tratar de impugnação da autenticidade, à parte que produziu o documento."

5. O momento de distribuição do ônus da prova digital: regra de julgamento ou regra de procedimento?

A vertente doutrinária que vinha admitindo a fixação da distribuição do ônus da prova como "regra de julgamento" foi superada pelo CPC 2015, ao considerar imprescindível evitar a "decisão surpresa", com a consequente violação do devido processo legal para a parte que, se observada a regra geral, estaria dispensada da produção da prova.

Neste sentido a observação de Alexandre Freitas Câmara(6), ao pontuar "deve-se ter claro que a redistribuição do ônus da prova não pode se dar em sentença. Isso contraria a garantia do contraditório como não surpresa".

Tal diretriz foi positivada no inciso III do art. 357 do CPC, *in verbis*:

> "Art. 357. Não ocorrendo nenhuma das hipóteses deste Capítulo, deverá o juiz, em decisão de saneamento e de organização do processo:
>
> (...)
>
> III – definir a distribuição do ônus da prova, observado o art. 373;"

No processo trabalhista, a pá de cal foi dada pela Lei n. 13.467/2017, ao inserir o § 2º ao art. 818 da CLT, estabelecendo expressamente que:

> "§ 2º A decisão referida no § 1º deste artigo ***deverá ser proferida antes da abertura da instrução*** *e, a requerimento da parte, implicará o adiamento da audiência e possibilitará provar os fatos por qualquer meio em direito admitido."*

Destarte, na esteira da regra normatizada, inafastável a constatação de que, no ordenamento processual em vigor, a distribuição do ônus da prova digital também constitui regra de procedimento, que deve ser fixada pelo juiz antes da abertura da instrução.

Além disso, é necessário tecer algumas observações a respeito da possibilidade da distribuição diversa do ônus da prova ocorrer por convenção direta entre as partes.

A promulgação do CPC de 2015 despertou muita celeuma na seara trabalhista quanto à aplicação dos §§ 3º e 4º do art. 373, que assim rege a matéria:

> "Art. 373. (...)
>
> § 3º A distribuição diversa do ônus da prova também pode ocorrer por convenção das partes, salvo quando:
>
> *I – recair sobre direito indisponível da parte;*
>
> *II – tornar excessivamente difícil a uma parte o exercício do direito.*
>
> § 4º A convenção de que trata o § 3º pode ser celebrada antes ou durante o processo."

Apesar da forte resistência contrária inicial, com o tempo alguns juízes do trabalho passaram a aplicar, embora parcialmente, este regramento do processo civil, admitindo a distribuição diversa do ônus da prova fixada por convenção

(6) CÂMARA, Alexandre Freitas. *O novo processo civil brasileiro*. São Paulo: Atlas. 2015. p. 233.

entre as partes, mas apenas durante o processo e, salvo quando recair sobre direito indisponível ou tornar excessivamente difícil a uma parte o exercício deste direito.

Porém, permanece o entendimento majoritário quanto à impossibilidade desta convenção ocorrer antes do ajuizamento da ação, em decorrência da vulnerabilidade do trabalhador e assimetria que, via de regra caracteriza a relação de trabalho, elidindo a paridade de armas necessária para tanto.

Conclusões

A produção de provas digitais ainda será objeto de muitos debates, até que se possa chegar aos consensos necessários para respaldar a formação de uma nova teoria geral para sustentar o novo modelo probatório, que se avizinha.

Tal ocorre porque são colocados em cheque parâmetros conceituais já sedimentados quanto à privacidade, imagem, intimidade, preservação de informações e segredos empresariais, que sustentam os negócios.

A reconfiguração destes conceitos passa pelo sopesamento dos valores garantidos pelos direitos fundamentais e o respectivo balanceamento inter-relacional com a aferição da finalidade, necessidade, adequação e segurança, cenário em que a distribuição dinâmica do ônus da prova passa a ganhar proeminência, por possibilitar melhor apuração da verdade real e, consequentemente, maior efetividade da tutela jurisdicional.

O contraditório e a ampla defesa devem atuar para proteger os direitos fundamentais postos pelo art. 5º da Constituição Federal em sua integralidade, como uma unidade de valor, bússola de navegação neste momento de ressignificação de conceitos e transição para a construção de um novo modelo probatório, por constituírem pilares de sustentação também do devido processo legal digital, assim norteando a fixação de critérios para imputação do ônus, quanto à produção de provas digitais.

Referências bibliográficas

BRASIL. Tribunal Regional do Trabalho da 12a Região. *Processo n. MSCiv 0000658-34.2021.5.12.0000*. Relª. Gisele Pereira Alexandrino Diário Oficial da União, 27 out. 2021. Disponível em: <www.tst.jus.br>. Acesso em: 13 jan. 2022

CÂMARA, Alexandre Freitas. *O novo processo civil brasileiro.* São Paulo: Atlas, 2015.

MARINONI, Luiz Guilherme, ARENHART, Sérgio Cruz. MITIDIERO, Daniel. *Novo Código de Processo Civil comentado*. São Paulo: Revista dos Tribunais, 2015.

THEODORO JUNIOR, Humberto. *Curso de Direito Processual Civil.* vol. 1. 50. ed. Rio de Janeiro: Forense, 2009.

Requisitos Legais da Prova Digital: Autenticidade, Integridade e Cadeia de Custódia

Vitor Leandro Yamada[1]

Introdução

A chegada da Quarta Revolução Industrial (SCHWAB, 2016), além da introdução de sistemas *ciber*-físicos em toda cadeia produtiva e o desenvolvimento da inteligência artificial (*artificial intelligence*), da internet das coisas (*internet of things*) e do aprendizado de máquina (*machine learning*), trouxe consigo uma acelerada (r)evolução tecnológica e a popularização da internet e que ampliaram, sobremaneira, o acesso à informação e ao conhecimento.

A massificação desse meio de comunicação provocou uma hiperconexão das pessoas, empresas e governos à rede mundial de computadores, impulsionando um crescente movimento de virtualização da realidade nesse *ciberespaço* (LÉVY, 1999) e fazendo surgir o que Lévy (1999) denominou *cibercultura*, expressão por ele cunhada para descrever como a transferência das interações pessoais, do trabalho, dos negócios, do intercâmbio de conhecimentos e da disseminação de informações para o mundo digital acarretou profundas transformações econômicas, políticas, jurídicas e, sobretudo, sociais.

---

(1) Juiz do Trabalho no TRT da 14ª Região desde 2004, atualmente titular da 5ª Vara do Trabalho de Porto Velho/RO. Juiz auxiliar da Presidência (2017-2019). Juiz Auxiliar de Precatórios (2017-2019). Juiz Auxiliar de Execução (2017-2019). Juiz coordenador dos CEJUSCs de 1º Grau (2017-2019). Juiz Supervisor do CEJUSC de 2º Grau (2019). Juiz Supervisor do CEJUSC de Porto Velho/RO (2020 e 2022). Pós-Graduado em Direito do Trabalho e Processual do Trabalho pela Pontifícia Universidade Católica de Campinas (PUC-Campinas). Pós-graduando em Direito Processual Civil pela Universidade Federal de Rondônia (UNIR). Pós-graduando em Direito Digital pelo Centro Universitário UNIFTEC. Professor da Escola Nacional de Magistrados da Justiça do Trabalho (ENAMAT), da Escola Judicial do TRT da 14ª Região (EJUD 14) e de cursos de pós-graduação. Conteudista e professor do Curso de Produção e Análise de Provas Digitais da ENAMAT. Integrante do Grupo de Trabalho sobre Provas Digitais do Conselho Nacional de Justiça (CNJ)

Segundo o relatório *We Are Social* (HOOTSUITE, 2021), 4,66 bilhões de pessoas ao redor do mundo, correspondente à 59,5% da população mundial estimada em 7,83 bilhões, utilizavam a internet em janeiro de 2021, um crescimento de 7,3% (316 milhões de pessoas) em comparação com o mesmo período no ano de 2020. No Brasil, 160 milhões de pessoas, o equivalente a 75% da sua população total estimada em 213,3 milhões, acessavam a rede mundial de computadores no período pesquisado, um aumento de 6,34% (9,6 milhões de pessoas) em comparação com o ano anterior.

A Pesquisa sobre o Uso das Tecnologias de Informação e Comunicação nos Domicílios Brasileiros — TIC DOMICÍLIOS (COMITÊ GESTOR DA INTERNET NO BRASIL, 2021) realizada no ano de 2020 identificou que 81% da população brasileira utiliza a internet, sendo este percentual maior entre aqueles que residem em áreas urbanas (83%) em comparação com os que vivem na zona rural (70%).

Na Era Digital, os dados pessoais ganharam importância, passaram a ter valor agregado e são considerados, atualmente, um ativo extremamente valioso, uma *commodity* para governos, empresas e pessoas que avistaram nessa *big data* diversas vantagens e recursos infinitos para controlar os rumos financeiros, econômicos, comerciais, industriais, políticos e militares mundiais.

A transferência cada vez maior das relações interpessoais para o ambiente virtual é responsável pelo gradual e irreversível movimento de ruptura do paradigma milenar de documentação de informações então predominante, com a crescente substituição dos suportes físicos tangíveis, especialmente o papel, pelos eletrônicos e digitais para registro de fatos.

Se "as provas são os meios processuais ou materiais considerados idôneos pelo ordenamento jurídico para demonstrar a verdade, ou não, da existência e verificação de um fato jurídico" (NERY JUNIOR, 1997, p. 611) e "é, ao mesmo tempo, meio, resultado e atividade" (ALVIM, 2017, p. 830), devem elas acompanhar, pela sua própria natureza e finalidade, essa nova realidade social.

Este artigo se propõe, sem a pretensão de esgotar o tema, a tratar dos requisitos técnico-jurídicos das provas digitais à luz da legislação nacional e estrangeira.

1. A admissibilidade da prova digital no processo

Segundo Dinamarco (2017, p. 51), a prova é "um dos mais respeitados postulados inerentes à garantia política do devido processo legal", devendo ser adequadamente disciplinada para realização de um processo justo por se tratar de "um dos fundamentais pilares do sistema processual contemporâneo".

O direito à prova, como derivação dos princípios constitucionais estruturantes do devido processo legal (art. 5º, LIV, CRFB), do contraditório e da ampla defesa (art. 5º, LV, CRFB), é um "direito fundamental das partes" (ALVIM, 2017, p. 830), que decorre do direito destas de "influir no convencimento do juiz" (ALVIM, 2017, p. 830).

As partes têm, assim, o direito subjetivo e autônomo à produção da prova, além da oportunidade de manifestação e reação recíprocas quanto àquelas produzidas pelo oponente ou interveniente em igualdade de condições e momentos próprios definidos pela legislação processual.

O Código Civil tipifica as espécies ordinárias de prova (art. 212, CC) e o Código de Processo Civil de 2015 consagra o princípio da liberdade probatória (art. 369, CPC), admitindo a atipicidade dos meios de prova para permitir o emprego de todos aqueles considerados legais ou moralmente legítimos para provar a verdade dos fatos e influir eficazmente na convicção do juiz.

A prova digital, por ausência de normatização expressa, se enquadra nos meios atípicos, o que não retira a necessidade de observância dos princípios instrumentais próprios do sistema processual vigente, incumbindo aos litigantes demonstrar que ela é necessária (art. 374, CPC) e útil (art. 370, parágrafo único, CPC) a provar os fatos alegados para que, produzida espontaneamente ou determinada de ofício (art. 769, CLT; art. 370, CPC; art. 13, Lei n. 11.419/2006), seja incorporada ao processo e possa influir no convencimento do juiz, a quem competirá analisá-la e valorá-la de acordo seu livre convencimento motivado formado a partir do conjunto probatório dos autos (art. 371, CPC).

Não será produzida prova digital de fatos notórios, afirmados por uma parte e confessados pela outra, admitidos no processo como incontroversos ou quando pairar sobre eles presunção legal de existência ou veracidade (art. 374, CPC), competindo ao juiz delimitar as questões fáticas sobre as quais ela recairá (art. 357, II, CPC; art. 22, Lei n. 12.965/2014) e assegurar o sigilo dos registros e dados requisitados em razão da sua natureza íntima ou privada (art. 23, Lei n. 12.965/2014).

Embora o objeto da prova digital seja amplo, apenas os dados estáticos, isto é, aqueles que já trafegaram ou foram transmitidos por um meio de comunicação telefônico ou telemático e se encontram armazenados em um equipamento eletrônico ou sistema de informática (art. 7º, III, Lei n. 12.965/2014) são passíveis de requisição judicial nos processos de natureza não penal (art. 22, Lei n. 12.965/2014; art. 7º, VI, Lei n. 13.709/2018), por força de expressa vedação constitucional à interceptação de dados em trânsito nessas espécies de procedimento (art. 5º, XII, CRFB; art. 1º, Lei n. 9.296/1996).

A prova digital, essencialmente, é um documento (arts. 441 e 425, VI, CPC), cabendo às partes adotar, por analogia, quaisquer das providências previstas na legislação processual quando apresentadas em juízo (art. 436 e 437, CPC): (i) impugnar a sua admissibilidade se obtida por meio ilícito; (ii) impugnar a sua autenticidade, ou seja, sua origem e autoria (art. 439, CPC); (iii) manifestar-se sobre ela sem, necessariamente, impugná-la; ou (iv) suscitar a sua falsidade, com ou sem utilização do incidente processual respectivo.

Merece especial destaque o princípio da vedação à prova ilícita (art. 5º, LVI, CRFB), única limitação constitucional à liberdade probatória das partes, pois a análise da (in)admissibilidade de qualquer prova no processo, inclusive a eletrônica e a digital, precede a dos próprios requisitos em si. Segundo Dinamarco (2017, p. 51):

> Provas ilícitas são as demonstrações de fatos obtidas por modos contrários ao direito, quer no tocante às fontes de prova, quer quanto aos meios probatórios. A prova será ilícita — ou seja, antijurídica e, portanto, ineficaz a demonstração feita — quando o acesso à fonte probatória tiver sido obtido de modo ilegal ou quando a utilização da fonte se fizer por modos ilegais. Ilicitude da prova, portanto, é ilicitude na obtenção das fontes ou ilicitude na aplicação dos meios. No sistema do direito probatório, o veto às provas ilícitas constitui limitação ao direito à prova. No plano constitucional, ele é instrumento democrático de resguardo à liberdade e à intimidade das pessoas contra atos arbitrários ou maliciosos.

Se originalmente ou por derivação a prova digital for obtida de maneira ilícita, deverá ela ser descartada, desconsiderada ou excluída dos autos, conforme lição de Prado (2021):

> Com a constitucionalização da proibição da prova ilícita, em grau superior ao do paradigma português que a trata como causa de nulidade, o direito brasileiro adotou o modelo da inadmissibilidade e com isso monopolizou o regime de antijuridicidade da prova.

> No caso brasileiro não cabem quer a regra de exceção, que tornaria admissível toda prova originalmente ilícita desde que obtida em determinadas condições (em favor do acusado, por exemplo), quer juízo de proporcionalidade que autorize o emprego de prova ilícita em desfavor de alguém.

A (in)admissibilidade da prova digital também é objeto de diversas normas estrangeiras, como, a título exemplificativo, a *Federal Rules of Evidence* (2011) norte-americana, que admite o seu uso de forma ampla (*Rule 1001*), em quaisquer de suas formas, cabendo aos tribunais avaliar se os dados originais são autênticos (*Rule 901*) ou se as cópias oferecidas são precisas (*Rule 1003*), salvo se aquelas forem consideradas inadmissíveis (*Rule 103*).

Gravações ambientais e interceptações telefônicas ou telemáticas clandestinas, acesso sem autorização judicial (art. 5º, XII, CRFB) ou invasão de dispositivo móvel ou informático (art. 154-A, CP) para obtenção de informações, por exemplo, são provas ilícitas que não serão admitidas no processo.

Neste sentido, inclusive, já decidiu a Segunda Turma do Supremo Tribunal Federal no julgamento do HC n. 168.052-SP, de relatoria do Ministro Gilmar Mendes, cujo trecho da ementa transcreve-se:

> *Habeas corpus*. (...) 2. Acesso a aparelho celular por policiais sem autorização judicial. Verificação de conversas em aplicativo *WhatsApp*. Sigilo das comunicações e da proteção de dados. Direito fundamental à intimidade e à vida privada. Superação da jurisprudência firmada no HC 91.867/PA. Relevante modificação das circunstâncias fáticas e jurídicas. Mutação constitucional. Necessidade de autorização judicial. 3. Violação ao domicílio do réu após apreensão ilegal do celular. 4. Alegação de fornecimento voluntário do acesso ao aparelho telefônico. 5. Necessidade de se estabelecer garantias para a efetivação do direito à não autoincriminação. 6. Ordem concedida para declarar a ilicitude das provas ilícitas e de todas dela derivadas.

Superada essa questão, não há como dissociar a validade e eficácia jurídica da prova digital dos aspectos técnicos exigidos para sua identificação, coleta, aquisição e preservação, os quais devem nortear toda a produção probatória, principalmente em razão das características dos registros e suportes de armazenamento dos dados em meio eletrônico e digital, conhecidas como 8 Vs da *big data* (volume, velocidade, variedade, veracidade, visualização, valor, volatilidade e vulnerabilidade).

São esses requisitos técnico-jurídicos que serão tratados pormenorizadamente a seguir.

2. Requisitos da prova digital

A onipresença da internet na Sociedade 4.0 e a exponencial transferência das relações jurídicas e interações sociais para esse ambiente virtual, assim como a crescente familiarização dos profissionais do Direito com essa tecnologia vêm provocando um aumento na utilização das informações produzidas ou obtidas eletrônica e digitalmente como meio de prova de fatos que frequentemente interessam aos processos, muito embora sem a devida atenção às características técnicas e riscos envolvidos.

Há inúmeras fontes de provas digitais, pois, segundo Barreto e Wendt (2020, p. 29), "o homem" é um "produtor" nato de informações e um "animal de hábitos" que "deixa rastros".

Não se pode ignorar que quanto mais completo, preciso e fidedigno for o registro dos fatos juridicamente relevantes, maior lhe será a confiabilidade conferida pelo ordenamento jurídico. É justamente por essa razão que o documento em "papel", uma das mais importantes invenções tecnológicas da humanidade, ganhou tamanha importância ao longo dos anos.

A estabilidade da representação material e palpável desse suporte físico traz um sentimento de segurança e proteção que torna mais difícil nos desapegarmos dele. Segundo Marinoni e Arenhart (2011, p. 97) "a confiabilidade da prova documental — e a importância singular que os ordenamentos processuais lhe emprestam — assenta-se, exatamente, na estabilidade do suporte em que a informação é registrada".

Diferentemente do estigma de desconfiança que paira sobre a prova oral, seja pela pouca efetividade do depoimento pessoal, seja pelo corriqueiro comprometimento da prova testemunhal em razão do esquecimento, das falsas memórias, da parcialidade ou até mesmo da corrupção do depoente, a estabilidade propiciada pelos documentos, como prova pré-constituída e apta a perpetuar, sem propensões subjetivas, a memória dos fatos jurídicos, rendeu-lhes tratamento especial na legislação brasileira (PINHEIRO, 2021, p. 261).

Para Wambier, Almeida e Talamini (2005, p. 461) "o documento tem a função de tornar fixo, estático, um momento da vida humana", retratando, permanentemente, "o fato, que acontece e desaparece".

Adverte Pinheiro (2021, p. 261), contudo, que "é ilusão acreditar que o papel é o meio mais seguro", visto que ele "não confere garantia de autenticidade e integridade, tampouco amarra a assinatura das partes ao conteúdo", sujeitando-se à falsificação, erro e perecimento.

A Lei de Acesso à Informação (LAI) conceitua documento como a "unidade de registro de informações, qualquer que seja o suporte ou formato" (art. 4º, II, Lei n. 12.527/2011) e encontramos na literatura estrangeira a definição de provas digitais, em tradução livre, como as "informações e dados de valor para uma investigação que são armazenados, recebidos ou transmitidos por um dispositivo eletrônico" (*U.S. DEPARTMENT OF JUSTICE, OFFICE OF JUSTICE PROGRAMS, NATIONAL INSTITUTE OF JUSTICE, 2008*).

Se o registro de informações em qualquer suporte ou formato representa um documento, faz-se necessária uma revisitação ao seu conceito tradicional e sua dissociação do seu substrato físico tangível, conforme propõem Wambier, Almeida e Talamini (2005, p. 461) ao defini-lo como "todo objeto capaz de cristalizar um fato transeunte, tornando-o, sob certo aspecto, permanente", independentemente do suporte material utilizado, pois "para caracterizar documento basta a existência de uma coisa (inanimada) que traga em si caracteres suficientes para atestar o que ocorreu".

Este sentido conceitual mais amplo também é proposto por Nascimento e Guimarães (2004, p. 33) ao definirem documento jurídico como "o conjunto de espécies documentais geradas pelo e/ou para o Direito", que "diz respeito às relações jurídicas existentes entre os indivíduos ou destes para com o Estado e vice-versa" e tem por objetivo resguardar a "necessária convivência social, validando fatos e atos de natureza jurídica por meio da proteção à integridade dos mesmos, que retratam uma manifestação da vontade".

Smith (2014, p. 19-31), autor da Teoria dos Atos dos Documentos (*Documents Act*), afirma que documentos são a materialização de atos ou fatos que acontecem no mundo real, cujo registro em algum suporte comprova a sua ocorrência e armazena a informação de forma estável e duradoura, gerando obrigações e deveres cujos efeitos servem a diversos propósitos e se desvinculam dos seus criadores, ganhando vida própria.

E prossegue o professor e especialista em ontologia estadunidense (SMITH, 2014) afirmando que os documentos não se limitam apenas a fornecer elementos de prova ou informações, mas também para gerar uma variedade fenômenos sociais, devendo o escopo do seu estudo abranger: (i) os diferentes tipos de documentos, desde textos livres, memorandos, contratos, adendos, decisões, até mapas, fotografias, diagramas, assinaturas, dados biométricos, códigos de barra e outras marcas ou metadados a eles associados; (ii) os diferentes tipos de suporte de registro, como documentos em papel, eletrônico e digital; (iii) as diferentes coisas que se pode fazer com um documento e as diferentes maneiras que um documento pode ser transformado para se criar outro; (iv) as diferentes coisas que se pode realizar com um documento, tal como uma garantia, a criação de uma pessoa jurídica, o ajuizamento de uma ação; (v) as várias formas pelas quais os documentos podem deixar de alcançar os fins para os quais foram produzidos, como, por exemplo, em razão de erro, fraude, falsificação, nulidade, impugnação por parte de alguém; (vi) a proveniência do documento, ou seja, a maneira pela qual foi produzido; (iv) as formas como os documentos são autenticados e protegidos por meio de dispositivos de segurança e senhas.

O Supremo Tribunal Federal, em 02.09.2008, no julgamento do RHC 95.689, de relatoria do Ministro Eros Grau, publicado no DJE n. 172, de 17.10.2008, bem antes do advento do Código de Processo Civil de 2015 e da explosão dos documentos eletrônicos e digitais, já reconhecera que o termo "documento" não se restringia apenas "a qualquer escrito ou papel", conforme se extrai da ementa abaixo transcrita:

> RECURSO ORDINÁRIO EM *HABEAS CORPUS*. PENAL. ABUSO DE PODER. REVOGAÇÃO DO ART. 350 DO CÓDIGO PENAL PELA LEI N. 4.895/65. INOCORRÊNCIA. CONFLITO APARENTE DE NORMAS. SOLUÇÃO. PRETENSÃO DE QUE O TERMO "DOCUMENTO" SE REFIRA A "QUALQUER ESCRITO OU PAPEL". IMPROCEDÊNCIA: CONCEITO ABRANGENTE. 1. a Lei n. 4.989/65 não revogou o art. 350 do Código Penal. Há, na verdade, aparente conflito de normas, solucionado pela generalidade presente no art. 350, parágrafo único, inciso IV do Código Penal, a abranger a conduta do paciente; conduta que não se enquadra em nenhum dos incisos dos arts. 3º e 4º da Lei n. 4.898/65. 2. O termo "documento" não se restringe "a qualquer escrito ou papel". O legislador do novo Código Civil, atento aos avanços atuais, conferiu-lhe maior amplitude, ao dispor, no art. 225 que "[a]s reproduções fotográficas, cinematográficas, os registros fonográficos e, em geral, quaisquer outras reproduções mecânicas ou eletrônicas de fatos ou de coisas fazem prova plena destes, se a parte, contra quem forem exibidos, não lhes impugnar a exatidão". Ordem denegada.

Pinheiro (2021, p. 262) afirma que a relutância das pessoas na substituição do documento em papel pelo eletrônico e digital é "mais cultural do que jurídica, uma vez que nosso Código Civil prevê contratos orais".

Dentro do contexto acima delineado, podemos definir documento físico como todo aquele produzido em algum suporte tangível (p. ex. rocha, madeira, papel, tecido, microfilme etc.), que permite o registro, armazenamento, acesso e interpretação das informações nele contidas através dos signos nele gravados (p. ex. palavras, textos, desenhos, mapas, idioma etc.); documento eletrônico como o produzido, armazenado, acessado e interpretado por meio de um equipamento eletrônico, no qual as informações podem ser registradas e codificadas em formato analógico ou em dígitos binários; e documento digital como o produzido e armazenado de forma eletrônica e exclusivamente pela codificação em dígitos binários, no qual as informações podem ser registradas, armazenadas, acessadas e interpretados apenas por meio de um programa ou sistema de informática.

Ao longo das últimas duas décadas, diversos diplomas legais foram editados para tratar do documento e da prova documental, porém, nenhum deles abordou em sua plenitude a documentação eletrônica e digital, tampouco tratou especificamente da prova digital.

O primeiro texto normativo a regular o tema foi a Medida Provisória n. 2.200/2001, que instituiu a Infra-Estrutura de Chaves Públicas Brasileira — ICP-Brasil e reconheceu a autenticidade, integridade e validade dos documentos eletrônicos produzidos utilizando o processo de certificação nela previsto (arts. 1º e 10).

Posteriormente foi promulgada a Lei n. 11.419/2006, que instituiu o Processo Judicial Eletrônico e autorizou a prática de atos processuais, a comunicação, o tráfego e o armazenamento de documentos e arquivos em formato digital (art. 1º, § 2º); permitiu a digitalização de documentos em suporte físico (art. 11, § 3º) e considerou originais os documentos produzidos eletronicamente com garantia de origem e de seu signatário (art. 11, *caput*).

A Lei n. 12.527/2011, conhecida como Lei de Acesso à Informação (LAI), regulada pelo Decreto n. 7.724/2012, definiu os conceitos de informação (art. 4º, I), documento (art. 4º, II), autenticidade (art. 4º, VII) e integridade (art. 4º, VIII), além de outros, visando a garantir o exercício do direito previsto no inciso XXXIII do art. 5º, no inciso II do § 3º do art. 37 e no § 2º do art. 216 da Constituição da República.

A Lei n. 12.682/2012 autorizou a digitalização e o armazenamento de documentos públicos e privados compostos por dados e imagens (art. 2º-A) em meio eletrônico, óptico ou equivalente, bem como a eliminação do original depois de constatada a integridade do documento digital (art. 2º-A, § 1º), conferindo-lhe o mesmo valor probante (art. 2º-A, § 2º).

A Lei n. 12.965/2014, denominada Marco Civil da Internet (MCI), trouxe vários conceitos úteis à prova digital (art. 5º), disciplinou o consentimento, coleta, uso, armazenamento, tratamento, proteção, sigilo e exclusão dos dados pessoais dos usuários dos serviços de internet (art. 7º, VI, VII, VIII, IX e X), o dever e prazos de guarda dos registros de conexão e de acesso a aplicações de internet (arts. 10, 11, 13 e 15), assim como o seu fornecimento, mediante ordem judicial, com o propósito de formar o conjunto probatório em processos judiciais cíveis ou penais (arts. 22 e 23).

A Lei n. 13.105/2015, que instituiu à época um novo e totalmente reformulado Código de Processo Civil (CPC), normatizou, em linhas gerais, a produção, comunicação, armazenamento, validação e registro de atos processuais eletrônicos e digitais (art. 193); definiu a autenticidade, integridade, temporalidade, não repúdio, conservação e confidencialidade do registro como requisitos do ato eletrônico (arts. 195 e 411, II); autorizou a gravação digital das audiências (art. 367, § 5º), o fornecimento de documentos por meio eletrônico (art. 438, § 2º) e a prática eletrônica de atos executivos (arts. 837, 854, 879); equiparou as reproduções digitalizadas de documentos em suporte físico e os extratos digitais de bancos de dados públicos e privados aos seus originais (art. 425, V e VI); e disciplinou, superficialmente, a conversão, admissão e valor probante dos documentos eletrônicos (arts. 439 a 441).

A Lei n. 13.709/2018, conhecida como Lei Geral de Proteção de Dados Pessoais (LGPD), trouxe diversos conceitos úteis à prova digital (art. 5º), disciplinou as atividades de tratamento de dados pessoais (arts. 1º e 6º), tratou da evasão de privacidade pelo próprio titular (art. 7º, § 4º) e autorizou a utilização das informações coletadas para o exercício regular de direitos em processo judicial, administrativo ou arbitral (art. 7º, VI).

A Lei n. 13.874/2019, que instituiu a Declaração de Direitos de Liberdade Econômica, permitiu o arquivamento de qualquer documento em meio digital, equiparando-o ao documento físico para todos os efeitos legais e para a comprovação de qualquer ato de direito público (art. 3º, X).

A Lei n. 13.964/2019, conhecida como Lei Anticrime, acrescentou ao Capítulo II do Código de Processo Penal vigente diversos dispositivos tratando, em caráter geral, da cadeia de custódia, definindo-a como "o conjunto de todos os procedimentos utilizados para manter e documentar a história cronológica do vestígio coletado em locais ou em vítimas de crimes, para rastrear sua posse e manuseio a partir de seu reconhecimento até o descarte" (art. 158-A, CPP).

Por fim, recentemente, foi editado o Decreto n. 10.278/2020 para regulamentar as Leis ns. 12.682/2012 e 13.874/2019, o qual definiu os conceitos de documento digitalizado (art. 3º, I), metadados (art. 3º, II) e integridade (art. 3º, IV); fixou como requisitos de validade de todo documento digitalizado a integridade, confiabilidade, auditabilidade, rastreabilidade, confidencialidade, interoperabilidade e padrões técnicos mínimos de qualidade (art. 4º) e estipulou parâmetros para a digitalização de documentos públicos e privados (arts. 5º e 6º).

Apesar da prolífica atividade legislativa, podemos observar que ainda há lacunas normativas a serem supridas, pois a regulamentação existente tratou apenas de aspectos secundários da documentação eletrônica e digital (arts. 422 e 425, V e VI, CPC), com foco na validade e eficácia dos atos processuais (art. 195, CPC) e nos documentos digitalizados, mas não disciplinou com a profundidade necessária os documentos eletrônicos e digitais natos, ou seja, aqueles produzidos originalmente nesses meios e que constituem o núcleo das provas digitais.

Pinheiro (2021, p. 73) justifica o laconismo afirmando que, na sociedade convergente, em que os conceitos de espaço e tempo ganharam outra dimensão, a atividade legislativa não consegue acompanhar o ritmo da evolução tecnológica, tendendo assim a disciplina jurídica à autorregulamentação pelos próprios participantes para que o Direito siga a sua vocação de refletir as grandes mudanças culturais e comportamentais da sociedade.

Diferentemente do Brasil, encontramos na literatura estrangeira uma vasta regulamentação tratando de aspectos técnicos de identificação, coleta, aquisição e preservação do que se convencionou chamar de "*electronic evidence*", "*digital evidence*" ou "*e-evidence*". Importante destacar que o termo em inglês "evidence", se traduzido literalmente para a língua portuguesa, resultará no falso cognato "evidência". Santos (2006) bem elucida a questão ao esclarecer que o ordenamento jurídico brasileiro não contempla o termo evidência em nenhum de seus diplomas legais, diferentemente do sistema anglo-americano de onde ela provém, no qual a palavra "evidence" tem conotação jurídica de "prova".

O anglicismo dessa expressão fez com que os termos evidência e prova venham sendo usados como sinônimos, agregando-se ao mesmo significado o termo vestígio adotado pela Lei n. 13.964/2019 para designar os documentos eletrônicos e digitais. Neres (2021, p. 345-346), contudo, critica a generalização terminológica:

> Primeiramente, durante esta pesquisa, percebeu-se que muitas obras mencionam os termos vestígio digital, evidência digital e prova digital

praticamente como sinônimos. Assim, convém aclarar esses conceitos e suas diferenças sutis, pois em certas situações essa questão não será um mero preciosismo.

Nos termos do § 3º do art. 158-A da Lei n. 13.964/2019, "vestígio é todo objeto ou material bruto, visível ou latente, constatado ou recolhido, que se relaciona à infração penal". Com base nessa definição e no entendimento deste articulista, é cabível entender vestígio digital como todo material de cunho informático ou digital, visível ou latente, constatado ou recolhido, que se relaciona a um crime informático.

Na mesma linha, vestígio digital também pode ser apresentado como "[...] um registro digital que existe em decorrência de uma prévia intervenção humana, tratada aqui como agente motivador direto ou indireto daquele evento".

Já uma evidência digital representa o vestígio digital que, após analisado pelo corpo técnico (geralmente um perito), se mostra diretamente relacionado ao caso investigado. A partir do momento que estiver ratificado o vínculo entre o vestígio digital e o delito, esse vestígio pode ser denominado de fato uma evidência digital. Supletivamente a essa explicação, convém citar o conceito de evidência digital proposto por Casey:

"Uma evidência digital pode ser entendida como qualquer dado armazenado ou transmitido utilizando-se um computador, de maneira que com este dado seja possível demonstrar ou refutar uma hipótese acerca de um evento; ou ainda que este forneça elementos críticos determinantes num caso investigado, tal como premeditação, dolo, álibi etc."

Nessa linha de desenvolvimento, a depender do caso concreto, uma evidência digital poderá se tornar uma prova digital, que pode ser definida como uma informação transmitida ou memorizada, em formato binário, apta a ser utilizada como parte do conjunto probatório no âmbito de uma ação penal, cível ou administrativa.

Em resumo, podemos entender o vestígio digital como um dado digital que possa ter relação com o fato investigado. Já a evidência digital pode ser considerada um vestígio digital analisado e comprovadamente relacionado ao caso investigado. A prova digital, por sua vez, é a evidência digital formalizada no âmbito processual.

A distinção técnico-conceitual proposta por Neres (2021) é importante para compreender que cada espécie de registro eletrônico e digital possui atributos intrínsecos que os diferenciam entre si, mas não se mostra de suma relevância para o processo civil e procedimentos correlatos como o trabalhista, nos quais os vestígios e evidências digitais são admitidos como meios de prova atípicos (art. 369, CPC) e a liberdade de valoração do conjunto probatório pelo juiz é mais ampla (art. 212, CC; arts. 371, 372 e 374, CPC) do que no processo penal (art. 155, CPP).

Pinheiro (2021, p. 262) propõe o tratamento dos documentos eletrônicos e digitais em três níveis: (i) cultural, com a quebra do paradigma social, dos usos e costumes até hoje aceitos como dogmas; (ii) técnico, definindo-se o melhor procedimento para tratá-los; e (iii) jurídico, para garantir a sua validade como meio de prova.

Voltando à literatura estrangeira, encontramos elencados no *Electronic Evidence Guide – A Basic Guide for Police Officers, Prosecutors and Judges* (EUROPEAN UNION AND COUNCIL OF EUROPE – CYBERCRIME@IPA, 2020, p. 14), os cinco princípios a serem observados para lidar com a prova digital, forjados originalmente no *Electronic evidence – a basic guide for First Responders* (EUROPEAN UNION AGENCY FOR NETWORK AND INFORMATION SECURITY – ENISA, 2015) e posteriormente atualizados para acompanhar as mudanças tecnológicas ocorridas na última década, os quais, em tradução livre, são: (i) Princípio 1 – Integridade dos dados (*Principle 1 – Data Integrity*); (ii) Princípio 2 – Cadeia de custódia (*Principle 2 – Audit Trail*); (iii) Princípio 3 – Suporte Especializado (*Principle 3 – Specialist Support*); (iv) Princípio 4 – Treinamento apropriado (*Principle 4 – Appropriate Training*); e, (v) Princípio 5 – Legalidade (*Principle 5 – Legality*).

No norte-americano *Electronic Crime Scene Investigation: A Guide for First Responders* (U.S. DEPARTMENT OF JUSTICE, 2008, p. vii) foram estabelecidos três princípios para lidar com a prova digital, que podem ser resumidos e interpretados, em tradução livre, como: (i) integridade – "*The process of collecting, securing, and transporting digital evidence should not change the evidence*"; (ii) treinamento especializado – "*Digital evidence should be examined only by those trained specifically for that purpose*"; e, (iii) cadeia de custódia – "*Everything done during the seizure, transportation, and storage of digital evidence should be fully documented, preserved, and available for review*".

Outro estudo que trata das especificidades das provas digitais é a *Request for Comments 3227* (RFC 3227), elaborado pela *Internet Engineering Task Force (IETF)* e publicado no ano de 2002. A RFC 3227 (IETF, 2002), cujas diretrizes técnicas propostas ainda têm plena aplicabilidade, estabelece princípios orientadores a serem observados durante a coleta e preservação da prova digital (IETF, 2002, p. 2), a ordem de volatilidade dos dados digitais de acordo com seu suporte de registro (IETF, 2002, p. 3), o sigilo e a privacidade das informações (IETF, 2002, p. 4), os requisitos legais (IETF, 2002, p. 4) e a cadeia de custódia (IETF, 2002, p. 6). Segundo a RFC 3227, uma prova digital deve ser, em tradução livre, "admissível", "autêntica", "completa", "confiável" e "crível" (IETF, 2002, p. 4).

No âmbito interno, a Associação Brasileira de Normas Técnicas (ABNT) cumpre uma importante função de autorregulação do mercado nas demandas da sociedade quanto à produção, comercialização e uso de bens e serviços, ao desenvolvimento científico e tecnológico, à proteção do meio ambiente, à defesa do consumidor e à inovação.

Na linha da sua missão institucional, a ABNT editou a norma NBR ISO/IEC 27037:2013, que estabelece diretrizes técnicas para identificação, coleta, aquisição e preservação da prova digital e ressalta que a principal e mais importante atividade é assegurar a autenticidade, integridade e cadeia de custódia durante todas as etapas desse processo (ABNT, 2013, p. 19).

Como visto, as lacunas existentes na legislação processual nacional não impedem que a prova digital seja utilizada no processo como meio probatório moralmente legítimo a influenciar no convencimento do juiz, tratando-se de um "instrumento jurídico vocacionado a demonstrar a ocorrência ou não de determinado fato e suas circunstâncias, tendo ele ocorrido total ou parcialmente em meios digitais ou, se fora deles, esses sirvam como instrumento para a sua demonstração" (THAMAY; TAMER, 2020, p. 33), porém, sua força probante dependerá da adequada delimitação dos seus aspectos objetivos (o que e como aconteceu) e subjetivos (quem são as partes envolvidas).

Thamay e Tamer (2020, p. 33) defendem, a nosso ver corretamente, que a prova digital tem dupla finalidade probatória: (i) demonstrar um fato ocorrido no meio digital propriamente dito (p. ex. envio de uma mensagem por meio de um aplicativo de mensageria ou correio eletrônico, uma postagem ou compartilhamento de fotos, áudios e vídeos em rede sociais, movimentações financeiras realizadas pelo internet banking etc.); e (ii) demonstrar a existência ou não de um fato ocorrido no mundo real utilizando suportes digitais (p. ex. digitalização de documento em papel, conversão de gravação e fotos analógicas em digitais etc.).

A partir do arcabouço normativo nacional e estrangeiro, e da doutrina correlata, observamos que os documentos eletrônicos e digitais não diferem, em essência, daqueles produzidos em suporte físico, podendo neles identificar atributos comuns relativos à proveniência, autenticidade, forma e conteúdo inerentes a toda documentação jurídica (NASCIMENTO; GUIMARÃES, 2004, p. 33), os quais foram resumidos em três pressupostos por Thamay e Tamer (2020, p. 39), a autenticidade, a integridade e a cadeia de custódia.

Pede-se vênia para discordar dos referidos autores acerca da natureza jurídica desses atributos, pois se um fato ocorrido no mundo real ou no ambiente digital preenche as características necessárias à incidência de uma norma jurídica e se torna, assim, um fato jurídico, ingressando no plano da existência, a perquirição acerca da validade ou invalidade da utilização dos registros eletrônicos e digitais para fins probatórios no processo diz respeito aos requisitos que a prova digital deve satisfazer para alcançar os efeitos pretendidos.

De qualquer maneira, são esses os três requisitos legais que constituem o tripé de sustentação da prova digital e a verificação da sua presença dependerá, sobremaneira, do estado da técnica, visto que a evolução tecnológica foi, é e sempre será mais rápida do que o Direito.

A confiabilidade e força probante dos documentos eletrônicos e digitais passa, fundamentalmente, pela avaliação do "grau de grau de segurança e de certeza que se pode ter, sobretudo quanto à sua autenticidade, que permite identificar a sua autoria, e à sua integridade, que permite garantir a inalterabilidade do seu conteúdo" (DIDIER JÚNIOR; BRAGA; OLIVEIRA, 2016, p. 221-222), evitando assim que o juiz seja induzido a erro por registros inaptos ou inidôneos a retratar a realidade.

Enquanto a barreira cultural somente será superada com educação digital e a crescente familiarização dos operadores do Direito com a tecnologia, a compreensão dos aspectos técnico-jurídicos que constituem o núcleo da prova digital impõe, em primeiro lugar, a imprescindível desvinculação do conceito de documento do seu suporte físico; em segundo lugar, a análise da sua (in)admissibilidade no processo como meio lícito de prova; e, por fim, o preenchimento dos requisitos de autenticidade, integridade e cadeia de custódia que garantam sua validade e eficácia probatória.

2.1. Autenticidade da prova digital

A autenticidade da prova digital está presente em vários normativos da literatura estrangeira, como a RFC 3227 (IETF, 2002, p. 4) e o *Electronic Evidence Guide – A basic guide for police officers, prosecutors and judges* (EUROPEAN UNION AND COUNCIL OF EUROPE - CYBERCRIME@IPA, 2020, p. 9), o qual estabelece que "a prova eletrônica não é diferente da prova física, como um documento registrado em um pedaço de papel", sendo "necessário garantir que a prova seja autêntica" (EUROPEAN UNION AND COUNCIL OF EUROPE - CYBERCRIME@IPA, 2020, p. 151).

A *Federal Rules of Evidence* (EUA, 2011, *Rule 901*) norte-americana também trata deste requisito, atribuindo à parte que fizer uso da prova eletrônica ou digital o ônus de comprovar sua autenticidade, por qualquer método, para ser admitida no processo, excetuando as hipóteses em que ela é considerada autoautenticada (EUA, 2011, *Rule 902*).

No âmbito normativo interno, a Lei de Acesso à Informação define autenticidade como a "qualidade da informação que tenha sido produzida, expedida, recebida ou modificada por determinado indivíduo, equipamento ou sistema" (art. 4º, VII, Lei n. 12.527/2011).

A desse conceito e da definição proposta por Wambier, Almeida e Talamini (2005, p. 461), podemos decompor a autenticidade dos documentos eletrônicos e digitais em dois elementos, um objetivo, relativo à sua origem, e outro subjetivo, relacionado à identificação do(s) sujeito(s) envolvido(s).

Duas são as indagações a serem feitas acerca da autenticidade da prova digital: (i) *"de onde provém o documento digital?"* e (ii) *"quem é o autor ou quem são os sujeitos envolvidos no fato registrado no documento digital?"*.

Para respondermos à primeira pergunta é preciso identificar a origem do documento eletrônico e digital, o suporte no qual ele foi produzido, armazenado ou transmitido antes de ser identificado, coletado e preservado.

Sobre esse aspecto objetivo do atributo da autenticidade e para sua melhor compreensão, voltemos alguns milhares de anos atrás.

Por volta de 4.000 a.C., desenvolveu-se a linguagem escrita, notadamente no Egito e região da Mesopotâmia, como meio de comunicação entre as pessoas, para transmissão dos ensinamentos entre as gerações e, especialmente, para registro, inventário e controle contábeis da comercialização e tributação da produção.

Foi nesse mesmo período que se sentiu a necessidade de que esses registros fossem públicos, uniformes e perenes a fim de que melhor pudessem ser compreendidos, aceitos e cumpridos pelos membros das sociedades antigas, surgindo assim as primeiras leis, escrituras e contratos, embriões do Direito como hoje o conhecemos.

As normas e demais fatos relevantes passaram, desde então, a ser registrados por meio de códigos (ideogramas, fonogramas, hieróglifos, escrita cursiva hierática e demótica, escrita cuneiforme etc.) utilizando-se suportes físicos tangíveis, como placas de argilas (sumérios – 4.000 a.C.), papiro (egípcios – 2.500 a.C.), rocha (babilônicos – 1.800 a.C.), pergaminho (Pérgamo – 2 a.C.) e papel (chineses – Século I), dando origem aos primeiros documentos escritos da humanidade.

O exemplo mais famoso dessas primeiras codificações é o Código de Hamurábi, talhado numa rocha de diorito negro em escrita cuneiforme acádica entre 1792 a.C. e 1750 a.C., contendo 282 leis abrangendo diversos aspectos da vida babilônica, como comércio, família, propriedade, herança, escravidão, delitos e as respectivas punições segundo o estrato social do acusado e da vítima.

Todos esses suportes físicos tangíveis de registro desapareceram com o passar do tempo, à exceção do papel, utilizado até os dias de hoje.

Passados 6 mil anos desde o surgimento dos primeiros documentos e tendo como precursores a Máquina de Pascal (Século XVII), a Máquina Diferencial e o Engenho Analítico de Babbage (Século XIX) e, principalmente, a Teoria de Boole (1847), surgiu a primeira geração de computadores (1946-1959), que utilizavam válvulas eletrônicas, com destaque para a Máquina de Turing desenvolvida por Alan Turing.

A partir da década de 1950 houve um acelerado desenvolvimento tecnológico mundial e as válvulas eletrônicas dos computadores foram substituídas por transístores, depois por circuitos integrados e, finalmente, por microprocessadores, que processavam as informações em linguagem de máquina utilizando a Teoria de Boole.

Na década de 1980, com o desenvolvimento da interface gráfica criada por Steve Jobs e lançada em 1976 pela Apple juntamente com o Apple I, e o lançamento do sistema operacional Windows em 1985 pela Microsoft de Bill Gates, houve uma enorme popularização do computador pessoal, tornando-o mais acessível ao usuário final.

Nos anos 1990, outros equipamentos eletrônicos foram integrados a esses computadores pessoais, como drives para CD-ROM e DVD, que permitiram um maior armazenamento de dados e a reprodução de arquivos de áudio e vídeo, mas a grande (r)evolução foi a integração do *modem* para acesso à internet e o desenvolvimento de programas de computador (*softwares*) com interface gráfica mais limpa, funcional e amigável, além da redução dos custos de produção e consequente valor do produto para o consumidor final.

Esses fatores permitiram a popularização em escala exponencial dos computadores pessoais que, na virada do último milênio, tornaram-se menores, portáveis, mais rápidos e com um número cada vez maior de programas para atender às mais diversas necessidades dos usuários, como editores de textos, imagens e vídeos, planilhas, gráficos, navegadores de internet etc.

Paralelamente ao computador pessoal, a convergência entre duas tecnologias distintas, a dos telefones celulares e dos PDA's (*Personal Digital Assistants*), mais conhecidos como "PalmTops" em alusão ao famoso equipamento produzido pela HP na década de 90, fez surgir os primeiros *smartphones*, que no início deste milênio passaram a incorporar aos aparelhos diversas tecnologias, como câmeras, GPS, cartão de memória, leitor de arquivos em diversos formatos, maior capacidade de armazenamento de dados, tela colorida, acesso à internet via dados móveis (Wi-Fi, Bluetooth, GPRS, 3G e 3GS) dentre outras funcionalidades desenvolvidas principalmente pela Nokia, Ericsson e Blackberry.

A grande disruptura, contudo, ocorreu em 2007 com o lançamento do primeiro *smartphone* da Apple, o iPhone, cuja maior virtude não foi adotar uma tela sensível ao toque (*touch screen*), mas integrar todas as funcionalidades do aparelho num único sistema operacional revolucionário, o iOS, e inaugurar, a partir do lançamento da Apple Store em 2008, um novo modelo de negócio baseado em aplicativos exclusivos que poderiam ser baixados e instalados pelo usuário para customizar o uso do dispositivo.

A ideia da Apple foi imediatamente replicada pelo Google que, no ano de 2008, em parceria com a HTC, lançou o primeiro *smartphone* com sistema operacional Android e sua loja de aplicativos denominada Android Market, hoje rebatizada para Google Play. O modelo de negócio do Google, porém, diferenciava-se da Apple, pois o Android era uma plataforma de código aberto e foi disponibilizado a qualquer empresa que quisesse produzir aparelhos baseados neste sistema.

Imediatamente, várias empresas passaram a desenvolver seus produtos para plataforma Android, aumentando significativamente a oferta de *smartphones* e, com isso, popularizando a utilização de dispositivos móveis com acesso à internet em escala global.

Foi dado o pontapé inicial à Era Digital.

Em pouco anos, milhares de desenvolvedores começaram a lançar aplicativos com as mais variadas funcionalidades e para a execução de diversas tarefas nas lojas virtuais da Apple e do Google, alguns se tornando praticamente indispensáveis na vida dos usuários de *smartphones* hoje em dia.

Retornando à resposta à indagação inicial a partir do escorço histórico acima traçado, observamos que os primeiros suportes usados para registro (placas de argilas, papiro, rocha, pergaminho, papel e afins) eram físicos e tangíveis, o que tornava mais simples a verificação da origem do documento.

O desenvolvimento tecnológico fez surgir uma infinidade de suportes eletrônicos e digitais capazes de registrar informações, todos ainda físicos, porém, muitos deles intangíveis.

Tomemos como exemplos os equipamentos eletrônicos como o computador pessoal (*desktop*), o notebook (*laptop*), o disco rígido interno e externo (*hard disc*), o disco SSD (*solid state disk*), a mídia removível (CD, DVD, BD), o cartão de memória (SD e CF), o *pen drive* (USB *data storage device*), a *smart* TV, o *tablet*, o *smartphone*, a câmera fotográfica, a filmadora e o gravador de áudio e vídeo digitais, o console de videogame, o *smartwatch* etc., todos suportes de registro de informações físicos e tangíveis.

Imaginemos agora os assistentes pessoais digitais (p. ex. Alexa, Siri, Cortana, Google Assistant, Watson), as redes sociais (p. ex. Facebook, Instagram, Twitter, TikTok, LinkedIn, Youtube), os serviços de computação em nuvem (p. ex. iCloud, Google Drive, Dropbox, Onedrive, Mega), as plataformas de *streaming* de músicas (p. ex. Spotify, Deezer, Apple Music, Amazon Music) e de vídeos (p. ex. Netflix, Amazon Prime Video, Disney+, Telecine, Now, HBO Max, Globoplay, Youtube), os provedores de conexão à internet (p. ex. Vivo, Oi, Claro, Tim), as plataformas de videoconferência (p. ex. Google Meet, Zoom, Cisco Webex, Microsoft Teams, Skype), os aplicativos de mensageria (p. ex. Whatsapp, Telegram, Messenger, Hangouts, Skype, Signal), geolocalização (p. ex. Google Maps, Waze), transporte (p. ex. Uber, 99 Taxi, Cabify), *delivery* (p. ex. iFood, Rappi, Uber Eats), hospedagem (p. ex. Airbnb, Booking, Hoteis.com, Hotel Urbano), viagem (p. ex. Tripadvisor, Decolar), pagamento (PagSeguro, PicPay, Marcado Pago, Pay Pal), instituições bancárias (internet banking), *exchanges* de criptomoedas, órgãos públicos (p. ex. Gov.br, e-Título, Carteira Digital, IRPF, Meu INSS, Carteira de Trabalho Digital), a agenda digital (p. ex. Google Agenda, Calendar, One Calendar), o correio eletrônico (p. ex. Gmail, Outlook, Yahoo), dentre tanto outros programas de informática que, embora registrem as informações neles produzidas em suportes físicos instalados em *data centers* das empresas espalhados ao redor do mundo, são intangíveis para o usuário final desses serviços.

Não é a tangibilidade do suporte de registro das informações, portanto, que define a autenticidade do documento eletrônico e digital, mas sim a comprovação de que este provém de determinado "equipamento ou sistema" (art. 4º, VII, Lei n. 12.527/2011) onde aquelas foram produzidas, armazenadas ou transmitidas antes de serem identificadas, coletadas e preservadas.

A maior dificuldade para garantir a idoneidade desse aspecto objetivo da autenticidade dos documentos eletrônicos e digitais reside justamente nos distintos processos de coleta, armazenamento e preservação que cada equipamento ou sistema requer no momento da extração das informações desses bancos de dados (art. 425, V, CPC).

É o que explica Casey (2011, p. 60):

> Para demonstrar que a prova digital é autêntica, geralmente é necessário convencer o tribunal de que ela foi obtida de um computador e/ou localização específicos, que foi extraída uma cópia completa e exata da prova digital e que ela permaneceu inalterada desde que foi coletada. Em alguns casos, também pode ser necessário demonstrar que informações específicas são precisas, como datas associadas a um arquivo específico que é importante para o caso. A confiabilidade da prova digital claramente desempenha um papel crítico no processo de autenticação, conforme discutido em mais detalhes posteriormente neste capítulo. (tradução livre)

Nas palavras de Prado (2019, p. 95), a autenticidade corresponde à "lei da mesmidade", o "princípio pelo qual se determina que 'o mesmo' que se encontrou na cena [do crime] é o 'mesmo' que se está utilizando para tomar a decisão judicial".

Serão autênticos os documentos eletrônicos e digitais, portanto, se não houver dúvida de onde eles provêm, ainda que a informação esteja armazenada em um suporte físico intangível ao usuário do equipamento ou sistema que produziu, armazenou ou transmitiu os dados antes de serem identificados, coletados e preservados.

A segunda pergunta tem por objetivo identificar a autoria do fato registrado em suporte eletrônico e digital.

Thamay e Tamer (2020, p. 40) tratam da autenticidade apenas em seu aspecto subjetivo, conceituando-a como a "qualidade da prova digital que permite a certeza com relação ao autor ou autores do fato digital" e "que assegura que o autor aparente do fato é, com efeito, seu autor real".

Embora a definição proposta pelos autores não abarque o elemento objetivo debatido nas linhas anteriores, é inegável que a identificação da autoria de um documento tem relação direta com os sujeitos envolvidos na relação jurídico-subjetiva que por meio dele se pretende provar, pois serão eles, segundo a lei civil, os titulares do direito ou os destinatários em face dos quais aqueles poderão exigir o respeito, proteção ou promoção.

Voltando aos exemplos já mencionados em linhas pretéritas, a autoria dos documentos, ou seja, a identificação dos sujeitos envolvidos no fato registrado em determinado suporte foi objeto de várias técnicas ao longo da história.

Imagens como as talhadas no Código de Hamurábi pelos babilônicos, hieróglifos ou figuras específicas desenhadas nos papiros egípcios pelos escribas, assinaturas manuscritas apostas nos pergaminhos ou em papéis servem ao propósito de identificar os autores desses documentos físicos tangíveis.

Algumas espécies de registros, dada a sua importância para o Direito, ganharam um segundo identificador para comprovação da autenticidade do documento, como, por exemplo, carimbo e lacre de cera, reconhecimento de firma e selo holográfico, e até mesmo testemunhas. Outros, ainda, exigem uma outra forma de autenticação, a exemplo da escritura pública lavrada por um tabelião.

Os documentos eletrônicos e digitais seguem o mesmo caminho, mas com os atributos próprios da tecnologia.

Usualmente, os sistemas de segurança da informação trabalham com multifatores de autenticação dos usuários dos serviços, adicionando camadas extras de proteção de acesso de acordo com grau de importância da informação armazenada no equipamento ou sistema.

A assinatura manuscrita aposta no documento físico tangível é substituída pela assinatura eletrônica, que utiliza uma camada de segurança denominada "algo que você sabe" (*something you know)*, composta normalmente por um nome de usuário que o identifica naquele equipamento ou serviço (ID) e uma senha registrada quando do cadastramento (1 camada de segurança = ID e senha).

O carimbo, o lacre de cera, o reconhecimento de firma, o selo holográfico e as testemunhas que serviam para autenticar os subscritores do documento físico tangível são substituídos por um código de acesso ou um certificado digital, criando-se assim uma segunda camada de segurança chamada "algo que você tem" (*something you have*), que corresponde a uma autenticação em duas etapas por meio de uma chave ou *token* de posse do usuário (2 camadas de segurança = ID e senha + chave ou *token*).

A escritura pública lavrada pelo tabelião é substituída por um código de verificação ou uma característica particular da pessoa, formando assim a terceira camada de segurança denominada "algo que você é" *(something you are)*, correspondendo a uma sequência de algarismos numéricos ou alfanuméricos gerada automaticamente pelo serviço após a assinatura que permite a verificação da autenticidade do documento ou pela biometria (digital, facial, ocular, vocal) do usuário (3 camadas de segurança = ID e senha + chave ou token + código de verificação ou biometria).

Como se percebe, quanto mais estratos forem acrescentados, maior será a segurança e maiores serão as chances de identificação do usuário e, consequentemente, do(s) sujeito(s) autor(es) dos registros.

Numa visão geral sobre os aspectos técnicos acima mencionados e sem absolutamente nenhuma pretensão de exaurir o tema, trazemos alguns exemplos de como pode ser aferido esse aspecto subjetivo da autenticidade.

O Brasil instituiu a Infraestrutura de Chaves Públicas Brasileira — ICP--Brasil que, utilizando um par de chaves de criptografia assimétrica, garante "a autenticidade, integridade e validade jurídica de documentos em forma eletrônica" (art. 1º, Medida Provisória n. 2.200-2/2001).

Os documentos eletrônicos assinados digitalmente, nos termos do art. 10 da Medida Provisória n. 2.200-2/2001, possuem como características a autenticidade, a integridade e o não repúdio, isto é, o subscritor não poderá negar a sua autoria.

Esse é um exemplo de aplicação das três camadas de segurança da informação, com identificação do usuário (nome, CPF, e-mail) e senha (PIN), *token* (certificado A3) e verificador de conformidade (Disponível em: <https://verificador.iti.gov.br/verifier-2.7/>), no qual a vinculação entre a assinatura digital e a pessoa subscritora torna autêntico o documento eletrônico.

Outra técnica bastante utilizada é a autenticação em duas etapas, na qual, além da assinatura eletrônica utilizando uma identificação (e-mail, número de telefone celular) e uma senha, há uma segunda camada de proteção, que consiste no envio de um código de acesso por e-mail, mensagem de texto ou até mesmo chamada de voz para comprovar que o usuário é o detentor da conta de correio eletrônico ou o titular da linha telefônica cadastrados no serviço e assim atestar a autoria do acesso e de tudo aquilo que for produzido, armazenado ou transmitido naquele ambiente.

O mais comum e frequente nos meios eletrônicos e digitais, entretanto, é exigir do usuário apenas a assinatura eletrônica usando uma identificação (e-mail, número de telefone celular) e uma senha.

Enquanto a assinatura digital torna a autoria dos documentos inquestionável, os dois métodos seguintes, embora propiciem, em maior ou menor extensão, a identificação do autor dos registros produzidos, armazenados ou transmitidos em determinado suporte, não se revestem da mesma presunção e força probante daquela. Nessas duas últimas hipóteses, será imprescindível identificar quem é(são) o(s) sujeito(s) por trás do usuário que acessou o equipamento ou sistema informático no qual a informação foi produzida, armazenada ou transmitida para atribuir a autoria de um fato registrado nesses ambientes e lhe conferir a devida autenticidade.

À primeira vista parece ser uma tarefa impossível, mas não é.

Em computação, é comum que o acesso a equipamentos eletrônicos ou sistemas que exijam ao menos uma camada de segurança gere alguma espécie de *log* de dados que registra, num arquivo, todas as ações executadas pelo usuário.

Na internet, indubitavelmente a maior fonte de provas digitais, graças a um protocolo utilizado na comunicação entre os terminais a ela conectados, denominado endereço IP, é possível identificar qualquer dispositivo que acessou a rede mundial de computadores por meio desse código único e exclusivo que lhe foi atribuído.

Exemplificando, o que você faz quando quer presentear alguém que mora em outra cidade e não pode fazê-lo pessoalmente? Certamente há várias maneiras, mas a mais simples e comum hoje em dia é realizar a compra numa loja virtual na internet e informar o endereço da pessoa que você quer presentear para que uma empresa de transporte faça a entrega do presente ao seu destinatário.

Na comunicação em rede, a premissa é bastante parecida. Para que um dispositivo se conecte e seja encontrado na internet é necessário ter um identificador único e exclusivo, chamado endereço IP.

Da mesma forma que um endereço residencial permite a uma pessoa saber para onde enviar um presente de aniversário, um endereço IP identifica um dispositivo na internet e permite que ele se comunique com o terminal da loja virtual conectado à rede mundial de computadores e efetue a compra.

No Brasil, após o advento do Marco Civil da Internet (Lei n. 12.965/2014), todos os provedores de conexão à internet são obrigados a manter, por um ano (art. 13, Lei n. 12.965/2014), as "informações referentes à data e hora de início e término de uma conexão à internet, sua duração e o endereço IP utilizado pelo terminal" (art. 5º, VI, Lei n. 12.965/2014), e os provedores de aplicações de internet, por seis meses (art. 15, Lei n. 12.965/2014), guardar as "informações referentes à data e hora de uso de uma determinada aplicação de internet a partir de um determinado endereço IP" (art. 5º, VIII, Lei n. 12.965/2014).

Com a requisição dos registros de endereço IP desses provedores é possível descobrir quem contratou o serviço de conexão à internet de onde foi realizado o acesso a determinada aplicação e, a partir daí, identificar quem é o autor por trás de um determinado usuário na internet.

É uma forma, ainda que indireta, de atestar a autoria de um fato digital.

Esses são apenas alguns exemplos para melhor compreensão das características tecnológicas que impactam na análise da autenticidade do documento eletrônico e digital e na valoração da prova produzida, pois cada um dos métodos apresentados propicia, em certa medida, a aferição da autenticidade da prova digital, porém, isoladamente, podem não levar ao verdadeiro autor do fato.

O importante é ter em mente que não se deve pressupor uma característica que o documento eletrônico e digital não possui, tampouco considerar a prova digital, de plano, inidônea ou inadmissível no processo caso não comprovada a sua autenticidade, sobretudo porque, até mesmo quando inautêntica, pode ela servir para formar o conjunto probatório, cabendo ao juiz analisá-la à luz das alegações das partes e do contexto da demanda.

2.2. Integridade da prova digital

A integridade é considerada um requisito extremamente importante da prova digital e recebe tratamento especial na literatura nacional e estrangeira, pois está relacionada ao conteúdo dos registros armazenados em determinado equipamento ou sistema que podem conter informações relevantes e servir ao propósito de comprovar determinado fato nos autos do processo.

A Agência da União Europeia para a Cibersegurança (ENISA) considera a integridade o mais importante dos princípios da prova digital devido à volatilidade dessa espécie de dados (ENISA, 2015, p. 6) e estabelece, em tradução livre, que "nenhuma ação tomada deve alterar materialmente quaisquer dados, dispositivos eletrônicos ou mídias que possam posteriormente ser usados como prova no tribunal" (ENISA, 2019, p. 14).

O Departamento de Justiça dos Estados Unidos da América (2008, p. vii e 21) também elenca a integridade como princípio da prova digital e determina o tratamento cuidadoso dos dispositivos físicos e dados neles contidos a fim de preservá-la.

No âmbito interno, a Lei de Acesso à Informação define este atributo como a "qualidade da informação não modificada, inclusive quanto à origem, trânsito e destino" (art. 4º, VIII, Lei n. 12.527/2011) e a norma NBR ISO/IEC 27037:2013 (ABNT, 2013) estabelece diretrizes para o tratamento dos registros eletrônicos e digitais visando assegurar a integridade da prova digital.

Thamay e Tamer (2020, p. 45) afirmam que uma prova digital é íntegra quando "isenta de qualquer modificação em seu estado ou adulteração desde o momento da realização do fato até apresentação do resultado da prova".

Aqui se está diante de uma terceira indagação: "A prova digital é aquilo que ela diz ser?".

Para responder a esta pergunta é preciso fazer uma análise sistêmica do ecossistema eletrônico ou digital em que o registro foi produzido, está armazenado ou trafegou, pois "o valor probante do documento eletrônico deve ser sempre aferido no ambiente em que ele foi gerado" (RINALDI, 2016, p. 638).

Além dos documentos eletrônicos e digitais produzidos voluntariamente pelas partes, há vários outros registros capturados involuntariamente pelos equipamentos e sistemas de informática utilizados pelos usuários desses bens e serviços, que formam a chamada *big data*, cuja grande variedade e volume de informações obtidas e armazenadas eletrônica ou digitalmente podem ter potencial valor probatório para as partes em litígio.

Muitos desses dados, depois de coletados, permaneciam armazenados indefinidamente nos bancos de dados das empresas provedores de conexão e/ou de aplicações de internet fornecedoras desses serviços, não raras vezes, sem o conhecimento do usuário, pelo menos até o advento do Regulamento Geral de Proteção de Dados (GDPR) da União Europeia e da Lei Geral de Proteção de Dados Pessoais (Lei n. 13.709/2018) no Brasil.

Não adentraremos nas questões alusivas à proteção de dados pessoais por não ser o escopo deste artigo.

A utilização das informações produzidas e armazenadas eletrônica ou digitalmente em bancos de dados públicos ou privados não recebeu o devido tratamento pelo legislador, que apenas previu, laconicamente, a sua admissibilidade como meio probatório (art. 11, § 1º, Lei n. 11.419/2006), equiparando-as à prova documental (art. 425, V, CPC), como já mencionado nos tópicos anteriores.

Santos (2005, p. 321-322) define juridicamente banco de dados como a "compilação de dados, obras e outros materiais organizados de uma maneira sistemática e ordenada, em função de determinados critérios e para finalidades específicas, em condições de serem acessados individualmente por meio eletrônico ou não".

A amplitude do conceito legal de banco de dados, que abrange os registros coletados e armazenados tanto pela Administração Pública, quanto por empresas privadas, somada a sua multiplicidade de funções e à complexidade na sua manutenção demandam algumas reflexões para a adequada compreensão do seu valor probante.

A primeira diz respeito à natureza do banco de dados, se público ou privado, visto que as informações extraídas daquele mantido pela Administração Pública gozam de presunção de legitimidade, enquanto as oriundas de empresas privadas devem vir acompanhadas de declaração do emitente, sob as penas da lei, de que elas conferem com o original, não eximindo nenhum deles, porém, havendo impugnação, de apresentar o suporte em que foram armazenadas.

A segunda tem relação com o aspecto objetivo do requisito da autenticidade tratado anteriormente, pois um banco de dados pode conter informações que, originariamente, foram grafadas em suporte físico e depois transportadas para o meio eletrônico ou digital e, simultaneamente, registros produzidos nativamente nesses meios. Na primeira hipótese, a apresentação do extrato não isenta o mantenedor do banco de dados de efetuar a guarda do documento original para comprovação da sua integridade, salvo nas hipóteses previstas nas Leis ns. 12.682/2012 e 13.874/2019, regulamentadas pelo Decreto n. 10.278/2020. Já na segunda, se houver fundada dúvida quanto à fidedignidade das informações extraídas, será necessário que o responsável pelo banco de dados preste os esclarecimentos necessários quanto ao seu funcionamento e, persistindo as incertezas, a realização de prova pericial para aferir a sua integridade, ressaltando que os registros eletrônicos e digitais têm como características a volatilidade e vulnerabilidade que tornam os dados mais facilmente adulteráveis.

Decompondo-se o requisito em análise para sua melhor compreensão, identificamos como elementos intrínsecos à integridade da prova digital a completude, imutabilidade, temporalidade e credibilidade, os quais serão analisados individualmente.

A prova digital, para ser considerada íntegra, deve ser completa, integral, sem supressões, de maneira a espelhar a integralidade do fato jurídico que por meio dela se pretenda provar, afinal, deve ela, em tradução livre, "contar toda a história e não apenas uma perspectiva particular" (IETF, 2002, p. 4).

Segundo a Agência da União Europeia para a Cibersegurança (ENISA), em tradução livre, "a análise ou qualquer opinião baseada na prova deve contar toda história e não ser adaptada para corresponder a uma perspectiva mais favorável ou desejada" (ENISA, 2019, p. 13).

Esse requisito concretiza-se na necessidade de a coleta e análise estar contextualizada ao ecossistema eletrônico ou digital onde a prova foi produzida ou apreendida, permitindo confirmar ou afastar a ocorrência de fraudes por parte daqueles que o controlam. Nas palavras de Prado (2019, p. 75):

> O conhecimento das fontes de prova pela defesa é fundamental, porque a experiência histórica que precede a expansão da estrutura trifásica de procedimento penal, adequada ao modelo acusatório, contabiliza a supressão de elementos informativos como estratégia das agências de repressão que fundam as suas investigações em práticas ilícitas.

> Não custa sublinhar que apenas inadvertidamente eventual autor de ilicitudes probatórias permitiria a chegada ao processo de traços das referidas ilicitudes.
>
> Por isso, o exame da legalidade da investigação criminal concentrado com exclusividade no material apresentado pelo acusador em juízo é, de regra, inócuo ou no mínimo insuficiente.

E prossegue o renomado professor (PRADO, 2019, p. 85) afirmando que coletar material insuficiente ou impedir o acesso da defesa às fontes de prova implica grave violação à equidade processual:

> (...) defender-se o acusado fazendo uso exclusivo do material probatório selecionado pelo acusador é o sonho qué todo inquisidor nutre relativamente à posição de seu adversário processual.

A imutabilidade da prova digital corresponde à demonstração de que os registros extraídos do equipamento eletrônico ou do sistema de informática não sofreram nenhuma modificação, refletindo as informações exatamente o fato no momento quando foi registrado.

De acordo com a Agência da União Europeia para a Cibersegurança (ENISA), a imutabilidade da prova digital é, em tradução livre, "a aptidão para demonstrar que nenhuma modificação, exclusão, acréscimo ou outras alterações ocorreram ou poderiam ter ocorrido" (ENISA, 2019, p. 12).

A temporalidade é o carimbo de tempo da prova digital, a demonstração da data e horário de quando o fato ocorreu ou foi registrado, utilizando uma fonte idônea, confiável e rastreável.

É importante lembrar que o ordenamento jurídico confere especial relevância à marcação temporal dos fatos para determinar o momento de aperfeiçoamento dos negócios jurídicos, de aquisição ou extinção de direitos, de fixação do termo, condição ou encargo, de contagem dos prazos, dentre outras questões materiais e processuais afins, objetivando assim dar maior segurança jurídica às relações sociais.

Com a transformação digital, o conceito de tempo na Sociedade 4.0 ganhou outra dimensão, marcada pela efemeridade temporal, na qual o tempo ativo (PINHEIRO, 2021, p. 79) de resposta tornou-se fundamental para evitar o perecimento de direitos, dada a velocidade com que as mudanças ocorrem nesse ambiente e a volatilidade dos suportes digitais de registro da informação.

O último elemento do requisito da integridade é a credibilidade da prova digital.

Rememorando, o registro de um fato ocorrido no meio digital se dá através de linguagem de máquina, uma sequência de bits que necessita de um dispositivo eletrônico (*hardware*) e um programa próprio (*software*) para interpretação dessa codificação e conversão num formato inteligível ao ser humano, usualmente utilizando uma interface gráfica.

Sem que se perca o rigor técnico-científico, as informações obtidas a partir da extração de registros digitais deve ser compreensível e crível às partes e julgadores, isto é, em tradução livre, "facilmente inteligível e crível para um tribunal" (IETF, 2002, p. 4) e "convincente quanto aos fatos que ela representa" (ENISA, 2019, p. 13), de modo que "o juiz no processo judicial deve ser capaz de confiar nela como verdade" (ENISA, 2019, p. 13).

Assim como para aferição da autenticidade, há vários métodos para preservar, com maior ou menor confiabilidade, a integridade da prova digital. Citamos alguns deles como exemplos.

Os documentos produzidos utilizando a Infraestrutura de Chaves Públicas Brasileira — ICP-Brasil, já mencionada ao longo deste trabalho, são considerados íntegros por expressa determinação legal (art. 1º, Medida Provisória n. 2.200-2/2001) e autênticos em relação ao seu signatário.

A ata notarial é outra ferramenta que pode ser utilizada para preservar um fato ocorrido no meio digital contra manipulação posterior, garantindo assim a integridade daquilo que foi certificado pelo tabelião no momento da elaboração do documento, porém, além do alto custo, não assegura a autenticidade, em seu aspecto subjetivo, tampouco que não houve espoliação anterior.

Há serviços que fazem o isolamento, espelhamento e preservação de fatos ocorridos em meio digital, a exemplo dos oferecidos pelas empresas Verifact e Original My, mediante registro audiovisual, coleta de dados, geração de metadados técnicos, assinatura digital do usuário e armazenamento em *blockchain*, contudo, também não são garantia de autenticidade do conteúdo, nem de que não ocorreu adulteração antes da coleta.

Os dispositivos eletrônicos antes de serem periciados, corriqueiramente, passam por um processo de espelhamento, que consiste na duplicação integral dos registros originais e posterior análise da sua cópia.

A função *hash* é um processo unidirecional cujo um dos escopos é, dentre outros, auxiliar na verificação da integridade de grandes volumes de dados que, ao passarem pela criptografia do algoritmo, são resumidos em uma sequência alfanumérica de comprimento fixo de caracteres, criando um identificador único para qualquer arquivo digital.

A prática forense, no entanto, vem mostrando total desapreço pela técnica. Frequentemente, são juntadas frações de documentos, fotos ou imagens, principalmente *"prints"* da tela de um computador ou *smartphone*, de supostos registros existentes em algum banco de dados, muitas vezes em baixa qualidade, ilegíveis ou até mesmo no corpo dos arrazoados, sem nenhuma indicação do método utilizado para extração e da integridade das informações, irregularidades essas que infirmam seu valor probante ou até mesmo tornam a prova digital imprestável como meio probatório.

2.3. Cadeia de custódia da prova digital

O terceiro requisito a ser analisado é a cadeia de custódia, definida, em tradução livre, como "o processo de preservação da integridade da prova digital" (ENISA, 2014, p. 7).

Diferentemente da autenticidade e da integridade que constituem elementos intrínsecos à prova digital, a cadeia de custódia é um atributo extrínseco a ela, cuja finalidade é justamente assegurar a manutenção dos demais requisitos.

Sua importância para o processo é tamanha que a União Europeia e o Conselho da Europa (2020, p. 14) estabelecem, em tradução livre, que "a pessoa encarregada de coletar as provas é responsável por manter a integridade do material recuperado e garantir a sua cadeia de custódia".

Para Thamay e Tamer (2020, p. 47), a cadeia de custódia consiste no processo de preservação da autenticidade e integridade da prova digital durante todas as etapas da sua produção, que vão "desde sua identificação, coleta, extração de resultados, até a apresentação no processo ou procedimento de destino".

Neste mesmo sentido são os ensinamentos de Casey (2011, p. 60):

> Cadeia de custódia e documentação da integridade são importantes para demonstrar a autenticidade da prova digital. A cadeia de custódia adequada demonstra que a prova digital foi adquirida a partir de um sistema e/ou local específico e que foi continuamente controlada desde que foi coletada. Assim, a documentação adequada da cadeia

> de custódia permite ao tribunal vincular a prova digital ao crime. Documentação incompleta pode resultar em confusão sobre onde a prova digital foi obtida e pode levantar dúvidas sobre a confiabilidade da prova digital. (tradução livre)

Trata-se, portanto, de um processo técnico adequado de extração e preservação das informações armazenadas num equipamento eletrônico ou nalgum sistema informático, de maneira que os registros neles contidos correspondam exatamente àqueles coletados no momento da ocorrência do fato.

O inadequado manuseio da prova digital, dada a sua volatilidade, pode expor os dados a adulterações, ainda que a espoliação seja involuntária, e colocar em xeque seu valor probante ao atingir informações que ilidam a atribuição da autenticidade dos registros ao detentor do equipamento ou ao titular da conta em determinado serviço na internet ou que, conquanto original, seu conteúdo contenha acréscimos, supressões ou alterações pontuais ou contextuais a infirmar sua integridade.

Embora não haja técnica única ou estanque para a identificação, coleta, aquisição e preservação das inúmeras provas digitais existentes, é possível controlar, por meio da técnica, os métodos empregados para tal fim, demonstrando através do registro da cadeia de custódia "a cronologia de movimento e do manuseio da potencial evidência digital" (ABNT, 2013, p. 11).

Decompondo esse requisito para facilitar o entendimento dos seus aspectos técnicos, a cadeia de custódia deve ser auditável, transparente, confiável e pública.

A auditabilidade e a transparência da cadeia de custódia significam dizer, em tradução livre, que a "apreensão, acesso, armazenamento ou transferência da prova digital ser totalmente documentada, preservada e disponibilizada para revisão por um terceiro independente que deve não apenas ser capaz de repetir essas ações, mas também obter o mesmo resultado" (EUROPEAN UNION AND COUNCIL OF EUROPE – CYBERCRIME@IPA, 2020, p. 14).

Para demonstração da cadeia de custódia é necessário, portanto, que todas as ações executadas durante o processo de identificação, coleta, aquisição e preservação da prova digital sejam documentadas e estejam disponíveis para avaliação das partes e, se for o caso, de um terceiro independente (perito), que, ao reproduzir os mesmos passos utilizando os mesmos procedimentos, métodos e instrumentos, obterá o mesmo resultado.

Esses procedimentos, métodos e instrumentos utilizados durante o processo de produção da prova digital e registro da cadeia de custódia devem se mostrar tecnicamente justificáveis e confiáveis, o que significa dizer, em tradução livre, que "não deve haver nada sobre a maneira como as provas foram coletadas e posteriormente tratadas que possam lançar dúvidas sobre sua autenticidade ou veracidade" (EUROPEAN UNION AND COUNCIL OF EUROPE – CYBERCRIME@IPA, 2020, p. 13).

Por fim, em regra, todos os processos (art. 93, IX, da CRFB), assim como os atos processuais, são públicos (art. 189, CPC), devendo a produção da prova digital ostentar essa mesma qualidade, salvo se os dados a que ela se refere forem, pela sua natureza privada ou íntima, sigilosos.

A documentação e demonstração de toda a cadeia de custódia da prova digital é fundamental para não colocar em risco a autenticidade e integridade dos registros armazenados eletrônica e digitalmente.

Exemplos de serviços que possibilitam esse registro são relatórios gerados pelos já mencionados oferecidos pelas empresas Verifact e Original My, com as mesmas ressalvas quanto à não garantia de autenticidade dos registros, tampouco da integridade do conteúdo antes da coleta.

Considerações finais

Na Sociedade 4.0, documentos, planilhas, arquivos, bancos de dados, registros de acesso, *logs*, protocolos de internet, geolocalização, gravações de áudio e vídeos, postagens, mensagens, imagens, e-mails, transferências financeiras, hábitos de vida, uso e consumo, relacionamentos, orientação política, sexual e religiosa, dados biométricos, dentre uma infinidade de outros dados pessoais impossíveis de se elencar são coletados e disponibilizados na internet de forma voluntária e involuntária pelas pessoas, que acabam renunciando a sua privacidade e intimidade em detrimento da comodidade oferecida pela tecnologia, aplicações e serviços.

A transferência cada vez maior das interações sociais para o ambiente virtual e o crescente aumento do registro de fatos nesse ambiente são responsáveis pelo gradual e acelerado movimento de mudança do arquétipo social, transformando os indivíduos em serem "dividuais, divisíveis" e "as massas em amostras, dados, mercados e bancos" (DELEUZE, 1992, p. 219-226), "estimulando estratégias de *marketing* customizadas" (BAUMAN, 2014).

É nesse cenário aparentemente distópico que as provas digitais ganham relevo, pois os mesmos dados coletados e armazenados pelas empresas com fins econômicos podem servir ao propósito maior de se fazer justiça.

Embora o documento em papel tenha sido de fundamental importância para o desenvolvimento do Direito e para comprovação de fatos ao longo dos anos, a substituição deste suporte físico material por documentos eletrônicos e digitais intangíveis demanda o imediato rompimento do paradigma probatório anterior para que a prova não se torne obsoleta e acompanhe essa nova realidade social, cada dia mais complexa numa sociedade subjugada por sistemas ciber-físicos, internet das coisas, inteligência artificial, aprendizagem de máquina e *big data*.

A utilização de documentos eletrônicos e digitais, entretanto, não é uma novidade ou invenção da internet, e o sentimento de segurança e proteção gerado pela representação material e palpável do documento em papel é "mais cultural do que jurídica, uma vez que nosso Código Civil prevê contratos orais", sendo ilusório acreditar que este é o meio mais seguro, visto que "não confere garantia de autenticidade e integridade, tampouco amarra a assinatura das partes ao conteúdo", sujeitando-se à falsificação, erro e perecimento (PINHEIRO; 2021, p. 261).

A relutância e insegurança das pessoas e a falsa ideia de inconfiabilidade dos eletrônicos e digitais decorrem da natural aversão ao "novo" e do pouco conhecimento acerca dos aspectos técnico-jurídicos envolvidos nesse meio atípico de prova que, apesar de plenamente admitido no processo, carece de tratamento adequado no ordenamento jurídico nacional.

É na estabilidade proporcionada pelo documento, como prova pré-constituída apta a perpetuar, sem propensões subjetivas, a memória de um fato jurídico (PINHEIRO, 2021, p. 261), tornando "fixo, estático, um momento da vida humana" (WAMBIER; ALMEIDA; TALAMINI, 2005, p. 461) e retratando, permanentemente, o fato "que acontece e desaparece" (WAMBIER; ALMEIDA; TALAMINI, 2005, p. 461), onde reside o tratamento especial que lhe foi conferido pelo Direito.

Para a adequada compreensão da prova digital é necessário revisitar o tradicional conceito de documento e dissociá-lo da sua representação física tangível, porquanto qualquer suporte que permita o registro de informações é considerado um tipo de documento, bastando "a existência de uma coisa (inanimada) que traga em si caracteres suficientes para atestar o que ocorreu" (WAMBIER; ALMEIDA; TALAMINI, 2005, p. 461).

Os documentos eletrônicos e digitais, portanto, não se diferem, em essência, dos documentos em papel ou assemelhados, podendo neles identificar atributos comuns exigidos de qualquer documentação jurídica independentemente do suporte onde o fato foi registrado (tangível ou intangível) e da codificação utilizada para tal finalidade (linguagem natural ou linguagem de máquina), os quais podem ser resumidos em três requisitos: autenticidade, integridade e cadeia de custódia.

Os dois primeiros requisitos são atributos intrínsecos à prova digital. A autenticidade diz respeito à origem do registro (aspecto objetivo) e à identificação da sua autoria (aspecto subjetivo), enquanto a integridade se refere ao conteúdo das informações coletadas, armazenadas e extraídas de determinado equipamento ou sistema informático.

Documentos autênticos são aqueles cuja proveniência não se duvida e cuja autoria do fato que por meio deles se pretende provar possa ser atestada, ainda que indiretamente, pela fonte eletrônica ou digital onde estão armazenados e de onde foram extraídos os registros. Para que as informações obtidas, por sua vez, sejam consideradas íntegras, devem elas estar completas (sem fracionamentos ou omissões), não sofrer qualquer espoliação do seu estado original (acréscimos, supressões ou adulterações), ser possível identificar o momento em que o fato ocorreu ou foi ao menos registrado (marcação temporal) e ser totalmente inteligível e crível (em linguagem natural de fácil compreensão) às partes e ao julgador.

A cadeia de custódia, diferentemente dos demais requisitos, é um atributo extrínseco à prova digital que tem por objetivo preservar a autenticidade e integridade dos registros desde a sua identificação, coleta e aquisição até a sua apresentação em juízo, a fim de que correspondam exatamente ao original armazenado no equipamento eletrônico ou sistema informático de onde foram extraídos.

O volume de dados coletados, a variedade dos formatos de registro e suportes de armazenamento, a velocidade com que surgem novas tecnologias, a volatilidade e a vulnerabilidade dos equipamentos e sistemas de informática tornam os registros digitais extremamente fluídos e voláteis, muito semelhante ao mundo líquido preconizado pelo sociólogo e filósofo polonês Bauman (2001), que pode mudar a cada instante como num piscar de olhos ou no tráfego de um *byte*.

Devido a essas características, o inadequado manuseio da prova digital pode expor os dados a adulterações que coloquem em xeque seu valor probatório.

A análise desses requisitos não é estanque e está sujeita, sobremaneira, ao estado da técnica, visto que o Direito "não consegue acompanhar o ritmo da evolução tecnológica" (PINHEIRO, 2021, p. 73) e a confiabilidade e força probante a ser atribuída à prova digital dependerá do "grau de grau de segurança e de certeza que se pode ter, sobretudo quanto à sua autenticidade, que permite identificar a sua autoria, e à sua integridade, que permite garantir a inalterabilidade do seu conteúdo" (DIDIER JÚNIOR; BRAGA; OLIVEIRA, 2016, p. 221-222), evitando assim que registros inaptos ou inidôneos a retratar a realidade possam induzir o juiz a erro de julgamento.

Referências bibliográficas

ASSOCIAÇÃO BRASILEIRA DE NORMAS TÉCNICAS (ABNT). *NBR ISO/IEC 27037:2013*, 2013.

ALVIM, Arruda. *Manual de direito processual civil:* teoria do processo e processo de conhecimento. 17. ed. rev., atual. e ampl. São Paulo: Revista dos Tribunais, 2017

BARRETO, Alexandre G.; WENDT, Emerson. *Inteligência e investigação criminal em fontes abertas*. 3. ed. Rio de Janeiro: Editora Brasport, 2020.

BAUMAN, Zygmunt. *Vigilância líquida*. Diálogos com David Lyon. Rio de Janeiro: Zahar, 2014. Traduzido por Carlos Alberto Medeiros.

______. *Modernidade líquida*. Rio de Janeiro: Jorge Zahar, 2001.

CASEY, Eoghan. *Digital evidence and computer crime:* forensic science, computers and the internet. 3. ed. Elsevier: 2011. Disponível em: <https://books.google.com.br/books?hl=pt-BR&lr=&id=lUnMz_WDJ8AC&oi=fnd&pg=PP1&dq=Digital+evidence+and+computer+crime:+forensic+science,+computers+and+the+internet.+3rd+edition&ots=aLq1CjzMVc&sig=NFQSvIG1HjTL7R2DzKSytnItrxk#v=onepage&q=Digital%20evidence%20and%20computer%20crime%3A%20forensic%20science%2C%20computers%20and%20the%20internet.%203rd%20edition&f=false>. Acesso em: 16 maio 2021.

COMITÊ GESTOR DA INTERNET NO BRASIL (CGI.BR). TIC Domicílios 2020. *Pesquisa Sobre o Uso das Tecnologias de Informação e Comunicação nos Domicílios Brasileiros*. São Paulo, 2021. Disponível em: <https://cetic.br/media/docs/publicacoes/2/20211124201233/tic_domicilios_2020_livro_eletronico.pdf>. Acesso em: 18 ago. 2020.

DELEUZE, Gilles. *Post-scriptum sobre as Sociedades de Controle*. Conversações: 1972-1990. Rio de Janeiro: Editora 34, 1992. Tradução de Peter Pál Pelbart.

DIDIER JÚNIOR, Fredie; BRAGA, Paula Sarno; OLIVEIRA, Rafael Alexandria de. *Curso de direito processual civil*. 11. ed. Salvador: JusPodivm, 2016. v. 2.

DINAMARCO, Cândido Rangel. *Instituições de direito processual civil*. v. 3. 7. ed. São Paulo: Malheiros, 2017.

EUROPEAN UNION AND COUNCIL OF EUROPE - CYBERCRIME@IPA. *Electronic Evidence Guide* — A Basic Guide for Police Officers, Prosecutors and Judges, versão 2.1, 2020. Disponível em: <https://rm.coe.int/0900001680a22757>. Acesso em: 22 maio 2021.

EUROPEAN UNION AGENCY FOR NETWORK AND INFORMATION SECURITY (ENISA). *Electronic Evidence* — a basic guide for First Responders, 2015. Disponível em: <https://www.enisa.europa.eu/publications/electronic-evidence-a-basic-guide-for-first-responders>. Acesso em: 21 maio 2021.

EUROPEAN UNION AGENCY FOR CYBERSECURITY (ENISA). *Cooperation across CSIRTS, LE and the Judiciary* — Handbook, Document for trainers, 2019. Disponível em: <https://www.enisa.europa.eu/topics/trainings-for-cybersecurity-specialists/online-training-material/documents/cooperation-across-csirts-and-law-enforcement/support-the-fight-against-cybercrime-training-material-csirt-le-jud-cooperation-handbook.pdf>. Acesso em: 22 maio 2021.

ESTADOS UNIDOS DA AMÉRICA. *Federal Rules of Evidence*. Disponível em: <https://www.law.cornell.edu/rules/fre>. Acesso em: 21 maio 2021.

HOOTSUITE. *We Are Social*. Disponível em: <https://datareportal.com/reports/digital-2021-brazil>. Acesso em: 14 dez. 2021.

INTERNET ENGINEERING TASK FORCE (IETF). *RFC 3227:* Guidelines for evidence collection and archiving, 2002. Disponível em: <https://www.rfc-editor.org/rfc/rfc3227.html>. Acesso em: 21 maio 2021.

LÉVY, Pierre. *Cibercultura*. São Paulo: Editora 34, 1999.

MARINONI, Luiz Guilherme; ARENHART, Sérgio Cruz. *Prova*. 2. ed. São Paulo: Revista dos Tribunais, 2011.

NASCIMENTO, Lúcia Maria Barbosa; GUIMARÃES, José Augusto Chaves. Documento jurídico digital: a ótica da diplomática. In: Passos, Edilenice (Org.). *Informação jurídica:* teoria e prática. Brasília: Thesaurus, 2004.

NERES, Winícius Ferraz. A cadeia de custódia dos vestígios digitais sob a ótica da Lei n. 13.964/2019: aspectos teóricos e práticos. *Boletim Científico ESMPU*, Brasília, ano 20, n. 56, jan./jun., 2021. Disponível em: <http://escola.mpu.mp.br/publicacoes/boletim-cientifico/edicoes-do-boletim/boletim-cientifico-n-56-janeiro-junho-2021>. Acesso em: 15 dez. 2021.

NERY JUNIOR, Nelson *et al. Código de Processo Civil comentado*. 3. ed. São Paulo: RT, 1997.

PINHEIRO, Patricia Peck. *Direito Digital*. 7. ed. rev., atual. e ampl., São Paulo: Saraiva, 2021. E-book.

PRADO. Geraldo. *A cadeia de custódia de prova no processo penal.* 1. ed. São Paulo: Marcial Pons, 2019.

PRADO, Geraldo. Texto correspondente à palestra intitulada "A interface entre o Direito Digital e o Processo Penal", no Ciclo Permanente de Palestras com o tema "Consequências do Uso da Inteligência Artificial no Processo Penal", oferecido pelo Núcleo de Estudo Luso-Brasileiro da Faculdade de Direito da Universidade de Lisboa (NELB), ao lado da professora Janaina Matida e do professor Alexandre Morais da Rosa, em 20 de janeiro de 2021, às 13 horas (horário de Brasília), transmitida pelo aplicativo Zoom. Disponível em: <https://www.conjur.com.br/dl/artigo-geraldo-prado.pdf>. Acesso em: 19 maio 2021.

RINALDI, Luciano. Dos documentos eletrônicos (arts. 439 a 441). In: CABRAL, Antonio do Passo; CRAMER, Ronaldo (Coords.). *Comentários ao novo Código de Processo Civil.* 2. ed. Rio de Janeiro: Forense, 2016.

SANTOS, Agenor S. *Dicionário de anglicismos e de palavras inglesas correntes em português.* Rio de Janeiro: Elsevier, 2006.

SANTOS, Manoel J. Pereira dos. Considerações iniciais sobre a proteção jurídica das bases de dados. In: LUCCA, Newton de; SIMÃO FILHO, Adalberto (Cords.). *Direito & internet:* aspectos jurídicos relevantes. 2. ed. São Paulo: Quartier Latin, 2005. v. 1.

SCHWAB, Klaus. *A quarta revolução industrial.* Tradução de Daniel Moreira Miranda. São Paulo: Edipro, 2016.

SMITH, Barry. Document Acts. In: KONZELMANN-ZIV, A.; SCHMID, H. B. (Eds.). *Institutions, Emotions, and Group Agents:* Contributions to Social Ontology. Dordrecht: Springer, 2014. Disponível em: <http://ontology.buffalo.edu/smith/articles/document-acts.pdf>. Acesso em: 15 dez. 2021.

THAMAY, Rennan; TAMER, Mauricio. *Provas no Direito Digital:* conceito da prova digital, procedimentos e provas digitais em espécie. São Paulo: Thomson Reuters, Revista dos Tribunais, 2020.

U.S. DEPARTMENT OF JUSTICE, OFFICE OF JUSTICE PROGRAMS, NATIONAL INSTITUTE OF JUSTICE. *Electronic Crime Scene Investigation:* A Guide for First Responders – Second Edition, 2008. Disponível em: <https://www.ojp.gov/pdffiles1/nij/219941.pdf>. Acesso em: 21 maio 2021.

WAMBIER, Luiz Rodrigues; ALMEIDA, Flavio Renato Correia de; TALAMINI, Eduardo. *Curso avançado de processo civil.* v. 1. São Paulo: Revista dos Tribunais, 2005.

Prova Digital e Privacidade

Herminegilda Leite Machado[1]

Introdução

As transformações sociais geradas a partir das novas tecnologias têm sido objeto de estudo da sociologia e da filosofia, daí advindo expressões como sociedade da informação, sociedade digital, sociedade analógica[2].

O rápido desenvolvimento e constante aperfeiçoamento das tecnologias da informação e da comunicação, que permitiram a conexão e a interação das pessoas na rede mundial de computadores, impactou profundamente a vida em sociedade.

Várias são as tecnologias que captam os dados pessoais, tanto aqueles que se poderia classificá-los como objetivos, a exemplo do nome, data de nascimento, endereço, número de documentos, filiação, profissão, raça, etnia, grau de formação escolar/acadêmica, como também aspectos que integram a subjetividade da pessoa, a exemplo da opinião política, religiosa, filosófica, cultural, orientação sexual, entre tantos outros aspectos que compõem a nossa personalidade.

Os *smartphones*, aparelhos celulares inteligentes, registram as mais variadas informações a respeito de cada usuário, tal como a sua localização, dados pessoais, dados bancários, contatos, e-mails, vídeos, fotos, sites visitados, mensagens recebidas e enviadas, dentre outras informações.

Mas não são apenas os *smartphones* que capturam esses dados.

Ferramentas de vigilância e gravações ambientais instaladas em espaços públicos e privados, ferramentas de geolocalização, de biometria (a exemplo daqueles aparatos digitais que exigem a digital da pessoa, que medem os batimentos

---

(1) Juíza do Trabalho da 13ª Região. Especialista em Direitos Humanos.

(2) Dentre os quais estão estudiosos como Manuel Castells com sua clássica obra "A sociedade em rede", sendo a edição utilizada neste trabalho de 2001.

cardíacos, os passos, o peso corporal, a forma de manuseio do *mouse*, etc.), os eletrodomésticos conectados à internet, demonstram o quanto o indivíduo está enredado tanto na sua individualidade quanto em sociedade, o que faz com que alguns conceitos jurídicos, como o da privacidade, sejam ressignificados.

O novo *modus vivendi* social exige a atualização das normas jurídicas a fim de que sejam preservadas as garantias fundamentais das pessoas.

O breve estudo aqui apresentado se refere ao direito à privacidade no contexto digital e a prova que daí se extrai para solucionar conflitos na esfera processual.

1. Breve histórico da internet

Não há controvérsia e nem é novidade afirmar que estamos vivenciando a era digital, ou a era da informação, com a nossa vida sendo mediada pelas tecnologias da informação e da comunicação e "guiada" e impactada por algoritmos.

Fora do mundo acadêmico é comum ouvir de colegas, de amigos e de familiares que "o futuro chegou".

O que, há algumas décadas, era retratado na literatura, no cinema e em séries de animação, como ficção científica, em um futuro automatizado, controlado, vigiado, padronizado, vem se cristalizando no nosso cotidiano de forma cada vez mais célere, embora isso não seja algo tão recente.

Foi em outubro de 1969 que o primeiro e-mail foi enviado pela Universidade da Califórnia e o Instituto de Pesquisa de Stanford, os quais estavam ligados através da rede Arpanet (Advanced Research Projects Agency Network), precursora da internet, pertencente ao Departamento de Defesa dos Estados Unidos, cujo uso inicial se deu para fins militares e posteriormente nos meios acadêmicos. As primeiras conexões foram estabelecidas dentro do território americano e depois expandidas para países europeus. (FUKS, 2021)

Com o desenvolvimento do TCP/IP (*Transmission Control Protocol e Internet Protocol*), no início dos anos 1970, estabeleceu-se o padrão para transmissão de dados entre várias redes, então adotado pela ARPANET, fazendo com que o sistema se aprimorasse a ponto de a rede conectar milhões de computadores espalhados no planeta.

Voltando os olhos a essa esquina do tempo, vê-se que a internet, na sua fase inicial, conhecida como Web 1.0, não permitia muita interatividade entre as pessoas e a máquina e os sites eram de conteúdo estático. Estávamos diante de um mundo novo que se apresentava a todos nós e o que parecia ser algo tão fantástico, hoje está obsoleto.

Mas como a tecnologia está sempre a avançar, o mundo online começou a tomar "forma", a se tornar palpável a partir de quando (1989) o cientista britânico Tim Berners-Lee, descobriu o primeiro navegador de internet, a *World Wide Web* (WWW) que permite a conexão e a interação do usuário na rede.

Internet e web passaram a ser uma espécie de corpo e alma. Aquela, a internet, é o caminho pelo qual a pessoa usufrui do conteúdo por ela transferido", e esta, a web, é a "rede que conecta os computadores ao redor do mundo. (...) é a estrutura pela qual são transferidos milhões de terabytes de dados todos os dias entre servidores e computadores pessoais, smartphones, tablets, consoles, televisores e vários outros dispositivos interconectados" (CANAL TECH, 2021).

No começo dos anos 2000, a internet estava na fase web 2.0, com interação limitada, pois até então o usuário só podia criar blogs e postar conteúdos *vlogs*, fotologs. Daí para a fase Web 3.0, na qual estamos mergulhados, não tardou nem meia década, pois em 2004 surgiram as primeiras redes sociais e uma delas, o *Facebook*, que segue sendo uma das plataformas que mais usuários conquista a cada dia. Conhecida como Web 3.0, passou o usuário a dispor de "sistemas de busca cada vez mais inteligentes e o conteúdo disponível na teia mundial se torna cada vez mais personalizado passando a interagir na rede de forma ilimitada" (EX2, MARKETING DIGITAL, 2021).

Numa rápida retrospectiva a um tempo compreendido entre 1993 e 2013, é possível enxergar na memória e também em registros fotográficos, os vários aparatos tecnológicos que ocupavam mesas nos escritórios e em residências, como computadores, filmadoras, laptops, palmtops, telefone fixo, gravador, secretária eletrônica, agenda, relógio, despertador, cronômetro, máquinas fotográficas, GPS, etc. Em 2013, vinte anos depois, tudo isso coube dentro de um smartphone, que dispõe de todas essas funções e mais algumas que são alcançadas apenas por expertos. Esse pequeno aparelho também pode concentrar centro de compras, local de encontros, de trabalho, de estudo, de agência de viagens, de agências bancárias, de consultório médico, cinema, locais de diversão, de exposição de arte, biblioteca, etc.

Esse foi apenas um dos passos em direção ao futuro que pensamos ter chegado. Enquanto nos encantamos com o que a simples internet e a internet das coisas nos proporcionam, a Internet quântica já desponta no horizonte.

2. Dados pessoais *x* privacidade

Estamos em plena sociedade da informação há mais de duas décadas, a qual está estruturada em rede que se irradia em todos os âmbitos da atividade humana. Mas, tal qual o dinamismo da vida social, a tecnologia da comunicação continua avançando com impactos cada vez mais impressionantes nas relações sociais, induzindo a comportamentos sociais nunca dantes imaginado (CASTELLS, 2011).

Há quem afirme que essa sociedade da informação já está migrando a sociedade sensoriada[9], que seria aquela ou é aquela em que "cada indivíduo — que lida com fatos de um tempo presente que se confundem com um tempo futuro que de alguma forma pode ser previsto — terá um sensor embarcado em si e sem o qual pouco ou nada poderá fazer no mundo interconectado, interferindo dramaticamente em sua vida cotidiana. No presente-futuro, a sociedade sensoriada terá seus dados formidavelmente coletados e explorados pela ciência de dados e que se tornarão consistentes insumos para que tecnologias baseadas em inteligência artificial realizem de forma autônoma muito mais do que hoje podemos ter com os chamados *bots* ou com algumas aplicações baseadas em sistemas especialistas" (WEISS, 2019).

Ao que parece, a tecnologia, além de permitir a coleta de dados com os quais podem definir os perfis dos usuários e induzir os seus gostos, também pretende invadir os corpos físicos. Os dados já servem de insumos para as máquinas. A ver o que dirá esse presente-futuro.

A afirmação do prof. Weiss, de que serão os dados das pessoas "formidavelmente coletados e explorados pela ciência de dados", alerta ainda mais para as preocupações sobre o tema que vem sendo objeto de estudo de autoras como O'Neil (2020) e Véliz (2021), dentre outros, as quais vêm denunciando o uso indevido dos dados das pessoas, afetando-as nas suas individualidades e interesses, com prejuízos de ordem econômica, social e política, e vulnerando os sistemas democráticos de alguns países, como revelado pelo escândalo da Cambridge Analytica, amplamente divulgado na imprensa e também mencionado nas obras das autoras acima referidas.

Os dados, se considerados isoladamente, não seriam fonte de preocupação porque não transmite mensagem e nem representam conhecimento. São registros coletados, em meio físico ou eletrônico, os quais, depois de tratados, adquirem significado e transmitem informação, inclusive tornando possível traçar a personalidade da pessoa.

Para a informática, "os dados são expressões gerais que descrevem características das entidades sobre as quais operam os algoritmos. Estas expressões devem ser apresentadas de maneira a que possam ser tratadas por um computador. Neste caso, os dados por si só também não constituem informação, a menos que esta surja do adequado processamento dos dados" (CONCEITO DE DADOS, 2021).

Em termos jurídicos, o conceito de "dado pessoal" é estabelecido no inciso I do art. 14 do Decreto n. 8.771/2016, que regulamenta a Lei n. 12.965/2014, conhecida como Marco Civil da Internet (MIC), ao dispor que dado pessoal é o "dado relacionado à pessoa natural identificada ou identificável, inclusive números identificativos, dados locacionais ou identificadores eletrônicos, quando estes estiverem relacionados a uma pessoa".

O tratamento dos dados é definido logo em seguida, no inciso II do mesmo art. 14, como "toda operação realizada com dados pessoais, como as que se referem a coleta, produção, recepção, classificação, utilização, acesso, reprodução, transmissão, distribuição, processamento, arquivamento, armazenamento, eliminação, avaliação ou controle da informação, modificação, comunicação, transferência, difusão ou extração".

A Lei n. 13.709/2018, conhecida como Lei Geral de Proteção de Dados (LGPD), vai mais além, pois toma emprestado, de forma sucinta, o conceito de dado pessoal do MCI para defini-lo como "toda informação relacionada a pessoa natural identificada ou identificável" (art. 5º, I) e para logo acrescentar de forma mais abrangente uma outra categoria, a de "dado pessoal sensível" ligado à esfera mais íntima da pessoa, definido como "dado pessoal sobre origem racial ou étnica, convicção religiosa, opinião política, filiação a sindicato ou a organização de caráter religioso, filosófico ou político, dado referente à saúde ou à vida sexual, dado genético ou biométrico, quando vinculado a uma pessoa natural" (art. 5º, II).

Tais dados, quando tratados, permitem a identificação da pessoa, tanto no seu aspecto externo, como também nos aspectos que constituem a sua vida privada, relacionados nos incisos X, XI e XII do art. 5º, CF:

> X – são invioláveis a intimidade, a vida privada, a honra e a imagem das pessoas, assegurado o direito a indenização pelo dano material ou moral decorrente de sua violação;
>
> XI – a casa é asilo inviolável do indivíduo, ninguém nela podendo penetrar sem consentimento do morador, salvo em caso de flagrante delito ou desastre, ou para prestar socorro, ou, durante o dia, por determinação judicial; (Vigência)

> XII – é inviolável o sigilo da correspondência e das comunicações telegráficas, de dados e das comunicações telefônicas, salvo, no último caso, por ordem judicial, nas hipóteses e na forma que a lei estabelecer para fins de investigação criminal ou instrução processual penal; (BRASIL, CF 1988, art. 5º)

Os dados, considerados apenas como dados informáticos, ou dados da comunicação, tinham sua razão de ser dentro do contexto da promulgação da Constituição de 1988, quando a utilização do sistema informacional ainda era incipiente. Talvez esse contexto tenha levado doutrinadores de escol a afirmar: "Sigilo de dados. O direito anterior não fazia referência a essa hipótese. Ela veio a ser prevista, sem dúvida, em decorrência do desenvolvimento da informática. Os dados aqui são os dados informáticos (v. incs. XIV e LXXII)" (FERRAZ *apud* FERREIRA FILHO, 1993, p. 446).

O STF cristalizou essa interpretação de forma mais restrita, firmando entendimento, no julgamento do RE 418.416/SC (Rel. Min. MENEZES DIREITO, Pleno, j. 10.5.2006, DJ de 19.12.2006), de que "A proteção a que se refere o art. 5º, XII, da Constituição, é da comunicação 'de dados' e não dos 'dados em si mesmos', ainda quando armazenados em computador [...]". Essa interpretação vem sendo revista e no voto conjunto apresentado no julgamento das ADIs ns. 6.389, 6.390, 6.393, 6.388 e 6.387, o Ministro Gilmar Mendes deixa claro que os dados referidos no inciso X do art. 5º da CF também se referem aos dados pessoais, os quais gozam da mesma proteção jurídica.

Contudo, ainda que a jurisprudência tenha se inclinado pela proteção apenas da comunicação dos dados e não dos dados em si, havia preocupação sobre a utilização indevida dos dados. Nesse aspecto, o renomado constitucionalista, José Afonso da Silva, nos primeiros anos da década de 90, antes da intensificação e popularização do fenômeno da informática e da explosão das redes sociais, pressentiu a ameaça à privacidade da pessoa quando registrou que o "intenso desenvolvimento de complexa rede de fichários eletrônicos, especialmente sobre dados pessoais, constitui poderosa ameaça à privacidade das pessoas. O amplo sistema de informações computadorizadas gera um processo de esquadrinhamento das pessoas que ficam com sua individualidade inteiramente devassada. O perigo é tão maior quanto mais a utilização da informática facilita a interconexão de fichários com a possibilidade de formar grandes bancos de dados que desvendem a vida dos indivíduos, sem sua autorização e até sem conhecimento" (SILVA, 1994).

Essa mesma preocupação doutrinária foi também manifestada pelo prof. Doneda, em artigo publicado em dezembro de 2011, que, ao definir o tratamento de dados pessoais por processos automatizados, como atividade de risco, afirmou que a "possibilidade de controle unificado das diversas atividades da pessoa, nas múltiplas situações de vida, permitem o conhecimento de sua conduta pública e privada, até nos mínimos detalhes"(DONEDA, 2011).

Já por essa época, quando as pessoas ainda não tinham acessibilidade à internet de forma massiva e quando os dados ainda não tinham a mesma proteção jurídica que a comunicação dos dados, houve manifestação jurisprudencial quanto à preocupação com a violação da privacidade e a manipulação dos dados, como assim destaca o prof. Danilo Doneda, ao transcrever em seu artigo "A proteção dos dados pessoais como um direito fundamental", decisão em Recurso Especial n. 22.337/RS, de 1995, da relatoria do Ministro Ruy Rosado Aguiar, que aqui se reproduz a partir do seu texto:

> A inserção de dados pessoais do cidadão em bancos de informações tem se constituído em uma das preocupações do Estado moderno, onde o uso da informática e a possibilidade de controle unificado das diversas atividades da pessoa, nas múltiplas situações de vida, permitem o conhecimento de sua conduta pública e privada, até nos mínimos detalhes, podendo chegar à devassa de atos pessoais, invadindo área que deveria ficar restrita à sua intimidade; ao mesmo tempo, o cidadão objeto dessa indiscriminada colheita de informações, muitas vezes, sequer sabe da existência de tal atividade, ou não dispõe de eficazes meios para conhecer o seu resultado, retificá-lo ou cancelá-lo. E assim como o conjunto dessas informações pode ser usado para fins lícitos, públicos e privados, na prevenção ou repressão de delitos, ou habilitando o particular a celebrar contratos com pleno conhecimento de causa, também pode servir, ao Estado ou ao particular, para alcançar fins contrários à moral ou ao Direito, como instrumento de perseguição política ou opressão econômica. A importância do tema cresce de ponto quando se observa o número imenso de atos da vida humana praticados através da mídia eletrônica ou registrados nos disquetes de computador.

O pressentimento de ameaça à privacidade a partir dos dados pessoais tornou-se realidade, como se vê em notícias que informam sobre vazamento de dados de 53 mil clientes de 46 companhias da BB Previdência, mega vazamento de dados, sobre comercialização desses dados, além de outros exemplos de extrema violação à intimidade das pessoas, com efeitos nefastos, de humilhações públicas, linchamentos morais e até suicídios, como o ocorrido na Itália, em 2016, na Espanha, e também aqui no Brasil, dentre tantas outras situações semelhantes.

Fotos, imagens, vídeos, incluem-se dentro do conceito de dados pessoais que constituem um dos aspectos da privacidade da pessoa, consagrado como direito autônomo e de magnitude constitucional e também em normativos internacionais. Não há razão para tratar os dados como algo separado da privacidade.

O direito à privacidade, nos termos hoje conhecidos, somente adquiriu autonomia com a Declaração Universal dos Direitos do Homem, em 1948, que o classificou "na categoria dos direitos humanos", embora esse tema fosse objeto de reflexões desde o século XVIII quando a sociedade feudal cedia espaço à sociedade burguesa (MACHADO, 2014).

No campo doutrinário, como aponta a professora Joana Machado, o direito de privacidade estava ligado à ideia de liberdade como assim extraído das teses filosóficas de John Locke e John Stuart Mill, que pressupunham um "certo grau de autonomia, sem interferência de terceiros" pois "naquela época não se utilizavam as expressões "privacidade", "intimidade" e "vida privada". Após referir sobre a evolução histórica desse direito, afirma a autora que no campo jurídico, o "que é considerado o marco inaugural da formulação do direito à intimidade e à vida privada foi o artigo de Samuel D, Warren e Louis D. Brandeis13, publicado na *Harvard Law Review*, em 15 de dezembro de 1890, influenciado pelo Juiz Cooley em sua obra de 1873.", onde ficou definido que o direito à privacidade seria o "direito a ser deixado só." Esse exemplo é paradigmático na doutrina que trata desse tema (MACHADO, 2014).

Nos dias atuais, já não se pode afirmar que a privacidade se restringe ao direito de ficar só, porque esse conceito abarca vários aspectos que compõem a vida privada, ainda que sejam apontados como direitos autônomos, tais como a intimidade, a honra e a imagem das pessoas (inc. X, art. 5º, CF), o sigilo de correspondências e comunicações telegráficas (inc. XII, art. 5º).

Nos debates doutrinários e jurisprudenciais há dissensão sobre a distinção entre privacidade e intimidade, como assim observa o Ministro Gilmar Mendes (2008), isso porque muitos entendem que o direito à intimidade faria parte do direito à privacidade, que tem maior amplitude. Nesse mesmo sentido é a observação do prof. Hirata (2017).

Em que pese a discussão sobre a distinção entre intimidade e privacidade, como direitos autônomos, fato é que a privacidade nos termos em que concebidos na tradição jurídica, vem passando por "uma verdadeira mutação jurídica do sentido e do alcance do direito à privacidade", devido o avanço das tecnologias da informação, como afirma o Ministro Gilmar Mendes no voto[3] anteriormente referido na ADIs n. 6.389. Acrescenta, também, que a "reconceptualização do direito à privacidade coincide com o desenvolvimento jurisprudencial do conceito de autodeterminação informacional" desenvolvido pelo Tribunal Constitucional Alemão, e que consiste, como referido no voto, no poder de o indivíduo "decidir sobre a divulgação e o uso dos seus dados pessoais" e de "decidir sobre quando e dentro de quais limites os fatos da sua vida pessoal podem ser revelados e ainda de ter conhecimento sobre quem sabe e o que sabe sobre si, quando e em que ocasião".

Esse conceito de autodeterminação informativa se assemelha ao que ensina o prof. Doneda no texto sobre a tutela da privacidade. Afirma ele que a "privacidade é componente essencial da formação da pessoa. A sutil definição do que é exposto ou não sobre alguém, do que se quer tornar público ou o que se quer esconder, ou a quem se deseja revelar algo, mais do que meramente uma preferência ou capricho, define propriamente o que é um indivíduo — quais suas fronteiras com os demais, qual seu grau de interação e comunicação com seus conhecidos, seus familiares e todos os demais" (DONEDA, 2002).

Informações ou dados pessoais demandam a mesma proteção jurídica que os demais direitos da personalidade e outros direitos fundamentais.

Tal qual a Constituição, a LGPD, ao especificar os fundamentos da proteção de dados pessoais, trata a privacidade e outros direitos de forma autônoma, deixando evidente que os dados ou informações pessoais não se confundem com a privacidade embora "sejam temas sempre mais relacionados e, em muitas ocasiões, quase indistinguíveis entre si" (DONEDA, 2011).

A professora Carissa Véliz afirma que a privacidade tem a ver com o "respeito à capacidade de manter certas coisas íntimas para si mesmo — seus pensamentos, suas experiências, suas conversas, seus planos. O ser humano precisa de privacidade para se desprender do fardo de estar com outras pessoas. Precisamos de privacidade para explorar livremente novas ideias, para tomarmos nossas próprias decisões. A privacidade nos protege de pressões indesejadas e abusos de poder. Precisamos dela para sermos indivíduos autônomos, e, para que as democracias funcionem bem, precisamos de cidadãos autônomos" (VELEZ, 2021).

---

(3) Voto do Ministro Gilmar Mendes na Medida Cautelar na Ação Direta de Inscontitucionalidade n. 6.389 – Distrito Federal, de relatoria da Ministra Rosa Weber, Julgado em maio de 2020.

A inquietação com a violação à privacidade, intensificada a partir do desenvolvimento das tecnologias de informação e de comunicação vem sendo manifestada por estudiosos do tema nas áreas de filosofia, sociologia, direito, psicologia social, inclusive na área da ciência da computação, a exemplo das "denúncias" apresentadas nas obras de O'Neil (2020), Véliz (2021), Zuboff (2021), dentre outros tantos.

À construção doutrinária e jurisprudencial a respeito da invasão da privacidade informacional a partir da coleta e manipulação dos dados pessoais somou-se o corpo normativo que ora se compõe por normas contidas no CPC, CPP, Marco Civil da Internet (Lei n. 12.965/2014), MP n. 2.200-2/2001(Institui a Infraestrutura de Chaves Públicas Brasileira — ICP-Brasil), Código Civil, Código de Defesa do Consumidor, Lei do Cadastro Positivo, Lei de Acesso à Informação, Decreto n. 8.771/2016 e a LGPD (Lei n. 13.709/2018).

Vale ressaltar que a proteção de dados e a autodeterminação informativa já foram reconhecidos pelo STF, no julgamento da ADI n. 6.389 anteriormente referido, como direitos fundamentais autônomos, conferindo-lhes especial proteção tanto como um mecanismo para reforçar a proteção individual, como para garantir uma limitação na intervenção do Estado.

Com a promulgação da EC n. 115/2022, em 10.02.2022, que acresceu o inciso LXXIX ao art. 5º da CF, a proteção aos dados pessoais, em quaisquer meios, inclusive digitais, foi alçado à categoria de direito fundamental, sendo da União a competência para legislar sobre a matéria, por força do inciso XXX acrescido ao art. 22 da CF, pela mencionada EC.

Assim, mesmo se apresentando como um direito fundamental autônomo, está visceralmente imbricado no conceito de privacidade, tais como os demais direitos arrolados no inciso X da CF.

3. Privacidade e prova digital

Resta agora analisar se a proteção de dados pessoais e os demais direitos que compõem a esfera privada da pessoa, é absoluta ou se podem ser utilizados em processos judiciais, mais especificamente na esfera trabalhista.

A prova digital, nas palavras de Thamay e Tamer (2020), "é o meio para demonstração de fato ocorrido por meios digitais ou que, embora tenha ocorrência fora deles, esses possam servir para demonstração do próprio fato."

Apesar de o texto do inciso XII, art. 5º da Constituição afirmar a inviolabilidade do sigilo da correspondência e das comunicações telegráficas, de dados e das comunicações telefônicas, deixou expressa a possibilidade da quebra desse sigilo das comunicações telefônicas nas hipóteses e na forma que a lei estabelecer para fins de investigação criminal ou instrução processual penal, condicionada à ordem judicial.

Esse direito fundamental, como os demais, não é absoluto porque devem sempre ser ponderados frente a outros bens jurídicos que guardam a mesma envergadura constitucional.

Em voto proferido em RE contra acórdão da Primeira Câmara Criminal do Tribunal de Justiça do Estado do Paraná, no julgamento da Apelação Criminal 1.663.358-4 (número único 0012600-71.2015.8.16.0013), o Ministro Alexandre de Moraes afirma "que nenhuma liberdade individual é absoluta, sendo possível, dentro de certos parâmetros, a interceptação das correspondências e das comunicações, sempre que as liberdades públicas estiverem sendo utilizadas como instrumento de salvaguarda de práticas ilícitas, podendo a lei ou a decisão judicial, excepcionalmente, estabelecer hipóteses de quebra das inviolabilidades previstas no art. 5º, XII, da Constituição Federal".

No julgamento da ADI n. 6.839, o Ministro Gilmar Mendes afirma que o direito fundamental à proteção de dados pessoais nos termos ali assinalados "não assume natureza absoluta, mas, como qualquer outro direito fundamental, admite flexibilizações, traduzidas na possibilidade concreta de uso e tratamento desses dados para a realização de finalidades de interesse público legitimamente protegidas pelo ordenamento jurídico".

Diferentemente da esfera penal, onde está em jogo a liberdade humana, na esfera trabalhista o interesse é patrimonial, na fase de execução, e probatório de fatos constitutivos, impeditivos ou extintivo, na fase de conhecimento.

Na fase de execução, a utilização de ferramentas eletrônicas de pesquisa patrimonial dos devedores vem ocorrendo desde o ano 2001, quando foi criado o Bacen Jud — sistema de comunicação eletrônica entre o Poder Judiciário e instituições financeiras e demais entidades autorizadas pelo Banco Central. Esse sistema foi sucedido, em setembro/2020, pelo SISBAJUD — Sistema de Busca de Ativos do Poder Judiciário, operado pelo CNJ — Conselho Nacional de Justiça, com as mesmas funcionalidades do Bacen Jud.

Na esteira desse sistema vieram o RENAJUD, INFOJUD dentre outros sistemas de busca patrimonial, sem que tenha havido grandes discussões a respeito da violação ao direito de privacidade, talvez porque essas ferramentas sejam de uso exclusivo do Judiciário e com atribuição de sigilo aos documentos daí extraídos.

Os debates estão surgindo na fase de conhecimento, aquela que antecede a constituição do título executivo, provavelmente por causa da intensificação do uso de provas colhidas nas redes sociais e nas plataformas digitais, embora esse tipo de prova não seja novidade na esfera trabalhista conforme se vê em rápidas pesquisas na internet.

Estando a vida humana impactada e intermediada pelas tecnologias onde fatos podem ser registrados digitalmente e onde o processo tramita de forma eletrônica, não faz sentido a desconsideração desse meio de prova, desde que observados os princípios constitucionais do devido processo legal, da ampla defesa, do contraditório e da proporcionalidade.

No âmbito das empresas e dos espaços onde se desenvolvem as relações de trabalho, a utilização de aplicativos de vendas, de controle de viagens, de tempo de trabalho, de pagamento, também não é novidade. Do mesmo modo, câmera de monitoramento dentro das áreas de produção, catracas de acesso, registros de acesso de computadores, gravações ambientais, tem se tornado comum nas empresas. Todos esses registros digitais têm força probatória e podem ser inseridas nos autos, seja em forma de documentos, seja por meio de link para acesso às gravações audiovisuais.

Mas a prova digital não se circunscreve apenas a esse aspecto, visto que muitos fatos podem ser comprovados por meio de postagens em redes sociais de livre acesso ou por meio da geolocalização.

A tônica da discussão a respeito da admissibilidade da prova digital no processo do trabalho cinge-se à violação ao direito fundamental da privacidade embora reste assente na doutrina e na jurisprudência que nenhum direito fundamental tem valor absoluto.

Decisões em sentido diametralmente opostos, abordando os aspectos da privacidade, foram proferidas no MSCiv 0000658-34.2021.5.12.0000 que deferiu liminar para cassar a decisão que autorizou a prova digital, nos autos da ATOrd 0000415-82.2021.5.12.0035 e no MSCiv 0080297-42.2021.5.07.000 que indeferiu a liminar e manteve a produção/colheita da prova digital.

É lição elementar do direito que a prova constitui um dos aspectos do princípio constitucional da ampla defesa (inc. LV, art. 5º, CF) e há referências a esse tipo de prova no MCI, cujo art. 22 autoriza o Juiz a requisitar os registros de conexão ou de registros de acesso a aplicações de internet, estabelecendo em seu parágrafo único, os requisitos judiciais de acesso aos registros.

Além disso, as provas documentais armazenadas nos provedores de conexão e de aplicação que armazenam comunicações privadas, podem ser inseridas nos autos mediante ordem judicial (§ 2º, art. 10, MCI).

O CPC de 2015 faz referência à prática de atos processuais por meio eletrônico nos arts. 193 a 199 e teve o cuidado, ao disciplinar os atos processuais em geral, de relacionar as hipóteses em que tais atos devam correr em segredo de justiça e dentre essas hipóteses está a que se refere aos dados protegidos pelo direito constitucional à intimidade (art. 188, III).

A LGPD também legitima o uso dessa prova ao estabelecer que o tratamento de dados pessoais sensíveis independe do consentimento do titular quando seja indispensável para o exercício regular de direitos, inclusive em contrato e em processo judicial, administrativo e arbitral (*"d"*, II, art. 7º).

A prova digital tanto pode ser colhida em fontes abertas quanto em fontes fechadas, sendo que essas últimas demandam autorização judicial. Desnecessário se tecer aqui consideração a respeito da categorização dessa prova, seus princípios e requisitos, porque não é esse o objeto desse estudo.

Assim, a alegação de que a prova digital viola o direito à privacidade e à intimidade não se sustenta diante da autorização legal para a sua utilização em processos judiciais, o qual dispõe de recursos para tornar sigilosa a prova ou então tramitar em segredo de justiça como assim autoriza o inciso III, art. 189, CPC e também pela possibilidade técnica de circunscrever à prova aos horários e períodos contratuais discutidos nos autos.

Não se pode desconsiderar ainda que muitos usuários expõem livremente sua intimidade nas redes sociais, fazendo delas um espelho do que ocorre na sua vida privada. Se tais registros ficam acessíveis a qualquer pessoa, por certo que pode aportar ao processo como meio de prova naquilo que interessa ao litígio e desde que observados os princípios constitucionais anteriormente referidos.

A prova digital poderá vir aos autos como complementação às demais modalidades de prova ou, a depender do caso, poderá aportar ao processo como prova autônoma, quando as partes não tiverem outras provas a apresentar ou para dirimir situações em que a prova esteja dividida.

Considerações finais

À medida que as tecnologias iam surgindo e afetando o *modus vivendi* social, o conceito de privacidade também evoluiu e a sua categorização como direito foi cristalizado na Declaração Universal dos Direitos Humanos.

No seu conceito podem ser incluídos outros aspectos que, embora tenham autonomia enquanto categoria jurídica, a exemplo dos direitos especificados nos incisos X, XI, XII e LXXIX, art. 5º, CF, no art. 2º, LGPD, e nos incisos I, II e III, art. 3º, MCI, compõem o aspecto da privacidade atualmente.

O STF, no histórico e paradigmático julgamento da ADI n. 6.389, em maio de 2020, declarou como direitos fundamentais autônomos a proteção de dados e a autodeterminação informativa, conferindo-lhes especial proteção tanto como um mecanismo para reforçar a proteção individual, como para garantir uma limitação na intervenção do Estado.

Com isso, a proteção de dados e a autodeterminação informativa agora são direitos que integram o rol dos direitos da personalidade, compondo aspectos da privacidade.

A proteção dos dados pessoais, inclusive nos meios digitais, agora tem assento constitucional, com a inserção do inciso LXXIX ao art. 5º da CF, pela EC n. 115/2022, promulgada em 10.02.2022.

Contudo, é lição corrente na doutrina e na jurisprudência, que os direitos fundamentais não são absolutos quando confrontados com outras garantias constitucionais de igual envergadura.

O uso intensivo das tecnologias de informação e de comunicação, que impactaram profundamente a sociedade atual, fez com surgissem marcos normativos como o MCI, a LGPD, a LAI, dentre outros.

A utilização de dados como prova sempre foi pacífica no âmbito penal, mas condicionada a uma ordem judicial, porque se refere a quebra de sigilo da comunicação.

Com a evolução das tecnologias da informação e da comunicação, vieram as redes sociais e os aplicativos, além de outras ferramentas que capturam os dados dos usuários, seja quando se navega pela internet, pesquisando, comprando, fazendo transações bancárias, agendando compromissos, seja quando se posta nas redes tudo o que a pessoa faz em sua vida privada e até mesmo na sua intimidade.

Assim, as informações lançadas nas redes abertas, de acesso livre a qualquer pessoa, podem aportar aos autos, como prova em processos judiciais.

Em se tratando de fontes fechadas, há necessidade de autorização judicial, sempre respeitando os princípios constitucionais do devido processo legal, da ampla defesa, do contraditório e da proporcionalidade.

No princípio constitucional da ampla defesa (inc. LV, art. 5º, CF) se insere o direito à prova.

O CPC de 2015 faz referência à prática de atos processuais por meio eletrônico nos arts. 193 a 199 e teve o cuidado, ao disciplinar os atos processuais em geral, de relacionar as hipóteses em que tais atos devam correr em segredo de justiça e dentre essas hipóteses está a que se refere aos dados protegidos pelo direito constitucional à intimidade (art. 188, III).

O MCI faz referência à prova digital (art. 22), quando autoriza o Juiz a requisitar os registros de conexão ou de registros de acesso a aplicações de internet, estabelecendo em seu parágrafo único, os requisitos judiciais de acesso aos registros. Também as provas documentais armazenadas nos provedores de conexão e de aplicação que armazenam comunicações privadas, podem ser inseridas nos autos mediante ordem judicial (§ 2º, art. 10, MCI).

A LGPD autoriza o tratamento de dados pessoais sensíveis independentemente do consentimento do titular quando seja indispensável para o exercício regular de direitos, inclusive em contrato e em processo judicial, administrativo e arbitral (*"d"*, II, art. 7º).

Portanto, a alegação de que a prova digital viola o direito à privacidade e à intimidade não se sustenta diante da autorização legal para a sua utilização em processos judiciais, o qual dispõe de recursos para tornar sigilosa a prova ou então tramitar em segredo de justiça como assim autoriza o inciso III, art. 189, CPC.

Referências

BRASIL. Constituição. *Constituição da República Federativa do Brasil.* Brasília: Senado Federal: Centro Gráfico, 1988.

______. *PROPOSTA DE EMENDA À CONSTITUIÇÃO N. 17, DE 2019 (FASE 2).* SENADO FEDERAL, 2019. Disponível em: https://www25.senado.leg.br/web/atividade/materias/-/materia/149723. Acesso em: 28 nov. 2021.

CASTELLS, Manuel. *A sociedade em rede.* Trad. por Roneide Venancio Majer. vol. I. São Paulo: Paz & Terra, 2011.

CIRIACO, Douglas. Qual a diferença entre internet e Word Wide Web? *Canal Tech*, 2016. Disponível em: <https://canaltech.com.br/entretenimento/qual-a-diferenca-entre-internet-e-world-wide-web/>. Acesso em: 30 out. 2021.

DONEDA, D. A proteção dos dados pessoais como um direito fundamental. *Espaço Jurídico Journal of Law [EJJL]*. 12(2), 91–10. 2011. Disponível em: >https://portalperiodicos.unoesc.edu.br/espacojuridico/article/view/1315>. Acesso em: 05 nov. 2021.

______. *A tutela da privacidade no Código Civil de 2002*. Disponível em: <https://www.opet.com.br/faculdade/revistaanima/pdf/anima1/artigo_Danilo_Doneda_a_tutela.pdf>. Acesso em: 06 nov. 2021.

DAMASCENO, Victoria. Criminosos vendem por R$ 200 acesso a dados completos de milhões de brasileiros. *Folha de S. Paulo*, 2021. Disponível em: <https://www1.folha.uol.com.br/cotidiano/2021/12/criminosos-vendem-por-r-200-acesso-a-dados-completos-de-milhoes-de-brasileiros.shtml>. Acesso em: 11 dez. 2021.

FERRAZ JÚNIOR, T. S. Sigilo de dados: o direito à privacidade e os limites à função fiscalizadora do Estado. *Revista da Faculdade de Direito*, Universidade de São Paulo, 88, 439-459, 1993. Disponível em: <https://www.revistas.usp.br/rfdusp/article/view/67231>. Acesso em: 24 nov. 2021.

FERREIRA FILHO, Manoel Gonçalves. *Comentários à Constituição Brasileira de 1988*. São Paulo: Saraiva, 1993.

FERREIRA, Tamires. Quem é Tim Berners — Lee? Conheça o "pai da internet". *Olhar Digital*, 2021. Disponível em: <https://olhardigital.com.br/2021/08/24/internet-e-redes-sociais/quem-e-tim-berners-lee-conheca-o-pai-da-internet/>. Acesso em: 21 nov. 2021.

FUKS, Rebeca. Quem criou a internet? Conheça a história e os seus inventores. *Biografia*, 2021. Disponível em: <https://www.ebiografia.com/quem_criou_internet/>. Acesso em: 21 nov. 2021.

FLACH, Natália. Vazamento de site da BB Previdência expõe dados de 13 mil clientes. *Exame*, 2020. Disponível em: <https://exame.com/negocios/vazamento-de-site-da-bb-previdencia-expoe-dados-de-153-mil>. Acesso em: 20 nov. 2021.

PRESSE, France. Suicídio de mulher que teve vídeo sexual exposto na web choca a Itália. *G1*, 2016. Disponível em: <http://g1.globo.com/mundo/noticia/2016/09/suicidio-de-mulher-que-teve-video-sexual-exposto-na-web-choca-italia.html>. Acesso em: 20 nov. 2021.

HIRATA, A. *et al.* Direito à privacidade. *Enciclopédia Jurídica da PUC-SP*, 1. ed., São Paulo: Pontifícia Universidade Católica de São Paulo, 2017. Disponível em: <https://enciclopediajuridica.pucsp.br/verbete/71/edicao-1/direito-a-privacidade>. Acesso em: 24 nov. 2021.

HISTÓRIA DA INTERNET. *Portal São Francisco*, 2021. Disponível em: <https://www.portalsaofrancisco.com.br/historia-geral/historia-da-internet>. Acesso em: 29 out. 2021.

MACHADO, Joana de Moraes Souza. A expansão do conceito de privacidade e a evolução na tecnologia de informação com o surgimento dos bancos de dados. *Revista da AJURIS*, v. 41, n. 134, p. 337-363, jun. 2014.

MENDES, Gilmar. *et al. Curso de Direito Constitucional.* 2. ed. São Paulo: Saraiva, 2008.

MEGAVAZAMENTO DE DADOS DE 223 MILHÕES DE BRASILEIROS: O QUE SE SABE E O QUE FALTA SABER. *G1*, 2021. Disponível em: <https://g1.globo.com/economia/tecnologia/noticia/2021/01/28/vazamento-de-dados-de-223-milhoes-de-brasileiros-o-que-se-sabe-e-o-que-falta-saber.ghtml>. Acesso em: 04 dez. 2021.

O'NEIL, Cathy. Algoritmos de Destruição em Massa. (Rafael Abraham, Trad.). Santo André – SP: Editora Rusa do Sabão, 2020.

ONODY, Roberto N. Já se pesquisa a criação da "rede de internet Quântica". *Portal IFSC,* 2020. Disponível em: <https://www2.ifsc.usp.br/portal-ifsc/ja-se-pesquisa-a--criacao-da-rede-de-internet-quantica/>. Acesso em: 31 out. 2021.

THAMAY, Renann; TAMER, Maurício. *Provas no Direito Digital* — Conceito da prova digital, procedimentos e provas digitais em espécie. São Paulo: RT, 2020.

VÉLIZ, Carissa. *Privacidade é Poder.* (Samuel Oliveira, trad.). São Paulo: Contracorrente, 2021.

VILLANUEVA, Jaime. "Não aguento mais": a história da mulher que se matou após a divulgação de seus vídeos sexuais. *El País*, 2019. Disponível em: <https://brasil.elpais.com/brasil/2019/06/01/internacional/1559383749_362348.html>. Acesso em: 20 nov. 2021.

WEISS, Marcos Cesar. Sociedade sensoriada: a sociedade da transformação digital. *Estudos Avançados*, 33 (95), 2019.

WEB 1.0, WEB 2.0 E WEB 3.0... ENFIM, O QUE É ISSO? *Ex2*, 2021. Disponível em: <https://ex2.com.br/blog/web-1-0-web-2-0-e-web-3-0-enfim-o-que-e-isso/>. Acesso em: 02 nov. 2021.

Direito à Privacidade e Limites Constitucionais — Uma Análise sobre os Limites ao Exercício do Contraditório e Ampla Defesa sob a Perspectiva da Produção Probatória e a Consecução da Tutela Justa

Fabiano Fernandes Luzes(1)
Marcos Dias de Castro(2)
Maurício Madeu(3)

Introdução

Na atualidade não é mais possível o Poder Judiciário desprezar o mundo digital e a grande importância deste para obtenção de provas, viabilizando o acesso aos dados disponíveis em fontes abertas e fechadas, sempre no intuito de atingir-se o objetivo maior de consecução da tutela jurisdicional justa. Na lição do Ministro Luiz Fux (FUX; 2019; p. 136):

> a prova é o meio através do qual as partes demonstram, em juízo, a existência dos fatos necessários à definição do direito em conflito. Provar, sob esse aspecto, significa formar a convicção do juiz sobre a existência ou inexistência dos fatos relevantes para causa.

---

(1) Mestre em Sociologia e Direito pela Universidade Federal Fluminense - UFF. Pós-Graduado em Gestão Financeira de Empresas pela UNESA. Graduado em Economia pela Universidade Federal Fluminense - UFF. Juiz do Trabalho Substituto do Tribunal Regional do Trabalho da 01ª Região.

(2) Mestrando em Direito do Trabalho e Previdenciário pela Universidade Estadual do Rio de Janeiro - UERJ. Juiz do Trabalho Titular da 18ª Vara do Trabalho do Rio de Janeiro/RJ.

(3) Especialista em Direito Processual com ênfase em Relações Jurídicas de Trabalho pela Universidade Federal Fluminense - UFF. Juiz do Trabalho Titular da 04ª Vara do Trabalho de São Gonçalo/RJ.

O direito à produção da prova é essencial para a justa composição da lide, porque tem como objetivo permitir o esclarecimento da verdade, permitindo ao(à) magistrado(a) a sua justa composição. Neste caminhar, não seria razoável intuir que o princípio da privacidade pudesse prevalecer sobre o direito à prova, que decorre diretamente do direito constitucional ao contraditório e a ampla defesa, e porque não dizer, do próprio devido processo legal. Lembremos que o art. 5º, LVI da CRFB/88 assegura o acesso aos meios lícitos de provas e o art. 369, CPC ratifica este direito. Na lição de Thamay e Tamer (Thamay e Tamer; 2020; p. 111):

> "há verdadeiro direito constitucional à prova, devendo a atividade probatória ser instrumentalizada de acordo com as configurações com o que o fato a ser provado se apresenta. A ideia, justamente, é a de que: se há um fato e há a possibilidade de interesse jurídico respectivo, deve o sistema jurídico estar apto a viabilizar sua prova em processo ou procedimento em que tal interesse seja discutido. Os principais fundamentos constitucionais dessa ideia estão circunscritos nos princípios da inafastabilidade da jurisdição e do contraditório."

Não basta dar acesso à justiça, devendo ser permitido o acesso à tutela jurisdicional justa, assegurando-se às partes o poder de influenciar o julgador com a utilização de todos os meios lícitos de provas disponíveis. Na lição de Arruda Alvim: "A prova é direito fundamental das partes, que emana do princípio do contraditório (art. 5º LV, da Constituição Federal) e do decorrente direito que estas possuem de influir no convencimento do juiz" (ALVIM; 2017; p. 830). Aliás, aqui está também o interesse do Estado em autorizar ou determinar a produção de provas que permitam ao(à) magistrado(a) aproximar-se da verdade dos fatos. Não só para preservar a lealdade processual e servir de exemplo para todos os cidadãos, como também para que a sociedade passe a ter mais confiança no Poder Judiciário.

Na sociedade atual, na qual a virtualização das relações sociais passa a ser o meio mais utilizado para interações em geral, se torna imprescindível o aperfeiçoamento na utilização da prova digital, por ser meio hábil para obtenção da verdade dos fatos controvertidos.

Com efeito, é essencial que todos os operadores do direito se atualizem e aprendam as nuances para a correta utilização das provas digitais. Não seria um exagero de nossa parte afirmar que estas serão as mais utilizadas num futuro próximo, substituindo ou complementando a prova oral, muito utilizada ainda hoje no processo do trabalho. Desta forma, a utilização da técnica para preservação da prova digital passa a ser essencial, a fim de evitar a ocorrência de fraudes e manipulações, de modo que se torna imprescindível a observância dos pressupostos de validade deste meio de prova, dos quais os três principais fatores são a autenticidade, a integralidade e a preservação da cadeia de custódia. A norma técnica ISO/IEC n. 27.037, de 2012, traz as principais diretrizes para os processos de identificação, coleta, aquisição e preservação de evidências digitais.

Temos assim que não estamos diante de uma lógica opcional. A prova digital veio para ocupar o seu espaço entre os meios de prova, com potencial para tornar-se o principal meio de solução para fatos controvertidos. Os operadores do direito que dominarem a técnica, terão à disposição um meio muito útil e apto para a obtenção da verdade dos fatos. Citamos, a título exemplificativo, que o acesso à prova digital viabiliza não só o rastreamento patrimonial de devedores, como permite a verificação de depoimentos que falseiam a verdade em juízo. Neste caso, acaba por aumentar a preocupação de todos que participam do processo com a lealdade processual, potencializando a própria credibilidade do Poder Judiciário.

Importante destacar que não queremos dizer que as partes não tenham o direito à privacidade, mas sim ponderar pela admissão de que ela possa ser mitigada sempre que se torne obstáculo à obtenção da verdade dos fatos. É certo que a quebra do sigilo sobre informações pessoais deve ser fundamentada e admitida pelo Poder Judiciário apenas e quando necessária para a obtenção da tutela jurisdicional justa. Por outro lado, não se pode também enaltecer em demasia a proteção ao princípio da privacidade, especialmente quando em conflito com interesse maior da sociedade quanto a de solução justa dos conflitos.

Amparados nesta breve síntese, pretendemos neste breve ensaio discutir o direito e os limites para utilização da prova digital, no intuito de buscarmos o aperfeiçoamento deste meio de obtenção de prova. Como já destacado, reforçamos nossa posição quanto ao seu enorme potencial de auxílio no restabelecimento de fatos ocorridos, o que possibilita a aproximação do Poder Judiciário da tutela jurisdicional justa, especialmente no momento em que a prova oral passa a ser vista com enorme desconfiança por todos.

1. Uma delimitação do conceito de prova digital

Antes de passarmos à discussão sobre os limites da utilização da prova digital em relações jurídicas processuais, cumpre-nos, contudo, situar o fenômeno do ponto de vista histórico/sociológico, para depois fincarmos as premissas jurídicas do instituto.

Não há qualquer sombra de dúvida de que o conceito de prova digital está atrelado ao surgimento do que vem sendo chamado de Quarta Revolução Industrial[(4)], processo em que verificamos a fluidez dos mundos físico, biológico e digital, que interagem e afetam-se mutuamente, que já não é possível traçar uma linha rígida entre eles. Em verdade, trata-se de processo que a humanidade vem experimentando desde a virada do século, evidenciada em fenômenos como inteligência artificial, internet das coisas, robótica, impressão em 3D, biotecnologia, nanotecnologia, armazenamento de energia, computação quântica. Uma transformação marcada por quatro aspectos relevantes: a) velocidade, pois estamos diante de mudanças bruscas, ágeis, com uma fluidez nunca experimentada na história humana; b) amplitude, já que as mudanças se estendem por todos os setores do mercado e da sociedade, inclusive pelo Poder Judiciário; c) profundidade, pois abala os sistemas de todos os setores, abalando e transformando as formas de fazer comércio, de trabalhar, e porque não dizer, de fazer justiça e políticas públicas; d) fusão de tecnologias e integração e interação dos domínios físicos, digitais e biológicos, que intercalam todos os níveis sociais. As mudanças são tão profundas, que, referindo-se às empresas e indústrias, afirma Schwab (SCHWAB; 2016; p. 21):

> "A questão para todas as indústrias e empresas, sem exceção, não é mais 'haverá ruptura em minha empresa?', mas 'quando ocorrerá a ruptura, quando irá demorar e como ela afetará a mim e a minha organização?"

O próprio Judiciário vem experimentando esta transformação em sua história. A primeira legislação a admitir inovações tecnológicas no país, com impacto processual, foi a Lei n. 9.800/99, que permitiu a apresentação de documentos e de recursos via *"fac-simile"*. Este primeiro passo, todavia, não representou a adoção de prova digital, já que a parte era obrigada a apresentar o documento físico, em momento subsequente[(5)]. O Código Civil também tratou da utilização de meios eletrônicos para reprodução de fatos e coisas como meios de prova, mormente nos arts. 212 e 225[(6)]. Alguns anos depois, a Lei n. 11.419/06 tratou da informatização do processo judiciário, sendo promulgada a Resolução n. 185 de 2016 do

(4) Expressão utilizada na célebre obra de Klaus Schwab, que se popularizou academicamente.

(5) Percebemos que mesmo não sendo uma prova essencialmente digital, já verificamos uma inicial desmaterialização das provas, pois a transmissão de dados passa a ser uma realidade processual.

(6) Prevê o referido artigo citado: "As reproduções fotográficas, cinematográficas, os registros fonográficos e, em geral, quaisquer outras reproduções mecânicas ou eletrônicas de fatos ou de coisas fazem prova plena destes, se a parte, contra quem forem exibidos, não lhes impugnar a exatidão".

Conselho Nacional de Justiça, instituindo o Sistema de Processo Judicial Eletrônico — PJE, que no artigo terceiro traçou o marco distintivo entre processo eletrônico e documento eletrônico. A prova eletrônica também foi disciplinada no Código de Processo Civil — CPC de 2015. Ainda que de forma tênue, e porque não dizer embrionária, temos a disciplina trazida pelos arts. 422, § 1º e 439, 440 e 441, por exemplo[(7)].

A realidade da prova digital, entretanto, vem se impondo de forma clara, e vários Tribunais já se adiantam no seu tratamento. A Resolução n. 345/20 do Conselho Nacional de Justiça, instituindo o Juízo 100% Digital, descortina um novo ambiente de atuação do Poder Judiciário. Verificamos que tal regulamentação apresenta uma nova realidade, pois impõe um "desencastelar" em Palácios de Justiça para se solidificar como um serviço, como bem lembra o Professor Richard Susskind em sua obra "*Online Court and the Future of Justice*".

A prova digital adquire efetivo relevo, em especial por conta do estágio de nossa sociedade, cada vez mais informatizada, virtual, onde as relações sociais se desenvolvem cada vez mais "em redes". E neste caminhar, é importante trazermos a sua conceituação, onde apresentamos a abordagem de Thamay e Tamer (THAMAY e TAMER; 2020; p.33), que destacam ser:

> "o instrumento jurídico vocacionado a demonstrar a ocorrência ou não de determinado fato e suas circunstâncias, tendo ele ocorrido total ou parcialmente em meios digitais ou, se fora deles, esses sirvam como instrumento para sua demonstração. A prova digital é o meio de demonstrar a ocorrência de um fato ocorrido em meio digital, o que tem no meio digital um instrumento de demonstração de determinado fato de seu conteúdo."

Mas afinal, estamos diante de uma prova de natureza típica, ou seria algo atípico, sem previsão e disciplina em nosso ordenamengto? Há quem defenda que a prova digital deve ser considerada uma prova atípica, que se submete ao filtro da licitude e das garantias constitucionais ou infraconstitucionais, já que não haveria na legislação nacional previsão explícita para sua adoção. Em sentido oposto, posição esta que conta com nossa aderência, parte da doutrina entende que a prova digital tem previsão expressa, embora incipiente, no Código de Processo

---

(7) Cumpre ressaltar que o art. 439, CPC demonstra de forma cristalina a existência da primazia ao suporte físico em papel, pois determina a conversão dos documentos eletrônicos à forma impressa bem como exige a verificação de sua autenticidade.

Civil[8], guardando grande similaridade com a prova tradicional. Este racional se demonstra pelo fato de seu objetivo primordial ser demonstrar, persuadir e convencer o(a) magistrado(a) das alegações relacionadas a determinado fato, sendo esta a premissa teleológica de toda e qualquer prova, seja esta de natureza física ou digital. Em nosso sentir, o que as diferencia é apenas seu suporte de constituição, pois a prova física se materializa em papel ou objetos corpóreos, ao passo que a prova digital se consubstancia por meio de "bits" ou unidades de informação.

A prova digital deve ser ainda analisada como sendo toda e qualquer informação sobre determinado fato, que se encontre armazenada ou que seja transmitida por meio eletrônico, sendo dotada de valor probatório e se submetendo às mesmas disposições relativas às provas em geral, ante à incipiência de um marco legal específico. Trata-se de informação que pode ser extraída de dispositivos eletrônicos, rede de comunicações, redes sociais, dentre outros, ou seja, em geral originária do meio digital.

Cumpre ainda observar, como bem demonstram Thamay e Tamer (THAMAY e TAMER; 2020; p. 32), que a prova digital deve ser compreendida de duas maneiras ou aspectos distintos. Uma primeira, através da demonstração por meios digitais de um fato ocorrido nos próprios meios digitais, como o envio de *e-mails*, mensagens em redes sociais como *telegram, whatsapp e instagram. Um segundo caso,* via demonstração de um fato não ocorrido em meios digitais (vale dizer, ocorrido no meio físico), mas que é evidenciada por instrumentos digitais. Quanto a este último aspecto, podemos exemplificar o monitoramento através de geolocalização, que viabiliza evidenciar, no caso trabalhista, aspectos como fatos sobre jornada de trabalho ou mesmo vínculo empregatício. Outro exemplo seria o uso de fotografias extraídas de redes sociais, que auxiliariam a aferir a situação econômica de uma parte, em especial quando se debate a gratuidade de justiça.

Um próximo passo a ser dado em nossa familiarização com as provas digitais é termos clara a distinção entre o que seria uma prova nato-digital ou simplesmente digital, com aquilo denominado prova digitalizada. Uma informação originariamente suportada em meio físico e que depois é migrada para armazenamento meio eletrônico, como a gravação de um depoimento testemunhal, é um exemplo de prova digitalizada. Ambas são igualmente válidas no direito processual

(8) Além dos dispositivos mencionados, temos o art. 441, CPC que expressamente admite os documentos eletrônicos como meio de prova.

brasileiro, mas o termo prova digital reserva-se à informação gerada originalmente em meio eletrônico, ou seja, à prova essencialmente digital, ainda que para retratar fato ocorrido em meio físico. Vale lembrar que a Resolução n. 184/13 do Conselho Nacional de Justiça, em seu art. 3º, inciso V, expressamente nominou como documentos digitais aqueles originalmente produzidos em meio digital.

Quanto à natureza jurídica, entendemos que a prova digital, em seu duplo aspecto, tem a clara natureza de prova documental. Não é à toa que o Código de Processo Civil, ainda que timidamente, como já tivemos a oportunidade de frisar, inseriu dispositivos sobre documentos eletrônicos dentro da seção destinada à prova documental em geral. Em verdade, o documento é toda coisa que, por força de atividade humana, seja capaz de representar um fato ou, simplesmente, o registro de um fato. Parece-nos que a prova digital tem esta característica, não representando uma espécie de prova autônoma, atípica, mas sendo espécie de prova documental. Se diferencia apenas, e tão somente, pelo suporte que a revela para cognição e que se destina à representação ou registro de fatos ocorridos em meio digital ou físico.

Deste modo, podem ser considerados meios para a produção da prova digital: a) a busca e apreensão de dispositivos eletrônicos, sistemas informáticos ou quaisquer outros meios de armazenamento de informação eletrônica; b) a coleta remota, oculta ou não, de dados em repouso acessados à distância; c) a interceptação telemática de dados em transmissão; d) a coleta por acesso forçado de sistema informático ou de redes de dados; e) o tratamento de dados disponibilizados em fontes abertas, independentemente de autorização judicial. De se notar que a produção ou "mineração" de dados para a busca da verdade real pode englobar, dados em transmissão(9), dados em repouso(10) e ainda, de metadados(11). Todas estas circunstâncias nos levam, então, à discussão dos limites para a produção da prova digital. É o que passaremos a tratar na sequência.

2. Direito à privacidade e limites — Princípios atrelados ao direito à prova

Para analisar o contexto das provas digitais, nos parece ainda de grande relevância ponderarmos este instituto à luz de três perspectivas fundamentais, que são: o princípio da vedação da prova ilícita, o princípio da liberdade probatória e

(9) Assim considerados aqueles em tráfego por redes, segundo protocolos determinados.

(10) Aqueles armazenados em dispositivos eletrônicos ou sistemas informáticos

(11) Qualquer informação sobre outra informação armazenada em meio eletrônico que identifique ou revele a origem, datas e horários relevantes para evidência digital que se busca produzir.

o princípio da persuasão racional. O(A) magistrado(a) precisa autorizar, sempre de forma fundamentada, o acesso aos dados sensíveis das partes envolvidas no litígio, não se podendo admitir a quebra clandestina de dados sigilosos. De outro lado, não havendo vedação, é direito da parte utilizar-se de qualquer meio de prova para influenciar no convencimento do(a) magistrado(a).

A jurisprudência trabalhista é rica em casos em que se discute a validade de provas obtidas por empregados ou empregadores. Neste sentido, vem sendo considerada ilícita a prova, por exemplo, quando o trabalhador acessa indevidamente comunicação eletrônica de membros da direção empresarial sem autorização judicial(12). Por outro lado, tem se admitido a licitude da prova quando decorrente de gravação ambiental feita pela empresa com o conhecimento dos trabalhadores(13), ou mediante o acesso a e-mail corporativo se o empregado tinha ciência dos limites impostos na utilização deste instrumento de trabalho(14). Nesta perspectiva trazida, e como lecionam Thamay e Tamer (THAMAY e TAMER; 2020; p. 26):

> "A única barreira igualmente constitucional à faculdade probatória em todas essas possibilidades é a vedação à prova ilícita (art. 5º, LVI, CF). Aliás, do ponto de vista racional, é vedação que posta no próprio Texto Constitucional, mas também confirma a própria natureza constitucional do direito à prova."

A evolução tecnológica permitiu maior conectividade entre as pessoas, especialmente por meio de aplicativos de comunicação, que trouxeram o benefício de ligar pessoas de lugares distantes. Tudo passa pelo virtual, a busca do aperfeiçoamento, a atualização educacional, os relacionamentos de amizades, culturais e religiosos. Enfim, a maioria das interações humanas estão disponíveis na internet, ampliando o campo de acesso às informações de forma vertiginosa. De outro lado, há uma maior exposição de pessoas, empresas, produtos e informações, o

---

(12) *"O acesso ao conteúdo de e-mails da diretoria da empresa, obtido de forma anônima, sem prévia autorização judicial, configura quebra do sigilo de correspondência, garantia assegurada pela Constituição Federal e pela legislação de regência. Trata-se, a toda evidência, de prova contaminada, ilegítima e ilegal, impossível de ser usada para a formação do convencimento do julgador. Não se conhece dos documentos juntados, impondo-se o desentranhamento dos mesmos dos autos."* (TST, RR n. 0044900-19.2012.5.17.0012.2ª T. Relª. Minª. Delaíde Miranda Arantes, DEJT 13.08.2019)

(13) TST, RR n. 1536100-23.2003.5.11.0007, 4ª T. Rel. Min. Antônio José de Barros Levenhagen, DEJT 12.11.2004

(14) TST, Ag no AIRR n. 0000820-70.2012.5.07.004, 2ª T., relª. Ministra Delaíde Miranda Arantes, j. 21.08.2019

que implica na consequente quebra do paradigma clássico que tínhamos anteriormente em relação à privacidade. Este direito, na era digital, será proporcional ao tempo de acesso à rede mundial de computadores, o que mitiga acentuadamente a possibilidade de regular-se a exposição de informações disponíveis das pessoas.

Não há qualquer dúvida da importância do direito à privacidade, inclusive assegurado pela Lei n. 13.709/18, que disciplina a proteção de dados. Todavia, não se verifica através deste regramento a inviabilidade de utilização provas digitais, não impedindo, inclusive, a utilização de dados sensíveis. Para tanto, se faz mandamental a ocorrência de prévia autorização judicial, ou mesmo que a prova seja colhida de forma lícita. Lembremos que este contexto objetiva o alcance da tão almejada verdade real[(15)] dos fatos por parte do Poder Judiciário.

Cabe ressaltar, todavia, a necessidade de existência de todo cuidado, seja pelas partes, seja pelo Estado, quanto à preservação e segurança dos dados coletados e levados ao processo. Cabe destacar ainda a relevância da existência de efetiva sensibilidade por parte do(a) magistrado(a), visando a preservação das informações obtidas que envolvam dados sensíveis, evitando assim a exposição destes perante terceiros não interessados no objeto do processo em discussão, onde as provas sejam vinculadas. Logo, mesmo que a regra seja a da publicidade processual, inclusive quanto aos dados e documentos obtidos, nos parece recomendável que tais informações sejam preventivamente colocadas em sigilo, com restrição de acesso às partes, salvo haver autorização expressa da pessoa que seria a detentora dos dados.

É evidente que qualquer instrução processual expõe algumas informações pessoais das partes. Não é possível fazer uma instrução processual sobre fatos controvertidos sem a feitura de indagações sobre questões pessoais, a depender da matéria debatida, como rotinas pessoais quando debatemos jornada de trabalho, ou mesmo aspectos que circundam a pretensão de dano moral decorrente de eventual assédio sexual ocorrido. Sempre foi assim e não podemos exagerar e passar a achar que toda e qualquer informação pessoal possa caracterizar quebra do direito à intimidade. Além do mais, parece-nos que a publicidade dos atos processuais está, no mínimo, no mesmo patamar constitucional que o direito à

(15) Lembremos a dicotomia existente entre verdade real e verdade processual. Enquanto a primeira representa a realidade fática, ou seja, o que realmente aconteceu, a segunda vem a ser aquilo que fica demonstrado no processo. Neste sentido, vale a reflexão: haveria efetiva justiça em condenar alguém que não deve, ou isentar de obrigação um real devedor por conta da produção inadequada das provas?

intimidade dos cidadãos. Ainda, não seria incorreto afirmarmos que o alcance da verdade real materializa o subprincípio da efetividade, implicitamente vinculado ao princípio do devido processo legal. Portanto, tal questão nos leva a crer que estamos diariamente de frente com a possibilidade de colisão de conflitos. Entretanto, neste caso, estaríamos diante da possibilidade de preservar ambos. Isso porque, como já afirmado, viabilizar a plena possibilidade de produção de provas digitais, resguardando dados pessoais sensíveis aos participantes daquele processo, viabiliza que tenhamos a tutela dos dois princípios constitucionais.

Devemos ainda ponderar de forma clara sobre cada situação posta, em especial para validar se efetivamente estamos diante de vulnerabilidade de dados sensíveis. Exemplificamos novamente, citando a hipótese de o(a) magistrado(a) determinar a quebra do sigilo bancário, o que culmina com a consequente exposição da vida financeira da parte e sua relação com terceiros. Não há dúvida que estes dados não podem ser expostos e o sigilo se impõe. Por outro lado, expor os locais públicos frequentados pelas partes, por exemplo, não se justifica, salvo melhor juízo, a quebra ao princípio da publicidade. Uma prática comum realizada por alguns magistrados fluminenses é a determinação de apresentação do relatório de uso do cartão "Riocard"(16). Através deste relatório, obtido pode determinação judicial, se torna possível a colheita de informações sobre a utilização do transporte público por parte dos empregados, objetivando a verificação de informações como horários e localidade, sempre na busca de esclarecimentos sobre fatos debatidos no processo. Lembremos ainda que este cartão decorre de obrigação legal, qual seja, a Lei n. 7.418/85, sendo efetivo instrumento de trabalho. Neste caminhar, não verificamos no referido caso a possibilidade de decretação de sigilo a tais informações, em razão do dever de publicidade processual. Como dito alhures, o melhor é a ponderação, qualquer exagero levará a quebra de um princípio ou outro.

Uma questão bastante interessante é se a parte tem o direito de resistir a realização da prova digital quando ocorrer uma exposição desnecessária de dados sensíveis. A resposta a esta questão é bastante complexa, e não haveria a oportunidade de esgotar tal temática no interior deste breve artigo. Não sonegando nossa opinião, entendemos que a resistência da parte detentora dos dados a serem

(16) Trata-se de um cartão eletrônico, onde são creditados valores periódicos, viabilizando que o possuidor deste instrumento possa utilizar todos o sistema de transporte público no Estado do Rio de Janeiro. Com o registro de cada utilização, fica evidenciada a linha utilizada para o deslocamento, e em especial o horário de cada registro. Para mais informações: <https://www.cartaoriocard.com.br/rcc/institucional>.

obtidos é possível juridicamente e tudo depende dos valores constitucionais em conflito. Recentemente a empresa Uber resistiu a realização de prova pericial no algoritmo utilizado em sua plataforma em razão da quebra do segredo industrial e a consequente violação à livre concorrência e à liberdade de iniciativa. O TST, quando instado a se manifestar sobre tal ponto, se posicionou favorável ao apontado pela empresa, sob o fundamento de que a perícia não seria necessária para verificação da relação de emprego, sendo medida desproporcional e de discutível relevância para a aferição dos requisitos da relação de emprego. Enfim, o TST entendeu que a recusa da empresa seria justificada. O que o julgado analisa é a real necessidade da prova que coloca em risco valores importantes da atividade empresarial(17). Tal referencial nos permite concluir que, desde que a prova seja relevante, pode o(a) magistrado(a) determinar sempre a quebra do sigilo dos dados pessoais e/ou industriais das partes. Para tanto, deverá sempre sopesar qual dos valores constitucionais em conflito deve prevalecer no caso concreto.

Não se pode desprezar que nos processos que não possuem temática penal, não seria possível, em nossa visão, sustentar a máxima de que a parte não é obrigada a produzir prova contra si. Isso porque a recusa em fornecer informações relevantes determinadas pelo(a) magistrado(a) tem consequências processuais graves tanto no processo civil como no processo do trabalho, o que deve sempre ser avaliado com muita cautela pelas partes. Ressalte-se que, nos termos do art. 396, CPC c/c art. 765, CLT, o(a) magistrado(a) tem o poder-dever de determinar que a parte apresente documento ou coisa necessária para o esclarecimento de controvérsia e a resistência injustificada gera, como regra, a presunção de veracidade do que se pretendia comprovar com a apresentação do documento ou coisa, nos termos do que preceitua o art. 400, CPC. Assim, temos que a resistência da parte se torna possível, mas a recusa pode gerar prejuízo evidente, desde que o(a) magistrado(a) a entenda injustificada(18). Em relação a terceiros, os motivos para a recusa são os mesmos, sendo que a única diferença é que o(a) magistrado(a) não poderá presumir verdadeiro o que se pretendia provar com a apresentação do

---

(17) TutCautAnt-1000825-67.2021.5.00.0000, relator Ministro Douglas Alencar Rodrigues, decisão proferida em 28.05.2021.

(18) Os motivos que podem ser alegados pela parte são aqueles previstos nos incisos do art. 404 do CPC, quais sejam: concernente a negócios da própria vida da família; sua apresentação puder violar dever de honra; sua publicidade redundar em desonra à parte ou ao terceiro, bem como a seus parentes consanguíneos ou afins até o terceiro grau, ou lhes representar perigo de ação penal; sua exibição acarretar a divulgação de fatos a cujo respeito, por estado ou profissão, devam guardar segredo; subsistirem outros motivos graves que, segundo o prudente arbítrio do(a) magistrado(a), justifiquem a recusa da exibição; houver disposição legal que justifique a recusa da exibição.

documento ou coisa, devendo para tanto tomar as medidas que o ordenamento jurídico propicia, como estabelecimento de multa, por exemplo.

Desta forma, infere-se que é possível conciliar-se o direito à privacidade e a ampliação de acesso às provas digitais, preservando-se o máximo possível o direito individual quanto à sua privacidade, sem desprezar o interesse coletivo à tutela jurisdicional justa. Como buscamos destacar, entendemos que este cenário passa pelo enfrentamento da possibilidade de amplo acesso aos meios lícitos de prova, neste inserido a produção de provas digitais, sob pena de fazer tornar vazio outro princípio constitucional importante, que é o da publicidade dos atos processuais, além de vulnerar o próprio devido processo legal.

Finalmente, endossamos neste momento nossa visão de que a resistência das partes à prova digital que exponha seus dados sensíveis é possível, mas arriscada, porque a parte deve comprovar uma das hipóteses que justificam a recusa, sob pena e risco do(a) magistrado(a) considerar verdadeiros os fatos que se pretendia provar com as informações sonegadas.

3. A tutela justa e o contraditório e ampla defesa — Aplicação no processo do trabalho

Como já observado, é direito das partes e dever do(a) magistrado(a) zelar pela tutela justa, respeitando sempre o contraditório e a ampla defesa, cujo princípio também acaba por autorizar o direito de as partes acessarem as provas digitais. A preservação dos dados pessoais colhidos também passa a ser uma preocupação importante a ser observada pelo Poder Judiciário.

Com efeito, as partes e o Poder Judiciário devem ter acesso às provas digitais, mas sempre com as cautelas devidas. A quebra do sigilo de dados pessoais, em qualquer hipótese, depende da efetiva necessidade e deve sempre ser devidamente fundamentada. Há que se ressaltar uma peculiaridade do direito do trabalho, cujos instrumentos fornecidos pelo empregador para o trabalho e os dados ali inseridos para o cumprimento das tarefas laborais não têm sido considerados pela jurisprudência como dados pessoais, o que aumenta a possibilidade de utilização de provas digitais no interior das demandas trabalhistas. Assim, em que pese o cuidado com a preservação da privacidade de todos os cidadãos, apenas no caso concreto se pode estabelecer a possibilidade ou não de mitigação ao sigilo de dados pessoais das partes e/ou terceiros.

No processo do trabalho, a fragilidade atual da prova oral é uma grande preocupação de todos os operadores do direito. Verificamos na rotina processual diversos casos que vulneram a prova oral. Podemos citar a sistemática ocorrência de depoimentos manipulados[(19)], informações falhas em razão da memória ou da própria má-fé, inclusão de valores pessoais das testemunhas a fatos observados, ou mesmo a impossibilidade de ocorrência de prova testemunhal por motivos diversos. Todos estes fatos, além de outros aqui não descritos, acabam por distorcer a realidade, comprometendo a introdução da realidade vivenciada no processo, o que possui como consequência natural a possibilidade de um julgamento amparados em premissas que não ocorreram, e ato contínuo, em uma possível decisão injusta, independentemente daquele que venha a ser prejudicado.

Vejam que situações como esta, mesmo que não decorram do atuar do poder judiciário, são materializadas por este através de uma decisão proferida. Quando a decisão representa algo que efetivamente não ocorreu, vulnera a imagem deste relevante poder da república, pois a parte lesada passa a possuir o sentimento de agressão, ou mesmo de descrença na palavra "justiça". E neste contexto, buscamos refletir: será que temos ferramentas aptas a auxiliar não apenas o Estado, mas em especial as partes, na busca da realidade fática ocorrida? Parece-nos que sim.

Diante deste quadro e da grande possibilidade de verificação de forma mais objetiva da verdade dos fatos e o aumento da utilização de meios eletrônicos para a realização do trabalho humano, a prova digital ganha relevo na fase de conhecimento como um meio de prova mais eficiente para chegar-se à verdade dos fatos. Não se pode deixar de registrar que no processo do trabalho, o art. 765, CLT confere amplos poderes para o(a) magistrado(a) buscar esclarecimentos sobre os fatos controvertidos, o que deve ser utilizado de forma regular sempre que se depararam com situações que desafiem a verossimilhança e/ou quando existirem controvérsias que possam ser dirimidas por meios idôneos de provas, inclusive as digitais. Nesse mesmo diapasão, e agora tratando da fase de execução, a utilização da prova digital permite o rastreamento patrimonial[(20)] e é essencial para fazer-se cumprir a decisão judicial. Enfim, trata-se de instrumento importante não só para verificação da real condição econômica do devedor, como para desvendar a ocultação patrimonial.

---

(19) São preocupações que motivaram o próprio legislador a endurecer as punições ao falso testemunho, com previsão específica de multa para a quebra do princípio da colaboração, como ocorreu recentemente, através da Lei n. 13.467/17, ao introduzir o disposto no art. 793-D da CLT.

(20) Ferramentas como o Sistema de Investigação de Movimentações Bancárias — SIMBA, viabilizam a obtenção de dados financeiros, mas também de hábitos de gastos, permitindo o entendimento sobre aspectos da vida pessoal daquele executado.

Vemos assim que há de se utilizar a tecnologia para melhorar a atividade jurisdicional. Em nossa visão, desprezá-la, ou mesmo a criação de obstáculos a sua utilização, só levará o próprio Poder Judiciário ao descrédito. Seja porque os maus devedores continuarão utilizando-se de todos os meios possíveis para ocultação do seu patrimônio, assim como a prevalência de fatos não verdadeiros, quando são várias as informações disponíveis para investigação destes, colocarão em xeque a tutela jurisdicional, viabilizando decisões efetivamente injustas. A tecnologia pode ser uma grande aliada no combate aos maus devedores e aos litigantes de má-fé, viabilizando que a credibilidade das decisões judiciais não decorra apenas de sua natureza coercitiva, mas sim pela justiça de seu conteúdo.

A justa solução dos conflitos em sociedade é um objetivo importante do Estado de Direito. O cumprimento do desiderato da justa composição da lide passa pelo funcionamento escorreito do Poder Judiciário, sendo que a utilização de provas digitais é um aliado essencial nesta direção, o que autoriza a mitigação do direito individual à privacidade em prol do interesse coletivo, qual seja, de conseguir-se uma tutela jurisdicional justa, sempre que aquele direito se materialize como um obstáculo para este fim. Em uma sociedade justa, a alteração da verdade dos fatos, a ocultação patrimonial, a utilização ilegal do processo para impedir a realização do direito e, enfim, todas as estratégias para prevalência da injustiça devem ser combatidas. Não é possível, em nossa humilde visão, renunciar-se à utilização das provas digitais em geral para o cumprimento desta promessa constitucional de atingirmos uma sociedade mais justa, especialmente no Brasil, com a sua enorme injustiça social.

Entendemos que as provas digitais podem moldar e melhorar a atuação de todos os operadores do direito para um processo do trabalho mais efetivo e cooperativo. O inaceitável costume de "preparar-se testemunhas" para depor, a falsificação de dados e documentos e, enfim, tudo que já se praticou com certa leniência no direito processual do trabalho ficarão com os seus dias contados, prevalecendo a atuação de profissionais comprometidos com a ética e a verdade[21]. De mais a mais, os operadores do direito que não aprenderem a utilizar provas digitais correm o risco de perderem espaço, pois o potencial deste meio de

(21) Cumpre registrar que não estamos aqui a afirmar que todos os profissionais atuam de maneira reprovável. Ao contrário, temos certeza de que a maioria dos atuantes na esfera trabalhista pautam sua conduta nos limites da lei e da moralidade. Inclusive, exatamente por este fato que entendemos que a prova digital possa ser elemento fundamental para que a atuação ética seja o norte em todo e qualquer processo trabalhista.

prova, seja quanto à facilidade em sua produção, seja pelo potencial de alcance da verdade, ensejará uma gradual subsidiariedade das provas orais, que passará a ser não mais a prova principal, mas sim elementos para esclarecimento de questões pontuais. Assim, o domínio da técnica para colheita e preservação de provas digitais acabará sendo essencial para o sucesso de qualquer profissional atento aos tempos atuais.

Não há dúvida que temos um conflito de gerações em relação ao mundo digital, o que gera uma resistência e um receio com o novo meio de provas. Uma geração criada e acostumada com a nova tecnologia e uma outra apegada a uma outra dinâmica, porque não dizer, uma geração "analógica". O pensar digital ou "*mindset*" não colocam em risco o devido processo legal. Na verdade, a resistência ao fazer diferente é que atrasa a evolução do direito processual, mas a mudança será inevitável. As provas digitais vieram para se consolidar e vão se impor num futuro próximo, gostemos ou não[22].

Substituir a prova oral pela prova digital, não é substituir o homem pela máquina. Na verdade, é o homem quem está no comando e decidindo com o auxílio da tecnologia para que possamos decidir melhor e com mais eficiência. A tecnologia não substitui o homem, mas o auxilia para realizar o seu trabalho com mais eficiência e rapidez, como sempre ocorreu. Saímos da caneta para a máquina de escrever, da máquina de escrever para o computador, do processo físico para o digital e, agora, da prova oral para a prova digital. Neste último caso, buscamos desenvolver, elas não são excludentes, mas complementares. Resistências sempre existirão em relação a qualquer novidade, mas o melhor a fazer é estudarmos, aperfeiçoarmos e entendermos a produção das provas digitais, sob pena de sermos atropelados pela nova realidade do mundo digital.

Conclusões

Através do presente ensaio, buscamos desenvolver a contraposição entre a realidade imposta pelas provas digitais, e sua contraposição, ou eventual conflito, com o direito constitucional à privacidade. É inquestionável que o direito à prova tem raiz constitucional e todos os meios devem ser disponibilizados para as partes possam buscar meios adequados ao exercício do contraditório e ampla defesa.

(22) Este cenário nos permite evidenciar a experiência de um dos autores deste artigo. Certo momento, um antigo professor de direito processual, quando este autor ainda cursava sua graduação, ao retratar o nosso "medo de lidar com o novo", ressaltou que a primeira sentença datilografada foi anulada, porque os desembargadores entenderam que não tinham como confirmar que ela teria sido elaborada pelo(a) próprio(a) magistrado(a). Qualquer semelhança com a nossa atual realidade, não é mera coincidência.

Neste sentido, ao entendermos que os relacionamentos sociais, ou mesmo parte de nossa vida ocorre em espaços que não são físicos, mas eminentemente virtualizados, fechar os olhos para a necessidade de repensar a dinâmica da produção probatória pode significar um descompasso com a realidade vivida. Sabemos que muitas vezes as novidades assustam, algumas inclusive devem ser obstadas, pois o fato de ser algo novo não significa que seja bom para o coletivo. Por outro lado, quando pensamos na questão das provas digitais, devemos sempre pensar que a lógica implícita ao processo não é apenas proferir uma decisão. O ponto a ser buscado, seja pelo Estado, seja pelas partes através daqueles que lhes representam judicialmente, é a busca da justiça das decisões. Pensar as provas digitais neste contexto, nos permitem concluir que possamos estar dando um passo importante para o alcance de decisões que representam, sem maiores questionamentos, a realidade fática vivenciada por aquelas partes.

Claro que este contexto não pode significar a vulnerabilidade plena da privacidade. Por outro lado, este direito não pode ser obstáculo para o alcance da verdade real, que como já destacado, materializa o devido processo legal pela lógica de sua efetividade. Logo, sempre que diante de casos que envolvam a fragilização da privacidade, além da obrigatória fundamentação, se faz necessário o uso da cautela para tratamento destas informações, como a viabilização de acesso apenas aos participantes do processo. Assim, teremos a possibilidade de viabilizar o pleno alcance da verdade real, relativizando pontualmente o direito à privacidade, e mantendo a publicidade dos atos processuais, salvo o documento restrito às partes.

Não temos dúvida de que as provas digitais serão um grande aliado do Poder Judiciário na busca da justiça, onde sua utilização obrigará a ocorrência de um novo atuar ético dos operadores do direito e uma maior preocupação com a veracidade de informações prestadas em juízo, o que contribuirá para prevalência da verdade dos fatos, possibilitando uma sentença mais próxima do ideal de justiça.

Referências bibliográficas

ALVIM, Arruda. *Manual de direito processual civil:* teoria geral do processo e processo de conhecimento. 17. ed. rev., atual e ampl. São Paulo: Revista dos Tribunais, 2017. p. 830.

BAPTISTA FILHO, Sílvio Neves. *Juízo 100% Digital:* Court as a service, not as a place. Disponível em: <https://www.migalhas.com.br/depeso/340346/juizo-100-digital-court-as-a-service-not-as-a-place>. Data de inserção: 15 fev. 2021. Acesso em: 29 nov. 2021.

BERBERI, Marco Antonio Lima; HANTHORNE, Bruna de Oliveira Cordeiro. Aspectos controvertidos no uso da prova digital no ordenamento jurídico brasileiro. *International Journal of Digital Law*, Belo Horizonte, ano 2, n. 2, p. 137-165, maio/ago. 2021.

BRASIL. Tribunal Superior do Trabalho. *RR n. 1536100-23.2003.5.11.0007*. Relator: Ministro Antônio José de Barros Levenhagen. Publicado em: 12 nov. 2004.

______. Tribunal Superior do Trabalho. *RR n. 0044900-19.2012.5.17.0012*. Relatora: Ministra Delaíde Miranda Arantes. Publicado em: 13 ago. 2019.

______. Tribunal Superior do Trabalho. *Ag no AIRR n. 0000820-70.2012.5.07.004*. Relatora: Ministra Delaíde Miranda Arantes. Publicado em: 21 ago. 2019.

______. Tribunal Superior do Trabalho. *TutCautAnt-1000825-67.2021.5.00.0000*. Relator: Ministro Douglas Alencar Rodrigues. Publicado em: 28 maio 2021.

FUX, Luiz. *Processo civil contemporâneo*. 1. ed. Rio de Janeiro: Forense, 2019. p. 136.

HAMAY, Renan; TAMER, Maurício. *Provas no direito digital*. 1. ed. São Paulo: Revistas dos Tribunais, 2020. p. 33 e 111.

LEMOS, Diego Fontenele; CAVALCANTE, Larissa Homsi; MOTA, Rafael Gonçalves. A prova digital no direito processual brasileiro. *Revista Acadêmica Escola Superior do Ministério Público do Ceará*, 2021, 13(1), 11–34. Disponível em: <https://doi.org/10.54275/raesmpce.v13i1.147>.

SCHWAB, Klaus. *A quarta revolução industrial*. Tradução Daniel Moreira Miranda. São Paulo: Edipro, 2016.

Provas Digitais, Lei Geral de Proteção de Dados e Princípio da Publicidade Processual

Erotilde Ribeiro dos Santos Minharro[1]

As relações digitais, que dispensam da fadiga de cultivar uma amizade, uma reciprocidade estável e até um consenso que amadurece com o tempo, têm aparência de sociabilidade, mas não constroem verdadeiramente um "nós"; na verdade, habitualmente dissimulam e ampliam o mesmo individualismo que se manifesta na xenofobia e no desprezo dos frágeis. A conexão digital não basta para lançar pontes, não é capaz de unir a humanidade.

Encíclica Fratelli Tutti – Papa Francisco

Introdução

As novas tecnologias permitem que, além daqueles documentos que comumente já eram juntados aos autos, possam ser carreadas outros tipos de provas, impregnadas de dados e metadados, como por exemplo, mensagens de áudio, vídeo e texto que foram trocadas em um ambiente restrito, fotografias com EXIFs que exibem detalhes da localização, endereços residenciais, endereços de IP, IMEIs etc., sendo que muitos destes dados podem ser catalogados como sensíveis, pois podem revelar a orientação sexual, a etnia, a crença religião, filiação

(1) Doutora e mestre em Direito do Trabalho e Seguridade Social pela USP. Professora de Direito Processual do Trabalho e de Compliance nas Relações Trabalhistas e Previdenciárias da Faculdade de Direito de São Bernardo do Campo. Juíza Titular da 2ª VT de São Caetano do Sul.

sindical, dentre outros. Ao lado desta nova realidade, desde agosto de 2020, passou a vigorar a LGPD (Lei n. 13.709/2018), que estabelece os cuidados que entes públicos e privados devem ter com relação a dados pessoais. Para contrastar com a Lei Geral de Proteção de Dados, há a regra constitucional relativa à publicidade processual.

Será que tudo o que é apurado pelo Poder Judiciário e colacionado aos autos tem mesmo de ir para a rede mundial de computadores?

O objetivo deste artigo é demonstrar a necessidade de ponderação de valores para equacionar o dilema que envolve o princípio da publicidade processual, o princípio da autodeterminação informativa e o direito de se obter a verdade substancial por meio das provas digitais. Será possível harmonizar todos estes institutos?

1. Da publicidade processual

Nos termos do art. 93, IX, da Constituição Federal

> todos os julgamentos dos órgãos do Poder Judiciário serão públicos, e fundamentadas todas as decisões, sob pena de nulidade, podendo a lei limitar a presença, em determinados atos, às próprias partes e a seus advogados, ou somente a estes, em casos nos quais a preservação do direito à intimidade do interessado no sigilo não prejudique o interesse público à informação; (...).

Como se vê, na esfera processual, a publicidade é a regra e o segredo é a exceção.

Entretanto, o princípio da publicidade processual não é absoluto, pois o próprio art. 5º, LX, da Constituição Federal de 1988, estabelece que a lei poderá restringir a publicidade dos atos processuais quando a defesa da intimidade ou o interesse social o exigirem, daí ser possível sopesar o princípio da publicidade processual com a necessidade de salvaguarda da privacidade e da intimidade dos cidadãos. Senão vejamos:

> Art. 5º Todos são iguais perante a lei, sem distinção de qualquer natureza, garantindo-se aos brasileiros e aos estrangeiros residentes no País a inviolabilidade do direito à vida, à liberdade, à igualdade, à segurança e à propriedade, nos termos seguintes:
>
> (...)
>
> LX – a lei só poderá restringir a publicidade dos atos processuais quando a defesa da intimidade ou o interesse social o exigirem;

Assim, mister se faz analisar cada caso concreto para saber se, naquela situação específica, estamos ou não diante de dados pessoais passíveis de proteção e avaliar acerca da necessidade ou não de levar referidos dados ao conhecimento do público em geral.

Entendo que diante do caso concreto o magistrado deve fazer-se três perguntas fundamentais: a) qual a utilidade para a sociedade de se fornecer estes dados de pessoa natural para o público? b) o não fornecimento deste dado pessoal prejudica a transparência que o Poder Judiciário deve imprimir em seus atos? e c) o fornecimento destes dados pessoais presta-se apenas à satisfação da curiosidade humana?

Tais perguntas são as primeiras balizas para que se perceba até que ponto a privacidade dos dados pessoais está sendo desnecessariamente devassada pela Justiça.

2. A autodeterminação informativa: evolução histórica

O princípio da autodeterminação informativa começou a ser delineado na Europa em 1948 com a Declaração Universal dos Direitos Humanos(2). Diz o art. 12:

> Ninguém será sujeito a interferências na sua vida privada, na sua família, no seu lar ou na sua correspondência, nem ataques à sua honra e reputação. Todos os seres humanos têm direito à proteção da lei contra tais interferências ou ataques.

A ideia de que a pessoa natural é a única titular de seus próprios dados e, por isso, pode escolher quais aqueles que deseja tornar públicos e quais prefere resguardar, ganhou impulso na década de 70, quando a computação passou a fazer parte do dia a dia dos cidadãos e a necessidade da proteção se intensificou.

Assim é que em 1970 foi publicado o Ato de Proteção de Dados para a Administração Pública do Estado de Hesse (*Hessisches Datenschutzgesetz*)(3), na Alemanha. Esta norma inspirou a Lei Nacional de Proteção de Dados Alemã (*Bundesdatenschutzgesetz — BDSG*) de 1977(4).

---

(2) DECLARAÇÃO UNIVERSAL DOS DIREITOS HUMANOS. Disponível em: <https://www.unicef.org/brazil/declaracao-universal-dos-direitos-humanos>. Acesso em: 20 abr. 2022.

(3) ATO DE PROTEÇÃO DE DADOS PARA A ADMINISTRAÇÃO PÚBLICA DO ESTADO DE HESSE (*HESSISCHES DATENSCHUTZGESETZ*). Disponível em: <http://dadospessoais.lavits.org/historico-pelo-mundo/>. Acesso em: 20 abr. 2022.

(4) LEI FEDERAL DE PROTEÇÃO DE DADOS — *BUNDESDATENSCHUTZGESETZ* OU *BDSG*. Disponível em: <https://dejure.org/BGBl/1977/BGBl._I_S._201>. Acesso em: 20 abr. 2022.

A chamada Lei de Hesse (HDSG) estabeleceu há mais de 50 anos as bases das normas de proteção de dados que existem até hoje.

O grande objetivo da referida norma era o de evitar abusos no armazenamento, transmissão, modificação e eliminação de dados.

A primeira versão da Lei de Hesse, publicada cinquenta anos atrás, já abordava temas relativos a sigilo, controle de acesso, direito dos titulares, armazenamento, transferência, modificação ou destruição ilegal de dados. Inclusive criava a figura do *Data Protection Officer* (DPO), porém não da forma como estabelecido hoje em dia. Na verdade, assemelhava-se ao que atualmente é tido como chefe da Autoridade de Proteção de Dados (TOMMASO, 2020).

Ainda, em 1970, a Resolução n. 428 da Assembleia Consultiva do Conselho da Europa(5), proibiu o Estado de acumular dados do indivíduo a ponto de deixá-lo vulnerável. Em outras palavras, o Estado só teria autorização para armazenar informações pessoais mínimas para fins de prestação de serviços públicos (ROMAN, 2021).

A Constituição Portuguesa, de 1976(6), foi a primeira a erigir o princípio da "autodeterminação informativa" a *status* de direito fundamental, muito embora não utilizasse essa expressão em seu texto trazia as bases das situações que hoje se enquadram na definição do princípio em análise. Na parte de direitos e deveres fundamentais, no título relativo a direitos, liberdades e garantias, o art. 35, regulava a utilização da informática fazendo-o da seguinte forma (redação da época):

> 1. Todos os cidadãos têm o direito de tomar conhecimento do que constar de registos mecanográficos a seu respeito e do fim a que se destinam as informações, podendo exigir a retificação dos dados e a sua atualização. 2. A informática não pode ser usada para tratamento de dados referentes a convicções políticas, fé religiosa ou vida privada, salvo quando se trate do processamento de dados não identificáveis para fins estatísticos. 3. É proibida a atribuição de um número nacional único aos cidadãos.(7)

---

(5) RESOLUÇÃO N. 428, DA ASSEMBELIA CONSULTIVA DO CONSELHO DA EUROPA. Disponível em: <http://assembly.coe.int/nw/xml/XRef/Xref-XML2HTML-en.asp?fileid=15842&lang=en>. Acesso em: 20 abr. 2022.

(6) CONSTITUIÇÃO DA REPÚBLICA PORTUGUESA, DE 1976. Disponível em: <https://www.parlamento.pt/Legislacao/Paginas/ConstituicaoRepublicaPortuguesa.aspx>. Acesso em: 20 abr. 2022.

(7) Atualmente o art. 35 da Constituição Portuguesa possui a seguinte redação:

"1. Todos os cidadãos têm o direito de acesso aos dados informatizados que lhes digam respeito, podendo exigir a sua retificação e atualização, e o direito de conhecer a finalidade a que se destinam, nos termos da lei. 2. A lei define o conceito de dados pessoais, bem como as condições aplicáveis ao seu tratamento automatizado, conexão, transmissão e utilização, e garante a sua proteção, designadamente através de entidade administrativa independente. 3. A informática não pode ser utilizada para

A expressão "direito à autodeterminação informativa" foi utilizada pelo Tribunal Federal Constitucional Alemão no âmbito de um processo relativo à constitucionalidade ou não da Lei do Censo, de 25 de março de 1982. No referido julgamento, decidiu-se que cada cidadão tem o direito fundamental de determinar quais dados pessoais pretende tornar públicos (ROMAN, 2021).

A Corte alicerçou sua decisão no art. 2º, § 1º, da Lei fundamental da Alemanha, que garante a todos os cidadãos o direito ao livre desenvolvimento de sua personalidade.

O ponto de partida do acórdão foi o processamento eletrônico de dados que, em virtude do moderno desenvolvimento tecnológico, possibilitou o armazenamento e a transmissão de informações pessoais de forma ilimitada e em proporções até então desconhecidas. Para o referido Tribunal, a automatização dos dados ameaçaria o poder do indivíduo de decidir por si mesmo se e como ele desejaria fornecer a terceiros os seus dados pessoais (FERREIRA MENDES, 2020).

> Tal utilização ampliaria a influência do Estado sobre o comportamento do indivíduo, que não mais seria capaz de tomar decisões livres em virtude "da pressão psíquica de participação pública". Uma sociedade, "na qual os cidadãos não mais são capazes de saber quem sabe o que sobre eles, quando e em que situação", seria contrária ao direito à autodeterminação informativa, algo prejudicial tanto para a personalidade quanto para o bem comum de uma sociedade democrática (BVerfGE 65,1 (42), Recenseamento).

Desde então a expressão "autodeterminação informativa" ganhou *status* de direito fundamental e passou a nortear os ordenamentos jurídicos que tratam de proteção de dados. Nas palavras do Tribunal Constitucional Alemão:

> A autodeterminação individual pressupõe, porém — mesmo sob as condições da moderna tecnologia de processamento de informação —, que ao indivíduo está garantida a

---

tratamento de dados referentes a convicções filosóficas ou políticas, filiação partidária ou sindical, fé religiosa, vida privada e origem étnica, salvo mediante consentimento expresso do titular, autorização prevista por lei com garantias de não discriminação ou para processamento de dados estatísticos não individualmente identificáveis. 4. É proibido o acesso a dados pessoais de terceiros, salvo em casos excecionais previstos na lei. 5. É proibida a atribuição de um número nacional único aos cidadãos. 6. A todos é garantido livre acesso às redes informáticas de uso público, definindo a lei o regime aplicável aos fluxos de dados transfronteiras e as formas adequadas de proteção de dados pessoais e de outros cuja salvaguarda se justifique por razões de interesse nacional.

7. Os dados pessoais constantes de ficheiros manuais gozam de proteção idêntica à prevista nos números anteriores, nos termos da lei."

> liberdade de decisão sobre ações a serem procedidas ou omitidas e, inclusive, a possibilidade de se comportar realmente conforme tal decisão. Quem não consegue determinar com suficiente segurança quais informações sobre sua pessoa são conhecidas em certas áreas de seu meio social, e quem não consegue avaliar mais ou menos o conhecimento de possíveis parceiros na comunicação, pode ser inibido substancialmente em sua liberdade de planejar ou decidir com autodeterminação. (...)
>
> Quem estiver contando que, por exemplo, a participação em uma assembleia ou em uma iniciativa popular pode ser registrada pelas autoridades, podendo lhe causar problemas (futuros), possivelmente desistirá de exercer seus respectivos direitos fundamentais (Art. 8, 9 GG). Isso não prejudicaria apenas as chances de desenvolvimento individual do cidadão, mas também o bem comum, porque a autodeterminação é uma condição funcional elementar para uma comunidade democrática e livre, fundada na capacidade de ação e participação de seus cidadãos. Daí resulta: O livre desenvolvimento da personalidade pressupõe, sob as modernas condições do processamento de dados, a proteção do indivíduo contra levantamento, armazenagem, uso e transmissão irrestritos de seus dados pessoais. Esta proteção, portanto, é abrangida pelo direito fundamental do Art. 2 I c. c. Art. 1 I GG. O direito fundamental garante o poder do cidadão de determinar em princípio ele mesmo sobre a exibição e o uso de seus dados pessoais.[8]

Transporto o pensamento da Corte Alemã de 1983 para a realidade do cidadão brasileiro de 2021. Será que o cidadão brasileiro exerce livremente o desenvolvimento de sua personalidade ao saber que, ao prestar depoimento como testemunha ou ao ajuizar uma ação na Justiça do Trabalho, pode ser alvo de listas sujas e ficar desempregado para sempre?

3. Informatização processual, publicidade processual e a proteção de dados da pessoa natural no Poder Judiciário brasileiro

A Lei n. 11.419/2006, que dispõe sobre a informatização do processo judicial, estabelece que os documentos digitalizados juntados em processos eletrônicos estarão disponíveis para acesso, por meio da rede externa, apenas para visibilidade das respectivas partes processuais, pelos advogados, independentemente de procuração nos autos, pelos membros do Ministério Público e pelos magistrados, sem prejuízo da possibilidade de visualização nas secretarias dos órgãos julgadores, à exceção daqueles que tramitarem em segredo de justiça, respeitadas suas regras, o que denota que — desde os primórdios da informatização processual — já havia a preocupação do poder público em expor os dados pessoais dos litigantes apenas na medida em que isso fosse absolutamente necessário.

---

(8) Disponível em: <http://www.mpf.mp.br/atuacao-tematica/sci/jurisprudencias-e-pareceres/jurisprudencias/docs-jurisprudencias/50_anos_dejurisprudencia_do_tribunal_constitucional_federal_alemao.pdf>. Acesso em: 23 set. 2021.

Convém registrar que foi a Lei n. 13.793/2019 que alterou a norma supra citada para expressamente permitir o acesso de qualquer advogado aos atos do processo eletrônico (mesmo que não represente nenhum dos sujeitos processuais), ressalvados aqueles protegidos pelo segredo de justiça, que só podem ser consultados por advogado com procuração nos autos. Antes da vigência desta norma, apenas os advogados com procuração nos autos podiam acessá-los livremente.

A Lei n. 12.527/2011 (Lei de Acesso à Informação), por seu turno, subordina o Poder Judiciário às suas regras (art. 1º) e fixa, no art. 25, que "é dever do Estado controlar o acesso e a divulgação de informações sigilosas produzidas por seus órgãos e entidades, assegurando a sua proteção". Logo, o Poder Judiciário, como um dos poderes do Estado, deve zelar para que não sejam vazadas ao público externo informações pessoais desnecessárias.

O Marco Civil da Internet (Lei n. 12.965/2014), por sua vez, arrola a proteção da privacidade e dos dados pessoais como dois de seus princípios basilares. Nesta senda, o art. 22 estabelece regras para que a parte interessada possa, com o propósito de formar conjunto probatório em processo judicial cível ou penal, em caráter incidental ou autônomo, requerer ao juiz que ordene ao responsável pela guarda o fornecimento de registros de conexão ou de registros de acesso a aplicações de internet. Como se vê, a possibilidade de expedição de ofício para as operadoras a fim de instruir o feito com provas digitais não é exclusividade do âmbito penal, podendo ser utilizada também no juízo cível (que inclui a seara trabalhista). Note-se que este normativo se respalda no inc. X, do art. 5º da CF — e não no inc. XII, do art. 5º da Carta Magna, que restringe o fornecimento de informações à esfera penal.

O diploma legal em apreço traça limites para a prerrogativa supra e determina, sob pena de inadmissibilidade, que o requerimento da parte seja cumulativamente fundado em indícios da ocorrência do ilícito, que haja justificativa motivada da utilidade dos registros solicitados para fins de investigação ou instrução probatória e que contenha o período ao qual se referem os registros.

Segundo o art. 23 da referida norma, fornecidos os dados, caberá ao juiz tomar as providências necessárias à garantia do sigilo das informações recebidas e à preservação da intimidade, da vida privada, da honra e da imagem do usuário, podendo determinar segredo de justiça, inclusive quanto aos pedidos de guarda de registro.

Diante dos termos explícitos da norma em cotejo, não vejo, pois, como o Poder Judiciário possa se furtar à responsabilidade de cuidar dos dados pessoais das pessoas naturais no que se refere às informações fornecidas pelas operadoras relativamente a dados e metadados colhidos na rede mundial de computadores e trazidos aos autos para formação do conjunto probatório. A meu ver, tais documentos devem se revestir do sigilo documental.

Cite-se, ainda, o § 1º, do art. 4º, da Resolução n. 121/2010 do CNJ também aborda este tema e estabelece que — em se tratando de processos trabalhistas — as consultas públicas dos sistemas de tramitação e acompanhamento processual dos Tribunais e Conselhos, disponíveis na rede mundial de computadores, devem permitir a localização e identificação dos dados básicos de processo judicial, observados os seguintes critérios: número atual ou anteriores, inclusive em outro juízo ou instâncias; nomes dos advogados; registro junto à Ordem dos Advogados do Brasil.

Notem que no processo do trabalho não se identifica o feito na rede mundial de computadores pelo nome das partes nem por seu CPF, com o intuito de evitar discriminações em razão do exercício regular do direito de ação, devendo — pois — a Justiça do Trabalho cuidar para que referida Resolução seja rigorosamente cumprida.

A Resolução n. 215/2015 do CNJ, que dispõe sobre a divulgação de dados processuais eletrônicos na internet, em seu art. 32, limita o acesso público a informações pessoais relativas à intimidade, à vida privada, à honra e à imagem detidas pelo Poder Judiciário e determina que tais dados serão de acesso restrito a agentes públicos legalmente autorizados e às pessoas a que se referirem, independentemente de classificação de sigilo, pelo prazo máximo de 100 (cem) anos a contar da data de sua produção. Em seguida estabelece, no art. 33, que o tratamento das informações pessoais deve ser realizado de forma transparente e com respeito à intimidade, à vida privada, à honra e à imagem das pessoas, bem como às liberdades e garantias individuais.

No contexto deste artigo vale trazer à colação a Resolução n. 332/2020 do CNJ que em seu art. 8º, esclarece que "transparência" para fins do mencionado diploma, consiste na divulgação responsável, considerando a sensibilidade própria dos dados judiciais. Pode-se, pois, ter este preceito como regra de atuação na seara de divulgação de dados pessoais: o Poder Judiciário não pode divulgar os dados pessoais de pessoas naturais de maneira displicente, tem que fazê-lo de forma responsável.

A Recomendação CNJ n. 73/2020 (adoção de medidas preparatórias e iniciais para a adequação às disposições contidas na Lei Geral de Proteção de Dados Pessoais) que, em suas considerações preambulares, deixou claro que o Poder Judiciário entende necessária não só a proteção dos dados pessoais de seus servidores, terceirizados, estagiários e magistrados, mas que também é necessária a necessidade de proteção da privacidade e dos dados pessoais de jurisdicionados e outros sujeitos identificados ou identificáveis nos atos processuais.

Pelas razões acima expostas constata-se que mesmo antes da Lei n. 13.709/2018, os órgãos do Poder Judiciário já demonstravam o cuidado com os dados que seriam expostos ao público em geral relativamente aos jurisdicionados e cidadãos envolvidos nos processos judiciais. Portanto, mesmo referida norma permitindo o tratamento de dados pelos juízes, desembargadores, servidores etc, este tratamento não pode expor mais do que o necessário à concretização da publicidade dos atos processuais, nem pode resultar em empecilho de o cidadão exercer o seu direito de personalidade. O advento da LGPD não pode importar em retrocesso na proteção de dados pessoais que já vinha sendo aplicada pela Justiça.

Nem se diga que o jurisdicionado ao buscar o Poder Judiciário abdicou de seu direito de proteção de dados, pois o direito da personalidade é irrenunciável.

Ademais, as testemunhas não são parte no processo judicial, o que afastaria o argumento de que deram seus dados em Juízo por vontade própria e por isso abrem mão do direito fundamental à privacidade.

Por fim, no dia 10 de fevereiro de 2022, foi promulgada a Emenda Constitucional n. 115/2022, o novel texto constitucional deixa indene de dúvidas que a proteção de dados da pessoa natural (autodeterminação informativa) é garantia fundamental. Senão vejamos:

> XII – é inviolável o sigilo da correspondência e das comunicações telegráficas, de dados e das comunicações telefônicas, salvo, no último caso, por ordem judicial, nas hipóteses e na forma que a lei estabelecer para fins de investigação criminal ou instrução processual penal, <u>bem como é assegurado, nos termos da lei, o direito à proteção dos dados pessoais, inclusive nos meios digitais</u>;

Entendo que nem ao menos seria necessária tal alteração para que as pessoas naturais que tivessem seus dados tratados em processos judiciais de forma protegida, mas referida mudança dissipará toda e qualquer argumentação no sentido de que a Justiça em sua atividade judicante não precisa se preocupar em proteger dados pessoais de pessoas naturais.

4. Há dados pessoais que devam ser protegidos no processo do trabalho?

Nos processos trabalhistas há inúmeros dados pessoais e dados pessoais sensíveis que — quanto expostos — tornam a pessoa física extremamente vulnerável a fraudadores, estelionatários, empresas que colocam o nome do reclamante em listas sujas, pessoas interessadas na compra de créditos por valores irrisórios etc.

Sem falar em dados médicos atrelados a laudos, conversas íntimas em aplicativos de mensagerias e outras situações que nem sempre convém expor na rede mundial de computadores.

À guisa de exemplo, há caso concreto de empresas que "garimpam" informações sobre precatórios a serem liberados e, de posse de dados fornecidos nos próprios portais do Poder Judiciário, com nome e CPF dos credores, conseguem localizá-los e convencê-los de que o dinheiro demorará muito a ser liberado (o que não é verdade, porque nesta altura já há previsão da data da liberação de valores) para, assim, levá-los a ceder o crédito por 20% ou 30% do valor original, causando-lhes prejuízos irreparáveis.

E o que dizer das testemunhas? Estas sequer têm a opção de não colaborar com a Justiça. Comparecer como testemunha é um dever e a recalcitrância do cidadão chamado a depor e que não comparece é punível no processo do trabalho com condução coercitiva e multa. Seus dados pessoais ficam estampados nas atas de audiências que vão à rede mundial de computadores (dados dispersos) e são captados por empresas de raspagem de dados para fins jurisprudenciais. Resultado: dificilmente conseguem novos empregos porque ficam catalogadas em listas sujas elaboradas por maus empregadores.

Por isso, é preciso buscar meios de proteger os dados pessoais das pessoas naturais mesmo no âmbito do Poder Judiciário.

Insisto que, dependendo do caso concreto, advogados e magistrados, sempre que necessário, devem fazer uso do mecanismo de sigilo de peças processuais.

Para relembrar: segredo de justiça é o sigilo integral dos autos para a proteção do interesse público, do interesse social ou da intimidade da pessoa e impõe a vedação da divulgação da existência do próprio processo. Já no sigilo, afasta-se a publicidade externa apenas para um ou alguns atos do processo. Por exemplo, quando se apresenta a declaração de imposto de renda nos autos, apenas o arquivo que contém esses dados fica anexado como sigiloso (VALENTE CARDOSO, 2020).

Assim, deve haver a preocupação em não tornar visíveis documentos que tragam dados sensíveis do trabalhador.

No TRT-2, exemplificativamente, as gravações das audiências ficam em sigilo, porque trazem dados sensíveis das partes e das testemunhas. Os interessados, se quiserem, podem participar (ao vivo) das audiências que são públicas e possuem um *link* de acesso no portal, mas as gravações ficam restritas às partes, advogados em geral, servidores que manuseiam o processo e magistrados vinculados à Unidade Judicial. A saber:

> PORTARIA GP/CR N. 04/2020 – Art. 2º O acesso para juntada de arquivos de áudio e vídeo ao Acervo Eletrônico PJe, bem como para a posterior visualização dos arquivos, será permitido apenas ao(s) advogado(s), procurador(es) e partes envolvidas no processo, mediante a utilização de identidade digital da pessoa física, em meio eletrônico (e-CPF) e a indicação do processo eletrônico ao qual o arquivo deve ser associado. O

Destarte, protegem-se trabalhadores e testemunhas da curiosidade e maldades alheias.

5. O que diz a LGPD?

Para o inciso III, do art. 7º, da Lei n. 13.709/2018, o tratamento de dados pessoais poderá ser realizado pela administração pública, para o uso compartilhado de dados necessários à execução de políticas públicas previstas em leis e regulamentos, daí porque o Poder Judiciário necessita de utilizar dados pessoais (ainda que sensíveis) no seu dia a dia, a fim de executar sua tarefa precípua de dar a cada um o que é seu com celeridade e justiça.

Neste ponto, parte da doutrina diz que ao ingressar com ações judiciais ou defender-se nelas, o cidadão dá o seu consentimento para o tratamento de tais dados. O que a doutrina não explica é como isso se processa relativamente aos dados das testemunhas, já que estas não estão no processo judicial na qualidade de autor ou de réu; logo, não há justificativa para que seus dados fiquem expostos.

Que o Poder Judiciário pode tratar de dados pessoais de pessoas naturais, isto é fato incontestável.

Porém, não se pode olvidar do cuidado em não expor estes dados de maneira a prejudicar jurisdicionados, testemunhas e todas as pessoas naturais que de alguma forma estão com seus dados alocados nos autos.

Tudo isso é esclarecido pelo art. 21, da Lei n. 13.709/2018, que estabelece que os dados pessoais referentes ao exercício regular de direitos pelo titular não podem ser utilizados em seu prejuízo.

Em outras palavras: a exposição de reclamantes e testemunhas à listas sujas faz com que o jurisdicionado tenha medo de exercer o seu direito de ação ou de defesa.

A autorização dada pelo art. 7º, inciso III, da LGPD para que o Poder Judiciário trate dos dados de pessoas naturais não lhe dá carta branca para divulgar estes dados de maneira irresponsável. Como vimos no item anterior, várias são as normas brasileiras que impõem limites às divulgações de dados pessoais de pessoas naturais, mas o art. 21 da própria Lei n. 13.709/2018 traça de maneira indubitável os contornos da atuação do magistrado.

As lições que nos foram transmitidas pela Corte Constitucional Alemã em 1983 não podem ser esquecidas: o tratamento inadequado de dados pode impedir o cidadão do exercício pleno de seu direito de personalidade, o que fere direito fundamental do ser humano e, consequentemente, retira-lhe a dignidade.

6. Como é na Europa?

Historicamente, o Regulamento Geral de Proteção de Dados (GDPR) começou a ser desenhado na Europa no início do século XX.

Logo após a Primeira Guerra Mundial, houve um censo religioso na Alemanha, com finalidade legítima de saber a religião da população idosa local, e assim, possibilitar que o Estado fizesse funerais dignos e de acordo com a crença dos falecidos que não tinham familiares vivos no país. Esta finalidade absolutamente legítima, entretanto, foi desvirtuada pelo Governo de Adolf Hitler que se utilizou de tais dados e da tecnologia de Hollerith (futura IBM) para obter mais rapidamente informações sobre quem eram e onde estavam os judeus na Alemanha, subjugando-os (SABBATINI, 2001).

> A coleta e tratamento dos dados pessoais permitiram à polícia política nazi tornar real a ideia de discriminação do Partido Nacional Socialista dos Trabalhadores Alemães. Os bancos de dados serviram como ferramentas do arbítrio. Com efeito, se o totalitarismo procurara desvendar o íntimo de cada cidadão, para sabê-lo puro ou impuro, amigo ou inimigo das doutrinas de ocasião (...) (NAVARRO, 2021).

Finda a Segunda Grande Guerra, estas feridas fizeram com que o povo europeu cuidasse para que seus dados não ficassem expostos (nem mesmo para o Estado ou pelo Estado).

Na década de 1970 foram criadas várias normas de proteção de dados pessoais, como por exemplo, a lei de dados da Suécia (1973), o estatuto de proteção de dados do Land alemão de Rheinland-Pfalz (1974) e lei federal de proteção de dados da Alemanha (1977). Estas normas foram chamadas de leis de proteção de dados de primeira geração.

Como já se disse, Portugal foi o primeiro país a estabelecer em sua Carta Maior o direito fundamental à autodeterminação informativa (art. 35). Em 1981 foi promulgada a Convenção n. 108, do Conselho da Europa que, mais tarde serviu de base para a Diretiva 95/46/CE, de 1995.

Finalmente, em 2018, entrou em vigor o GDPR que traz o regramento da proteção de dados pessoais para os cidadãos europeus nos dias atuais.

No item 20 de seus "considerandos", o GDPR diz que muito embora seus artigos sejam aplicáveis às atividades dos tribunais e autoridades judiciais, a competência das autoridades de controle não abrange o tratamento de dados pessoais efetuados pelos tribunais no exercício de sua função jurisdicional, a fim de assegurar a independência do Poder Judiciário no exercício de sua função jurisdicional na tomada de decisões.

A partir desta assertiva, começou a se formar no Brasil, um entendimento de que a Lei n. 13.709/2018 não poderia atingir o Poder Judiciário em sua função judicante.

Ocorre que o texto do GDPR europeu não exclui o dever do Poder Judiciário de zelar pelos dados pessoais das pessoas físicas dos jurisdicionados, diz apenas que a supervisão desta tutela deverá, se possível (grifos meus), ser confiada a órgãos específicos do sistema judiciário de cada Estado-Membro. E arremata afirmando que estes órgãos específicos devem ser capazes de assegurar o cumprimento das regras do GDPR e sensibilizar os membros do sistema judicial para as suas obrigações ao abrigo do presente regulamento, regular e tratar reclamações em relação a tais operações de processamento de dados.

Repita-se, o regulamento europeu não autoriza ao Poder Judiciário tratar os dados pessoais de maneira irresponsável, ao contrário, deixa clara a obrigação de as autoridades judiciais respeitarem o princípio da privacidade e as regras do

GDPR. O que o regulamento faz é apontar a preferência de se confiar a órgãos do próprio sistema judiciário de cada país a supervisão e aplicação das penalidades pelas infrações ao GDPR que possam ocorrer no exercício da atividade judicante.

Ao encontro do nosso entendimento, em 23 de março de 2019 foi publicada na França, a Lei n. 2019-222 que no art. 33 reforça a ideia de que os debates judiciais são públicos, mas os dados pessoais podem ser anonimizados para garantir o direito à privacidade dos cidadãos envolvidos nos processos.

O próprio Tribunal de Justiça da União Europeia estabeleceu regras para a proteção de dados pessoais no âmbito das publicações relativas a processos judiciais em tramitação naquele órgão, fazendo-o nos seguintes termos:

> Em conformidade com as obrigações que lhe incumbem, o Tribunal de Justiça tem a preocupação, no exercício das suas funções jurisdicionais, de conciliar o princípio da publicidade da justiça e da informação dos cidadãos com a proteção de dados pessoais das pessoas singulares mencionadas nos processos entrados.
>
> Quando uma parte considerar necessário que alguns dos seus dados pessoais não sejam divulgados no âmbito das publicações relacionadas com um processo entrado no Tribunal de Justiça, pode dirigir-se a este último para se for caso disso, requerer que lhe seja concedido o anonimato no âmbito desse processo.

Na Europa, o que são públicos são os debates, não os dados das pessoas naturais.

A Lei n. 13.709/2018 não fez nenhuma observação quanto a isentar o Poder Judiciário do respeito às regras de proteção de dados pessoais das pessoas naturais, daí porque, até que advenha legislação em contrário, há que se cumprir o disposto no art. 21 da referida norma, a saber: "os dados pessoais referentes ao exercício regular de direitos pelo titular não podem ser utilizados em seu prejuízo".

Se formos tomar como base o GDPR devemos levar a discussão para outro patamar.

Na verdade a discussão não seria se a LGPD se aplica ou não ao Poder Judiciário em sua atividade judicante, porque não há dúvidas de que se aplica sim, já que a norma legal em apreço não excepcionou explicitamente o Poder Judiciário em sua atividade judicante de se submeter à regra geral de proteção de dados. Note-se que quando o legislador quis excluir determinada situação do seu rol de abrangência o fez de maneira clara, como no rol taxativo estabelecido no art. 4º da Lei n. 13.709/2018.

A discussão deve mudar de foco e analisar se a Autoridade Nacional de Proteção de Dados (ANPD) tem ou não competência para aplicar penalidades ao Judiciário no exercício de sua atividade-fim.

Neste ponto, poderíamos sim utilizar a experiência europeia para sugerir que o CNJ tomasse para si a competência de fiscalizar e punir abusos ocorridos no âmbito da proteção de dados pessoais por parte de juízos e tribunais, já que não é correto que um órgão do Poder Executivo (ANPD) fiscalize e aplique penalidades a órgãos do Poder Judiciário.

A meu ver, o art. 103-B, da Constituição da República, já traz esta possibilidade quando fixa no inciso I que cabe ao Conselho Nacional de Justiça zelar pela autonomia do Poder Judiciário e pelo cumprimento do Estatuto da Magistratura, podendo expedir atos regulamentares, no âmbito de sua competência, ou recomendar providências.

Um bom começo seria a alteração do "Portal de Boas Práticas" que poderia incluir o eixo temático de "boas práticas em proteção de dados pessoais de pessoas naturais".

No sentido de aplicação de boas práticas no Brasil, vejo a possibilidade de pseudonimização dos dados pessoais e, assim, preservar a publicidade processual e o direito à autodeterminação informativa simultaneamente.

Para tanto, mister se faz a "sensibilização" dos membros dos diversos órgãos do Poder Judiciário (conforme sugere o considerando n. 20 do GDPR), o incentivo a boas práticas na proteção de dados dos jurisdicionados e cidadãos que tenham seus dados tratados em atividades judicantes e treinamento a todos os servidores, magistrados, estagiários e terceiros que lidam com este tipo de dados.

Segundo Doneda e Machado, "o procedimento de "pseudonimização consiste em substituir um atributo (tipicamente um atributo único) em um registro por outro; seria um processo de mascaramento ou disfarce (disguising) de identidade, que afeta principalmente identificadores diretos". (DONEDA; MACHADO, 2020).

O art. 4º do Regulamento Geral de Proteção de Dados (GDPR) diz que "pseudonimização" é o tratamento de dados pessoais de forma que deixem de poder ser atribuídos a um titular de dados específico sem recorrer a informações suplementares, desde que essas informações suplementares sejam mantidas separadamente e sujeitas a medidas técnicas e organizativas para assegurar que os dados pessoais não possam ser atribuídos a uma pessoa singular identificada ou identificável.

Seria facilmente possível, por exemplo, qualificar as testemunhas em apartado, atribuir-lhe iniciais aleatórias ou números, deixar esta qualificação em sigilo e escrever na ata, sentença ou acórdão apenas as iniciais aleatórias ou a numeração atribuída.

Outro exemplo de boa prática, nos acordos judiciais não colocar os dados bancários e o CPF do credor na ata que vai para publicação, estes dados não interessam ao público.

Práticas simples, não onerosas, que respeitam o princípio da publicidade e o da autodeterminação informativa simultaneamente. Os atos processuais continuariam sendo públicos, apenas os dados pessoais estariam protegidos. Gestos simples que trariam maior segurança a todos.

Ressalte-se, ainda, que se deve a todo custo evitar o chamado efeito "mosaico", ou seja, a pseudonimização não pode levar, por meio de simples ilações, à identificação do titular de dados.

7. Provas digitais

Provas digitais deixam rastros e metadados. O Poder Judiciário tem o dever de se preocupar e evitar de expor estes dados que podem ser raspados por *sites* legítimos de análise jurisprudencial.

Ao determinar uma exportação de mensagens do *Whatsapp* ou ao trazer aos autos *EXIFs* de fotografias digitais devemos, a meu ver, colocar tais documentos em sigilo e, na hora de elaborar a ata ou a sentença, pseudonimizar os dados pessoais dos jurisdicionados.

Por exemplo, atuando como magistrada, mesmo antes do advento da LGPD, nunca coloquei os dados bancários nas atas de audiências referentes aos acordos firmados, porque entendo que seria uma exposição desnecessária da vida íntima do trabalhador que ficaria vulnerável a *crackers*.

Assim, ao utilizarmos das novas tecnologias com o objetivo de facilitar a obtenção da verdade substancial, não podemos esquecer do direito à autodeterminação informativa dos cidadãos.

Considerações finais

A Constituição estabelece a publicidade dos ATOS processuais e não a publicidade dos DADOS PESSOAIS, motivo pelo qual os tribunais devem tratar referidos dados com extremo cuidado.

Os Tribunais têm o direito de tratar de dados pessoais no exercício de sua função institucional (art. 7º, III, da LGPD), mas não podem tratá-los de maneira displicente. Devem cuidar para não os expor, especialmente quando envolver dados sensíveis, em outras palavras,

> (...) cada Tribunal deverá ter o cuidado de não expor informações desnecessárias e que possam comprometer/constranger a pessoa, mesmo que o processo não siga em segredo de justiça (Nelson Nery Júnior e Rosa Maria de Andrade Nery) (ZANETTI, 2021).

Inúmeros são os dados pessoais, em seara trabalhista, que devem ser preservados da publicidade. Por exemplo, o número da conta corrente onde será depositado o valor do acordo do trabalhador, o laudo médico com suas doenças e condições físicas, lista de recebimento de precatórios etc.

A LGPD veio imprimir uma nova mentalidade quanto ao tratamento de dados pessoais. Os dados pertencem aos titulares que têm o direito à autodeterminação informativa. A Lei n. 13.709/2018 não isentou explicitamente o Poder Judiciário de respeitá-la em sua inteireza ainda que no exercício de suas atividades judicantes. Convém lembrar que o GDPR tampouco autorizou o Poder Judiciário local a desrespeitar a privacidade dos dados pessoais de pessoas naturais, apenas estabeleceu que — quando possível — a fiscalização do cumprimento do regulamento em seara judicante seria feita pelo sistema do próprio judiciário. O Brasil poderia tomar este exemplo e deixar claro que é do CNJ a competência para fiscalizar e punir atos de afronta à proteção de dados de pessoas naturais nos juízos e tribunais no exercício de sua função judicante, com espeque no inciso I, do art. 103-B, da Constituição da República.

A Corte Constitucional Alemã, em 1983, esclareceu que a autodeterminação informativa é um direito fundamental do cidadão, sem o qual seria impossível exercer o seu direito de personalidade, até por medo de represálias futuras. Esta situação não está restrita à Alemanha da década de 80. Repete-se no Brasil do século XXI. Um trabalhador tem medo de exercer seu direito constitucional de ação porque ao ter seus dados pessoais tornados públicos pode nunca mais conseguir um emprego formal em sua vida.

A França e o Tribunal Europeu viram na anonimização uma forma de solucionar o dilema da autodeterminação informativa X princípio da publicidade processual, com reforço de que na Europa os debates são públicos e os dados são privados.

No Brasil também devemos buscar mecanismos para conciliar o princípio da publicidade processual com o da autodeterminação informativa que, de todo modo, não são contraditórios.

Frise-se que nas situações que a LGPD quis excluir o seu âmbito de aplicação o fez de maneira textual e explícita e, não houve exclusão do Poder Judiciário em sua atividade judicante (veja-se o rol do art. 4º, da Lei n. 13.709/2018).

Enquanto não vier em nosso país nenhuma regulamentação formal quanto à atuação do Poder Judiciário (atividade judicante) no âmbito da proteção de dados, convém usarmos de boas práticas, sensibilização e muito treinamento, a fim de evitar exposições desnecessárias das pessoas naturais.

O CNJ poderia contribuir e incluir como eixo temático "as boas práticas em proteção de dados".

Dentre as boas práticas, está a pseudonimização do nome das partes e das testemunhas no documento que vai para a internet (ata de audiência, sentença, acórdão, por exemplo). A ata vai para a rede mundial de computadores com nomes fictícios e os nomes reais estão certificados nos autos do processo e lacrados com o sigilo processual. Assim, por exemplo, a qualificação das testemunhas poderia vir em documento em apartado que ficaria em sigilo.

O Poder Judiciário já se preocupa com a questão da proteção de dados há tempos, conforme demonstram todos os normativos mencionados no item 4 deste artigo e a LGPD veio impulsionar ainda mais esta preocupação.

Normas que contrariem o espírito da LGPD e do princípio da autodeterminação informativa devem ser harmonizadas, por exemplo, a Resolução 313 do CSJT[(9)] que dispõe sobre os procedimentos a serem observados na videogravação de audiências realizadas no âmbito da Justiça do Trabalho, que descreve em seu art. 4º, que a ata de audiência tem que conter a qualificação das testemunhas, deve ser interpretado à luz da LGPD e do princípio da autodeterminação informativa e permitir a pseudonimização destes dados se assim desejarem as pessoas naturais envolvidas.

---

(9) RESOLUÇÃO N. 313, DO CSJT. Disponível em: <https://juslaboris.tst.jus.br/bitstream/handle/20.500.12178/194773/2021_res0313_csjt.pdf?sequence=1&isAllowed=y>. Acesso em: 20 abr. 2022.

As provas digitais vieram aumentar os riscos de exposição e de prejuízos e com isso a necessidade de ampliar os cuidados. É possível aprimorar os meios protetivos e o diálogo pode levar a soluções práticas, simples, baratas e eficazes.

A capacidade humana de se colocar no lugar do outro e, de perceber a angústia que ele pode estar sentindo por ter sido colocado em perigo físico, digital ou social, cria as pontes necessárias para que eventuais percalços na aplicação das regras de proteção de dados pessoais sejam transpostos. Pensar juntos nos une. A troca de ideias, as boas práticas, a sensibilização e os treinamentos são nossos grandes aliados.

Os atos processuais são públicos, os dados pessoais são protegidos.

Referências bibliográficas

ATO DE PROTEÇÃO DE DADOS PARA A ADMINISTRAÇÃO PÚBLICA DO ESTADO DE HESSE (*HESSISCHES DATENSCHUTZGESETZ*). Disponível em: <http://dadospessoais.lavits.org/historico-pelo-mundo/>. Acesso em: 20 abr. 2022.

CONSTITUIÇÃO DA REPÚBLICA PORTUGUESA, DE 1976. Disponível em: <https://www.parlamento.pt/Legislacao/Paginas/ConstituicaoRepublicaPortuguesa.aspx>. Acesso em: 20 abr. 2022.

DECLARAÇÃO UNIVERSAL DOS DIREITOS HUMANOS. Disponível em: <https://www.unicef.org/brazil/declaracao-universal-dos-direitos-humanos>. Acesso em: 20 abr. 2022.

DONEDA, Danilo; MACHADO, Diego. *Proteção de dados pessoais e criptografia: tecnologias criptográficas entre anonimização e pseudonimização de dados.* Disponível em: <https://www.academia.edu/38168713/Prote%C3%A7%C3%A3o_de_dados_pessoais_e_criptografia_tecnologias_criptogr%C3%A1ficas_entre_anonimiza%C3%A7%C3%A3o_e_pseudonimiza%C3%A7%C3%A3o_de_dados>. Acesso em: 22 set. 2021.

FERREIRA MENDES. Laura Schertel. *Autodeterminação informativa:* a história de um conceito. Disponível em: <https://periodicos.unifor.br/rpen/article/view/10828/pdf>. Acesso em: 22 set. 2021.

GENERAL DATA PROTECTOR REGULATION. Disponível em: <https://www.galvaoesilva.com/lei-gdpr-em-portugues/>. Acesso em: 23 set. 2021.

LEI FEDERAL DE PROTEÇÃO DE DADOS — *BUNDESDATENSCHUTZGESETZ* OU *BDSG*. Disponível em: <https://dejure.org/BGBl/1977/BGBl._I_S._201>. Acesso em: 20 abr. 2022.

LOI 2019-222. Disponível em: <https://www.legifrance.gouv.fr/jorf/id/JORFARTI000038261761>. Acesso em: 23 set. 2021.

MONTAGNER, Camila. *Dados pessoais:* histórico pelo mundo. Disponível em: <http://dadospessoais.lavits.org/historico-pelo-mundo/>. Acesso em: 23 set. 2021.

NAVARRO. Ana Maria Neves de Paiva. *O direito fundamental à autodeterminação informativa.* Disponível em: <http://www.publicadireito.com.br/artigos/?cod=86a2f353e1e6692c>. Acesso em: 23 set. 2021.

RESOLUÇÃO N. 313, DO CSJT. Disponível em: <https://juslaboris.tst.jus.br/bitstream/handle/20.500.12178/194773/2021_res0313_csjt.pdf?sequence=1&isAllowed=y>. Acesso em: 20 abr. 2022.

RESOLUÇÃO N. 428, DA ASSEMBLEIA CONSULTIVA DO CONSELHO DA EUROPA. Disponível em: <http://assembly.coe.int/nw/xml/XRef/Xref-XML2HTML-en.asp?fileid=15842&lang=en>. Acesso em: 20 abr. 2022.

ROMAN, Juliana. O direito à proteção de dados pessoais e direito à autodeterminação informativa: o cenário brasileiro após a aprovação da lei n. 13.709/18. *Revista Inclusiones*, vol. 8, número Especial (2021): 423-464. Disponível em: <http://revistainclusiones.com/carga/wp-content/uploads/2021/03/25-Juliana-VOL-8-NUM-Especial-AbrilJunoo2021INCL.pdf>.

SABBATINI, Renato. *Hitler e a IBM.* Disponível em: <http://www.renato.sabbatini.com/correio/cp010215.html>. Acesso em: 23 set. 2021.

SARMENTO E CASTRO, Catarina. *40 anos de "Utilização da Informática"* — O art. 35º da Constituição da República Portuguesa. Disponível em: <https://www.e-publica.pt/volumes/v3n3a04.html>. Acesso em: 23 set. 2021.

TOMMASO. Raphael Di. *Lei de Proteção de Dados completa cinquenta anos.* Disponível em: <https://digialogos.com.br/podcast/lei-de-protecao-de-dados-completa-50-anos>. Acesso em: 23 set. 2021.

TRIBUNAL DE JUSTIÇA DA UNIÃO EUROPEIA. Disponível em: <https://docs.google.com/viewerng/viewer?url=https://curia.europa.eu/jcms/upload/docs/application/pdf/2015-11/tra-doc-pt-div-c-0000-2015-201508723-05_00.pdf>. Acesso em: 22 set. 2021.

VALENTE CARDOSO, Oscar. *Lei Geral de Proteção de Dados e Publicidade Processual.* Disponível em: <https://jus.com.br/artigos/84273/lei-geral-de-protecao-de-dados-e-publicidade-processual#:~:text=(a)%20sigilo%20integral%20dos%20autos,de%20quaisquer%20atos%20nele%20praticados>. Acesso em: 21 set. 2021.

ZANETTI, Dânton. *Proteção de dados pessoais e publicidade processual:* um contrassenso? Disponível em: <https://www.conjur.com.br/2021-abr-15/zanetti-protecao-dados-pessoais-publicidade-processual>. Acesso em: 22 set. 2021.

Prova Oral Obtida por *WhatsApp* e Aplicativos Similares: Uma Breve Análise

Guilherme Guimarães Feliciano(1)

Introdução

Como bem se sabe, o *WhatsApp* é um aplicativo multiplataforma de mensagens instantâneas e chamadas de voz para *smartphones,* de código fechado, desenvolvida pela WhatsApp LLC e atualmente sob a titularidade da Facebook Inc. É provavelmente o mais popular "**IM**" ("Mensageiro Eletrônico", do inglês *"Instant Messaging"*) disponível no mercado; trata-se de um serviço diverso, p. ex., dos serviços de *e-mail,* precisamente porque esse instrumento foi projetado para que as conversações ocorram em tempo real. A partir da hipótese que seguiremos a versar, poder-se-á analisar toda e qualquer situação similar, envolvendo qualquer outra modalidade de IM (*Facebook Messenger, Google Allo, WeChat Telegram* etc.).

A questão que se põe à análise, nessa ordem de ideias, é a da **validade** (e das **condições de validade**) da prova oral produzida por intermédio de um IM (e, no caso específico, do *WhatsApp*). O juiz do Trabalho pode se valer do *WhatsApp* para colher o depoimento de uma parte ou de uma testemunha e, a partir dessa oitiva — transcrita/resumida nos autos e/ou juntada ao processo (por *link* próprio, acaso compatível com o PJe-JT, ou por mídia acautelada em secretaria) —, decidir o caso concreto, com base na sua valoração e cotejando-a com as demais provas dos autos? Ou a sentença assim prolatada seria nula, porque calcada em

(1) Professor associado II do Departamento de Direito do Trabalho e da Seguridade Social da Faculdade de Direito da Universidade de São Paulo. Doutor em Direito Penal pela USP e em Direito Processual Civil pela Faculdade de Direito da Universidade de Lisboa. Livre-docente em Direito do Trabalho pela USP. Pós-Doutor em Direitos Humanos pela Universidade de Coimbra. Juiz Titular da 1ª Vara do Trabalho de Taubaté (TRT 15). Titular da Cadeira n. 53 da Academia Brasileira de Direito do Trabalho.

prova inadmissível, contrária à devida forma processual (uma vez colhida por meio do aplicativo eletrônico), ou ainda porque lastreada em prova inidônea (em se supondo que, como prova digital, não haveria como assegurar a respectiva integridade, a autenticidade e/ou a cadeia de custódia)?

Vejamos.

1. Da impugnação da prova oral obtida por *WhatsApp*: oportunidade

Há que se ver, inicialmente, que, na esteira do regime legal de nulidades que rege o processo do trabalho (CLT, arts. 794 e 798), a legalidade da prova oral obtida por *WhatsApp* não pode ser alegada se, a tempo e modo, a contraparte processual não se opôs ao ato *quanto à sua forma*, limitando-se a externar, p. ex., uma contradita contra a testemunha ouvida.

Com efeito, reza o art. 795 da CLT que "[a]*s nulidades não serão declaradas senão mediante provocação das partes, as quais deverão argui-las à primeira vez em que tiverem de falar em audiência ou nos autos*". Essa oportunidade será a da própria audiência, se ao seu ensejo se colheu a prova por *WhatsApp*, diante do que prevê o art. 7º, X, da Lei n. 8.906/1994, em relação ao advogado; ou, na interpretação mais elastecida possível, até o momento das razões finais (CLT, 850, *caput*). A partir desse momento, a oportunidade da impugnação estará temporalmente preclusa, inclusive em perspectiva recursal (para embargos declaratórios, recurso ordinário, recurso de revista etc.).

Além disso, está claro que eventual ilegalidade da prova obtida por *WhatsApp* não poderá ser arguida pela própria parte que a produziu, já que "[a] *nulidade não será pronunciada* [...] *quando arguida por quem lhe tiver dado causa*".

E, para mais, se acaso o juiz do Trabalho — ou o tribunal *"ad quem"* — entender por bem pronunciar a nulidade, deverá declarar os atos a que ela se estende (CLT, art. 797), sendo certo que a colheita da prova oral por *WhatsApp*, se inadmitida ulteriormente (levando à invalidação desse específico elemento de prova), não poderá contaminar outros atos processuais que dela não dependem (CLT, art. 798), como p. ex. as oitivas das demais partes e testemunhas ouvidas presencial ou telepresencialmente (*"In casu"*, pela plataforma *Zoom*). A pronúncia da nulidade não poderá obstar, ademais, a repetição do ato processual por meio legalmente adequado (p. ex., reinquirir a testemunha ouvida por *WhatsApp*, mas agora presencial ou telepresencialmente), desde que a oportunidade já não esteja preclusa.

2. Da legalidade e da utilidade da prova oral obtida por *WhatsApp*: a atipicidade dos meios de prova e suas conexões principiológicas

Quanto à legalidade *"a se"* de depoimentos colhidos por intermédio de *WhatsApp* ou de outros IM, deve-se partir do pressuposto legal insculpido no art. 369 do CPC (aplicável ao processo laboral, *ut* art. 769 da CLT): *"As partes têm o direito de empregar todos os meios legais, bem como os moralmente legítimos, ainda que não especificados neste Código, para provar a verdade dos fatos em que se funda o pedido ou a defesa e influir eficazmente na convicção do juiz"*. Trata-se do *princípio da atipicidade dos meios de prova*: o rol de meios de prova positivado pelo estatuto processual civil entre os seus arts. 384 e 484 não é taxativo, podendo a parte – ou o juiz (CLT, art. 765) – valer-se de quaisquer outros meios probantes, ainda que não previstos em lei (como é o caso de oitivas por *WhatsApp*), desde que sejam *moralmente legítimos* – e não há razões objetivas para se supor "moralmente ilegítima" a ferramenta em questão – e, portanto, não configurem *prova ilícita* (CRFB, art. 5º, LVI).

Note-se que, a rigor, há duas modalidades de ilegalidade de prova: a primeira refere-se à forma de geração da prova, em que a ilicitude resulta do descumprimento dos dispositivos legais previstos para a produção de determinada prova e/ou da adoção de meios não autorizados pela lei; a segunda, por sua vez, ocorre quando, nada obstante se adotem os procedimentos legalmente previstos, do ponto de vista adjetivo ou processual, termina-se por agredir um direito individual da(s) parte(s) ou de terceiro(s). Nesse sentido, aliás, há também quem faça a distinção entre *prova ilícita* e *prova moralmente ilegítima* (CINTRA, 2002, p. 12 e ss.). A primeira hipótese — da ilicitude derivada da adoção de procedimentos não autorizados pela lei — seria, em tese, a da prova oral colhida por *WhatsApp.*

Essa é a questão nuclear. *O que pode tornar a prova oral colhida por IM uma prova ilícita,* para todos os fins constitucionais e legais?

Entendemos que essa ilicitude pode se configurar se, p. ex., a substituição da oitiva presencial — ou telepresencial — pela videochamada ou por mensagens de voz via *WhatsApp* for **desnecessária**, configurando uma violação oblíqua da norma-princípio da imediação ou imediatidade – pelo qual, nos momentos capitais do processo, deve predominar a palavra falada na presença física do juiz (CHEDID, WEBER, 2004, p. 52) – sem qualquer juízo de ponderação que a justifique. Pode-se configurar, ainda, se, à maneira de todas as demais formas de provas digitais (v., *e.g.*, PRADO, 2021, *passim*), houver dúvida razoável quanto à **integridade** da prova (p. ex., videochamada ininteligível, em razão de falhas de conexão, ou arquivo de voz inaudível, em razão da qualidade do arquivo), ou quanto à **autenticidade** da prova (se, p. ex., a contraparte não reconhecer a identidade de quem está prestando o depoimento e o juiz não tiver como aferir essa identidade, sendo certo que, em princípio, *cabe à parte que produz essa prova o ônus de demonstrar a autenticidade controvertida*), ou ainda quanto à própria **cadeia de custódia** (se, p. ex., trata-se de um arquivo de áudio de *WhatsApp* que chega aos autos sem qualquer conhecimento a respeito do modo como foi produzido e dos tratamentos recebidos até o momento da produção processual).

Se, porém, *não há controvérsias sérias quanto à autenticidade, quanto à integridade ou quanto à cadeia de custódia* que estão na base da prova colhida por aplicativo de mensagens instantâneas — o que se pode obter, não raramente, de modo simples, indagando-se ao *"ex adverso"* se reconhece a identidade de quem depôs por *WhatsApp* (seja pela imagem, se se tratar de videochamada, seja até mesmo pela voz, se se tratar de mensagem de áudio) —, e se há razões processuais bastantes para que se tenha produzido a prova oral por este meio, convém entender que, à mercê do precitado art. 369 do CPC, **não se poderá recusar a prova**, notadamente *depois* da sua produção, não tendo havido impugnação oportuna (*vide* tópico anterior).

Caso clássico de *necessidade* dessa produção alternativa de provas deu-se em processo que tramitou pela 6ª Câmara do TRT 15, em grau de recurso ordinário, no ano de 2020. O juiz do Trabalho havia admitido a oitiva por videochamada, via aplicativo *WhatsApp*, tratando-se de testemunha que havia fixado residência no exterior (única a testemunhar determinado fato pertinente, controvertido e relevante para o deslinde do litígio), o que praticamente *inviabilizaria* a sua oitiva se não se utilizasse do recurso tecnológico em questão (ou de outros similares). É o que se conclui, inclusive, a partir de um juízo de ponderação — logo, à luz do princípio constitucional da proporcionalidade — que tome em consideração outros vetores constitucionais, para além do devido processo legal formal (v. FELICIANO, 2006, *passim*), como p. ex. o princípio da duração razoável do processo. Se alternativamente o Juízo indeferisse a oitiva por videochamada e determinasse a expedição de carta rogatória, a norma-princípio do art. 5º, LXXVIII, da CRFB restaria francamente comprometida, com prováveis meses (ou anos) acrescidos ao tempo médio de solução do processo em primeiro grau de jurisdição.

E, para mais, respeitadas as condições *supra*, não há como vislumbrar qualquer prejuízo concreto, para o *"ex adverso"*, derivado da prática do ato pelo *WhatsApp*. Se não há qualquer elemento a insinuar vícios quanto à segurança e/ou quanto à eficácia da oitiva por tal meio eletrônico, rege o tema o princípio do prejuízo, à maneira do art. 794 consolidado: *"pas de nullité sans grief"*.

De outra parte, impende consignar que, conquanto não haja previsão legal para a prova oral via aplicativo de mensagens instantâneas, é certo que *a matéria pode ser objeto de negócio jurídico processual* (CPC, art.190, c.c. CLT, art. 769). Assim como as partes podem convencionar que desistem do direito de recorrer, prejudicando a fluência dos prazos recursais, também podem igualmente assentir que a oitiva da testemunha se dê por meio de aplicativo *WhatsApp*, no uso do princípio dispositivo. E isto se pode consumar, inclusive, *na própria audiência trabalhista*, se todos assentirem com o diverso meio de prova no início da referida audiência, com registro no termo.

Em síntese, se o ato processual, não obstante *atípico*, atinge a finalidade processual pretendida, atende-se ao *princípio da instrumentalidade das formas*, que igualmente informa o processo laboral.

Considerações finais

Conclui-se, pois, que a colheita de prova testemunhal por videochamada de *WhatsApp* é plenamente válida, mesmo fora dos contextos do rito processual de emergência inaugurado pelo Ato n. 11/GCGJT de 23.4.2020 (para o processo do trabalho), seja à vista do princípio da instrumentalidade das formas (CPC, arts. 188 e 277), seja ainda à vista do princípio da duração razoável do processo (CRFB, art. 5º, LXXVIII), especialmente se se tratar de parte ou testemunha que não poderia se sujeitar à presencialidade sem grande dispêndio (p. ex., testemunha com domicílio no exterior). A possibilidade jurídica deriva, ademais, dos amplos poderes instrutórios do juiz do Trabalho (CLT, art. 765) e também do princípio da atipicidade legal das provas (CPC, art. 369).

Com efeito, se a alternativa processual – p. ex., a expedição de carta rogatória – significa protelar imensamente o desate do litígio, quando não o inviabilizar, admitir a prova digital atende à norma-princípio do art. 5º, LXXVIII, da CRFB, por meio da norma-regra do art. 765 da CLT (a conferir amplos poderes de condução e instrução processual aos juízes laborais), sob a devida fundamentação judicial (CRFB, art. 93, IX). De outra parte, a alegação de nulidade de ato processual só pode ser acolhida, no processo do trabalho, se do ato inquinado resultar manifesto prejuízo à parte (art. 794 da CLT); e, para além disso, se tal nulidade for arguida na primeira oportunidade processual disponível; ou, se não, ao tempo das razões finais. Dificilmente se demonstrará, nas condições *supra* descritas, uma condição de prejuízo para a contraparte processual. E, se não há qualquer prejuízo concreto derivado da prática do ato por aplicativo de mensagens instantâneas — porque não se revela qualquer elemento a insinuar vícios quanto à segurança e/ou quanto à eficácia da oitiva por tal meio eletrônico —, tampouco é possível o decreto de nulidade, *"ex vi"* do art. 794 da CLT.

De outra parte, conquanto não haja previsão legal para a colheita de provas orais via aplicativos de mensagens instantâneas, a matéria também pode ser objeto de negócio jurídico processual: assim como as partes podem convencionar que desistem do direito de recorrer, prejudicando a fluência dos prazos recursais, também podem igualmente assentir que a oitiva da testemunha se dê por meio de aplicativo *WhatsApp*, no uso do princípio dispositivo. Nesse caso, do negócio jurídico processual emana a presunção de legitimidade da prova.

Enfim, se o ato processual atípico atingiu a finalidade pretendida, atendendo ao princípio da instrumentalidade das formas — que igualmente informa o processo laboral —, tampouco se pode decretar nulidade, *"ex vi"* dos arts. 188, 277 e 369 do CPC (c.c. art. 769 da CLT).

Thomas Kuhn observou, em um contexto mais amplo, que uma nova "verdade científica" (processual?) não triunfa porque os que a ela se opunham veem a luz e se deixam convencer, mas porque seu tempo passa e surge uma nova geração mais familiarizada com a nova verdade (v., *e.g.*, KUHN, 2001, *passim*). É o que estamos testemunhando, nos sistemas judiciários nacionais, diante do novo universo de possibilidades que se entreabre. Menos rigor formal, mais ousadia criativa.

Referências bibliográficas

BASTOS, Celso Ribeiro. *Comentários à Constituição do Brasil.* 2. ed. São Paulo: Saraiva, 2001. v. II.

CHEDID, Luciano; WEBER. Adriana. *Noções introdutórias de teoria geral do processo.* 2. ed. Porto Alegre: Livraria do Advogado, 2004.

CINTRA, Antonio Carlos de Araújo. *Comentários ao Código de Processo Civil.* Rio de Janeiro: Forense, 2002. v. IV.

FELICIANO, Guilherme Guimarães. *Por um processo realmente efetivo:* Inflexões do due process of law e tutela processual dos direitos humanos fundamentais. São Paulo: LTr, 2016.

PRADO, Geraldo. Breves notas sobre o fundamento constitucional da cadeia de custódia da prova digital. *Geraldo Prado Consultoria Jurídica*, 22.1.2021. Disponível em: <https://geraldoprado.com.br/artigos/breves-notas-sobre-o-fundamento-constitucional-da-cadeia-de-custodia-da-prova-digital/>. Acesso em: 22 set. 2021.

KUHN, T. S. *A estrutura das revoluções científicas*. Trad. BOEIRA, Beatriz Vianna; BOEIRA, Nelson. 11. ed. São Paulo: Perspectiva, 2011.

Meios de Validação da Prova Digital: Verifact; HTTrack; Wayback Machine; Ata Notarial; OriginalMy; Arquivos em Nuvem

Paulo Ludgero[1]

Patrícia Medeiros[2]

Valéria Ribeiro[3]

---

(1) Advogado Criminalista – Membro da ANADD – Especialista em Crimes Cibernéticos/Digitais. Escritor. Palestrante. Professor. Especialização em Execução Penal PUC Minas. Especialização em Direito Criminal Empresarial FGV. Pós Graduação em Direito Processual Civil na Universidade Cândido Mendes. Pôs Graduado em Direito 3 setor no CERS (Igrejas – Associações – ONGS). Doutorando em Direito Penal e Criminologia na Universidade de Buenos Aires – UBA e Técnico de Coleta e Processamento de Registro de Provas Digitais na forma Criptografada com a tecnologia *Blockchain* e ICP Brasil.

(2) Juíza Titular de Vara do Trabalho da Capital do Rio de Janeiro; Formadora de Juízes pelo TST/ENAMAT/CSJT e pela Escola de Magistratura Nacional Francesa – ENM; Doutoranda em Ciências Jurídicas Filosóficas (Teoria da Decisão) – Universidade de Coimbra, Portugal; Mestre em Ciências Jurídicas Processuais – Universidade Clássica de Lisboa; Pós Graduada em Ciências Jurídicas – Universidade Clássica de Lisboa; Professora e Conteudista da Escola Judicial do Tribunal Regional do Trabalho da 1ª Região; Formada em Ensino à distância pela ENAMAT/ TST; Formadora em PJe pelo CSJT; Coordenadora da Área de Direito da Plataforma de EAD PM CURSOS ESPECIALIZADOS; Coordenadora do Fundadora do Projeto "As Processualistas Trabalhistas"; Professora universitária; Escritora.

(3) Advogada Fundadora e Titular do escritório Valeria Ribeiro – Advogados e Consultores. Membro Efetivo do IAB – Instituto dos Advogados Brasileiros: Comissão de *Compliance* e Governança Corporativa e Comissão de Direito do Trabalho e Direito Cooperativo. Especialista em Compliance pela KPMG. Auditora líder das Normas ISO 19.600:2014 e 37.001:2017 pela CBG Certificadora. Pós-graduada em Direito do Trabalho e Processo do Trabalho Pós Reforma Trabalhista pela EJUTRA – Escola Associativa dos Juízes do Trabalho. Mestre em Ciências Jurídicas pela Universidade Autónoma de Lisboa, validado e registrado pela Universidade Federal do Maranhão, Doutoranda em Ciências Jurídicas na Universidade Autónoma de Lisboa. Técnica em Coletas e Processamento de Registro de Provas Digitais na forma Criptografada com a tecnologia *Blockchain* e ICP-Brasil. Membro da ANADD – Associação Nacional de Advogados do Direito Digital. Especialista em LGPD pela PUC RS e Escola Nacional da Magistratura – AMB.

Introdução

Inicialmente, impera destacar que o trabalho ora proposto não objetiva esgotar o tema, mas apenas trazer reflexões, tomando como ponto de partida a necessidade da reavaliação dos meios de validação da prova digital.

Dessa forma, pretende-se, através da análise doutrinária e prática, demonstrar que os meios de validação da prova digital não consistem, apenas, na observância das leis, e sim, na necessidade da reavaliação da valoração da prova ante as mudanças inquestionáveis trazidas pela tecnologia e sistema da informação e das provas digitais inseridas nos processos judiciais eletrônicos.

Inegável que a internet é a maior rede de comunicação, tornando-se essencial à sociedade em geral. E como consequência, nossas digitais estão no mundo. Educação, comércio *online*, e até mesmo as relações interpessoais são beneficiados pela internet.

Diante de toda a exposição vivenciada, aliada aos recursos e acessos propiciados pela tecnologia e sistema da informação, surgem crimes cibernéticos, provas "criadas" digitalmente, provas "manipuladas" digitalmente, dentre outras inúmeras possibilidades.

Por reflexo, surgem a cada dia novas ferramentas com a finalidade de viabilizar a verificação da veracidade da prova digital, ou seja, se esta não foi contaminada, se houve a preservação digital e como foi coletada.

Por conseguinte, busca-se aqui, através de análise doutrinária e prática, demonstrar que os meios de validação da prova digital carecem ainda de regulamentação em vários aspectos, bem como que as ferramentas também possuem desvantagens e fragilidades, sendo imprescindível a preservação digital.

1. O registro e a validação das provas digitais na plataforma *Verifact*

Impera ressaltar que o início da cadeia de custódia dar-se-á com a preservação de provas ou procedimentos periciais para verificar a existência de vestígios[(4)]. Destaca-se, assim, que a norma *ABNT NBR ISO/IEC 27037:2012*[(5)] é referência internacional para identificação, coleta, aquisição e preservação de evidências forenses digitais em todas as etapas no processo de investigação.

---

(4) Os arts. **158-A a 158-F** do Código Penal definem o conceito de **cadeia de custódia** e reconhecem sua relevância

(5) ABNT. Associação Brasileira de Normas Técnicas. ABNT NBR ISO/IEC 27037:2012. Disponível em: <https://www.abntcatalogo.com.br/norma.aspx?ID=307273>. Acesso em: 26 nov. 2021.

A Verifact[6] é um serviço *online* que registra fatos digitais que acontecem na Internet, permitindo que pessoas sem conhecimento técnico avançado registrem evidências de forma rápida, robusta e confiável. A ferramenta usa práticas forenses para espelhar fatos digitais, como o uso de um ambiente controlado e livre de poluição, pontos de acesso à Internet seguros e livres de interferência, coleta de metadados técnicos sobre fontes e conteúdo e verificação da integridade do arquivo usando cálculos *HASH*, anotação de hora no formato UTC e outras medidas. Para a garantia e a integridade do conteúdo e dos arquivos de metadados, a plataforma utiliza-se do método de código *HASH*, confiável.

Para cada sessão, um novo ambiente de segurança é criado no servidor Verifact para registro, isolado de outros ambientes ou registros anteriores. Após o processamento das informações, o ambiente é destruído e os dados gerados na sessão serão apagados por meio de tecnologia de segurança.

Existem pareceres técnicos no *site* da Verifact para verificar a eficácia da intervenção do ambiente de segurança no processo de registro. Os metadados são úteis para futuras avaliações técnicas independentes e a capacidade de auditoria é um aspecto-chave do processamento de evidências digitais. A seguir uma breve descrição dos tipos de conteúdo incluídos nos metadados: Informação do domínio, *Log* de acesso do navegador e Código da página HTML.

A gravação de vídeo permite a verificação clara e transparente da situação digital sem quaisquer distorções cognitivas que possam distorcer a interpretação do conteúdo capturado, bem como imagens estáticas e livres de contexto.

Durante a *sessão de captura*, o usuário pode acionar a gravação da imagem da tela atual por meio da interface fornecida. Existem duas possibilidades de registro: *Download* e *Hash*.

Após a conclusão, o relatório será lacrado com a assinatura digital do certificado digital Verifact emitido pela Cadeia de Confiança (ICP / Brasil) da autoridade de certificação brasileira.

A Verifact busca, portanto, atender aos princípios da *evidência digital* e aos principais aspectos do *processamento* da *evidência digital* recomendados na ABNT NBR ISO / IEC 27037: 2013[7] – Tecnologia da Informação-Tecnologia

(6) VERIFACT – Registro de Provas Digitais. Disponível em: <https://www.verifact.com.br/>. Acesso em: 25 nov. 2021.

(7) *Ib.id.* ABNT. Associação Brasileira de Normas Técnicas. *ABNT NBR ISO/IEC 27037:2012*. Disponível em: <https://www.abntcatalogo.com.br/norma.aspx?ID=307273>. Acesso em: 26 nov. 2021.

de Segurança-Diretrizes para Identificação, *Coleta, Aquisição e Preservação de Evidência Digital.*

A Verifact *busca* todos os *meios técnicos* possíveis para aumentar a *confiança* nos registros de *evidências digitais*, apesar de sabermos que a mídia digital envolve um alto grau de complexidade e precisa considerar diferentes situações. Portanto, em relação ao conhecido problema de registro da prova digital, não há evidências de que a cadeia de custódia proposta pela plataforma possa ser rompida.

A verificação do registro inclui verificar a integridade e a origem do relatório em PDF e a integridade do arquivo ZIP do conteúdo capturado e metadados técnicos.

Com base nas informações do relatório de registro, a integridade dos arquivos de registro restantes pode ser verificada. A avaliação é feita comparando o código *hash* do arquivo que o usuário possui com o arquivo incluído no relatório.

Podemos concluir, portanto, que a plataforma Verifact tem como objetivo proporcionar aos usuários uma solução de captura robusta e confiável do ponto de vista técnico. Do ponto de vista jurídico e de segurança da informação, é importante ressaltar, contudo, que a responsabilidade pelo direcionamento dos conteúdos capturados é de inteira responsabilidade do usuário. Desse modo, em caso de dúvida, é recomendável consultar um especialista.

2. HTTrack

Ao adentrar ao tema tecnologia de informática, sistema da informação, conclui-se que os *logs* são o processo de registro de eventos dentro do sistema computacional, pelo que pode ser utilizado para conhecimento de informações do comportamento do sistema operacional do dispositivo de informática.

Em processo investigativo, os *logs* são considerados um dos principais elementos destinados à identificação da autoria do ato praticado com o uso da internet, haja vista que o log gerado pela sua conexão com a internet pode ser localizado.

Os *logs* são um conjunto de informações acerca da utilização da internet pelo usuário, o qual fornecerá um conjunto de informações sobre a utilização do serviço utilizado pelo usuário da internet, apontará a data, o fuso horário da conexão e o número do protocolo de internet.

Dessa feita, verifica-se que toda ação realizada na internet é registrada e esses registros são essenciais para a validação da prova digital.

Com a celeridade de desenvolvimento dos recursos propiciados pela tecnologia e sistema da informação, surgem inúmeras ferramentas com diversas finalidades, inclusive para preservação digital e validação da prova digital.

Uma das ferramentas que vem sendo utilizada atualmente, inclusive para apuração de crimes cibernéticos é o HTTrack.

A ferramenta HTTrack é um *web crawler* livre, de código aberto e com navegador *offline*, desenvolvido por Xavier Roche e licenciado sob a GNU General Public License(8).

A ferramenta HTTrack permite o *download* de *websites* da Internet para um computador local, através do qual é organizado o *website* baixado ou "copiado" pela sua estrutura original, podendo ser este acessado por meio da abertura de sua página no navegador.

Considerando que a ferramenta utiliza navegador *offline*, ela permite que o usuário use o navegador habitual, como se estivesse *online*. E essa ferramenta possibilita a navegação sem que o autor da página suspeite e realize modificações nas informações.

O *site* baixado ou "copiado" inclui todas as páginas, *links*, figuras e o código do *site* original, no entanto, permanecerá no computador local. A ferramenta HTTrack também atualiza um site baixado ou "copiado" existente e reinicia *downloads* interrompidos.

O HTTrack permite copiar o design de um site e conteúdo para fins de arquivamento ou de pesquisa sem ter a necessidade de acessar manualmente em cada página do site e salvar as páginas individualmente para o computador local.

A ferramenta HTTrack também é utilizada como teste de segurança, podendo citar a título de exemplificação quando se faz uma réplica de um site, essa ferramenta possibilita analisar o conteúdo completo e os arquivos baixados, coletando-se dados e informações, realizar testes, analisar palavras-chaves ou códigos sem que seja visto ou percebido pelo autor da página.

O HTTrack permite não só a identificação da autoria, como também possibilita analisar todo o seu conteúdo. Entretanto, o mais importante é a preservação digital para o uso como meio de validação digital, haja vista que a preservação

(8) Disponível em: <https://pt.wikipedia.org/wiki/HTTrack>. Acesso em: 26 nov. 2021.

digital visa resguardar a autenticidade, integridade do conteúdo e a estrutura do ambiente. Do contrário, a prova será objeto de impugnação em razão da ausência ou não preservação digital de forma adequada.

Assim, não basta utilizar a ferramenta HTTrack, tem-se que realizar a preservação digital.

Assim sendo, vislumbram-se algumas desvantagens no uso da ferramenta HTTrack, a saber:

(i) Não há captura de conteúdo dinâmico e páginas geradas com *scripts*;

(ii) O servidor pode entrar em colapso na situação de ter que baixar sites muito grandes;

(iii) A utilização em conexões simultâneas com o mesmo site poderá refrear o servidor e até mesmo deixá-lo fora de serviço.

Decerto, que a ferramenta HTTrack vem sendo muito utilizada atualmente, contudo, não se pode ignorar ou dispensar o basilar para validação da ferramenta que é a preservação digital.

Ora, a preservação de dados de provedores de acesso à internet e sua regulação está prevista na Lei n. 12.965/2014, que se encontra em vigência desde 23 de junho de 2014.

Segundo os Autores Isabella Maria Baldissera Lessa e Tiago Vidal Vieira, no artigo científico "Crimes Virtuais: Análise do Processo Investigatório e Desafios Enfrentados" apresentado no 5º Simpósio de Sustentabilidade e Contemporaneidade nas Ciências Sociais, "a referida lei dispõe acerca da preservação de dados de provedores de acesso à internet, que possuem o dever de manter armazenados os registros de conexão de seus usuários"[(9)]

A referida lei dispõe ainda o armazenamento dos dados pelo período de um (01) ano. Contudo, o Marco Civil da Internet não impõe a guarda por todos os provedores de acesso, o que pende de uma melhor regulamentação sobre a matéria.

Apesar da existência de inúmeros aplicativos que viabilizam o download do conteúdo de uma página na internet, é indispensável a preservação digital para validação da prova digital, haja vista que mesmo com as vantagens do uso da ferramenta HTTrack, a qual, repisa-se, permite o download dos sites inteiramente,

---

(9) LESSA, Isabella Maria Baldissera; VIEIRA, Tiago Vidal. *Crimes Virtuais:* Análise do Processo Investigatório e Desafios Enfrentados. Disponível em: <www.fag.edu.br/upload/contemporaneidade/anais/594c13e45d209.pdf>. Acesso em: 26 nov. 2021.

inclusive imagens e gera um *log* que fica registrado a data, horário e endereço do site salvo, existem desvantagens no uso da ferramenta que não devem ser ignoradas.

A preservação da prova é indispensável para validação do HTTrack e outras ferramentas como validação da prova digital.

3. Wayback Machine — A máquina do tempo nas provas digitais

Professor Ludgero descobriu a Wayback Machine em 2018 enquanto pesquisava materiais para estudos da cadeia de custódia de provas. A ferramenta permite que qualquer pessoa acesse a *web* no momento anterior. A propósito, enfatizamos que há precedentes no Brasil a respeito: TJSP 16ª Vara Cível, Processo 0059889-46.2018.8.26.0100. Vejamos o passo a passo: 1. Primeiro, acesse o site da ferramenta e digite a URL da página que deseja navegar; 2. Em seguida, selecione o ano da página que deseja visualizar e compare o conteúdo atual com o conteúdo antigo; 3. Selecione uma data específica do ano selecionado para explorar o conteúdo; 4. Após a conclusão, em poucas palavras, compare o conteúdo atual com o conteúdo antigo para verificar se há alguma adulteração; 5. Em qualquer caso, use a extensão Wayback Machine para salvar a página. Será gerado um *link* específico para exibição no campo judicial.

Para verificar a obtenção das provas, pode-se solicitar a declaração de autenticidade no site da Wayback Machine(10), pagando uma taxa à plataforma. Pode-se verificar a página original pagando USD 250 por pedido + USD 20 por novo URL do próprio site ou usando o serviço ata notarial ou a Verifact menos complicada, que, além dos metadados técnicos, também disponibiliza um relatório completo a ser incluído no registro.

4. Ata Notarial

Como leciona Luiz Guilherme Marinoni(11), na Obra Prova e Convicção de acordo com o CPC de 2015, a Ata Notarial(12) é o primeiro meio de prova

(10) Disponível em: <https://pt.wikihow.com/Usar-a-P%C3%A1gina-de-Internet-Archive%27s-Wayback-Machine>. Acesso em: 25 nov. 2021.

(11) MARINONI, Luiz Guilherme; ARENHART, Sérgio Cruz. *Prova e Convicção*. 5. ed. São Paulo: Revista dos Tribunais, 2019.

(12) RODRIGUES, Felipe Leonardo. *ATA NOTARIAL e a sua eficácia na produção de provas com fé pública do tabelião no ambiente físico*. Disponível em: <www.migalhas.com.br/depeso/14111/ata-notarial-e-a-sua-eficacia-na producao-de-provas-com-fe-publica-do-tabeliao-no-ambiente-fisico>. Acesso em: 25 nov. 2021.

documental expressamente disciplinado pelo Código, tendo previsão legal no art. 384 do CPC vigente e no art. 7ª, inciso III, e art. 6ª da Lei n. 8.935 de 1994.

Ante a previsão no CPC, art. 384, passou-se a utilizar a Ata Notarial com mais frequência em razão de ter como um dos qualificativos a fé pública, entretanto, o notário descreve os fatos com todas as suas circunstâncias em documento próprio. O que não for observado presencial e pessoalmente pelo notário, não poderá constar em Ata Notarial.

Segundo José Antonio Escartin Ipiens[(13)], a Ata Notarial é um instrumento de prova, podendo ser utilizado em processo judicial e na esfera privada, administrativa e registral.

O notário certificará, com o dever de imparcialidade, a ocorrência do fato por ele verificado ou no qual teve conhecimento através de documentos, vídeos, fotos, imagens, não sendo admissível a adoção de juízo de valor sobre o que foi atestado, reproduzindo exatamente o que presenciou ou teve conhecimento, porquanto, expressões como "por suposição", "entende-se", "presume-se", "conclui-se", são vedados, sob pena de violar a imparcialidade inerente ao notário.

A Ata Notarial é um documento público que faz prova de sua existência e dos fatos ocorridos que o notário atestar que ocorreram na sua presença ou que por ele foram verificados, cuja finalidade é servir como meio de prova.

O notário não pode elaborar Ata Notarial quando impedido ou quando incompetente, com fulcro no art. 27 da Lei n. 8.935 de 1994 e art. 407 do CPC, respectivamente.

Nesse sentido, por gozar de presunção de veracidade, a Ata Notarial pode ser contestada ou descontruída a veracidade e integridade dela decorrente, principalmente se tiver sido certificada por um notário incompetente ou impedido.

A tecnologia da informação alterou a forma como vivemos, trabalhamos e nos comunicamos, ultrapassando fronteiras. E, por conseguinte, a evolução tecnológica da informação trouxe uma expressiva quantidade de documentos e contratos por via digital, bem como outros meios probatórios.

Nessa perspectiva, a Ata Notarial passou a ser mais utilizada com a finalidade de dar veracidade aos fatos e documentos físicos que foram digitalizados, site ou página da internet, conversas de *WhatsApp*.

---

(13) Disponível em: <https://www.migalhas.com.br/depeso/14111/ata-notarial-e-a-sua-eficacia-na--producao-de-provas-com-fe-publica-do-tabeliao-no-ambiente-fisico>. Acesso em: 25 nov. 2021.

O notário relata os fatos que presenciou, comprovando a existência e todo o conteúdo do site ou página da internet, arquivando os endereços acessados, data, horário, IMEI, IP e imprimindo as imagens no próprio instrumento notarial, se houver pedido da parte.

Nessa hipótese, o notário somente poderá lavrar a Ata Notarial se possuir acesso, pessoal e presencialmente, ao telefone celular e/ou computador, ou seja, se for prova digital oriunda de *WhatsApp*, o notário terá que ter acesso direto ao celular para lavrar a ata[(14)4].

Decerto que a Ata Notarial não segue a cadeia de custódia e, dessa forma, não preenche os requisitos de validade, autenticidade e integridade da prova digital, que são: (i) Autenticidade (art. 411, CPC); (ii) Integridade (art. 425, VI, CPC); (iii) Perenidade do Conteúdo ou validade ao longo do tempo; (iv) Tempestividade.

O atendimento aos requisitos expostos visa dar maior segurança jurídica e o controle de validade nas provas digitais.

Nesse contexto, considerando que o notário somente certificará o que tiver acesso e presenciado, sem poder atribuir qualquer juízo de valor, e ainda, gozando a Ata Notarial de presunção de veracidade, torna-se uma prova frágil como meio de validação de uma prova digital.

No entanto, a Ata Notarial pode ser utilizada no meio de prova digital, entretanto, a sua valoração será mitigada, se impugnada, não trazendo para as partes e para o destinatário final da prova a respectiva segurança jurídica que é imprescindível no mundo tecnológico, bem como a transparência que a prova não foi contaminada durante a coleta, armazenamento até a ciência do notário para a certificação no instrumento notarial.

Após a publicação do Provimento n. 100 do Conselho Nacional de Justiça (CNJ), em 27 de maio de 2020, as Atas Notariais, assim como outros Atos Notariais, passaram a ser realizados de forma eletrônica, dispensando a presença da parte no cartório.

Ao realizar uma Ata Notarial via videoconferência, o requerente necessitará possuir Certificado Digital e-Notariado ou ICP-Brasil, além de documento de identidade eletrônico, como por exemplo, CNH digital e ter firma no cartório, sendo a sua emissão gratuita.

---

(14) OLIVEIRA, Silvana de. *Apostila Curso de Processamento de Registros de Provas Digitais Criptografadas.* Ano 2021, 3. ed.

Na hipótese de o requerente não possuir Certificado Digital, será emitido um dos modelos existentes no próprio cartório, entretanto, o requerente deverá comparecer no cartório.

Mesmo as Atas Notariais podendo ser realizadas de forma eletrônica com a finalidade de adequação, a atual realidade tecnológica que a sociedade vive não confere a essa modalidade a integridade, autenticidade, tempestividade, perenidade do conteúdo ou validade ao longo do tempo, bem como que tenha seguido a cadeia de custódia.

Diante de novas tecnologias e a facilidade de acesso aos recursos tecnológicos, atualmente busca-se por uma ferramenta para a coleta de provas que siga a cadeia de custódia, no qual tem seu sistema asseado no princípio universal de autenticidade da prova também conhecida pela *"lei da mesmidade"*.

Assim, ter-se-á robustez na instrução probatória permitindo uma auditoria dos metadados e dados disponíveis no resultado do Relatório apresentado.

O registro feito com uma ferramenta especializada na forma digital é um meio lícito de registro de provas para ser utilizado em processos judiciais, com alta credibilidade e confiança em sua origem e contexto(15).

Ressalvadas eventuais posições diametralmente opostas, podemos argumentar que a Ata Notarial não tem o condão de substituir a prova digital registrada na forma criptografada.

Os documentos digitais estão previstos em uma seção específica do CPC, com tratamento específico e diferenciado dos demais e no Código Civil, no qual determina a liberdade de escolha da forma da declaração de vontade, quando esta não for determinada por lei, por exemplo.

O Código de Processo Civil dispõe do art. 405 até o art. 441, desde os requisitos para que um documento tenha valor ou força probante, bem como deve ser produzido no processo e quando deve ser arguida a sua falsidade.

A Ata Notarial goza de qualificativos próprios de formatação a justificar sua previsão legal como meio de prova específico. E por essa razão, vem sendo mais utilizada, principalmente na ausência de outros meios de provas específicos ou que seria difícil ou até mesmo impossível de produzir.

---

(15) OLIVEIRA, Silvana de. *Apostila Curso de Processamento de Registros de Provas Digitais Criptografadas.* Ano 2021, 3. ed.

Contudo, como meio de validação da prova digital, de todo pertinente salientar que, o notário não poderá fazer constar em ata o passo a passo realizado para acesso a servidor em nuvem, por exemplo, para constatação de informações neles contidas, considerando a hipótese de o acesso não ter sido realizado pelo próprio notário e/ou na sua presença. E a parte contrária, poderá impugnar a Ata Notarial por meio de captura de tela ou *print screen* para comprovar e/ou demonstrar que o conteúdo constante na Ata Notarial foi editado previamente.

A Ata Notarial tem a sua importância e valoração, no entanto, repisa-se, não tem o condão de substituir a força probatória da prova digital produzida e registrada na forma criptografada, e tampouco ter equivalência na validação como prova digital.

5. OriginalMy

A extensão *PACWeb* da OriginalMy oferece uma intenção de Prova de Autenticidade. A plataforma esclarece, *ab initio*, que a ferramenta cria uma prova adicional e complementar que poderá ser utilizada em conjunto com outras provas que ajudem a montar um perfil de comportamento que será analisado pela justiça.

De fato, a validação da prova digital de *per si* não é certeza de fato controvertido provado no caso concreto *sub judice*. Somente diante de todo o contexto probatório é que o juiz fará a valoração da prova produzida.

Este aplicativo faz uma cópia do conteúdo que está sendo visualizado no browser e fornece um relatório completo explicitando quando e onde a informação estava disponível. Ademais, há o registro de uma assinatura digital única e exclusiva que identificará esse documento no próprio site da OriginalMy, com o intuito de fornecer uma prova de autenticidade com carimbo de tempo, atestando o momento em que o conteúdo estava disponível.

A *PACWeb* da OriginalMy é reconhecida por Tribunais como válida em processos judiciais e apontada como ferramenta idônea para fins de validação em Cursos de Formação para Juízes por professores renomados.

Após a instalação, a plataforma sugere que sejam utilizados *links* permanentes (permalinks) e que seja aberta exatamente a página com o conteúdo que se deseja registrar. Na sequência, basta clicar no ícone do aplicativo que ele começará a varredura pelo site sendo visualizado no momento.

Após a varredura, ele solicitará o registro em OriginalMy.com, que ocorrerá somente após confirmação do pagamento e disponibilizará um relatório em formato PDF para ser usado como prova de autenticidade. Este documento será a própria chave de Acesso em: OriginalMy.com para futuramente ser consultado o *status* de certificação e para poder acessar o certificado de autenticidade emitido após a confirmação de registro.

Em nota, a plataforma alerta, *litteris*; "Não tomamos conhecimento ou armazenamos informações referentes ao conteúdo do seu documento, somente da assinatura digital única e exclusiva que é calculada diretamente no seu *browser*. Portanto é responsabilidade do usuário salvar os documentos originais e outros arquivos em locais seguros para garantir a integridade, fazer backups dos mesmos e distribuí-los somente entre as partes interessadas."

Quando analisamos ferramentas e meios de validação de uma prova digital, a principal perquirição deve ser se o conteúdo corresponderá sempre ao fato original sem manipulações antes ou depois da coleta. Para a efetiva validação de uma prova digital devem, pois, ser observadas três etapas essenciais, atendendo conceitos aplicáveis de normas internacionais (ISO 27037) e passos relativos à coleta e preservação da cadeia de custódia (Lei n. 13.964/2019). Isto se faz necessário, pois será exatamente o cumprimento destas três etapas que ensejará a confiança de que o registro corresponde ao fato original.

Vejamos.

Na primeira etapa, a do *isolamento*, busca-se evitar que a prova sofra contaminações ou manipulações *durante* a coleta, de forma intencional ou não. Por esse motivo, a navegação nos sites e a coleta dos dados devem ocorrer dentro de um ambiente seguro dentro de servidores próprios, com um ponto de acesso de internet próprio, evitando a violação ou interceptação dos dados. A efetividade do ambiente seguro tem que ser validada por empresa referência em cibersegurança no Brasil.

A segunda etapa, a da *Coleta*, deve ser técnica e detalhada. É necessário coletar diversos dados sobre o fato digital, tanto para apresentação judicial detalhada, quanto para viabilizar a consecução de eventual perícia técnica, caso se faça necessário. Aqui permite-se a auditabilidade da prova, possibilitando o contraditório sobre o material.

Para que esta etapa reste incólume, é fundamental o registro de telas, imagens, vídeos, áudios e diversos arquivos, além da coleta de amplos metadados técnicos sobre o fato digital — endereços IP, detalhes certificados SSL, WHOIS/RDAP, *traceroute*, *log* detalhado do *browser*, código fonte HTML, etc. Vale dizer, espelhamento técnico com amplos metadados, com base em procedimentos forenses.

Por derradeiro, é necessária uma terceira etapa, a da *preservação* da informação coletada. A preservação deve ser segura de forma que não seja possível modificar a informação posteriormente, sendo identificável, também, seu emissor. Aqui é necessário o somatório de uma assinatura certificada e do carimbo de tempo.

A OriginalMy utiliza a tecnologia *Blockchain*. "O que é o mecanismo do *Blockchain*? Em tradução livre regular o termo em inglês *Blockchain* traz a ideia de uma cadeia de blocos. Essa é a principal imagem de sua essência estrutural. *Blockchain* pode ser compreendido como uma rede descentralizada de terminais eletrônicos, na grande maioria computadores, distribuídos ao redor do mundo e interligados pela internet (...) A rede *blockchain* é, portanto, uma rede que se aproveita dessa estrutura técnica para uma forma de troca específica de informações, em uma dinâmica própria.(...)Em essência, o *blockchain* é um livro contábil compartilhado, programável, criptograficamente seguro e, portanto confiável; ele não é controlado por nenhum usuário único, mas pode ser inspecionado por todos[16]."

Pensamos, contudo, apesar de posicionamentos em sentido contrário, que a tecnologia *Blockchain* por si só não logra evitar eventuais fraudes antes da preservação, sendo essenciais os dois primeiros passos acima mencionados serem respeitados .

Tem sido preconizada a ideação de que calcado na tecnologia *blockchain*, tudo resta autenticado. Contudo, isso não é real. A tecnologia *blockchain* cumpre o papel de um "saquinho de evidências", mas podem ser aceitas informações falsas ou verdadeiras. Necessário é um processo muito mais complexo, que gere informações confiáveis, conforme ressaltado supra.

6. Arquivos em nuvem

No sistema de computação de nuvem (*cloud computing*[17]) o armazenamento das informações não ocorre no dispositivo do próprio usuário e sim em

(16) THAMAY, Rennan. *Provas no direito digital:* conceito da prova digital, procedimentos e provas digitais em espécie, São Paulo: RT, 2020.

(17) *Cloud computing* é uma tecnologia que usa a conectividade e a grande escala da Internet para hospedar os mais variados recursos, programas e informações. Dessa forma, a computação em nuvem permite que o usuário os acesse por meio de qualquer computador, tablet ou telefone celular.

Tudo isso sem a necessidade de conectar-se a um computador pessoal ou servidor local. (...)

Todos eles são serviços online que não exigem o download, instalação e acesso de qualquer tipo de *software* ou arquivo no seu computador. Você só precisa de um navegador e uma boa conexão com a Internet para usá-los. Fonte: <https://rockcontent.com/br/blog/cloud-computing/>. Acesso em: 23 nov. 2021.

servidores da empresa que presta serviços, como por exemplo, Google, Microsoft, Apple etc. As informações em arquivos de nuvem são acessadas pela internet de qualquer local. O armazenamento é centralizado.

A Prova digital armazenada dessa forma e disponibilizada através de *links* em petições em processos judiciais, apesar de ser uma prática ainda comum, é extremamente frágil.

Se não, vejamos.

Na primeira etapa, a do *isolamento*, sabemos, busca-se evitar que a prova sofra contaminações ou manipulações *durante* a coleta, de forma intencional ou não. Ora, como poderá restar assegurada a não contaminação ou manipulação se o próprio usuário coletará a prova. Como saber se a navegação nos sites, a coleta dos dados e o *upload* em si, ocorreu dentro de um ambiente seguro evitando a violação ou interceptação dos dados?

Nessa sistemática, a segunda etapa, a da *Coleta,* não logra ser técnica e detalhada, não permitindo a auditabilidade da prova, possibilitando o contraditório sobre o material. Não teremos, aqui, espelhamento técnico com amplos metadados, com base em procedimentos forenses.

E, por fim, a terceira etapa, a da *preservação* da informação coletada, é frágil. A preservação deve ser segura de forma que não seja possível modificar a informação posteriormente.

Uma mitigação a essa fragilidade é o novo programa *PJe Mídias Desktop*[18]. A ferramenta permite o envio de arquivos de áudio e vídeo para processos em tramitação, eliminando a necessidade de entregar as mídias físicas nas unidades judiciárias. Os arquivos devem ser enviados no formato MP4. Após a remessa, o advogado deve peticionar nos autos informando o link dos arquivos enviados, obtido no sistema PJe Mídias.

O Portal PJe Mídias constitui o Repositório Nacional de Mídias para o Sistema PJe, instituído pelo Conselho Nacional de Justiça e previsto no art. 1º, § 2º, da Resolução CNJ n. 105/2010[19], com alteração dada pela Resolução CNJ n. 222/2016.

---

(18) Importante ressaltar que nem todos os Tribunais disponibilizaram essa versão *desktop* para advogados e peritos.

(19) Disponível em: <https://atos.cnj.jus.br/atos/detalhar/166>. Acesso em: 24 nov. 2021.

Neste ambiente virtual poderão ser armazenados documentos digitais de processos judiciais em tramitação nos tribunais brasileiros e de processos administrativos do próprio CNJ.

Nos termos da Resolução, os documentos digitais serão considerados, para todos os efeitos, integrantes dos autos eletrônicos do processo correspondente.

São requisitos dos documentos digitais inseridos no presente repositório:

I. o número único do processo judicial, nos termos da Resolução CNJ 65/2008;

II. o localizador padrão permanente de acesso ao conteúdo da informação (URL), na rede mundial de computadores;

III. os requisitos dispostos no art. 195 do Código de Processo Civil, de autenticidade,

IV. integridade,

V. temporalidade,

VI. não repúdio,

VII. conservação e, nos casos dos que tramitem em segredo de justiça, confidencialidade, observada a infraestrutura de chaves públicas unificada nacionalmente, nos termos da lei.

A existência de um determinado conteúdo neste repositório deverá estar certificada nos autos do processo correspondente, onde também deverá estar indicado o localizador padrão permanente de acesso ao conteúdo da informação (URL), na rede mundial de computadores.

O sistema PJeMídias Desktop é utilizado para envio de provas e perícias dos processos que tramitam no PJe para o PJeMídias. O sistema aceita apenas arquivos no formato MP4. Arquivos em outros formatos precisam ser convertidos previamente para que possam ser enviados.

Inicialmente, é necessário realizar o download do arquivo e executá-lo. Após o download, pode-se criar um atalho para o sistema, dispensando novo download a cada utilização.

Para acessar o PJeMídiasDesktop são requeridas as mesmas credenciais do PJeMídias e do Escritório Digital. Importante destacar que é necessário que na máquina o programa JAVA esteja instalado.

Realizado o login, o sistema direciona para uma tela onde há um menu localizado na parte superior, à esquerda, no qual são exibidos as opções "Nova Perícia/Prova". Preenchidos os campos requeridos, finda essa etapa, deve-se clicar em "Finalizar" para importar o vídeo para o PJeMídias Desktop. O sistema direciona para a página de assinatura, que deve ser feita com o certificado digital.

Conclusão

Para a efetiva validação de uma prova digital devem, por conseguinte, ser observadas as etapas essenciais acima mencionadas, respeitando conceitos aplicáveis de normas internacionais (ISO 27037) e passos relativos à coleta e preservação da cadeia de custódia (Lei n. 13.964/2019). Isto se faz necessário, pois será exatamente o cumprimento destas etapas que ensejará a confiança de que o registro corresponde ao fato original.

Quando analisamos ferramentas e meios de validação de uma prova digital, a principal perquirição deve ser se o conteúdo corresponderá sempre ao fato original sem manipulações antes ou depois da coleta. Por tudo acima asseverado, conclui-se que, ao fim e ao cabo, o mais importante é a preservação digital para o uso como meio de validação digital, haja vista que a preservação digital visa resguardar a autenticidade, integridade do conteúdo e a estrutura do ambiente. Do contrário, a prova será objeto de impugnação em razão da ausência ou não preservação digital de forma adequada.

Referências bibliográficas

LUDGERO, Paulo. *Apostila Curso de Processamento de Registros de Provas Digitais Criptografadas.* Ano 2021. 3. edição.

MARINONI, Luiz Guilherme. Sergio Cruz Arenhart. *Prova e Convicção.* 5. ed. rev., atual. e ampl. São Paulo: Revista dos Tribunais, 2019.

MEDEIROS, Patrícia. *Apostila Curso de Processamento de Registros de Provas Digitais Criptografadas.* Ano 2021. 3. edição.

OLIVEIRA, Silvana de. *Apostila Curso de Processamento de Registros de Provas Digitais Criptografadas.* Ano 2021. Direitos Autorais cedidos por WorkingFreeLancerCuritiba e Jus Arbitration. 3. edição.

RIBEIRO, Valéria. Claudio Carneiro. *O Processo do Trabalho no Século XXI.* Editora Autografia JUS. 1. edição. 2020.

RIBEIRO, Valéria. *Apostila Curso de Processamento de Registros de Provas Digitais Criptografadas.* Ano 2021. 3. edição.

THAMAY, Rennan. Maurício Tamer. *Provas no Direito Digital.* São Paulo: Revista dos Tribunais, 2020.

Novos Meios de Busca da Verdade: A Geolocalização

Olga Vishnevsky Fortes[1]

Introdução

A verdade é o maior instrumento para que se diga o Direito no caso concreto, e a prova testemunhal, não raro, se mostra insuficiente para alcançá-la. Se a tecnologia faz parte de nosso cotidiano e se desenvolve com monumental rapidez, ela deve estar presente também no processo, como forma de busca da verdade.

Novos meios de prova são colocados à disposição do condutor do processo e seu acesso, embora dificultado por quem detém os dados, é plenamente possível e absolutamente viável. Tecnologia e verdade se entrelaçam; dados se transformam em provas; provas se transformam em sentenças e lides são solucionadas com a pacificação social, escopo do Judiciário.

O pequeno estudo transita pelo caminho prático, abordando a dificuldade na colheita da prova testemunhal para discorrer sobre novos e tecnológicos meios de prova. Tratando da geolocalização, o estudo indica a possibilidade, momento adequado e circunstâncias para sua aplicação, abordando regras processuais. De forma a demonstrar a aplicabilidade em concreto, o artigo cita decisões sobre o tema e indica a legislação pertinente.

A pretensão do breve estudo é, pois, além de criar uma reflexão sobre o tema, explanar com linguagem simplificada a possível adoção da busca de dados de geolocalização para a solução de conflitos.

---

(1) Juíza do Trabalho, titular da 7ª Vara da Zona Sul de São Paulo. Pós-graduada em Processo Civil e Administração Judiciária. Presidente da ABMT — Associação Brasileira dos Magistrados do Trabalho.

1. O juiz e a verdade: a prova testemunhal

Os longos anos na Magistratura me ensinaram que o que temos no processo não são fatos, mas narrativas. Sabendo disso, pude constatar que as narrativas têm interesses, preconceitos, preceitos, valorações, influências...

Dentro ou fora de nosso mister temos que levar em conta que muitas das emoções do narrador comum são oriundas da "moral de rebanho", hoje acentuada pela propagação tecnológica dos fatos, das notícias. Segundo Nietzsche:

> A verdade e a mentira são construções que decorrem da vida no rebanho e da linguagem que lhe corresponde. O homem do rebanho chama de verdade aquilo que o conserva no rebanho e chama de mentira aquilo que o ameaça ou exclui do rebanho. [...] Portanto, em primeiro lugar, a verdade é a verdade do rebanho (Nietzsche, 2007, p. 13).

As narrativas vêm, pois, impregnadas de impressões e emoções e, mesmo sem a intenção deliberada de favorecer alguém, retratam versões que, não raro, se distanciam da verdade.

Quando falamos da mentira, não nos olvidemos da hipérbole, muito usada em nossa linguagem coloquial, nos grupos sociais e até como elemento primordial de esquetes de humor. A testemunha pouco difere a narrativa formal da coloquial e, comumente, exagera em sua narrativa, o que é de fácil percepção. O exagero, é claro, não retrata a verdade, sendo qualificado como "afirmação falsa" de que fala o art. 342 do CP, punível, no processo do trabalho, com a condenação de multa por litigância de má-fé, nos termos do art. 793-D, da CLT.

Sobre o tema, diz a melhor Doutrina:

> A verdade é inatingível dentro e fora do processo. Todo juízo de verdade resolve-se em um juízo de maior ou menor verossimilhança. Nada obstante, a colocação da verdade como objetivo da prova preenche axiologicamente o processo, outorgando-lhe legitimidade. A imposição da verdade como finalidade da prova é uma condição necessária para que se possa colocar a justiça do caso concreto como desiderato do processo (Marinoni, Arenhart, Mitidiero, 2015, p. 369).

A verdade real — pois não me refiro aqui à verdade formal —, é, por vezes, buscada pelo Juiz pela identificação de seu oposto. Muitas vezes encontro a verdade pela identificação da mentira, insculpida no exagero da resposta, no uso do jargão que haveria de ser desconhecido, na prontidão da conclusão meramente opinativa, na antecipação e no direcionamento da resposta sempre para o mesmo e claro propósito.

Eis os ensinamentos do Professor Mascaro sobre os perigos da prova testemunhal:

> São evidentes os perigos da prova testemunhal e os riscos decorrentes desse tipo de prova. A possibilidade de erro na decisão fundada em testemunhos de má fé sempre existe. Nem sempre a má fé impede a verdade; às vezes a testemunha não sabe ou não tem meio de revelar o que sabe e a dificuldade de conhecer da testemunha não difere da dificuldade de conhecer o homem (Mascaro, 2009, p. 921).

Sobre a diferenciação entre verdade real e formal, ensina Manoel Antonio Teixeira Filho:

> Real é a que se pode denominar de verdade em si, aquilo que efetivamente ocorreu no mundo sensível; formal é a que se estabelece nos autos, como resultado das provas produzidas pelas partes. Nem sempre, porém, a verdade formal corresponde à real, o que é sobremaneira lamentável e atentatório à respeitabilidade do processo como instituição jurídica e como instrumento estatal de composição dos conflitos intersubjetivos de interesses (2009, p. 921).

De Magistrados passamos a ser investigadores responsáveis que tendem a chegar à mesma conclusão sobre fatos juridicamente relevantes que nos são trazidos. É assim que se consolida a jurisprudência.

Nas palavras de Charles Sanders Peirce:

> A opinião que é fadada, em última instância, a ter a concordância de todos que a investigam, é o que entendemos por verdade, e o objeto representado por essa opinião é o real. Essa é a maneira como eu explicaria a realidade (citado por James Garvey e Jeremy Stangroom, 2009, p. 162).

Temos que reconhecer, porém, que busca da verdade foi se transformando pelos meios que passamos a ter para reconhecê-la. Partimos da oitiva atenta da narrativa, forma ainda mais corrente, ao uso da tecnologia, que nos encanta e que também nos assombra.

E tanto assombra que George Orwell, em 1949, já mostrava na ficção o temor de um futuro tecnológico ditatorial, ao narrar que: "*Era possível inclusive que ela* — a polícia — *controlasse todo mundo o tempo todo. Fosse como fosse, uma coisa era certa: tinha meios de conectar-se a seu aparelho sempre que quisesse*" (2009, p. 13).

2. A tecnologia: presente e futuro

Yurval Noah Harari, em sua obra "21 Lições para o Século 21" prevê a possibilidade de que a revolução tecnológica crie a autoridade algorítmica em substituição à autoridade mitológica, divina, ou liberal, promova a medição algorítmica de dados de nossas células e de nossas emoções e chega a prever até a criação de algoritmos filosóficos, instados a decidir sobre dilemas morais humanos.

O Facebook se prepara para explorar totalmente o "Metaverso", e a guinada tecnológica será tal que a rede mudou seu quase sagrado nome, para adotar o mesmo nome do ambiente virtual que está sendo criado. Seremos transportados em imagem e som para locais virtuais onde poderemos interagir com os outros "teletransportados". As audiências telepresenciais trabalhistas, atualmente feitas pelo Zoom, serão quase que ancestrais remotos do Metaverso. Ganharemos o dom da ubiquidade, com a simultânea e mais aparente presença no ambiente real e virtual.

Enquanto não evoluímos para o cenário da absoluta revolução tecnológica descrita por Harari e já criada por Zuckerberg, dispomos, para a nossa busca diária da verdade no processo, do acesso às redes para localização do endereço das partes, para a verificação da existência ou não de bens, de "prints" de conversas em aplicativos como *WhatsApp* e de cópia de e-mails para elucidação de fatos ou comprovação da relação jurídica, da geolocalização para a prova de jornada de trabalho e outras tecnologias, todas admitidas como meios válidos de prova, nos exatos termos dos arts. 369 e 422 do CPC (*Vide* interessante decisão do colega Leonardo Aliaga Betti nos autos do processo 0001421-11.2011.5.02.0373; *vide* processo 1001198-28.2019.5.02.0707 e processo 1000955-50.2020.5.02.0707, que tratam dos temas)

Tudo isso é possível, porque, segundo pesquisa feita pelo colega Guilherme da Rocha Zambrano, do TRT da 4ª Região, as pessoas estão conectadas e deixam rastros digitais, pois:

182 milhões de brasileiros possuem acesso à internet (PNAD 2018);

98,1% dos brasileiros com mais de 10 anos acessam a internet pelo celular;

79,1% dos domicílios possuem acesso à internet;

Trabalho em escritórios quase totalmente informatizado;

Câmeras nas ruas, aplicativos de transporte, meios de pagamento digitais etc.;

Prédios com câmeras de segurança e controle de acesso;

Arquivos com registro de quem os editou e em quais momentos;

Estações de Rádio Base registram o envio ou a recepção de dados (ligações, sms, conexão à internet etc.) pelos aparelhos celulares;

ERBs podem ser trianguladas para determinar a localização da pessoa;

IP do aparelho pode ser usado para determinar quem postou, quando postou e onde postou determinado conteúdo;

Geolocalização pode ser usada para mostrar onde a pessoa esteve e em qual horário.

3. O juiz e a verdade: a prova documental da jornada

Ante a gama de utilidade das provas digitais, pretendo narrar a aplicabilidade da geolocalização para a questão que é mais comumente trazida em juízo, qual seja, a relativa à jornada de trabalho, embora a geolocalização possa ser utilizada, da mesmíssima forma, para demonstrar outros fatos, como por exemplo, a existência de vínculo ou a natureza do serviço prestado.

Quando falamos de todas as existentes e possíveis inovações tecnológicas não podemos nos esquecer que ainda convivemos com empregadores domésticos e pequenos empregadores que têm acesso restrito à internet, ou ainda documentam os contratos de trabalho e seus acessórios somente em papel. O mundo tecnológico ainda convive com o analógico.

Pois bem. O cartão e o livro de ponto são comumente trazidos aos processos, ainda que tenham que ser digitalizados para sua juntada no PJe.

Os controles de jornada por meio digital são utilizados em larga escala, mas a prova testemunhal, como ocorre nos casos em que há juntada dos livros ou cartões de ponto, é requerida para invalidá-los: ou se alega manipulação dos espelhos de ponto, ou se afirma a marcação, com o retorno ao trabalho.

Como já narrado, lides sobre horas extras, de intervalo, noturnas, de sobreaviso, de trabalho em feriados, são retratadas na maioria dos processos distribuídos. Ainda vivemos a cultura da exploração do trabalho, ora realmente executada — mas, felizmente, cada vez menos pelo empregador de grande porte —, ora trazida como mera tese da inicial, sem nenhuma confirmação probatória.

No processo, é ônus do empregador juntar aos autos os documentos comprobatórios da jornada, consoante previsão do art. 74 da CLT, sendo certo que a ausência da prova leva à presunção de veracidade da jornada afirmada pelo Autor, nos termos da Súmula n. 338 do TST.

Segundo a Doutrina:

> Presunção é a ilação que se tira de um fato conhecido para se provar a existência de outro desconhecido. Poder-se-á também dizer que as presunções são as consequências que resultam dos constantes efeitos de um fato: ex eo quod plerumque fit ducantur presumptiones (Santos, 1968, p. 87).

Costumo definir o "ônus da prova" como um "fardo" que a parte deve carregar se quiser ver sua tese como vencedora. Não é, pois, uma obrigação processual. Se a parte não quiser ou puder carregar o "fardo" que lhe foi atribuído pela lei, ou pelo juiz — que fará essa atribuição ante a previsão legal, ante os indícios, ou, ainda, ante a observância de máximas de experiência —, sofrerá a consequência da sucumbência, que é o fato objetivo da derrota.

Veja-se que a mesma Súmula traz outra presunção aplicada em benefício do empregado em seu inciso III, que é a que considera a invalidade da anotação invariável e transfere ao empregador o ônus de comprovar a jornada. A presunção se dá pela observância do que ordinariamente ocorre, ou seja, pela inverossimilhança de uma marcação totalmente uniforme, em todos os dias de trabalho. Não se trata propriamente de uma inversão do ônus, mas do reconhecimento de uma presunção ou máxima de experiência que supre o ônus de uma parte e o endereça à outra.

Assim, instalada a lide, se verifica, não raro, que a prova documental não é suficiente para dirimi-la e a prova testemunhal, ante os defeitos da narrativa dos quais já se falou, não elucida os fatos como deveria. É aí que, entendo, faremos maior uso da geolocalização.

4. Novos meios de prova: a geolocalização

A geolocalização é um recurso tecnológico para localização geográfica de pessoas, coisas ou dados. É possível, pois, que terceiros tenham a localização geográfica de quem é usuário, quer pela configuração, pelo recurso de rede social, ou por GPS, ou, ainda, por aplicativos (*vide* <https://www1.folha.uol.com.br/

tec/2019/12/facebook-admite-que-monitora-localizacao-de-usuarios-mesmo--com-funcao-desativada.shtml>. Acesso em: 02 dez. 2021; GPS significa Global Positioning System, ou Sistema de Posicionamento Global),

Nesse ponto — assim explicam os veículos que tratam de tecnologia —, a geolocalização coleta dados armazenados em *smartphones*, *laptops*, *smartwhatches*, carros. A coleta de dados pode se dar a partir de consulta de servidores vinculados ao endereço IP, por triangularizações de captações por satélites, ou *Wi-fi* ou, ainda, radiofrequência (IP é *"Internet Protocol"* que não possui uma tradução equivalente, pois se trata de o endereço de seu dispositivo e *"Wireless Fidelity"* corresponde à rede sem fio)

O acesso à geolocalização pode ser feito pelo próprio usuário de celular ou e-mail, ou por meio de ordem judicial ao administrador da rede ou aplicativo. Eis um exemplo de despacho do colega Marcelo Caon Pereira, do TRT da 4ª Região, que determinou a juntada do relatório de localização pela própria parte, declinando o "caminho" a seguir:

> em razão da divergência entre a prova documental e a prova testemunhal e do fato de o reclamante ter afirmado que sempre carregava consigo o seu telefone celular, determino que ele faça a juntada aos autos, até ..., do seu histórico de localização gravado na conta Google, de acordo com o passo-a-passo abaixo: 1) Acessar https://myaccount.google.com/intro/dashboard; 2) Fazer login na conta Google, inserindo e-mail e senha; 3) Clicar em 'Fazer download dos seus dados'; 4) Selecionar os dados a serem incluídos, clicando primeiro em 'Desmarcar tudo'; 5) Rolar a página até 'Histórico de localização' e marcar essa opção; 6) Clicar em 'Vários formatos'; 7) Clicar sobre a opção 'JSON' e selecionar a opção 'KML'; 8) Clicar em 'Ok'; 9) Rolar a página até o final e clicar em 'Próxima etapa'; 10) No campo 'Escolha do tipo de arquivo, a frequência e o destino', eleger os seguintes parâmetros: 10.1) No 'Método de envio', eleger 'Enviar link de download por e-mail'; 10.2) Na 'Frequência', eleger 'Exportar uma vez'; 10.3) No 'Tipo e tamanho de arquivo', eleger '.zip' e '2GB'; 11) Clicar em 'Criar exportação'; 12) Aguardar alguns minutos e abrir a caixa postal do e-mail vinculado à conta Google; 13) Abrir o e-mail 'Seus dados do Google estão prontos para download'; 14) Clicar em 'Fazer o download dos seus arquivos'; 15) Localizar o arquivo 'takeout*.zip' no computador pessoal; 16) Enviar o arquivo para o e-mail da Vara no prazo deferido.

Importante discorrer acerca na necessidade ou não de esgotamento da prova oral para a utilização do recurso da geolocalização. Nesse sentido, já há decisão sobre o tema:

> Ainda que autorize o ordenamento jurídico a realização de prova digital de geolocalização, por atingir a esfera da vida privada das pessoas, cabe ao Juízo sopesar a sua real necessidade frente aos demais meios de prova disponibilizados às partes pela legislação processual. Cassada, em sede liminar, a decisão proferida nos autos originais que

autorizou precocemente a prova digital de geolocalização e não apresentando o agravante argumentos capazes de reformar a decisão monocrática, deve ser negado provimento ao agravo interno interposto. (TRT12 – MSCiv – 0000658-34.2021.5.12.0000, Gisele Pereira Alexandrino, Seção Especializada 2, Data de Assinatura: 27.10.2021)

A questão da afirmada invasão da privacidade da parte ou testemunha no meu entender e com o devido respeito, não seria fundamento para o indeferimento da prova. A parte, quando em juízo, se submete à gama de provas em direito admitidas a serem produzidas pela parte contrária, a pedido desta ou por determinação do Juízo. A testemunha, por seu turno, quando depõe, se compromete a dizer a verdade, sob pena de incorrer em crime de falso testemunho, se inscrevendo, tal qual a parte, na cominação de multa por litigância de má-fé. Submete-se, pois, à confirmação da veracidade de seu depoimento por todos os meios de prova em direito admitidos (*vide* arts. 396 e 422 do CPC, de aplicação subsidiária, art. 765, da CLT, que confere ao Juiz a ampla direção do processo e arts. 793-A a 793-D, sobre litigância de má-fé).

Veja-se que aqui se fala de colheita de provas em Juízo, sem se discorrer sobre os limites contratuais do controle da jornada pelo empregador, mediante o uso das ferramentas tecnológicas, e a franca possibilidade de invasão da privacidade do empregado. Esse assunto, que demanda interessantes estudos, escapa ao tema ora abordado.

Quanto à possibilidade de determinação da produção da prova de ofício pelo Juiz, a par do permissivo constante do art. 765 da CLT, temos que, segundo Barbosa Moreira (1989, p. 46):

> o risco, neste campo, não é o da hiperatividade, mas o da inércia. Aos juízes deve, pois, aconselhar-se a utilização, com escrupuloso respeito do contraditório, das possibilidades que a lei lhes concede, sempre que preciso para a formação segura do convencimento acerca dos fatos relevantes.

Se o relatório de geolocalização demanda sigilo ou segredo de justiça — exceção ao princípio da publicidade (CF, art. 5º, LX) —, por certo que o Juiz fará a determinação correlata. Mas a determinação atingirá terceiros estranhos ao processo, nunca as partes e testemunhas que a este se submeteram, em todos seus possíveis e legais efeitos (*Vide* Resolução n. 363 do CNJ que estabelece medidas para o processo de adequação à Lei Geral de Proteção de Dados Pessoais a serem adotadas pelos tribunais).

Nesse ponto, não é demais destacar o permissivo que emana da Lei n. 13.709/2018 (LGPD) no tocante ao tratamento de dados em processo judicial:

> Art. 7º O tratamento de dados pessoais somente poderá ser realizado nas seguintes hipóteses:
>
> VI – para o exercício regular de direitos em processo judicial, administrativo ou arbitral.
>
> Art. 11. O tratamento de dados pessoais sensíveis somente poderá ocorrer nas seguintes hipóteses:
>
> (...)
>
> *d)* exercício regular de direitos, inclusive em contrato e em processo judicial, administrativo e arbitral.

Não pelos fundamentos esposados na decisão antes transcrita, penso que deve, de fato, haver o esgotamento da prova oral para o uso da geolocalização, pois caso a providência demande a expedição de ofício à uma rede social ou perícia técnica, o processo pode ter seu trâmite verdadeiramente afetado, fato que contraria o princípio da celeridade, que informa o processo do trabalho (cf. CF, art. 5º, e CPC, art. 4º)

Outro princípio que pode ser aviltado pelo uso prioritário da geolocalização em relação às provas ordinariamente produzidas, é o da economia processual, que visa o alcance da eficácia processual com a menor quantidade de atos praticados.

Veja-se que os atos probatórios do processo do trabalho se concentram primordialmente nas audiências, e qualquer ato que se antecipe a estas, se mostra processualmente antieconômico, salvo exceções, como ocorre, por exemplo, na hipótese de determinadas tutelas e na produção antecipada de provas.

É possível, porém, que geolocalização seja feita na própria audiência, por consulta aos dados do *G-mail* do Google, caso a parte ou testemunha forneça o celular para a imediata providência, como ocorreu em audiência presidida pelo colega Guilherme da Rocha Zambrano, do TRT da 4ª Região.

A ata da audiência presidida pelo colega trouxe os seguintes e interessantes dados (foram substituídos os nomes por letras):

> O juiz acessou o histórico de localização da conta de Gmail do autor, cujos dados estão disponíveis a partir de 14.11.2014, mas a informação desse dia é apenas sobre o que o autor fez à noite. Na segunda feira, 17.11.2014, consta que o autor saiu de casa às 07h17, dirigiu por 16 minutos até o endereço da ré, X, onde permaneceu das 07h33 às 12h09. Então, ele se deslocou dentro do bairro X, por 8 minutos, até localização próxima ao X, onde ficou das 12h17 às 13h05, então ele dirigiu novamente até a sede da

> empresa, onde permaneceu das 13h11 às 18h10 e finalmente retornou para a casa; ficou em trânsito por 28 minutos e chegou às 18h38 em casa. Na terça-feira, o autor chegou às 07h59 no endereço da ré, onde permaneceu até às 09h51; ficou aproximadamente 1h no X, depois retornou para a empresa, onde ficou das 11h06 às 12h07 e das 12h11 às 18h07. O autor ficou em trânsito e chegou às19h58 em casa. No sábado, dia 22.11.2014, o autor saiu às 06h22 de casa, ficou das06h30 às 07h04 na ré e das 07h44 às 22h40 no X e chegou de volta em casa às 22h51. Na segunda-feira, 22.11.2014, o autor saiu de casa às 07h15, chegou às 07h26 na ré, onde permaneceu até 12h11, das 12h16 às 13h17 também estava na ré; das 13h20 ás 18h42 também estava na ré e a partir daí, se deslocou por 22 minutos até sua residência, onde chegou às 19h04. Na terça-feira, 25.11.2014, o autor saiu de casa às 07h43, ficou na ré das 08h05 às 12h06; almoçou no X 12h08 às 13h07; permaneceu na ré das 13h08 às 19h40 e chegou em casa às 19h58. Na terça-feira, 09.12.2014, o autor chegou às 08h17 na ré, onde permaneceu até 12h07, das 12h08 às 13h07, ficou no X e das 13h08 às 19h08 ficou na ré. O autor tirou férias em março/2016.

A riqueza das informações em tal ata irá, por certo, dirimir toda a questão relativa ao horário cumprido pela parte, o que nem sempre ocorre quando há somente a colheita dos depoimentos ou juntada de espelhos de ponto.

5. A validação, valoração e alcance da prova da geolocalização

Uma preocupação corrente é a autenticação de dados digitais. Para tanto, é possível a autenticação da geolocalização por *blockchain* e muitas empresas utilizam-na para *marketing* (localização de clientes), controle de cargas, pesquisa de mercado, controle de jornada etc. O problema, porém, se dá quando as partes não têm alcance aos meios de autenticação da prova digital.

Inicialmente utilizado como um protocolo de segurança para transações em criptomoedas, o *blockchain* é hoje amplamente utilizado como autenticador e confirmador de dados. O sistema une, em cadeia, dados por blocos sequenciais, impedindo a possibilidade de alterações. As APIs APIs (Application Programming, Interfaces ou Interfaces de Programação de Aplicações) fazem essa interface para a chancela das operações com *blockchain.*

Nesse contexto, juntado o relatório da geolocalização, sem autenticação, pela própria parte, poderá ocorrer (i) a aceitação da forma e conteúdo da geolocalização pela parte contrária, quer pela manifestação nesse sentido, quer pela ausência de impugnação; (ii) a impugnação do relatório pela parte adversa, em seu conteúdo.

Quando não houver controvérsia acerca da veracidade da geolocalização, a prova é tida pelo Juízo como autêntica, salvo se retratar fatos (dados) inverossímeis (CLT, art.844, § 4º, IV). Nessa hipótese ocorrerá o que também deve ocorrer na hipótese de impugnação específica da prova pela parte. O Juízo poderá verificar a autenticidade da prova: (i) em nova audiência, com a consulta ao celular da parte ou testemunha; (ii) ou mediante chancela da rede social ou aplicativo, por ofício a estes endereçado; (iii) ou ainda, mediante a realização de perícia técnica, que exigirá o uso de dados da parte ou testemunha para a confecção do laudo.

A negativa da parte em fornecer dados ao juízo para realização de perícia, poderá resultar no julgamento do processo segundo o ônus da prova (CLT, art. 818) empregado como técnica de julgamento, julgando-se o processo em desfavor de quem haveria de produzir a prova (e, no caso, se negou a fazê-lo).

Quando a perícia depender de dados de terceiros, poderá o juízo, a pedido da parte interessada, fazer uso de uma numa ordem cautelar (CLT, art. 765 e CPC, art. 301), emanada de tutela, de apreensão de objetos ou exibição de dados. A questão que remanesce é a pena a ser cominada ao terceiro.

Pois bem. A pena de desobediência, descrita nos arts. 403 e 536, todos do CPC, é, segundo a redação dos capítulos e dos próprios artigos, de aplicação nas fases de cumprimento de sentença ou de execução o que, numa interpretação restritiva, não permitiria a aplicação da referida pena no processo de conhecimento. Mas a melhor interpretação é a que reconhece a ampla possibilidade dos meios de efetivação da tutela, ante os claros fundamentos contidos nos arts. 297 e 301, ambos do CPC e do já citado art. 765 da CLT.

Todavia, embora a pena de desobediência seja correntemente utilizada nos ofícios que pedem informações a terceiros, há discussão sobre o alcance e circunstância de aplicação da medida, uma vez que o STF já entendeu que, em havendo previsão legal de cominação de multa, não caberia a medida considerada de alta coerção (STF, HC 88.572).

Nesse ponto, a cominação de multa diária ao terceiro que detém dados se mostra processualmente mais eficiente, nos exatos termos do art. 537 do CPC, ao menos durante um limitado prazo concedido pelo juízo, de forma a não se eternizar o processo ou a dívida do terceiro, sem o alcance do escopo da entrega da tutela jurisdicional. Não cumprida a ordem no tempo e forma assinalados pelo Juiz, a pena de desobediência poderá ser cominada, sem que se avilte o entendimento já esposado pelo STF sobre o tema.

Bem se vê que há vários meios de obtenção da geolocalização colocados à disposição das partes e meios de alcance da autenticação prova em mãos de terceiros à disposição dos Juízes.

De se concluir que a geolocalização é meio de prova que haverá de ser cada vez mais utilizado e reconhecido, ainda que estejamos num momento inicial de sua aplicação. Acredito que, num futuro próximo, teremos a marcação da jornada por geolocalização acionada pelo reconhecimento facial dos empregados dentro dos setores da empresa. E, depois disso, o mercado de trabalho inserido no Metaverso. Esperemos.

Referências bibliográficas

GARVEY, James e Stangroom, Jeremy. *Os Grandes Filósofos*. São Paulo: Ed. Madras, 2009.

HARARI, Yurval Noah. *21 Lições para o Século 21*. 2. ed. São Paulo: Cia. das Letras, 2018.

MARINONI, Luiz Guilherme; ARENHART, Sérgio Cruz; MITIDIERO, Daniel. *Código de Processo Civil Comentado*, São Paulo: Revista dos Tribunais, 2015.

MOREIRA, José Carlos Barbosa. *Os poderes do juiz na direção e na instrução do processo*. Temas de direito processual: quarta série. São Paulo: Saraiva, 1989.

NASCIMENTO, Amauri Mascaro. *Curso de Direito Processual do Trabalho*. 22. ed. São Paulo: Saraiva, 2007.

NIETZSCHE, Friedich. *Sobre a Verdade e a Mentira*. Traduzido por Fernando de Moraes Barros. 1. ed. São Paulo: Heras, 2007.

ORWELL, George. *1984*. 35. reimp. São Paulo: Cia. das Letras, 2009.

SANTOS, Moacyr Amaral. *Prova Judiciária no Cível e Comercial*. vol. I, Parte Geral. São Paulo: Max Limonad, 1968.

TEIXEIRA FILHO, Manoel Antonio. *Curso de Direito Processual do Trabalho II*. Processo de Conhecimento. 2. ed. São Paulo: LTr, 2009.

Do Panoptismo ao Pós-Panoptismo: Controle da Geolocalização dos Trabalhadores pelo Empregador

Fabrício Lima Silva[1]

Introdução

O empregado, ao celebrar o contrato individual de trabalho com o empregador, passa a se submeter ao comando e direção deste último, o qual, assumindo os riscos da atividade econômica, passa a ser titular do denominado poder empregatício.

O poder empregatício decorre da lei e do contrato de trabalho, possuindo diferentes feições: 1) poder diretivo; 2) poder regulamentar; 3) poder fiscalizatório/de controle; e 4) poder disciplinar.

Entretanto, tais poderes não são absolutos, encontrando limites externos e internos. Os limites externos seriam a Constituição Federal, as leis, as normas coletivas e o contrato. Por sua vez, os internos seriam a boa-fé objetiva e o exercício regular do direito, conforme destaca Martins (2012).

Além disso, o objeto da relação de trabalho não é a pessoa que figura como sujeito, mas sim o modo como o trabalho é exercido. Assim, segundo nos ensina Silva (2004), a subordinação não é um status do trabalhador, pois não é ele o objeto do contrato de trabalho, mas sim a sua atividade, sendo que a subordinação não corresponde à submissão ou sujeito pessoal, pois o trabalhador, como pessoa, não pode ser confundido com a sua atividade, essa sim objeto da relação jurídica.

(1) Juiz Titular da Vara do Trabalho de Teófilo Otoni – MG. Doutorando em Ciências Jurídicas Privatísticas pela Universidade do Minho (Portugal). Mestrando em Constitucionalismo e Democracia pela Faculdade de Direito do Sul de Minas (FDSM). Bacharel em Direito pela Universidade de São Paulo (SP).

Todavia, o avanço disruptivo das novas tecnologias de informação e comunicação, além de ampliar a produtividade e a competitividade das empresas, potencializou as formas de fiscalização e controle das atividades laborais pelos empregadores, implicando, em determinados casos, em restrições à privacidade dos trabalhadores, a depender da intensidade e dos mecanismos adotados.

O videomonitoramento, a geolocalização, as gravações ambientais, a fiscalização do uso da internet e das redes sociais podem, de certa forma, tornar possível o delineamento do perfil dos empregados ou de candidatos a emprego, com controle de sua vida extralaboral ou utilização de práticas discriminatórias.

No presente artigo pretende-se desenvolver uma reflexão jurídica sobre o exercício do poder fiscalizatório do empregador sobre as atividades dos empregados, considerando-se, principalmente, o uso de mecanismos de controle da geolocalização, sob a ótica de proteção dos direitos fundamentais, sobretudo a privacidade, com o delineamento de possíveis limites éticos, legais e convencionais.

1. Do panoptismo ao pós-panoptismo: uma realidade orwelliana

Jeremy Bentham, filósofo e jurista utilitarista que viveu entre os Séculos XVIII e XIX na Inglaterra, desenvolveu um modelo arquitetônico de prisão, que permitiria que um único vigilante observasse todos os prisioneiros, induzindo aos detentos a sensação de estarem sendo permanentemente vigiados.

Foucault (2014, p. 194), em sua obra "Vigiar e Punir: Nascimento da prisão", bem descreve o referido modelo:

> O *Panóptico* de Bentham é a figura arquitetural dessa composição. O princípio é conhecido: na periferia uma construção em anel; no centro, uma torre: esta é vazada de largas janelas que se abrem sobre a face interna do anel; a construção periférica é dividida em celas, cada uma atravessando toda a espessura da construção; elas têm duas janelas, uma para o interior, correspondendo às janelas da torre; outra, que dá para o exterior, permite que a luz atravesse a cela de lado a lado. Basta então colocar um vigia na torre central, e em cada cela trancar um louco, um doente, um condenado, um operário ou um escolar. Pelo efeito da contraluz, pode-se perceber da torre, recortando-se exatamente sobre a claridade, as pequenas silhuetas cativas nas celas da periferia. Tantas jaulas, tantos pequenos teatros, em que cada ator está sozinho, perfeitamente individualizado e constantemente visível.

Conforme destaca Miller (2000, p. 89), a prisão panóptica seria *"uma instância onividente, onipresente, onisciente, fechando os reclusos numa dependência de que não se aproxima nenhuma prisão ordinária, uma instância em que é mesmo preciso reconhecer um Deus artificial"*.

Assim, percebe-se que o referido modelo é bem representado pela expressão "panóptico", que significa: "o olho que tudo vê", extrapolando a estrutura física das prisões, uma vez que demonstra uma verdadeira tecnologia de poder.

Bauman, entretanto, em sua obra "Modernidade Líquida", com o advento da pós-modernidade, defende a superação do modelo panóptico em decorrência da implementação de novas ferramentas de controle.

Ao tratar do modelo panóptico, como arquimetáfora do poder moderno feita por Foucault, Bauman (2001, p. 16) descreve que:

> No Panóptico, os internos estavam presos ao lugar e impedidos de qualquer movimento, confinados entre muros grossos, densos e bem-guardados, e fixados a suas camas, celas ou bancadas. Eles não podiam se mover porque estavam sob vigilância; tinham que se ater aos lugares indicados sempre porque não sabiam, e nem tinham como saber, onde estavam no momento seus vigias, livres para mover-se à vontade. As instalações e a facilidade de movimento dos vigias eram a garantia de sua dominação; dos múltiplos laços de sua subordinação, a "fixação" dos internos ao lugar era o mais seguro e difícil de romper. O domínio do tempo era o segredo do poder dos administradores — e imobilizar os subordinados no espaço, negando-lhes o direito ao movimento e rotinizando o ritmo a que deviam obedecer era a principal estratégia em seu exercício do poder.

Tais práticas podem ser extremamente prejudiciais à saúde psicológica dos trabalhadores, conforme destaca Moreira (2021, p. 249):

> A utilização deste meios de vigilância, tem um grande efeito dissuasor da prática de ilícitos, assim como um importante efeito conformador, o que pode originar situações de *stress* e doenças associadas. Desta forma, este tipo de controle, com o elemento panóptico que traz associado, assim como a ilusão de que se trate de um controlador que está sempre presente, configura um elemento de disciplina, que comporta vários problemas para os trabalhadores associados a esta forma de controle quase total.

Por outro lado, com o advento da pós-modernidade, Bauman (2001, p. 16) diz que houve uma mudança radical no arranjo do convívio humano e nas condições sociais sob as quais a política-vida é hoje levada, sendo que o poder se tornou extraterritorial, considerando-se a ampliação dos elementos de disrupção, houve a superação o modelo panóptico:

> Isso dá aos detentores do poder uma oportunidade verdadeiramente sem precedentes: eles podem se livrar dos aspectos irritantes e atrasados da técnica de poder do Panóptico. O que quer que a história da modernidade seja no estágio presente, ela é também, e talvez acima de tudo, pós-Panóptica. O que importava no Panóptico era que os encarregados "estivessem lá", próximos, na torre de controle. O que importa, nas relações de poder pós-panópticas é que as pessoas que operam as alavancas do poder de que depende o destino dos parceiros menos voláteis na relação podem fugir do alcance a qualquer momento — para a pura inacessibilidade. O fim do Panóptico é o arauto do fim da era do engajamento mútuo: entre supervisores e supervisados, capital e trabalho, líderes e seguidores, exércitos em guerra. As principais técnicas do poder são agora a fuga, a astúcia, o desvio e a evitação, a efetiva rejeição de qualquer confinamento territorial, com os complicados corolários de construção e manutenção da ordem, e com a responsabilidade pelas consequências de tudo, bem como com a necessidade de arcar com os custos.

O pós-panoptismo acaba tendo uma interconexão com o mundo distópico idealizado na obra de Orwell (2009): "1984", em que os cidadãos ficavam em constante vigilância do grande irmão, com o absoluto controle de tudo e todos, inclusive, sobre os seus pensamentos, que poderiam ser criminalizados (*thought-crime*), traduzido como "crimideia" ou "crimepensar"[(2)].

Na era do Big data, segundo Moreira (2016), faz-se referência ao denominado "trabalhador-transparente" ou "trabalhador de vidro", na medida em que a

---

(2) Sobre a necessidade de regulamentação dos meios incisivos de controle, essas são as palavras de Moreira (2021, p. 250): "Pretende-se, desta forma, evitar não o controle exercido pelo empregador, porque este é lícito, mas o controle do tipo *orwelliano,* constante, insidioso e vexatório. Tenta-se, esta forma, racionalizar a modalidade de exercício deste poder de controle eletrônico, harmonizando-o com as exigências de tutela da liberdade, da dignidade e da privacidade dos trabalhadores. Tenta-se, ainda, evitar um controle da máquina sobre o homem, visando controlar tudo e a todo o momento, inclusive nas pausas, inibindo o trabalhador de adotar certos comportamentos, numa clamorosa violação da dignidade humana, estabelecendo uma situação de *stress* e de tensão que se repercute na saúde dos trabalhadores e gerando uma quase *escravidão* psicológica".

automatização da captura de dados do empregado pode, em muitos casos, incidir sobre aspetos que fazem parte de sua privacidade e que, portanto, deveriam ser protegidos. Tais considerações possuem origem histórica fundada nas práticas adotadas pela polícia secreta do partido nazista alemão (Gestapo), que pretendia transformar os homens no *Gläserner Mensch* (homem de vidro), transparente e sem segredos, atuando como importante ferramenta para o exercício totalitarismo, com perseguições e injustas punições de grupos minoritários.

A Organização Internacional do Trabalho já destacou sua preocupação com a denominada "química da intrusão", conforme bem lembrado por Barros (2011, p. 76), ao destacar a crescente invasão à intimidade física e o aumento na vigilância pessoal dos trabalhadores, com a combinação de ameaças à privacidade de dados, salientando que a vigilância eletrônica poderia ter um futuro promissor, desde que fosse utilizada de forma humana, sem abusos em sua utilização e com a permissão de acesso aos trabalhadores às informações que lhe digam respeito.

Especificamente quanto aos riscos de privacidade provocados pelo uso de mecanismos de geolocalização atrelados a dispositivos móveis inteligentes, no continente europeu, o Grupo de Trabalho do art. 29 (Diretiva 95/46/CE), em seu Parecer n. 13/2011, destacou que tais tecnologias podem permitir que os provedores de serviços, baseados em geolocalização, obtenham uma visão geral íntima de hábitos e padrões do proprietário do dispositivo e construam perfis extensos. A partir de um padrão de inatividade no período noturno, seria possível presumir o local em que a pessoa dormiu, e considerando-se um padrão de trajeto pela manhã, existe a possibilidade de localização do local de trabalho. Tais informações também podem incluir dados derivados dos padrões de movimento de amigos, com base no chamado gráfico social. Um padrão comportamental também pode incluir categorias especiais de dados, se por exemplo revelar visitas a hospitais e locais religiosos, presença em manifestações políticas ou presença em outros locais específicos revelando dados sobre, por exemplo, a vida sexual. Esses perfis poderiam ser usados para tomar decisões que afetariam significativamente o proprietário.

Em uma relação de trabalho, tais práticas assumem especial importância em razão do desequilíbrio de forças entre os contratantes (*imbalance of power*), sendo que o trabalhador poderá, em muitos casos, não ser informado ou chegar a consentir com determinadas modalidades de controle.

2. A privacidade e a autodeterminação informativa

O primeiro estudo doutrinário que tratou da existência de um direito à privacidade foi escrito por Warren e Brandeis (1890), publicado na *Harvard Law Review*, que tinha o título de *The right to privacy*.

Em 1893, o referido direito foi reconhecido pela jurisprudência norte-americana, no caso *Marks vs Joffra*, em um caso ajuizado por um estudante de direito contra um jornal que havia publicado uma foto sua sem autorização. No julgado, restou reconhecido o direito à proteção da imagem, bem como o denominado *the right to be let alone* (o direito de ser deixado sozinho).

Não se pretende aqui tratar dos diversos aspectos e extensão do direito à privacidade, entretanto, para o desenvolvimento do raciocínio, importante destacar que, inicialmente, o referido direito foi concebido sob o viés negativo, no sentido de que os cidadãos apenas tinham o direito de não serem incomodados na sua intimidade/privacidade.

Entretanto, com a evolução dos meios tecnológicos e o surgimento de novos riscos, houve a ampliação dos conceitos de reserva à intimidade da vida privada, com a sua expansão como integrante do direito da personalidade, passando a ser oponível *erga omnes* e, principalmente, assumindo uma nova feição positiva, no sentido de impor um dever geral de respeito, impedindo o acesso a informações relativas à vida privada e proibindo a divulgação dos dados.

Por sua vez, em 1983, a Corte Constitucional da República Federal da Alemanha, no julgamento de uma ação em que se alegava a inconstitucionalidade de uma lei de recenseamento reconheceu a existência de um direito fundamental à autodeterminação informativa (*Grundrecht auf informationelle Selbstbestimmung*).

No caso, o BVerfG considerou o direito do cidadão contra a captura, armazenamento, uso e divulgação de seus dados pessoais, sendo que as limitações ao direito somente seriam permitidas em caso de interesse público primordial.

A autodeterminação informativa, nos dizeres de Canotilho e Moreira (2007, p. 552), pode ser definida como o direito conferido a cada pessoa de *"controlar a informação disponível a seu respeito, impedindo-lhe que a pessoa se transforme em 'simples objeto de informação'"*.

Importantes são as lições de Navarro (2011):

> Pode-se falar, dessa forma, no direito à autodeterminação informativa como um direito oponível em face do Estado, para a preservação de

ações lesivas, por parte deste (direito de defesa), como também para exigir ações positivas. Com efeito, 'los derechos a acciones positivas normativas son derechos a actos estatales de creación de normas', consoante Robert Alexy.

No mesmo sentido, defende Moreira (2010) que, embora o direito à autodeterminação informativa tenha como origem a proteção de dados pessoais, é atribuída a ele uma extensão mais ampla, sendo considerado um verdadeiro direito a um controle da informação sobre a vida privada, que diz respeito não apenas à recolha de informação, como também à sua divulgação.

Assim, a privacidade acaba assumindo uma nova feição, sendo considerada como o direito de ter controle sobre as suas informações e de determinar a construção de sua própria esfera particular. Inclusive, há teorias que defendem a sua estrutura tridimensional, com a seguinte subdivisão: a) decisional; b) informacional; e c) espacial.

A privacidade, em seu aspecto decisional, diz respeito ao modo de vida o indivíduo, englobando, nos dizeres de Peixoto e Ehrardt Júnior (2018), *"suas escolhas, seus gostos, seus projetos, suas características"*, estabelecendo *"um espaço de manobra no tráfico social que é necessário para a autonomia individual sem que haja interferência alheia"*.

E, ainda, destacam que *"a proteção da privacidade em sua dimensão decisional tem um ponto de encontro comum a dimensão informacional. Muitos assuntos que dizem respeito ao modo de viver da pessoa acabam virando dados, os chamados dados sensíveis, cuja proteção é uma das principais preocupações na chamada sociedade da informação"*.

Por sua vez, pela dimensão informacional, há uma preocupação com a coleta, o processamento, a disseminação e possível invasão de dados pessoais.

Por fim, pela dimensão espacial, o foco é direcionado ao aspeto mais tradicional da privacidade, dizendo respeito à *"privacidade do lar, a privacidade de um cômodo da casa, de determinado local físico"*.

3. Os limites e possibilidades de controle da geolocalização dos empregados

Os sistemas de geolocalização incorporados a celulares, veículos ou *chips* permitem controlar a localização exata do trabalhador. Essa espécie de controle pode se justificar, especialmente, nos serviços que são realizados fora do local de trabalho, como vendedores, motoristas ou vigilantes.

A Lei n. 13.709/18 (LGPD) estabeleceu importantes bases para o tratamento de dados pessoais em nosso país.

O controle da geolocalização nada mais é do que uma operação de tratamento de dados pessoais daqueles que frequentam o ambiente de trabalho (art. 5º, X).

E, para a realização de tal tratamento é invocado, como substrato, o interesse legítimo do controlador (art. 7º, IX).

Além disso, a Lei Geral de Proteção de Dados estabelece com fundamentos para o tratamento de dados em nosso país: I – o respeito à privacidade; II – a autodeterminação informativa; III – a liberdade de expressão, de informação, de comunicação e de opinião; IV – a inviolabilidade da intimidade, da honra e da imagem; V – o desenvolvimento econômico e tecnológico e a inovação; VI – a livre iniciativa, a livre concorrência e a defesa do consumidor; e VII – os direitos humanos, o livre desenvolvimento da personalidade, a dignidade e o exercício da cidadania pelas pessoas naturais.

E, ainda, a LGPD prevê, em seu art. 6º, os seguintes princípios: I – finalidade; II – adequação; III – necessidade; IV – livre acesso; V – qualidade dos dados; VI – transparência; VII – segurança; VIII – prevenção; IX – não discriminação; e, X – responsabilização e prestação de contas.

A Organização Internacional do Trabalho, em seu Repositório de Recomendações Práticas sobre a Proteção de Dados Pessoais dos Trabalhadores, no item 6.14.1, recomenda que, se os trabalhadores forem monitorados, estes devem ser informados com antecedência sobre o razões para o monitoramento, o cronograma, os métodos e técnicas utilizadas e os dados a seres recolhidas, e o empregador deve minimizar a intrusão na privacidade dos trabalhadores.

O monitoramento contínuo somente se justifica nos casos em que seja necessário para a proteção da saúde, da segurança ou proteção da propriedade (item 6.14.3).

Além disso, deve ser observado o teste de proporcionalidade, com a utilização dos meios mais adequados e menos intrusivos para alcançar os legítimos objetivos da organização, com a consideração de fatores como a natureza da prestação de serviços, o dispositivo que coleta os dados ou os períodos de coleta de dados.

Na União Europeia, o Regulamento Geral de Proteção de Dados (Regulamento EU/2016/679), de 27 de abril de 2016, ao versar especificamente sobre o tratamento de dados no contexto laboral, estabeleceu expressamente a necessidade de adoção de medidas adequadas e específicas para salvaguardar a dignidade, os interesses legítimos e os direitos fundamentais do titular dos dados, com especial relevo para a transparência do tratamento de dados, a transferência de dados pessoais num grupo empresarial ou num grupo de empresas envolvidas numa atividade económica conjunta e os sistemas de controle no local de trabalho (art. 88º, 2).

Em Portugal, a questão é regulamentada pelos arts. 20º e 21º do Código do Trabalho, sendo que, no item 1, foi previsto que o empregador não pode se valer de meios de vigilância a distância no local de trabalho, mediante o emprego de equipamento tecnológico, com a finalidade de controlar o desempenho funcional do trabalhador.

E, seguindo a diretriz traçada pela OIT, o art. 20º, item 2, possibilita a utilização de equipamentos de vigilância desde que a finalidade seja a proteção e segurança das pessoas e bens ou quando particulares exigências inerentes à atividade o justifiquem.

No item 3 do art. 20º consta a obrigação de obrigação de informação sobre a existência e a finalidade do monitoramento.

Além disso, o item 1 do art. 21º estabelece a necessidade de prévia autorização da Comissão Nacional de Proteção de Dados (CNPD), sendo que a autorização somente poderá ser concedida se a utilização dos meios for necessária, adequada e proporcional aos objetivos a atingir.

E, ainda, os dados recolhidos apenas deverão ser conservados durante o período necessário para o cumprimento das finalidades da utilização a que se destinam, devendo ser destruídos no momento da transferência do trabalhador para outro local de trabalho ou da cessação do contrato de trabalho (art. 21º, 3).

Sobre o tema, a CNPD de Portugal estabeleceu, na Deliberação n. 7680/14, algumas importantes balizas:

1) o consentimento do trabalhador não é um fundamento válido para legitimar o controle.

2) não pode haver monitoramento da geolocalização do veículo quando este estiver a ser utilizado pelo trabalhador para fins privados.

3) não é permitido o controle de geolocalização nos dispositivos móveis inteligentes durante o exercício da atividade profissional.

4) não é permitido o tratamento de dados para prova do cumprimento de obrigações contratuais ou da legislação rodoviária.

Embora não existam semelhantes previsões no ordenamento jurídico brasileiro, pode-se defender a aplicação das mencionados entendimentos em nosso país, com base na interpretação teleológica da nossa LGPD, principalmente após a promulgação da Emenda Constitucional n. 115/22, que alterou a Constituição de 1988 para incluir a proteção de dados pessoais entre os direitos e garantias fundamentais.

E, nesse contexto, para o tratamento dos dados de geolocalização, deverão ser observados todos os princípios contidos na Lei Geral de Proteção de Dados.

Deverá existir proporcionalidade e transparência, sendo que o titular deverá ser previamente informado da finalidade explícita e determinada a que o tratamento se destina, com a identificação do responsável pelo tratamento.

Além disso, deverá existir compatibilidade entre o tratamento e a finalidade inicialmente definida, observando-se que o tratamento somente deverá ocorrer quando a finalidade não for suscetível de ser alcançada por outros meios menos intrusivos.

Também deverão ser observadas a adequação, a pertinência e a limitação dos dados recolhidos, com a limitação de conservação pelo prazo necessário para cumprimento da finalidade que legitimou o tratamento.

Nesse contexto, eventual monitoramento somente poderá ocorrer na medida estritamente necessária para a consecução dos objetivos autorizadores, com a adoção de mecanismos que permitam a ausência de controle em momentos de descanso ou fora do horário de trabalho.

E, em nenhuma hipótese, o monitoramento poderá ser utilizado para o controle do desempenho funcional do trabalhador, sendo que, somente excepcionalmente, nos casos de prática de algum ilícito penal, tal prova poderá ser admitida, diante do exercício da ponderação de interesses.

Considerações finais

Diante do exposto, em razão do avanço das novas tecnologias de informação e comunicação, com a superação do modelo panóptico, surge a necessidade de reavaliação dos mecanismos e os limites de controle utilizados pelo empregador no âmbito de uma relação de trabalho, com a garantia dos direitos à intimidade e privacidade dos trabalhadores.

E, diante da análise da evolução acerca da proteção da privacidade, com o delineamento do princípio da autodeterminação informativa, imprescindível o estabelecimento de parâmetros éticos e limites para a utilização das ferramentas de geolocalização no contexto das relações laborais.

Mesmos nas hipóteses em que admitido o controle, deverá ser utilizado o meio menos invasivo possível e os dados obtidos deverão ser utilizados nos estritos limites que ensejaram a sua colheita, com a observância do princípio da finalidade e a consequente eliminação após o exaurimento da necessidade que ensejou o monitoramento.

Referências bibliográficas

BARROS, Alice Monteiro de. *Curso de Direito do trabalho.* 7. ed. São Paulo: LTr, 2011.

BAUMAN, Zigmund. *Modernidade Líquida.* Rio de Janeiro: Jorge Zahar, 2001.

BRANDEIS, Louis; WARREN, Samuel. *The right to privacy.* Harvard Law Review, v. 4, 1890. [Consult. 20 julho 2021]. Disponível em: <URL: http://faculty.uml.edu/sgallagher/Brandeisprivacy.htm>.

CANOTILHO, José Joaquim Gomes; MOREIRA, Vital. 4. ed. *Constituição da República portuguesa anotada.* Coimbra: Coimbra Editora, 2007.

CNPD. *Deliberação n. 7680/ 2014* — Aplicável aos tratamentos de dados pessoais decorrentes da utilização de tecnologias de geolocalização no contexto laboral. [Consult. 10 junho 2021]. Disponível em: <https://www.cnpd.pt/media/zvxmdfad/del_7680-2014_geo_laboral.pdf>.

FOCAULT, Michel. 42. ed. *Vigiar e Punir:* nascimento da prisão. Tradução de Raquel Ramalhete. Petrópolis: Vozes, 2014.

GT 29. *Opinion 13/2011 on Geolocation services on smart mobile devices*, de 16 de maio de 2011. [Consult. 02 dezembro 2021]. Disponível em: <URL: https://ec.europa.eu/justice/article-29/documentation/opinion-recommendation/files/2011/wp185_en.pdf>.

MARTINS, Sérgio Pinto. *Direito do Trabalho.* 28. ed. São Paulo: Atlas, 2012.

MILLER, Jacques-Alain. A máquina panóptica de Jeremy Bentham. In: BENTHAM, Jeremy. *O panóptico.* São Paulo: Autêntica Editora, 2000.

MOREIRA, Teresa Coelho. *Direito do Trabalho na Era Digital.* Coimbra: Almedina, 2021.

MOREIRA, Teresa Coelho Alexandra. A privacidade dos trabalhadores e a utilização de redes sociais online: algumas questões. In: *Estudos de Direito do Trabalho*, v. 2. Coimbra: Almedina, 2016.

MOREIRA, Teresa Coelho Alexandra. *A privacidade dos trabalhadores e as novas tecnologias de informação e comunicação:* contributo para um estudo dos limites do poder de controle electrónico do empregador. Coimbra: Almedina, 2010.

NAVARRO, Ana Maria Neves de Paula. *O direito fundamental à autodeterminação informativa*. [Consult. 20 novembro 2021]. Disponível em: <http://www.publicadireito.com.br/artigos/?cod=86a2f353e1e6692c>.

ORWELL, George. *1984*. Tradução de Alexandre Hubner, Heloisa Jahn. São Paulo: Cia. das Letras, 2009.

PEIXOTO, Erick Lucena Campos; EHRHARDT JÚNIOR, Marcos. Breves notas sobre a ressignificação da privacidade. In: *Revista Brasileira de Direito Civil*, Belo Horizonte, v. 16., abr/jun. 2018.

SCHWABE, Jürgen. *Cinquenta anos de jurisprudência do tribunal constitucional federal alemão*. [Consult. 20 novembro 2021]. Disponível em: <URL: http://www.mpf.mp.br/atuacao-tematica/sci/jurisprudencias-e-pareceres/jurisprudencias/docs-jurisprudencias/50_anos_dejurisprudencia_do_tribunal_constitucional_federal_alemao.pdf>.

SILVA, O. P. *Subordinação, autonomia e parassubordinação nas relações de trabalho*. São Paulo: LTr, 2004.

Muito Além da Imagem da Fotografia Digital: A Utilização dos Metadados como Prova Judicial

Ana Cláudia Pires Ferreira de Lima(1)

Introdução

O Brasil é um dos países onde as pessoas passam mais tempo conectadas na internet, seja pelo celular ou computador, o que foi intensificado pela pandemia. No primeiro trimestre de 2021, os brasileiros passaram mais de 7 horas diárias conectados na internet, sendo 2h30 delas nas mídias sociais, conforme relatório do Digital Global Overview Report.

Nessa sociedade da informação, praticamos muitos atos de forma digital, principalmente através do aparelho celular, estando o tempo todo conectados. Migramos do mundo físico para o mundo digital pela facilidade que a tecnologia nos traz, o que se intensificou durante a pandemia, que restringiu a circulação de pessoas para reduzir a contaminação pelo novo coronavírus.

Quem nunca fez uma compra pela internet ou por aplicativos de celular? Chamou transporte pelas plataformas digitais? Utilizou aplicativos de bancos? Além desses contratos digitais, compartilhamos muitos dados na internet, quer através de e-mails, quer por aplicativos de mensagens e nas mídias sociais, onde

(1) Juíza do Trabalho Titular da 1ª Vara do Trabalho de Bauru e do Juizado Especial da Infância e Adolescência de Bauru/SP. Mestre em Direito Constitucional pelo Centro Universitário Bauru — ITE. Concluiu os seguintes cursos: "Formação de Formadores", promovido pela Escola Nacional de Magistratura Francesa, em maio de 2013, a convite do Governo Francês; Xponential Business Adminstration pela StartSe University e Nova Executive Education; Curso de Formação de Formadores sobre Produção e Análise de Provas Digitais, em abril de 2021, promovido pela Enamat, ministrado pelo Promotor Fabrício Patury; Certificada em Compliance em Proteção de Dados pela LEC em parceria com a FGV-Projetos em outubro de 2021. Voluntária no Lions Clube Bauru Bela Vista.

são postadas várias fotografias. Deixamos rastros digitais por onde passamos e nem percebemos, os quais podem ser muito úteis como prova em processo judicial.

Nesse contexto, a legislação brasileira tem evoluído de forma a regulamentar esse mundo de transformação tecnológica, conferindo responsabilidade aos usuários da internet e maior segurança nas relações jurídicas originadas de forma eletrônica, inicialmente com a Lei n. 11.419/2006, que dispõe sobre a informatização do processo judicial; a Lei n. 12.737/2012, conhecida como Lei Carolina Dieckmann, que tipificou como crime a invasão de dispositivo informático, acrescentando os arts. 154-A e 154-B ao Código Penal; o Marco Civil da Internet, introduzido pela Lei n. 12.965/14, que estabelece princípios, garantias, direitos e deveres para o uso da internet no Brasil e mais recentemente a Lei n. 13.709/2018, Lei Geral de Proteção de Dados que visa proteger os direitos fundamentais de liberdade e de privacidade e o livre desenvolvimento da personalidade da pessoa natural.

Nesse mundo de transformação digital, Juízes e servidores da Justiça do Trabalho têm se preparado para a produção e análise de provas de fatos ocorridos no mundo digital, além de verificar a possibilidade de comprovação de fatos que não tenham sido realizados digitalmente, mas que podem ser comprovados digitalmente, tais como o e-mails, mensagens trocadas por aplicativo de mensageria (*WhatsApp*, *Telegram* etc.), cópia de *software*, postagem de imagem e de vídeo pela internet, por exemplo, pelas mídias sociais, *Facebook*, *Instagram*, *Youtube*, *Twitter*, dentre outros. Veja-se o caso de pessoas que publicam momentos de sua vida através de fotos ou vídeos nas mídias sociais. Estas publicações podem ser utilizadas como meio de prova em um processo judicial.

Pinheiro (2021, p. 69) destaca que:

> a questão da prova eletrônica passou a permear a grande maioria dos casos, sendo crucial para demonstrar e fundamentar direitos e obrigações entre as partes envolvidas. Os temas mais recorrentes envolvem de posturas e comportamentos em mídias sociais ao vazamento de informações confidenciais de empresas.

Neste artigo iremos analisar a fotografia digital como prova judicial.

A fotografia digital não se resume à representação virtual de uma cena do cotidiano, ou seja, de um fato ocorrido no mundo físico, ou à simples representação da imagem visualizada nesse documento. A utilização de ferramentas adequadas permite extrair das fotografias digitais muitas informações sobre o momento em que foi tirada a foto. Essas informações são conhecidas como metadados.

1. Requisitos das provas digitais

Prova é um instrumento jurídico que visa demonstrar a ocorrência ou não de determinado fato, bem como suas características e circunstâncias, ou seja, demonstrar como ocorreu e os sujeitos que dele participaram. Schiavi (2020, p. 22) conceitua as provas como:

> Instrumentos admitidos pelo Direito como idôneos, a demonstrar um fato ou um acontecimento, ou, excepcionalmente, o direito que interessa à parte no processo, destinados à formação da convicção do órgão julgador da demanda.

Thamay e Tamer (2020, p. 33) nos ensinam que "a prova digital é o meio de demonstrar a ocorrência de um fato ocorrido em meio digital, ou que tem no meio digital um instrumento de demonstração de determinado fato de seu conteúdo".

São fatos ocorridos no meio digital: envio de um e-mail, mensagem por aplicativo de mensageria (*WhatsApp*, *Telegram* etc), cópia de *software*, postagem de imagem e de vídeo pela internet, por exemplo pelas redes sociais, *Facebook*, *Instagram*, *Youtube*, *Twitter*, dentre outros.

Mensagens ou vídeos de conteúdo difamatório, postados nas redes sociais, tanto contra o empregado ou também contra a empresa, manchando sua reputação, são fatos ocorridos no meio digital e que são objeto de prova em processos com pedido de indenização por danos morais ou até mesmo para comprovar uma dispensa por justa causa. Por exemplo, o Tribunal Regional do Trabalho da 21ª Região manteve a dispensa por justa causa de um operador de telemarketing por ter desrespeitado e xingado cliente durante o atendimento[(2)]. A prática de assédio moral pelo empregador em relação ao empregado também pode ser comprovada pelo teor de mensagens enviadas por aplicativos.

O meio digital também pode servir de instrumento para comprovar fatos ocorridos em meio não digital. Isso acontece quando a própria pessoa ou terceiro

---

(2) Processo n. 0001044-85.2016.5.21.0001.

publica momentos de sua vida através de fotos ou vídeos nas mídias sociais. Portanto, qualquer documento eletrônico, que dele se extraia um fato, pode ser considerado prova digital.

Pinheiro (2021, p. 75) bem destaca que "a prova em meios eletrônicos é mais facilmente averiguada do que no mundo real, uma vez que há como rastrear quase tudo o que acontece." E prossegue que é possível "identificar se uma compra foi feita em certo horário, por determinado IP e em determinado endereço".

As imagens captadas e armazenadas ou divulgadas em mídias sociais também podem auxiliar na busca da verdade. E se as imagens captadas nas fontes abertas da internet não falam por si só e forem importantes para comprovação de um ato ilícito ou para comprovar um fato gerador de direito, é possível requerer ao Judiciário a expedição de ofício ao Provedor de Aplicação requisitando-se os metadados da imagem, que podem dirimir muitas controvérsias com exatidão, o que a prova oral nem sempre oferece.

Didier, Rafael e Oliveira (2021, p. 513) ressaltam que a valorização do meio eletrônico para fins de documentação de fatos e declarações de vontade decorrem do avanço tecnológico e da forma pela qual as relações jurídicas vêm sendo constituídas atualmente. Isso justifica, segundo os autores:

> [...] uma preocupação constante quanto ao grau de segurança e de certeza que se pode ter em relação à autenticidade dos documentos eletrônicos, que permite identificar a sua autoria, e à sua integridade, que permite garantir a inalterabilidade do seu conteúdo. Somente a certeza quanto a esses dados é que pode garantir a eficácia probatória desses documentos.

Thamay e Tamer (2020, p. 40) destacam que a utilidade da prova digital necessita de três fatores: autenticidade, integridade e preservação da cadeia de custódia:

1.1. Autenticidade

Autenticidade é a "qualidade da prova digital que permite a certeza com relação ao autor ou autores do fato digital" (THAMAY e TAMER, 2020, p. 40).

Vamos imaginar que uma postagem ofensiva em rede social é feita de um perfil falso. Para apurar a verdadeira autoria, há necessidade de ordem judicial aos provedores de aplicação e conexão para se chegar ao IP (Protocolo de Internet) de seu autor.

IP é como se fosse a placa do carro do usuário da internet. Toda vez que uma pessoa acessa a rede mundial de computadores, sua conexão gera um número de IP. Assim, seria uma digital atribuída a um dispositivo informático toda vez que acessa a internet.

Quando ocorre a conexão de um dispositivo informático à Internet, um endereço de IP (Internet Protocol) é atribuído exclusivamente para aquele dispositivo. Não existem dois dispositivos com o mesmo IP durante a navegação na internet (no mesmo dia, hora e fuso horário).

Temos os provedores de conexão, com os quais contratamos o acesso à internet (como por exemplo: Claro, Oi, Vivo, Tim etc) e os provedores de aplicação (de e-mails, como: terra, gmail, uol etc; mídias sociais, como *Facebook*, *Instagram*, *Twitter*, e aplicativos de mensagens, a exemplo do *WhatsApp* e telegram etc).

Para saber qual é seu IP em determinada conexão, basta consultar o site <whatismyipaddress.com>. Verifica-se que cada conexão gera um número de IP diferente.

Através de ordem judicial aos provedores de aplicação consegue-se identificar de qual dispositivo eletrônico foi feita determinada publicação e obter, através de mandado judicial ao provedor de conexão, os dados cadastrais do responsável pelo respectivo dispositivo eletrônico, para se comprovar sua autoria e autenticidade.

Os provedores de aplicação à internet têm o dever de manter os registros de conexão, sob sigilo, em ambiente controlado e de segurança, pelo prazo de seis meses. Essa obrigação, quanto aos provedores de conexão, é pelo prazo de um ano, nos termos da Lei n. 12.965/2014 (Marco Civil da Internet). Assim, obtido o IP do dispositivo que fez determinada publicação nas mídias sociais (considerando-se o dever de guarda pelo prazo de seis meses), ainda haverá o prazo de mais seis meses para obter junto ao Provedor de Conexão os dados cadastrais de referido autor.

1.2. Integridade

Thamay e Tamer (2020, p. 45) definem integridade como

> a qualidade da prova digital que permite a certeza com relação à sua completude e não adulteração" e concluem que "prova digital íntegra, portanto, é aquela não modificada ou adulterada, apta, portanto, a demonstrar a reprodução do fato em sua completude e integridade.

Uma prova digital que tenha sido adulterada não é íntegra, não tendo utilidade para o processo.

Oportuno questionar se o *print* de tela é prova digital. Na verdade, *print* de tela é um arquivo de imagem. Mas ele é aceito como prova, uma vez que pode ser reconhecido como autêntico pela parte contrária, ou até mesmo pode restar incontroverso nos autos. O CPC, em seu art. 369, admite todos os meios de prova em direito, ainda que não especificados neste Código, para provar a verdade dos fatos em que se funda o pedido ou a defesa e influir eficazmente na convicção do juiz. Mas e se houver impugnação?

É cediço que os arquivos de imagem são facilmente adulteráveis, a exemplo de uma foto de conversa de *WhatsApp*, na qual a parte interessada omite uma frase ou até mesmo faz uma montagem, alterando-a. Existem técnicas de exportação do conteúdo do *WhatsApp* que podem ser requisitadas pelo juízo a ambas as partes para confronto e análise se houve adulteração.

Considerando-se que uma foto digitalizada não é um documento auditável, em se tratando de fotografia tirada por câmera digital, a parte deve reproduzir a fotografia nos autos de forma eletrônica, para que possa ser auditada e observar a cadeia de custódia.

A juntada de documentos eletrônicos deve observar a Resolução n. 408 de 18 de agosto de 2021 do Conselho Nacional de Justiça. Essa resolução dispõe sobre o recebimento, o armazenamento e o acesso a documentos digitais relativos a autos de processos administrativos e judiciais.

O site do CNJ destacou a fundamentação do voto do Relator da Resolução supra mencionada, Ministro Luiz Fux, Presidente do CNJ:

> O ministro Fux reforçou a necessidade de assegurar a uniformidade, a segurança e a disponibilidade de documentos digitais que, por razões técnicas, não podem ser inseridos nos sistemas processuais. O entendimento está baseado no disposto na Lei n. 13.964/2019, que aperfeiçoa a legislação penal e processual penal, e do que prevê a Lei n. 11.419/2006, sobre a informatização do processo judicial.
>
> "Nesse sentido, deve-se preservar a cadeia de custódia de documentos digitais no Poder Judiciário, na forma do art. 158-A do Código de Processo Penal, sobretudo porque aquele que desfigurar ou destruir documentos de valor permanente ou considerado como de interesse público e social fica sujeito à responsabilidade penal, civil e administrativa, conforme o art. 25 da Lei n. 8.159/1991", pontuou, complementando que a destruição, inutilização ou deteriorização de arquivo constitui crime, conforme a Lei n. 9.605/1998.'[3]

---

(3) Resolução n. 408, de 18 de agosto de 2021, do Conselho Nacional de Justiça.

O art. 1º, § 1º da Resolução n. 408/2021 conceitua documento e peça digital:

> § 1º Por documento e peça digital, entende-se arquivo com informação registrada, codificada em dígitos binários, acessível e interpretável por meio de sistema computacional, em suporte e dispositivo de armazenamento variado, abrangendo gêneros textual, audiovisual, sonoro, iconográfico, programa de computador e outros.

1.3. Preservação da cadeia de custódia da prova digital

O art. 158-A do Código de Processo Penal conceitua a cadeia de custódia: "Considera-se cadeia de custódia o conjunto de todos os procedimentos utilizados para manter e documentar a história cronológica do vestígio coletado em locais ou em vítimas de crimes, para rastrear sua posse e manuseio a partir de seu reconhecimento até o descarte".

A autenticidade e a integridade deve ser preservada em todo processo de produção da prova digital, "desde sua identificação, coleta, extração de resultados, até a apresentação no processo ou procedimento de destino" (THAMAY e TAMER, 2020, p. 47).

Em suma, se não for assegurada a autenticidade e a integridade da prova digital ao longo de todo o processo, desde a identificação da prova, não terá validade, por pairar alguma dúvida sobre a mesma.

A prova digital, uma vez impugnada, deve ser auditável e observar a cadeia de custódia. Precisamos utilizar técnicas de computação forense, que "consiste no uso de métodos científicos na preservação, coleta, validação, identificação, análise, interpretação, documentação e apresentação de evidências digitais" (PINHEIRO, 2021, p. 280). Assim, se um *print* de tela for impugnado, ele não pode ser auditado, não sendo possível auferir a data (temporariedade), imutabilidade sua autenticidade e integridade.

A preservação da cadeia de custódia é mais simples na utilização de fontes restritas, quando há requisição judicial de dados aos provedores de aplicação e de conexão, como no caso da prova de geolocalização do usuário de um celular, com ofício judicial à respectiva operadora de celular requisitando o mapa ERB (Estação Rádio Base) do período que se pretende investigar.

Há uma dificuldade maior na preservação da cadeia de custódia na utilização de fontes abertas e, também, quando a própria parte apresenta dados extraídos de seus dispositivos digitais, a exemplo de fotografias ou da exportação de uma conversa de *WhatsApp*. Caso haja impugnação dessa prova, será necessária a utilização de ferramentas de visualização dos metadados das fotografias digitais. No caso de impugnação de conversa pelo aplicativo de mensageria, a exemplo do *WhatsApp*, haverá necessidade de seu confronto com a exportação de conversa do *WhatsApp* do outro interlocutor ou até mesmo de uma perícia forense.

2. Fotografias digitais e metadados

Arquivos de fotografias são cada vez mais utilizados como prova documental em processos judiciais. Muitas vezes, fotos são apresentadas sob o argumento de comprovar amizade íntima entre uma das partes e a testemunha contraditada, retratando momentos festivos entre ambas. Outras vezes, para mostrar a pessoa trabalhando em determinado local, com uniforme da empresa, ou, ainda, para demonstrar os danos causados a determinado bem.

Uma prova muito precisa são as fotos digitais, uma vez que elas contêm metadados, ou seja, dados que armazenam outros dados. O Judiciário, com a utilização de ferramentas adequadas, consegue extrair das fotos digitais o local (quando o GPS está ligado), a data e o horário exato em que a mesma foi tirada e até mesmo o modelo do aparelho que a tirou.

Já existem vários julgados de casos em que o trabalhador tirou licença médica e foi flagrado por fotos nas mídias sociais, demonstrando que estava em viagem ou trabalhando para terceiros em outro local, tendo sido dispensado por justa causa, como se verifica nos processos 0010220-92.2016.5.15.0086 RO, 0010570-46.2020.5.15.0149, ambos do TRT da 15ª Região e 0010792-25.2019.5.03.0103 RO do TRT da 3ª Região.

Há um caso emblemático em que houve a confirmação da dispensa por justa causa de uma trabalhadora que estava afastada por licença médica e postou fotos no Facebook correndo a meia maratona do Rio, conforme Acórdão proferido nos autos do Processo 0001703-74.2012.5.01.0039 – DOERJ 29-09-2014:

> JUSTA CAUSA – ATESTADO MÉDICO FALSO Enfim, uma coisa é certa. A autora se encontrava no evento esportivo, conforme fotos apresentadas, certamente postadas pela própria autora na internet. Tais imagens convencem que a autora estava bem disposta, e não doente com necessidade de 15 dias de afastamento. Entendo que, de fato, em função dos atestados médicos falsos houve quebra de confiança que justifica a justa causa.(4)

(4) Processo n. 0001703-74.2012.5.01.0039 RO. TRT da 1ª Região. Relator Desembargador Ivan da Costa Alemão Ferreira, julgado em 23.09.2014.

Embora não tenha havido necessidade de se examinar os metadados da foto mencionada em referido julgado, pela explicitude da postagem quanto ao fato de ter ocorrido na meia maratona do Rio de Janeiro, sendo possível identificar a data, há casos em que as fotos reproduzidas nos autos são impugnadas pela parte contrária especificamente quanto à data em que foram tiradas, sendo que esta questão poderia ser dirimida pelos metadados da fotografia.

Os metadados de uma foto digital contém informações importantes que levam à decisão da causa com justiça. As fotografias digitais apresentam um avanço no mundo das provas, pois contêm outros dados além da imagem que representam, chamados de *exif* ou metadados (dados que contêm outros dados). Os metadados das fotografias digitais podem conter informações sobre o tipo de aparelho utilizado, local, dia e horário em que a foto foi tirada, dentre outros dados. Nesse sentido, as lições de Barreto, Wendt e Caselli (2017, p. 147):

> O Exif metadata é a informação adicional do arquivo da fotografia que pode ter dados sobre data e hora, tamanho, características da câmera ou do smartphone, dados de luminosidade e outras informações úteis. Em alguns casos, quando o GPS (*Global Positioning System*) do equipamento está ligado, é possível obter a real posição em que a fotografia foi tirada. Cada metadado traz consigo dados individualizadores da imagem produzida.

Não só as fotos, mas outros documentos digitais, a exemplo de textos, .doc e .pdf, por exemplo, contêm metadados, sendo possível inserir dados em documentos digitais para preservação dos direitos autorais de seu autor. Existem vários meios de extração dos metadados constantes dos arquivos digitais.

Por outro lado, deve-se haver cuidado com as fraudes nos meios digitais, uma vez que há muita montagem de fotos, vídeos e *"fake news"*. Uma postagem ofensiva em rede social feita de um perfil falso pode causar muitos embaraços e dissabores. Para apurar a verdadeira autoria, há necessidade de ordem judicial aos provedores de aplicação e conexão para descobrir o IP de seu autor.

Algumas mídias sociais não disponibilizam os metadados das fotos, como Instagram e Facebook, sob o fundamento de falta de espaço nos servidores de armazenamento e de proteção da privacidade do usuário, conforme pesquisa realizada pelo embeddedmetadata.org, site especializado em metadados (BARRETO; WENDT; CASELLI, 2017, p. 148).

Aplicativos de mensagens, a exemplo de *WhatsApp* e *Telegram*, também não disponibilizam os metadados aos seus usuários, embora anunciem a coleta de vários dados em suas políticas de privacidade.

O fato de não termos acesso aos metadados das fotografias postadas nas redes sociais e aplicativos de mensagens, não significa a inexistência dos mesmos. Como muitos conteúdos são retirados das redes sociais, sem contar a possibilidade de serem postados de um perfil falso, para a preservação da prova de postagem que comprove um fato ilícito e também para investigação de seu autor, é possível demandar ao Judiciário uma tutela antecipada ou uma produção antecipada de prova para requisitar ao provedor de aplicação os metadados das fotos, inclusive o IP (Protocolo da Internet) do autor da postagem. Posteriormente deve-se também requisitar a expedição de ofício ao provedor de conexão para obtenção dos dados do assinante de quem referido IP foi emanado.

Nos termos do Marco Civil da Internet (Lei n. 12.965/2014), especificamente em seus arts. 19, 21 e 22, a solicitação da parte deverá especificar de maneira precisa o conteúdo objeto de investigação, sob pena de não atendimento, para que seja localizado de forma inequívoca pelo provedor de aplicação, devendo ser informada a URL do respectivo arquivo.

Uma vez descoberto o IP do autor da postagem ofensiva, fornecido pelo Provedor de Aplicação, poderá o autor requerer ao Juízo a intimação do Provedor de Conexão para que entregue os dados cadastrais (nome, qualificação e endereço) relativas ao usuário que utilizou o IP ______, no dia ______, às ______ h (UTC-3), nos termos do art. 10, § 1º e 22 da Lei n. 12.965/2014 e 11 do Decreto n. 8.771/2016. (CAPANEMA, 2020).

2.1. Leitor de metadados

Bazzell (2021, p. 443) explica que toda câmera digital anota os dados em cada imagem, mas a quantidade e tipo de dados podem variar. Esses dados não são visíveis com a fotografia, sendo necessário um leitor de metadados, que pode ser encontrado em websites ou aplicativos. A maneira mais rápida de ver essas informações é através de um visualizador online. Ele considera *Jeffrey's Exif Viewer* o visualizador padrão *online* para exibir metadados.

Os metatados extraídos das fotografias digitais contêm dados valiosos, que podem dirimir fatos controvertidos num processo judicial. Barreto, Wendt e Caselli (2017, p. 85) nos ensinam que há vários sites ou complementos de navegadores que possibilitam acesso ou análise desses dados, a exemplo de: <http://fotoforensics.com/>, <http://www.exif-viewer.com/> e <http://www.pic2map.com/>, dentre outros.

Vamos demonstrar esta última ferramenta, exemplificando um caso hipotético de que o trabalhador alega não ter tirado férias no ano de 2021. A reclamada impugna tal afirmação e junta uma foto extraída do blog do trabalhador, constando sua imagem numa praia que teria sido em suas férias no mês de março de 2021. O trabalhador, em réplica, impugna a tese da reclamada, querendo comprovar por testemunha que referida foto havia sido tirada no final do ano 2019.

Ao inserir referida fotografia, publicada no blog do trabalhador, no site <http://www.pic2map.com/> é possível extrair seus metadados, conforme ilustração do caso hipotético:

Os metadados da foto comprovam que ela foi tirada numa sexta-feira, em 5 de março de 2021, às 11h48, na cidade de Guarujá, inclusive constando a latitude e longitude.

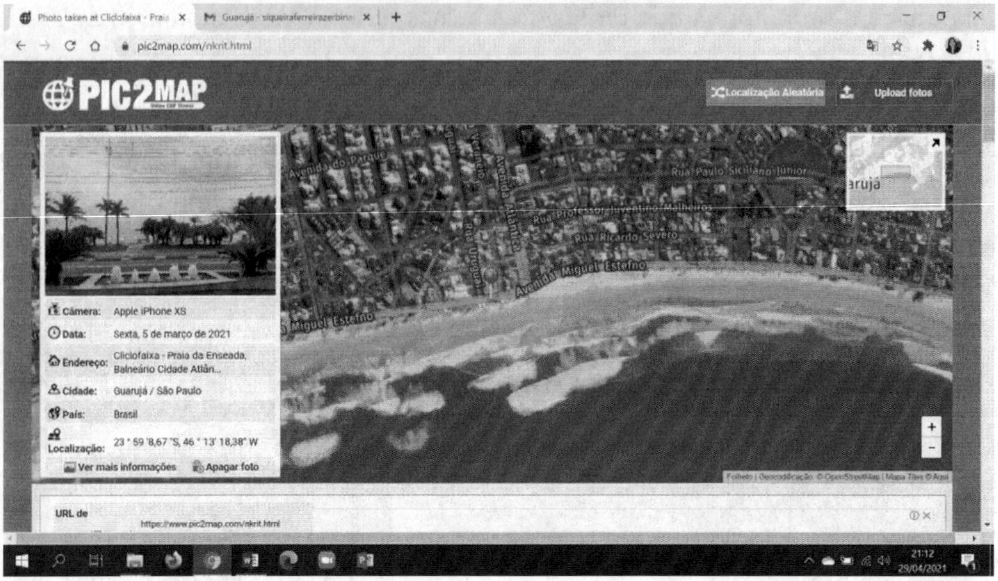

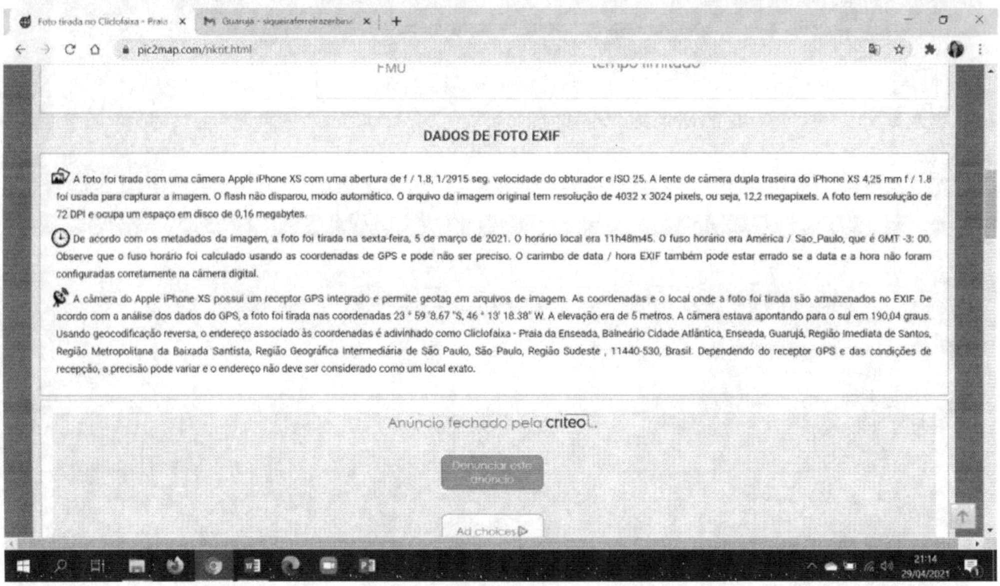

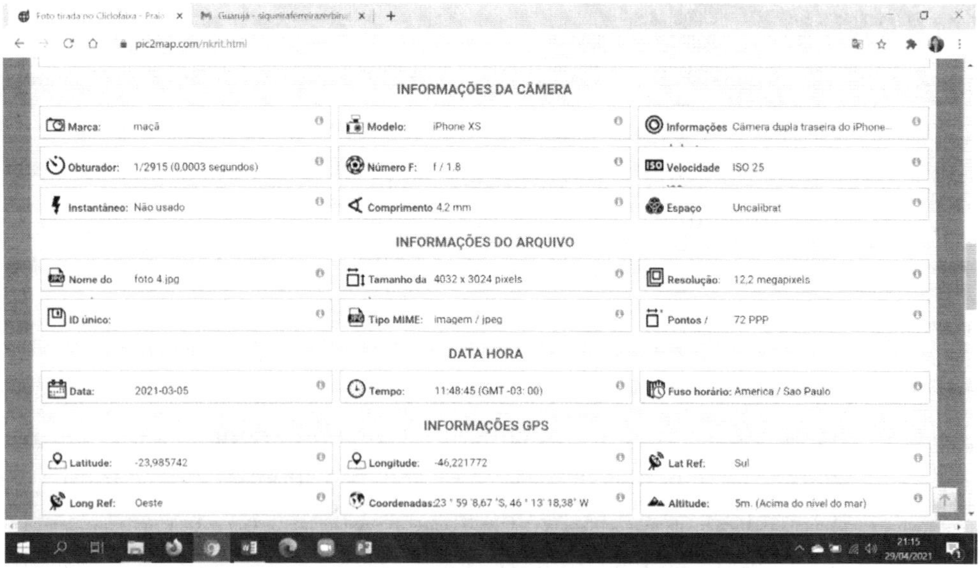

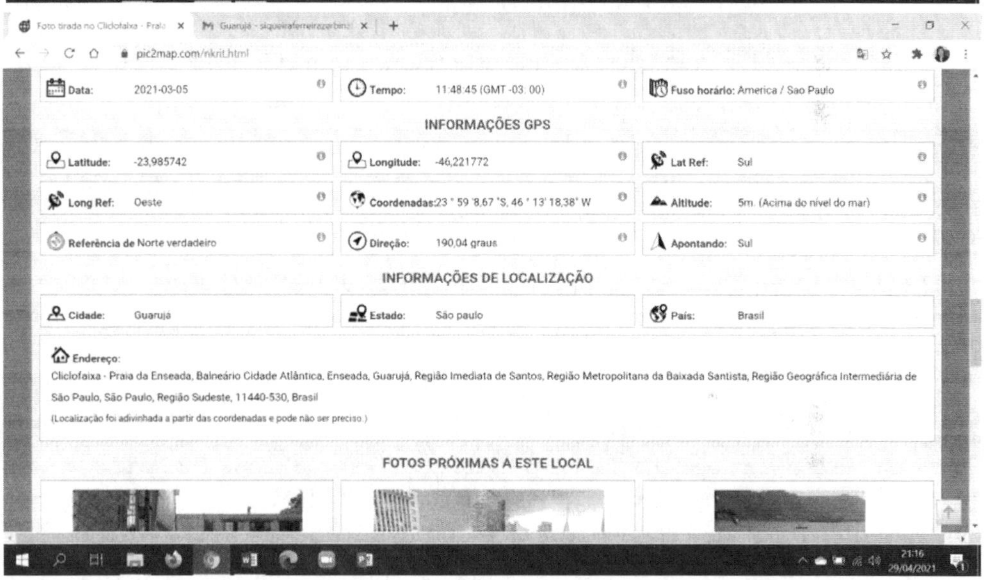

Assim, com a utilização da tecnologia, é possível verificar a data e o local em que as fotos do trabalhador foram tiradas, não havendo necessidade de testemunhas quanto a este fato.

Por outro lado, devemos ter cuidado com as fraudes nos meios digitais, uma vez que há muita montagem de fotos, vídeos e "fake news". Uma postagem ofensiva em rede social feita de um perfil falso pode causar muitos embaraços e dissabores. Para apurar a verdadeira autoria, há necessidade de ordem judicial aos provedores de aplicação e conexão para descobrir o IP de seu autor. Também há necessidade de verificar se a foto foi editada.

2.2. Imagens recortadas

BAZZELL (2021, p. 444, tradução nossa) nos ensina sobre os metadados de imagens recortadas:

> Outra informação trazida pelos metadados é a presença de uma imagem miniatura com a fotografia. Câmeras digitais geram uma versão pequena da foto e a armazenam com os metadados. (...) Quando alguém recorta a fotografia, a versão pequena da foto original pode ou não ser sobrescrita. Programas como *Photoshop* ou *Microsoft Photo Editor* irão sobrescrever os metadados e manter ambas as imagens (a grande e a miniatura) idênticas. Outros programas, assim como algumas ferramentas de recorte online, não sobrescrevem a miniatura. O resultado é a presença da imagem original e sem recorte com os metadados da imagem recortada.(5)

Bazzell (2021, p. 445) destaca que esta técnica tem sido utilizada pela polícia para identificar criminosos, especialmente na área de pornografia infantil. Assim, uma foto original sem recorte pode ser suficiente para identificar e processar um criminoso. E alerta que tal ferramenta não é limitada para o cumprimento da lei, tendo alguns fãs examinado uma foto recortada do blog de uma atriz, cuja versão original exibia seus seios, o que rapidamente viralizou na internet. Trata-se de um episódio que nos faz repensar sobre o que postamos na internet, especialmente quanto às fotos editadas.

2.3. Imagens manipuladas

Muitas imagens da internet são manipuladas com programas como *Photoshop*, sendo muito difícil detectar se houve manipulação ou não pela análise visual das mesmas. Por exemplo, é possível editar a foto de uma pessoa sozinha para colocá-la como se estivesse cumprimentando a Rainha da Inglaterra, fazendo uma montagem com perfeição. Vários sites utilizam uma técnica que verifica se a foto foi manipulada, bem como identificam que parte da foto foi alterada. Bazzel

---

(5) Tradução livre do original BAZZELL (2021, p. 444): *"Another piece of information that we can look for inside the Exif data is the presence of a thumbnail image within the photograph. Digital câmeras generate a small version of the photo captured and store it within the Exif data. (...) When a user crops the image, this original smaller version may or may not get overwritten. Programs such as Photoshop or Microsoft Photo Editor will overwrite the data and keep both images identical. Other programs, as well as some online cropping tools, do not overwritte this data. The result is the presence of the original and uncropped image within the Exif data of the cropped photo."*

(2021, p. 447, tradução nossa) nos ensina essa técnica com a utilização do site Foto Forensics (<fotoforensics.com>):

> Este site te permite carregar uma imagem digital. Depois de fazer o upload com sucesso, ele irá mostrar a imagem com vista normal, ou seja, sem alteração. Abaixo desta imagem haverá uma imagem duplicada escura. Qualquer área destacada da imagem indicará uma possível manipulação. Embora este site nunca deva ser usado para declarar definitivamente que uma imagem está intacta ou manipulada, investigadores podem querer conduzir uma análise apenas para fins de inteligência. (...) Este site irá providenciar uma análise de uma imagem da internet ou um arquivo carregado de um computador. É importante notar que todas as imagens carregadas tornam-se parte da coleção do site e um URL direto é emitido. Enquanto poderia ser difícil para alguém localizar o URL das imagens, ainda poderia representar um risco de segurança para fotografias sensíveis.(6)

Conclusão: provas digitais como novo modelo probatório jurídico

A vantagem das provas digitais é sua auditabilidade, ou seja, a possibilidade de verificação de sua autenticidade, integralidade e cadeia de custódia. Este artigo apresentou algumas das ferramentas de verificação dos metadados das fotografias digitais, que podem elucidar alguns fatos controvertidos em processos judiciais.

Lembrando as lições do Promotor de Justiça Fabrício Patury, que ministrou vários cursos pela Enamat e Escolas Judiciais dos Tribunais Regionais do Trabalho a Juízes do Trabalho de todo o Brasil sobre Provas Digitais: "as provas digitais representam um novo modelo probatório no direito".

A Constituição Federal assegura como direito fundamental, em seu art. 5º, o acesso à ordem jurídica justa, ao devido processo legal, ao contraditório e à ampla defesa, em seus incisos XXXV, LIV e LV, respectivamente.

---

(6) Tradução livre do original BAZZELL (2021, p. 447): *"This site allows you to upload a digital image. After successful upload, it will display the image in normal view. Below this image will be a darkened duplicate image. Any highlighted áreas of the image indicate a possible manipulation. While this site should never be used to definitively state that an image is untouched or manipulated, investigators may want to conduct an analysis for intelligence purposes only. (...) This site will provide an analysis of an image from the internet or a file uploaded from a computer. It is importante to note that any images uploaded become parto f the website´s collection and a direct URL is issued. While it would be difficult for someone to locate the URL of the images, it could still pose a security risk for sensitive photographs".*

O art. 369 do CPC que admite "todos os meios legais, bem como os moralmente legítimos, ainda que não especificados neste Código, para provar a verdade dos fatos em que se funda o pedido ou a defesa e influir eficazmente na convicção do juiz". Com base neste artigo, nem haveria necessidade de alusão expressa à fotografia digital como meio de prova. Entretanto, a fotografia eletrônica foi expressamente reconhecida como meio de prova nos arts. 225 do Novo Código Civil e 422 do Código de Processo Civil:

> Art. 225 do Código Civil. As reproduções fotográficas, cinematográficas, os registros fonográficos e, em geral, quaisquer outras reproduções mecânicas ou eletrônicas de fatos ou de coisas fazem prova plena destes, se a parte, contra quem forem exibidos, não lhes impugnar a exatidão.
>
> Art. 422 do Código de Processo Civil. Qualquer reprodução mecânica, como a fotográfica, a cinematográfica, a fonográfica ou de outra espécie, tem aptidão para fazer prova dos fatos ou das coisas representadas, se a sua conformidade com o documento original não for impugnada por aquele contra quem foi produzida.
>
> § 1º As fotografias digitais e as extraídas da rede mundial de computadores fazem prova das imagens que reproduzem, devendo, se impugnadas, ser apresentada a respectiva autenticação eletrônica ou, não sendo possível, realizada perícia.
>
> § 2º Se se tratar de fotografia publicada em jornal ou revista, será exigido um exemplar original do periódico, caso impugnada a veracidade pela outra parte.
>
> § 3º Aplica-se o disposto neste artigo à forma impressa de mensagem eletrônica.

Em face do exposto, se a prova documental consistente numa fotografia digital não for impugnada, ela faz prova dos fatos ou da imagem que representa, havendo preclusão quanto a essa questão, não havendo que se perquirir sobre a autenticidade, integralidade ou cadeia de custódia. Por outro lado, se houver impugnação, haverá necessidade de se averiguar o respectivo fundamento, investigando-se os metadados da fotografia, quem a produziu, se houve alteração etc, o que pode ser apurado através de perícia forense, se necessário, quando as ferramentas online não bastarem para tal verificação. Ressalta-se que não basta impugnar uma fotografia digital sem apresentar um fundamento consistente, sob pena de responder como litigante de má-fé.

Os advogados precisam conhecer e produzir as provas digitais, apresentando-as nos autos ou requerendo ao juízo aquelas que dependem de ordem judicial. Os magistrados, por sua vez, precisam ter conhecimentos básicos técnicos para apreciar e julgar os pedidos referentes à produção de provas digitais ou até mesmo para determinar a realização de uma perícia digital.

Em síntese, as partes têm que se desvencilhar do ônus da prova, devendo produzir as provas digitais em fontes abertas e requerer ao juiz as provas digitais que dependam de ordem judicial. Entretanto, caso haja controvérsia entre as provas produzidas, nos termos do art. 765 da CLT, pode o magistrado determinar a realização de provas digitais para sanar as contradições. Quanto ao contraditório, toda vez que houver produção de novas provas, ele é essencial, nos termos do art. 7º do CPC e da Constituição Federal.

Ressalta-se que não há supremacia da prova digital, sendo que todas as provas produzidas em um processo são analisadas em conjunto em busca da verdade. É certo que se a prova digital comprovar um fato de forma inequívoca, não haverá necessidade de se realizar outras provas como a oitiva de testemunhas. O juiz deverá indeferir as provas inúteis ou desnecessárias que só protelam a rápida decisão da causa.

Conforme explanado, as ferramentas que permitem a visualização dos metadados das fotografias digitais, bem como aquelas que apuram se a fotografia sofreu alguma edição, podem sanar uma série de controvérsias, comprovando muitos fatos que dispensam a oitiva de testemunhas, tratando-se de um avanço na busca da verdade real, contribuindo com a celeridade processual e na aplicação da Justiça!

Referências bibliográficas

BARRETO, Alessandro Gonçalves; WENDT, Emerson; CASELLI, Guilherme. *Investigação Digital em Fontes Abertas*. 2. ed. [s. l.]: Editora Brasport – 2017, [s. d.]. ISBN 9788574528199. Disponível em: <https://search.ebscohost.com/login.aspx?direct=true&db=cat08913a&AN=peb.9788574528199&lang=pt-br&site=eds-live>. Acesso em: 28 nov. 2021.

BAZZEL, Michael. *Open Source Intelligence Tecnhiques*. Resources for searching and analyzing online information. 8. ed. By Michael Bazzel: Nevada, Out. 2021.

CAPANEMA, Walter Aranha. Curso de Provas Digitais. *Smart 3*. Disponível em: <https://smart3.eadplataforma.com/curso/aula-ao-vivo/>; slide 37. Acesso em: 5 out. 2020.

DIDIER JR., Fredie; OLIVEIRA, Rafael Alexandria de. O uso da tecnologia blockchain para arquivamento de documentos eletrônicos e negócios probatórios segundo a lei de liberdade econômica. In: NUNES, Dierle; LUCON, Paulo Henrique dos Santos; WOLKART, Erik Navarro (Coords.). *Inteligência Artificial e Direito Processual*. Os impactos da virada tecnológica no direito processual. Salvador: JusPodivm, 2021.

DIGITAL GLOBAL OVERVIEW REPORT. Disponível em: <https://www.linka.com.br/analytics/relatorio-global-do-digital-2021> Acesso em: 03 dez. 2021

PATURY, Fabrício Rabelo. *Slides do curso da Escola Nacional de Magistratura do Tribunal Superior do Trabalho sobre Produção e Análise de Provas Digitais*, ministrado em maio de 2021.

PINHEIRO, Patrícia Peck. *Direito Digital*. São Paulo: Saraiva Educação, 2021.

Processo n. 0001044-85.2016.5.21.0001. Disponível em: <https://agregaconsulting.com.br/tribunal-mantem-justa-causa-de-atendente-de-telemarketing-que-discutiu-e-xingou-cliente/>. Acesso em: 09 abr. 2022.

Processos 0010220-92.2016.5.15.0086 RO e *0010570-46.2020.5.15.0149*, ambos do TRT da 15ª Região. Disponíveis em: <https://trt15.jus.br/jurisprudencia/consulta-de-jurisprudencia>. Acesso em: 10 abr. 2022.

Processo 0010792-25.2019.5.03.0103 RO do TRT da 3ª Região. Disponível em: <https://juris.trt3.jus.br/juris/detalhe.htm?conversationId=732>. Acesso em: 10 abr. 2022.

Processo n. 0001703-74.2012.5.01.0039 RO. TRT da 1ª Região. Relator Desembargador Ivan da Costa Alemão Ferreira, julgado em 23.09.2014. Disponível em: <https://bibliotecadigital.trt1.jus.br/jspui/handle/1001/586142?mode=full>. Acesso em: 03 dez. 2021.

Resolução n. 408, de 18 de agosto de 2021. Conselho Nacional de Justiça. Notícia disponível em: <https://www.cnj.jus.br/resolucao-disciplina-arquivamento-de-documentos-digitais-na-justica/>. Acesso em: 14 dez. 2021.

SCHIAVI, Mauro. *Provas no Processo do Trabalho*. Salvador: Juspodivm, 2020.

THAMAY, Rennan; TAMER, Mauricio. *Provas no Direito Digital: conceito da prova digital, procedimentos e provas digitais em espécie*. São Paulo: Thomson Reuters Brasil, 2020.

Perícia Computacional no Processo do Trabalho

Francina Nunes da Costa[(1)]

Giuliano Giova[(2)]

Introdução

A sociedade moderna aplica recursos cada vez maiores em ciência e tecnologia para produzir equipamentos e sistemas sempre mais inovadores e sofisticados. A população brasileira consome avidamente tais novidades, cerca 87% da população já é usuária da Internet segundo o critério de uso inconsciente, que inclui planos *zero-rating*, aplicativos patrocinados e outras facilidades (BRASIL, 2021). Essa modernização acelerada fez com que computadores e celulares se tornassem rapidamente repositórios de vestígios digitais cada vez mais relevantes para o esclarecimento dos fatos debatidos em processos judiciais, porém, sua dimensão e complexidade impuseram novos desafios ao juiz do trabalho.

1. O magistrado e a tecnologia

A modernização tecnológica fez com que os juízes passassem a se deparar, cada vez mais, com a necessidade de avaliar fatos ocorridos no mundo digital, tarefa mais complexa do que parece à primeira vista. Por demandar conhecimentos especializados, o magistrado passou a confiar os aspectos técnicos dessa tarefa a um perito de sua confiança, atribuindo-lhe a missão principal de analisar os vestígios digitais e produzir um laudo pericial. Zochio (2019) estudou a opinião dos juízes a respeito dos laudos periciais que eles próprios encomendaram e obteve o

(1) Juíza do Trabalho. Graduada em Direito pela Universidade da Amazônia e em Engenharia Civil pela Universidade Federal do Pará. Especialista em Direito Individual e Coletivo do Trabalho e em Direito Processual do Trabalho pela PUC/SP e em Direito Processual pela UNAMA.

(2) Diretor da Faculdade Ibptech de Ciências Forenses e Tecnologia. Doutor e Mestre em Sistemas Eletrônicos pela Escola Politécnica da USP e Economista pela FACESP.

surpreendente resultado de que os juízes consideram esses laudos excessivamente técnicos, dúbios, vagos e prolixos. Ocorre que essa opinião desabonadora pode ter relação, entre outros fatores, com a pouca familiaridade dos próprios juízes com as questões tecnológicas expostas nos laudos. A esse respeito Mantovani (2019) considera que a familiaridade com tecnologia pode afetar a qualidade das decisões judiciais, fenômeno que pode ser estudado com base em classificações como as chamadas Gerações Baby Boomers, X, Y e Z. A esse respeito, Silva (2013) considera Baby Boomers aquelas pessoas que nasceram nas décadas entre 1940 e 1960, contribuíram com a reestruturação do mundo, foram se tornando mais resistentes a mudanças e, ao longo do tempo, acumularam pouco treinamento e experiência com tecnologia. Assim, sua menor familiaridade com tecnologia poderia prejudicar a qualidade das suas decisões em uma sociedade digital vibrante, plena de diversidades, com valores próprios e dependente de equipamentos sofisticados. A Geração X é composta por pessoas que ingressaram no mercado de trabalho a partir da década de 1980, foram beneficiadas pelas novas tecnologias trazidas pela abertura econômica brasileira para o mundo, porém sua adoção foi prejudicada pela "década perdida" no Brasil. Logo, essas pessoas começaram interagir tardiamente com essas novas tecnólogas, o que se concretizou paulatinamente somente a partir da década de 2000, colocando-as na prática em situação similar à geração anterior. Ainda segundo Silva (2013), a Geração Y brasileira, posterior à geração equivalente demarcada no resto do mundo, abrange os nascidos após 1986 e que ingressaram no mercado de trabalho em torno de 2010, época em que o Brasil passou a incorporar efetivamente as tecnologias da informação e das comunicações. O mesmo autor considera que a Geração Y brasileira apresenta comportamentos e posturas similares aos Baby Boomer, portanto, a maior familiaridade com tecnologia convive com a resistência às mudanças rápidas que caracterizam a dinâmica sociedade tecnológica. A Geração Z corresponde aos nascidos após 1997 e que ingressam atualmente no mercado de trabalho. Por serem natos digitais, possuem elevada familiaridade com o novo ambiente tecnológico e o consideram naturalmente nas suas tomadas de decisões. Além da familiaridade com a tecnologia, cabe considerar o comprometimento organizacional. Silva (2013) entende que a Geração X apresenta marcações consistentes menores do que a geração Y quanto ao comprometimento organizacional, bem como nas relações entre comprometimento, desempenho, esforço adicional, eficácia e desejo de permanência.

Mesmo se os estudos citados não se referem especificamente aos magistrados ou operadores do Direito brasileiros, suas conclusões são úteis para considerar que nesse meio predominam as Gerações X e Y, pouco familiares com a tecnologia, e que somente agora surgem escassos representantes da Geração Z, intensamente ligados à tecnologia. Sob o ponto de vista do comprometimento organizacional, os representantes da Geração Y tenderiam a ter comprometimento, desempenho, esforço adicional, eficácia e desejo de permanência superiores aos representantes da Geração X e, possivelmente, àqueles da Geração Z. Portanto, as sucessivas ondas de renovação tecnológica e as rápidas mudanças nos processos judiciais poderiam prejudicar a tomada de decisões tecnológicas por representantes das Gerações X e Y e prejudicar a tomada de decisão nas questões relacionadas ao comprometimento, desempenho e eficácia por representantes das Gerações X e Z. Garfinkel (2010) previu que surgiriam dificuldades adicionais para juízes e peritos, pela crescente complexidade técnica dos equipamentos, utilização de nuvens computacionais dentro ou fora do país, aumento do volume de dados e utilização de recursos para proteção dos usuários, como a criptografia. No Processo Penal esse cenário é enfrentado com a ampliação dos Institutos de Criminalística e no Processo Cível com o fortalecimento do papel dos peritos judiciais. Como ambos são obrigados a respeitar as melhores normas técnicas, resulta um constante aumento de custos e prazos dos processos judiciais. Já no Processo do Trabalho, os princípios de celeridade processual, oralidade e finalidade social dificultam a nomeação de peritos judiciais para a produção de provas técnicas demoradas e dispendiosas. Aos juízes trabalhistas são atribuídos extensos poderes instrutórios que lhes permitem buscar e avaliar diretamente as evidências digitais. Todavia, essa situação exige dos juízes trabalhistas conhecimentos mais aprofundados sobre tecnologia, em comparação com os demais juízes, para que eles tenham maior liberdade e possam melhor justificar as suas escolhas quanto a nomear peritos ou avaliar diretamente evidências durante audiências, diligências ou inspeções judiciais. Considerando os princípios do Processo do Trabalho, as conclusões de Silva (2013) sobre o perfil das Gerações X, Y e Z e as advertências de Garfinkel (2010) sobre o agravamento das dificuldades na produção de provas técnicas, resulta nítida indicação para que na Justiça do Trabalho se intensifique a colaboração entre juízes de gerações diferentes, especialmente nos assuntos relacionados à produção de provas técnicas ou documentais com base tecnológica.

2. Perícia computacional

Pouco se aplicam às evidências digitais as regras da experiência comum subministrada pela observação do que ordinariamente acontece, pois vestígios digitais não pertencem ao nosso mundo físico. Os cinco sentidos dos juízes são inúteis no mundo digital, pois eles não podem ver, ouvir, saborear, cheirar ou tocar vestígios digitais. Eles somente podem ser representados como longas sequências de zero e um, algo como "01001110", ou seu equivalente em hexadecimal, nada além disso. Para que seres humanos possam ver e interagir com vestígios digitais, será sempre necessária alguma interface que traduzirá bits em algo visível, audível ou tateável. Ocorre que essa tradução leiga jamais será integralmente "fiel", portanto, a própria tradução não pode ser considerada como uma evidência digital original ou íntegra. Para ilustrar a questão, pode-se dizer que uma pegada na lama é sim um vestígio (físico, neste caso), todavia, um molde obtido derramando-se gesso dentro dessa pegada não poderá ser considerado vestígio, esse molde é apenas uma representação (tradução) do verdadeiro vestígio. Uma fotografia ou um relato sobre a pegada também não é um vestígio por si. Um molde será sempre uma mera representação imperfeita e manipulável do vestígio verdadeiro que está na lama em forma de pegada (GIOVA, 2015). No mundo digital, a colheita de um vestígio significa preservar um "punhado" de bits, sem sentido para o leigo, o que jamais se confunde com visualizar, fotografar ou imprimir a tela de um computador ou celular, pois a imagem ali presente não é um vestígio digital, é apenas a sua tradução para o mundo dos humanos. O exame de um conjunto de bits leva seguramente a uma prova técnica, enquanto um exame restrito a telas de computadores ou celulares, mesmo que em perícias ou inspeções judiciais, constitui apenas uma prova documental. Quando um juiz, policial, oficial de justiça ou escrevente visualiza uma mensagem diretamente na tela do celular, contendo, por exemplo, uma ameaça, ele estará vendo apenas um molde imperfeito produzido com interesses comerciais pelos fabricantes do *hardware*, do *software* e de eventuais artefatos ou agentes manipuladores. É bastante conhecido o golpe das máquinas fraudulentas de cartão de débito ou de crédito que ocultam do usuário a parte mais significativa (à esquerda) do valor que ele está autorizando, assim, ele de fato está autorizando internamente o pagamento de um valor bem maior do que aquele que visualiza na tela. Também são conhecidos exemplos de escreventes de cartórios de notas que produziram atas notariais sobre o que estavam vendo na tela de um dispositivo, porém tratava-se apenas de uma simulação de algo que não existia de fato, possivelmente esses escreventes estavam descumprindo normas das Corregedorias Estaduais e adentrado em temas alheios aos que devem ser registrados em atas notariais(3).

(3) Veja, por exemplo, o processo IAFG 0010496-88.2019.5.15.0096 – 3ª VT de Jundiaí.

Esses conceitos e a enorme volatilidade do mundo digital recomendam que se tenha sempre presente que o vestígio digital, originalmente invisível, constitui a prova técnica, enquanto a sua impressão ou visualização constitui apenas prova documental. Cabe então indagar como o juiz pode lidar com uma evidência digital e produzir, por exemplo, um registro de inspeção judicial que conduza à prova técnica. Para que isso seja possível, é necessário que o vestígio digital possa ser representado (visto ou impresso) por meio de uma ferramenta pericial certificada e que mostre em vestígio em sua totalidade e apenas mediante representação binária ou hexadecimal. Entre as diversas ferramentas comerciais existentes, podem ser mencionados o *Encase Forensic*(4) e o *Forensic Tollkit*(5). Existem também ferramentas gratuitas disponíveis para download, mesmo se bastante limitadas, como FTK Imager(6). Os autores deste artigo recomendam fortemente que juízes e operadores do Direito tenham a experiência de fazer o *download* do FTK Imager, ou de produto similar, e com ele capturar e visualizar, sempre nos formatos hexadecimal ou binário, qualquer arquivo contendo texto, som, imagem, vídeo ou programa. Em seguida, podem analisar a sua estrutura como se fosse um banco de dados(7) e nela reconhecer dados, metadados e programas, cientes de que nesse momento estarão analisando (desde que visualizando no formato hexadecimal) um verdadeiro vestígio digital. Com essa experiência, ficará claro porque a prova técnica é mais completa e segura, porém implica em custos e prazos bem maiores do que a vistoria, a inspeção judicial e a prova documental.

Ocorre que o Processo do Trabalho precisa ter em vista alternativas mais rápidas e econômicas que poderiam ser adotadas quando não forem possíveis os procedimentos mais completos e seguros de produção de provas técnicas. Em seus ensinamentos, o saudoso professor Mozart Victor Russomano lembrou que o processualista uruguaio Eduardo Couture considera que o Direito Processual do Trabalho destruiu, pouco a pouco, grande parte dos princípios e adotou apenas a estrutura lógica do processo do Direito Processual Civil. Coube então ao juiz do trabalho preencher lacunas e omissões por meio de experimentos de grande significado na Justiça do Trabalho nacional, com criatividade jurisprudencial que

---

(4) Veja <https://security.opentext.com/document/product-brief/encase-forensic-product-overview>.

(5) Veja <https://www.exterro.com/forensic-toolkit>.

(6) Disponível para download em: <https://go.exterro.com/l/43312/2022-01-21/f6h1s3>. Acesso em: 23 jan. 2022.

(7) Veja, por exemplo: <https://support.microsoft.com/pt-br/office/formatos-e-extens%C3%B5es-de-nomes-de-arquivo-open-xml-5200d93c-3449-4380-8e11-31ef14555b18, https://helpx.adobe.com/pt/photoshop/using/file-formats.html>. Acesso em: 23 jan. 2022.

altera as praxes do processo escrito e, ao final de cada ciclo, contribui de forma viva com o próprio Direito Processual Civil (RUSSOMANO, 1980).

No Processo do Trabalho vigora a simplicidade das formas sob a condução do juiz que utiliza eficazmente seus amplos poderes instrutórios para determinar o comparecimento em juízo e questionar diretamente as partes. Malatesta (1927) ensina que o interrogatório é a principal entre as formas secundárias de produção judicial, de grande utilidade tanto para a descoberta da verdade quanto para descobrir e corrigir eventuais falhas, erros e vontades de enganar. Ao conduzir depoimentos no Processo do Trabalho, o juiz poderá formular perguntas técnicas que possibilitarão trazer como prova documental, vestígios, que existem apenas no mundo digital ou até mesmo obter elementos para subsidiar a determinação judicial a um auxiliar da justiça para a coleta e preservação desses vestígios. Mesmo se procedimentos como esses não substituem aqueles que são próprios da perícia computacional, a sua utilização poderia ser justificada e fundamentada em função da possibilidade de perda do vestígio ou de restrições técnicas, financeiras ou temporais.

3. Fases da perícia

As fases da perícia podem variar em função dos objetivos e das particularidades de cada caso, em termos gerais são adotadas as fases de identificação, preservação, coleta, análise e apresentação dos resultados. A identificação completa dos vestígios e todas as atividades realizadas nessas fases devem ser registradas em cadeia de custódia. A Secretaria Nacional de Segurança Pública (SENASP) publica o manual denominado Procedimento Operacional Padrão: Perícia Criminal (POP)[8] com a finalidade de orientar os procedimentos técnicos realizados pelas Polícias Científicas e os Institutos de Criminalística (BRASIL, 2013). As normas técnicas que embasam os Procedimentos Operacionais Padrão são mantidas por órgãos como *Internet Engineering Task Force, International Organization for Standardization*, *International Electrotechnical Commission* e Associação Brasileira de Normas Técnicas (GIOVA, 2020). Para realizar esses procedimentos usualmente são necessários conhecimentos e equipamentos especializados, principalmente em função da diversidade de equipamentos e tecnologias, do aumento dos recursos para proteção da privacidade e da segurança do usuário (GIOVA, 2011).

(8) Disponível em: <http://politec.mt.gov.br/arquivos/File/institucional/manual/procedimento_operacional_padrao-pericia_criminal.pdf>. Acesso em: 21 jan. 2022.

4. Determinações judiciais no processo do trabalho

O juiz do Processo do Trabalho deve usar seus poderes instrutórios a fim de que o processo não perca sua simplicidade e oralidade. Nele vigora a simplicidade das formas, tanto que há inúmeros exemplos na jurisprudência trabalhista com soluções mais simples que resolvem grandes impasses processuais. Por outro lado, as normas jurídicas sobre produção de provas técnicas e as normas técnicas sobre a perícia computacional impõem a utilização de métodos, conhecimentos e ferramentas reconhecidos pela comunidade científica, portanto o Processo do Trabalho precisa encontrar meios dentro dos métodos científicos e jurídicos para que não perca a sua essência.

4.1. Depoimentos e diligências

Nos depoimentos, o juiz formula perguntas sobre elementos técnicos que enriquecerão imediatamente o seu convencimento ou serão úteis para uma posterior quebra do sigilo das comunicações junto aos respectivos provedores, tais como números de linhas telefônicas, armazenamentos ou backups remotos, conexões a outras redes, locais dos fatos (ERBs e geolocalização), bilhetagem das chamadas e assim por diante. Determinada a quebra do sigilo, os vestígios digitais (registros técnicos ou *logs*) permanecerão nos computadores provedores, mas a operadora fornecerá cópia impressa desses elementos que constituirão prova documental. Há ainda situações nas quais o juiz pode determinar em audiência a adoção de melhores procedimentos para a coleta de vestígios digitais ou documentais.

4.2. Coleta de vestígios

Vestígios digitais são voláteis, devem ser coletados com cautela e precisam ser protegidos. Exames somente deveriam ser realizados em cópias, preservando-se os originais. Recomenda-se que o juiz do trabalho atribua a um perito a tarefa de coletar vestígios digitais, todavia, nas situações em que isso não for possível, o magistrado poderia atribuir a tarefa ao encarregado pela proteção de dados, pois a LGPD dá amparo ao juízo quando atribui a tarefa ao responsável pela guarda dos documentos ou a outro técnico da empresa. Nessa situação, poderiam ser utilizadas ferramentas como o já mencionado FTK Imager. Ferramentas como essa permitem coletar o conteúdo de mídias, como discos, pendrives ou pastas, ao mesmo tempo em que calcula automaticamente o *hash* e protege seu conteúdo em um contêiner, provendo um lacre lógico e, assim, a apreensão forense de dados. Na falta dessas ferramentas, ou até como providência adicional de segurança, os arquivos de interesse poderiam ser coletados individualmente ou em grupo. Arquivos digitais contendo registros eletrônicos de ponto ou documentos em formatos como PDF ou EXCEL, por exemplo, não deveriam ser coletados pelo juiz ou oficial de justiça sem zelar pelas práticas recomendadas nas normas técnicas. Esses vestígios deveriam, como mínimo, ser protegidos em contêineres e ter gerada a sua cadeia de custódia forense. Os procedimentos precisam ser ajustados para cada situação, por isso recomenda-se que o juiz seja orientado por um especialista, mas em termos gerais sugere-se: (i) evitar qualquer manuseio de arquivos antes de coletá-los e preservá-los, exames deverão ser realizados apenas em cópias adicionais posteriores; (ii) coletar o arquivo de interesse "envelopando-o" em algum contêiner que o proteja, em termos leigos poderão ser utilizados programas como WinZip(9) ou WinRAR(10); (iii) calcular o *hash*(11) utilizando *softwares* como HashCalc, disponível em diversos sites, e criar o registro da cadeia de custódia; e (vi) alternativamente ou complementarmente, como já mencionado, utilizar o FTK Imager, que fará todas essas operações automaticamente.

O POP recomenda com relação às mídias de armazenamento computacional: (i) ter atenção para com os vestígios físicos remanescentes sobre os dispositivos; (ii) duplicar os dados para mídias de trabalho, preservando o original; (iii) recuperar arquivos apagados, expandir arquivos compostos e verificar os metadados dos arquivos; (iv) extrair cópia em formato visível dos dados de interesse para a investigação; (v) gerar laudo com mídias anexas contendo evidências em formato visível ao leigo.

4.3. Celulares e outros portáteis

O POP recomenda: (i) desabilitar as comunicações dos equipamentos a analisar; (ii) proteger o cartão SIM; (iii) verificar a proteção PIN/PUK por senha; (iv) extrair os dados do telefone tanto de forma física quanto lógica: (v) examinar cartão SIM, cartões removíveis, IME em aparelhos GSM, ICCID nos cartões SIM e IMSI identificador do assinante frente à operadora.

---

(9) Demo disponível em: <https://www.winzip.com/>. Acesso em: 23 jan. 2022.

(10) Demo disponível em: <https://www.rarlab.com/>. Acesso em: 23 jan. 2022.

(11) Conforme Procedimento Operacional Padrão, *hash* é uma sequência de bits de tamanho fixo gerada por um algoritmo a partir de uma entrada de qualquer tamanho, como um arquivo ou disco. Sua utilidade reside na garantia de que o *hash* será diferente se houver alteração na entrada.

4.4. Locais de informática

Sobre locais de informática, o POP recomenda que verificações "*live*" sejam realizadas apenas quando um computador for encontrado ligado, caso contrário, devem ser realizados apenas procedimentos "*post mortem*", isto é, realizados com os equipamentos originais desligados(12), com risco mínimo de comprometimento do seu conteúdo.

4.5. Locais de internet

Quanto ao exame de local de Internet, recomenda-se, como mínimo: (i) coletar URL, nomes de domínios e endereços IP; (ii) utilizar o modo "anônimo" do navegador, evitando que *cookies* e registros de *cache* armazenados anteriormente no equipamento utilizado possam contaminar a visualização do site de interesse; (iii) gerar "impressões" das páginas do site em formatos como o PDF, além de fotografar a tela; (iv) idem, para o código fonte de cada página; (v) fazer o mesmo para caches históricos da Internet, como o *Web Archive*(13)(14)

4.6. E-Mails

O correio eletrônico é um dos métodos mais utilizados para a transmissão de mensagens. Em termos periciais, é considerado uma evidência nato-digital definida pelo *Internet Engineering Task Force* (IETF) inicialmente por meio das normas RFC822(15) e RFC2882(16), além de extensões sobre a transmissão de imagens e áudios nas normas RFC2045(17), RFC2046(18) e RFC2049(19), entre outras. Em termos gerais, um e-mail é composto por um envelope, normalmente não visto pelo usuário, e pelo conteúdo. O envelope, também conhecido como

---

(12) O equipamento utilizado na coleta será conectado diretamente ao disco rígido do equipamento alvo, que permanecerá desligado. Para evitar que o equipamento de coleta contamine o disco de origem, esse acesso será intermediado por um dispositivo que permite apenas leitura e bloqueia tentativas de escrita, denominados write blockers, hard block ou similares. Por exemplo, veja: <https://security.opentext.com/tableau/hardware>. Acesso em: 19 jan. 2022.

(13) Disponível em: <https://web.archive.org/>. Acesso em: 23 jan. 2022.

(14) Disponível em: <https://www.migalhas.com.br/quentes/350654/wayback-machine-juiza-fundamenta-decisao-usando-maquina-do-tempo>.

(15) Disponível em: <https://www.rfc-editor.org/rfc/pdfrfc/rfc822.txt.pdf>. Acesso em: 23 jan. 2022.

(16) Disponível em: <https://www.rfc-editor.org/rfc/pdfrfc/rfc2882.txt.pdf>. Acesso em: 23 jan. 2022.

(17) Disponível em: <https://www.rfc-editor.org/rfc/pdfrfc/rfc2045.txt.pdf>. Acesso em: 23 jan. 2022.

(18) Disponível em: <https://www.rfc-editor.org/rfc/pdfrfc/rfc2046.txt.pdf>. Acesso em: 23 jan. 2022.

(19) Disponível em: <https://www.rfc-editor.org/rfc/pdfrfc/rfc2049.txt.pdf>. Acesso em: 23 jan. 2022.

cabeçalho técnico, contém os dados necessários para assegurar o transporte eletrônico desde o emitente até o destinatário, além de uma estrutura que proporciona a passagem suave do conteúdo através dos diversos sistemas computacionais de terceiros pelos quais a mensagem transita ao longo desse caminho. Assim, em seu nível mais básico, um e-mail é composto por campos de cabeçalho, ou seja, por uma sequência de linhas formatadas conforme sintaxe definida nas normas e que essencialmente tratam sobre a rota da mensagem entre origem e destino, seguidas pelo corpo da mensagem, isto é, por uma sequência de caracteres que seguem os campos do cabeçalho técnico (IETF, 2001). O envelope e seu conteúdo são constituídos basicamente por textos, sinais indicadores de fim de linha e linhas divisoras em branco. Por essas características, e-mails são considerados inseguros sob o ponto de vista da perícia forense, pois é possível "criar" um e-mail que jamais existiu verdadeiramente, adulterar o envelope ou o conteúdo de um e-mail que tenha sido enviado anteriormente ou mesmo fazer desaparecer um e-mail que de fato existiu, mas que o autor da fraude queira negar.

O exame técnico verifica se no envelope e no conteúdo há vestígio de alguma inconsistência e se o e-mail está corretamente inserido nos bancos de dados de e-mails do emitente e dos diversos destinatários, bancos esses que podem estar armazenados nos computadores dos usuários ou nos provedores de aplicações. Exames mais completos incluem pedidos de quebra de sigilo junto aos provedores de conexão (operadoras de telecomunicações — endereços IP) e provedores de aplicações (servidores de e-mail). Em seguida, examinam-se os registros técnicos fornecidos pelos provedores (logs e conteúdo, quando disponível) e os confronta com os registros técnicos disponíveis nos envelopes armazenados nos computadores dos emitentes e destinatários. A ausência dos registros técnicos dos provedores de conexão e de aplicação pode afetar o valor probatório de um e-mail, como indica a decisão TRT-1-RO:00534004720095010005[(20)]. Na ausência dos registros técnicos dos provedores de conexão e de aplicação (correio eletrônico), verifica-se a tendência de admissão do e-mail apenas como prova documental, conforme a decisão TRT-12-RO:00011386520125120052[(21)]. Tendo em vista

(20) Jurisprudência. TRT-1 – RO: 00534004720095010005 RJ, relatora: Monica Batista Vieira Puglia, Data de Julgamento: 27.08.2013, Quarta Turma, Data de Publicação: 05.09.2013). Disponível em: <https://trt-1.jusbrasil.com.br/jurisprudencia/1132097328/recurso-ordinario-ro-534004720095010005-rj>.

(21) Jurisprudência TRT-12 – RO: 00011386520125120052 SC 0001138-65.2012.5.12.0052, Relatora: Maria de Lourdes Leiria, Secretaria da 3ª Turma, Data de Publicação: 10.03.2014. Disponível em: <https://trt-12.jusbrasil.com.br/jurisprudencia/643308438/recurso-ordinario-trabalhista-ro--11386520125120052-sc-0001138-6520125120052>.

os princípios de celeridade, oralidade e cuidados frente à condição econômica das partes, pode haver dificuldades para a adoção das práticas periciais predominantemente aceitas pelos especialistas, pois naturalmente implicam em custos e prazos maiores, impondo ao Magistrado o cotejo de outros elementos para formação do seu convencimento, como indica a TJ-RS-AI:70064214448(22). Diante desses cenários frequentes no Direito do Trabalho, o magistrado pode buscar formar seu convencimento interagindo diretamente com partes e testemunhas, além de possivelmente determinar a coleta, conforme métodos já expostos, de: (i) e-mails questionados, determinando a juntada por amplos os interlocutores; (ii) caixas postais, como arquivos PST ou OST, que contém ou conteriam os e-mails questionados; (iii) *logs* dos serviços de e-mail que registram envio, recebimento e manipulação de e-mail; (iv) outros *logs* relacionados à presença ou ausência dos envolvidos com a emissão e recepção dos e-mails; (v) quebras de sigilo junto aos provedores de conexão e aplicação e (vi) equipamentos utilizados na emissão e recepção das mensagens.

4.7. Mensagens em redes sociais

Redes sociais públicas ou corporativas (intranets) são utilizadas por mais de 70% da população brasileira (BRASIL, 2021), dimensão que reflete a importância para os tribunais das evidências nelas inseridas espontaneamente pelos usuários. Todavia, a identificação, preservação e análise são dificultadas pela dimensão, dispersão, complexidade e volatilidade dessas evidências e, também, pelos recursos para proteção da privacidade do usuário, matérias estudadas em uma disciplina denominada *Open Source Intelligence* (OSINT), ou Inteligência de Fontes Abertas. Os autores deste artigo sugerem ao leitor acessar o *Center for Computational Analysis of Social and Organizational Systems* (CASOS)(23), mantido pela Carnegie Mellon University, onde estão disponíveis estudos de casos, cursos e softwares para download, como o ORA-LITE(24), uma ferramenta desenvolvida para a análise de redes sociais complexas. No âmbito do Processo do Trabalho, cabe a abordagem do contraditório a ser estabelecido pelo juiz em diligências e a verificação manual dos vestígios indicados pelas partes, provendo-se

(22) Jurisprudência. TJ-RS – AI: 70064214448 RS, Relator: Jorge Alberto Schreiner Pestana, Data de Julgamento: 25.06.2015, Décima Câmara Cível, Data de Publicação: 09.07.2015. Disponível em: <https://tj-rs.jusbrasil.com.br/jurisprudencia/901744249/agravo-de-instrumento-ai-70064214448-rs>.

(23) O Center for Computational Analysis of Social and Organizational Systems (CASOS) pode ser acessado no endereço: <http://casos.cs.cmu.edu/>. Acesso em: 23 jan. 2022.

(24) Disponível em: <http://www.casos.cs.cmu.edu/projects/ora/>. Acesso em: 23 jan. 2022.

então a sua coleta e preservação conforme métodos já apresentados neste artigo. Em casos envolvendo WhatsApp, a diligência pode servir para coletar vestígios em um equipamento celular ou no WhatsApp processado em computadores. Em termos mais simples, o próprio aplicativo pode ser utilizado para identificar e coletar tanto os dados quanto os metadados[(25)], possivelmente com a colocação de equipamento para gravação de vídeo, com tripé, direcionado para a tela e teclado, de modo a gravar tanto os comandos importados pelo operador quanto os resultados apresentados em tela. Ao final, a gravação deve ser preservada com cadeia de custódia e armazenamento do arquivo de vídeo em algum contêiner tipo ZIP e via coleta FTK Imager, como já descrito. Pode-se usar procedimento similar para arquivos eventualmente exportados do celular. Procedimentos dessa natureza podem ser utilizados em um computador para coletas em *WhatsApp Web*. Visando fortalecer o valor probante, as coletas podem ser acompanhadas por oficial de justiça ou escrevente de tabelionato de notas que produzirá ata notarial. Para assegurar melhor valor probante, cabe seguir os procedimentos de coleta dispostos pela norma ABNT ISO/IEC 27037:2013. Há também serviços comerciais que seguem essa e outras normas e que podem ser contratados para serviços eventuais.

Adicionalmente, o juiz pode requerer[(26)], mediante quebra do sigilo junto ao provedor, o fornecimento dos dados cadastrais do perfil, o número telefônico, dados do equipamento utilizado, o histórico dos endereços IP, a agenda de contatos, os grupos nos quais o usuário está inscrito, dados desses grupos, informações dos membros e metadados dos arquivos trocados pelos usuários. Cabe observar que, nessa matéria, há frequentes casos envolvendo interpretações incorretas sobre o conteúdo visualizado e, ainda, manipulações indevidas dos materiais coletados digitalmente ou impressos. Há ainda notícias sobre Atas Notariais nas quais escreventes foram levados a engano. Por não serem técnicos, podem ter sido induzidos a registrar, em Ata, determinadas páginas que pareciam estar publicadas na Internet, sem perceber que essas páginas eram simulações visíveis apenas na tela do computador posta à frente do escrevente e que elas nunca existiram na Internet. Assim, ao avaliar qualquer material supostamente publicado em redes sociais, é fundamental verificar e registrar os endereços técnicos de publicação,

---

(25) Metadados são dados que registram os atributos dos dados propriamente ditos. Os autores recomendam o estudo do documento intitulado *"Understandig Metadata — Whats is metadata, adn what is it for"*. Disponível em: <https://groups.niso.org/apps/group_public/download.php/17446/Understanding%20Metadata.pdf>. Acesso em: 23 jan. 2022.

(26) Veja em: <https://faq.WhatsApp.com/26000050>. Acesso em: 23 jan. 2022.

como o URL[27], e os códigos que identificam univocamente os perfis e outros componentes de interesse, dados muitas vezes embutidos no próprio URL.

4.8. Banco de dados do empregador

Sistema de informação pode ser definido como um conjunto de componentes inter-relacionados, como *hardware, software*, dados, usuários e processos, organizados de maneira a prover o tratamento desses dados e a sua apresentação aos usuários na forma de informações úteis. Portanto, sistemas de informações podem ser considerados como entidades sociotécnicas que incluem tanto aspectos tecnológicos quanto questões de ordem social e comportamental (MUSSI, 2008).

Dados são a base de toda a operação dos sistemas de informação. Empresas tecnologicamente mais maduras mantêm inventários dos seus dados por meio de um recurso denominado dicionário de dados. A cada dado são associados metadados, isto é, outros dados que o definem e representam. O dicionário de dados faz com que cada dado seja utilizado de modo consistente e homogêneo ao longo de toda a empresa, portanto, empresas que não utilizam amplamente os dicionários de dados estão sujeitas a erros e a interpretações equivocadas em seus dados, pois acabam utilizando a mesma denominação para dados com definições, formatos e regras distintos. Exemplos típicos são os arquivos mantidos, por cada usuário, em uma área individual ou departamental disponível em seu computador ou em "servidores de arquivos", neles, geralmente, cada usuário adota definições particulares para seus dados, portanto, geralmente distintas daquelas dos demais usuários.

Empresas ainda mais maduras utilizam bancos de dados, que são coleções organizadas de dados, elas são mantidas em um sistema de gerenciamento de banco de dados (SGBD) que gerencia a organização, o acesso e a manipulação dos dados da empresa. Em termos periciais, tomam-se inicialmente em consideração as diretrizes para coleta e arquivamento de evidências estabelecidas pela norma RFC 3227, em especial a definição de que uma evidência digital somente poderá ser admitida se ela puder ser considerada autêntica, completa, confiável e crível. Para essa verificação, não basta visualizar a informação apresentada em uma tela de computador ou em um relatório impresso, é necessário avaliar como o

(27) URL corresponde a Uniform Resource Locator ou Localizador Uniforme de Recursos e consiste no endereço de rede de determinado recurso informático. No caso de um site de Internet, pode ser considerado a informação que aparece na barra de endereços do navegador, por exemplo <https://www.tst.jus.br/>.

software que apresentou ou imprimiu a informação obteve e tratou o dado original do banco de dados. Para ilustrar o conceito, é fácil perceber que é mais seguro considerar como autêntica, completa, confiável e crível uma evidência digital que esteja definida no dicionário de dados da empresa e que tenha sido organizada, manipulada e acessada conforme regras formalmente registradas e processadas por sistemas gerenciadores de bancos dados. Em sentido oposto, resta difícil considerar como autêntica, completa, confiável e crível uma evidência digital tratada diretamente em um arquivo particular de algum usuário da empresa, facilmente manipulável. A distinção é relevante também sob o ponto de vista da cadeia de custódia de evidências digitais. Metadados de arquivos individuais dos usuários geralmente devem ser avaliados em exames periciais, todavia metadados de dados gerenciados pela organização geralmente ficam disponíveis para todos nos dicionários de dados e seu histórico está disponível no sistema gerenciador de bancos de dados. Além disso, esses dados usualmente são replicados em múltiplas telas e relatórios mapeados no sistema gerenciador, sendo relativamente fácil verificar sua consistência pela simples comparação entre múltiplas fontes.

O exame pericial confronta os registros técnicos remanescentes em diversas fontes, buscando avaliar a consistência dos registros. Por outro lado, os princípios como oralidade e celeridade que são próprios do Processo do Trabalho podem tender a admitir, em lugar desse exame, declarações de testemunhas e mensagens trocadas, os quais podem, ou não, ser consistentes com os registros supostamente armazenados no banco de dados do empregador, preocupação não fundamentada na jurisprudência a seguir, onde não há menção de exame dos bancos de dados ou arquivos de controle, elementos técnicos que comprovariam ou não a alegada manipulação nos sistemas informáticos de ponto e de folha de pagamento, como na decisão TRT-6-RO:00017026020165060023[(28)].

4.9. Plataformas utilizadas pelo empregador, dados em poder de terceiros

Desde os primórdios do processamento de dados predominou a instalação de hardware, software, redes e dados no interior da própria empresa usuária, modelo conhecido pelo termo inglês "*on premisse*". Na última década, popularizou-se o modelo em nuvem, conhecido como "*cloud computing*", segundo o qual, tais recursos deixam de estar na empresa usuária e passam a ser custodiados e operados

(28) Processo: ROT – 0001702-60.2016.5.06.0023, redator: Ivan de Souza Valenca Alves, Data de julgamento: 23.10.2019, Primeira Turma, Data da assinatura: 24.10.2019) (TRT-6 – RO: 00017026020165060023, Data de Julgamento: 23/10/2019, Primeira Turma). Disponível em: <https://trt-6.jusbrasil.com.br/jurisprudencia/812336447/recurso-ordinario-trabalhista-ro-17026020165060023>.

por terceiros, sendo acessados remotamente, sob demanda, pelos empregados da empresa por meio da Internet ou por conexões remotas privadas, mais seguras.

Assim, a empresa deixa de investir em data centers, grandes computadores servidores, licenças de *software* instalados em computadores próprios, backups e demais recursos. Em contrapartida, passa a ter despesas com serviços remotos. A rigor, qualquer modelo de serviço é possível de ser contratado, mas, em linhas gerais, prevalecem os seguintes tipos de serviços: (I) IaaS — Infraestrutura como Serviço, que oferece recursos de comunicações, armazenamento e computação; (ii) PaaS — Plataforma como Serviço, que oferece todos os recursos computacionais para determinada aplicação; (iii) SaaS — Software como Serviço, que oferece o uso de software aplicativo, junto com a infraestrutura necessária para seu provimento; (iv) FaaS — Função como Serviço, voltado aos desenvolvedores, facilitando a criação e operação de aplicações. Um importante método de averiguação nos casos em que há utilização de plataformas de serviço em poder de terceiros se baseia na quebra de sigilo junto ao próprio provedor do serviço de aplicação. Algumas vezes, a quebra é realizada *inaudita altera pars*, buscando prevenir modificações indevidas nos registros informáticos. Por isso, a quebra de sigilo é utilizada como um meio para salvaguardar os eventuais vestígios digitais caso o empregador venha a impedir ou dificultar o acesso aos dados que estão em poder de terceiros, por exemplo, deixando de fornecer o acesso por senha, sendo certo, contudo, que incidirão custos para manter o material apreendido no provedor do serviço em nuvem, visto que serão utilizadas cópias do ambiente original para evitar de prejudicar as atividades regulares do empregador, sendo a guarda dos documentos ônus do empregador.

4.10. Documentos sigilosos

Considera-se como documento qualquer registro de informações aposto em qualquer suporte ou formato. Um documento pode ser considerado sigiloso quando eventual exposição indevida do seu conteúdo colocaria em risco direitos individuais ou coletivos. A existência de documentos sigilosos de interesse como meio de prova impõe cuidados especiais diante do princípio da publicidade dos processos judiciais. Tanto o Código do Processo Civil quanto o Processo do Trabalho estabelecem que os atos processuais devem ser públicos como forma de assegurar o acesso à jurisdição, o contraditório, a ampla defesa e o devido processo legal. A exceção se refere aos processos que tramitam em segredo de justiça, em caso de interesse público ou para preservar a intimidade das pessoas da família. Para a pessoa jurídica, podem ser considerados bens juridicamente tutelados, entre outros, a imagem, a marca, o nome, o segredo empresarial, o sigilo da correspondência e aspectos patrimoniais e extrapatrimoniais (MACHADO, 2020). Pode ser útil notar que, no processo arbitral, os árbitros e peritos devem guardar sigilo, distintamente da publicidade que rege o processo judicial, por isso as partes indicam em suas petições quais informações são confidenciais, havendo casos com versões distintas da sentença, uma com os dados sigilosos para envio às partes e outra sem os dados sigilosos para publicação (HADDAD, 2021). No Processo do Trabalho, essencialmente público, é frequente a presença de documentos sigilosos inclusive por questões como o convênio celebrado entre TST e o Banco Central, que proporciona aos Juízes do Trabalho acesso direto a dados bancários sigilosos, determinações para que sejam apresentadas certidões das declarações de rendas dos sócios das empresas reclamadas e determinações para que os livros das empresas sejam entregues para exame (ALMEIDA, 2020). Com relação aos casos nos quais documentos sigilosos são tratados apenas pelo perito, sem juntada aos autos, Sá (2019) considera que o sigilo profissional é um dever ético e que os conselhos profissionais impõem aos peritos regras rigorosas sobre o sigilo profissional. Todavia, esse mesmo autor alerta que não lhe parecem claras as regras sobre sigilo, por entender que somente a natureza do processo e a parte interessada em uma perícia podem, de fato, saber o que é ou não sigiloso frente à própria perícia e ao processo.

4.11. E-Discovery

E-discovery, ou descoberta eletrônica, é um procedimento utilizado pelas próprias partes em um processo judicial ou arbitral visando identificar, preservar e apresentar ao magistrado informações relevantes para o deslinde da causa. Em linhas gerais, *E-Discovery* apresenta informações claramente visíveis pelo senso comum, enquanto a Perícia Computacional apresenta também dados ocultos, dispersos ou que demandam complexa interpretação técnica. No âmbito do Processo do Trabalho, a descoberta eletrônica poderá demandar: (i) a gestão pelo juiz das atividades realizadas pelas partes na busca por documentos relevantes, usualmente baseadas em palavras-chave definidas em conjunto; (ii) a recomendação ou determinação para que as partes produzam certificação dos resultados obtidos nestes processamentos, possivelmente por terceiros isentos; e (iii) a condução de diligências conjuntas para validar e verificar a documentação obtida e exercício do contraditório quanto aos documentos apresentados ou ausentes e seu valor probante. Seu sucesso depende da correta construção pelas partes de buscas por palavras-chave, usualmente baseadas na linguagem SQL(29), no emprego de *thesaurus*(30) das áreas de conhecimento envolvidas na ação, e na adoção dos vocabulários controlados e dos sistemas gerenciadores de bancos de dados do empregador ou de terceiros provedores de aplicativos. Segundo Sá (2019), a figura do *discovery* está mais presente nos países vinculados à *common law*, sendo que nos países vinculados à *civil law* existe maior resistência a esse tipo de prova cuja origem está ligada a questões de sigilo industrial, comercial e tributário.

4.12. Inspeções, vistorias e diligências

Entre os meios de prova típicos estão a prova pericial e a inspeção judicial. A prova pericial consiste em exame, vistoria ou avaliação, atividades que visam a inspeção de pessoas ou coisas materiais ou imateriais e seu exame segundo conceitos e métodos que são próprios das áreas do conhecimento potencialmente necessárias (ALVES, 2017). Já a inspeção judicial não é considerada uma prova pericial propriamente dita e se baseia na percepção pessoal do Magistrado, com sua experiência comum. Como são cada vez mais frequentes situações nas quais estão envolvidas tecnologias digitais complexas, há a tendência de que o Juiz convoque auxiliares especializados para a inspeção, obtendo a coleta e interpretação correta dos dados inspecionados e a formação do seu livre convencimento (TEPEDINO, 2020). Veja, a esse respeito, a seguinte decisão TRT17-ATOrd-Comissionista-0001622-86.2018.5.17.0131(31). Algumas vezes, as inspeções judiciais são realizadas em parceria com outros órgãos públicos e seus técnicos, como Autoridades Policiais, Ministérios Públicos ou Tribunais de Contas, ou mesmo com a colaboração de técnicos das próprias partes, tendo em vista a obrigatoriedade de todos de colaborar com o Poder Judiciário e praticar os atos que lhe forem impostos para a descoberta da verdade. Essa verdade resulta da combinação entre a certeza física que provém dos sentidos do Juiz e da certeza lógica resultante do seu trabalho intelectual (GIOVA, 2016), sendo imprescindível para o seu valor probante produzir uma espécie de objetivação dessas certezas mediante

(29) Veja em: <https://www.w3schools.com/sql/sql_intro.asp>. Acesso em: 23 jan. 2022.

(30) Veja, por exemplo: <https://www.senado.leg.br/publicacoes/thes/asp/apresentacao.asp>. Acesso em: 23 jan. 2022.

(31) Jurisprudência. TRT17 • ATOrd • Comissionista • 0001622-86.2018.5.17.0131 • 1ª Vara do Trabalho de Cachoeiro de Itapemirim do Tribunal Regional do Trabalho da 17ª Região – Inteiro Teor Disponível em: <https://trt-17.jusbrasil.com.br/jurisprudencia/1281812681/atord-16228620185170131-trt17/inteiro-teor-1281812683>.

a sociabilização do convencimento (MALATESTA, 1927). A propósito, esclarecedora a decisão TRT-6 – RO: 00011551020175060015[(32)].

Conclusão

O presente artigo considera como premissa que, no âmbito do Direito Processual Trabalhista, a perícia computacional poderia ser considerada residual, já que o empregador detém a guarda dos documentos inerentes aos contratos de trabalho firmados, administra as plataformas de trabalho utilizadas pelos trabalhadores, tem obrigação legal de guarda de documentos, inclusive quanto aos documentos e dados sensíveis. Por outro lado, os novos sistemas digitais, que dominam a operação das empresas e sustentam as relações de trabalho, são complexos, imateriais, ubíquos e de grandes dimensões, podendo levar a interpretações enganosas na ausência de uma perícia técnica que apresente informações seguras ao Julgador. Mais ainda, há um crescente leque de normas jurídicas, como o Marco Civil da Internet e a LGPD, e de normas técnicas que regulam a análise desses ambientes com finalidades forenses. O presente artigo analisou esses cenários e apresentou conhecimentos e métodos que podem contribuir com o Magistrado na missão de conduzir a produção de complexas provas técnicas digitais em processos que devem se submeter aos princípios de celeridade, oralidade e economicidade que regem o Processo do Trabalho.

Referências bibliográficas

ALINE ALVES, F. B. DANIELLE R. DA NATIVIDADE FERREIRA ALVES, A. *et al. Perícia Contábil I.* [s.l.] Grupo A, 2017.

ALMEIDA, A. P. D. *Curso Prático de Processo do Trabalho.* 26. ed. [s.l.] Editora Saraiva, 2020.

BRASIL. *Procedimento Operacional Padrão:* Perícia Criminal. [s.l.] Ministério da Justiça. Secretaria Nacional de Segurança Pública, 2013.

______. TIC DOMICÍLIOS. *Pesquisa Sobre o Uso das Tecnologias de Informação e Comunicação nos Domicílios Brasileiros* – 2020. Comitê Gestor da internet no Brasil, 2021.

GARFINKEL, S. *Digital Forensics Research:* The Next 10 Years. p. 64-73, 2010.

GIOVA, G. *Weblabs na Investigação Forense de Sistemas Eletrônicos Digitais.* São Paulo: Escola Politécnica Universidade de São Paulo, 2011.

(32) Jurisprudência. TRT-6 – RO: 00011551020175060015, Data de Julgamento: 08.09.2021, Primeira Turma, Data de Publicação: 10.09.2021. Disponível em: <https://trt-6.jusbrasil.com.br/jurisprudencia/1291470366/recurso-ordinario-trabalhista-ro-11551020175060015>. Acesso em: 12 jan. 2022.

______. Nascer, morrer e renascer no mundo digital: onde deixaram o manual? In: *Educação Digital.* São Paulo, SP, Brasil: Revista dos Tribunais, 2015..

______. *Proposta para Integração de Laboratórios Forenses Digitais via Redes de Weblabs.* [s.l.] Universidade de São Paulo, Escola Politécnica, 2016.

______. *E-Ciber e o Paradoxo da Produtividade.* In: 1. ed. [s.l.] Thomson Reuters Brasil, 2020.

HADDAD, A. O. A. *Transparência no processo arbitral.* Grupo Almedina, 2021. Disponível em: <https://integrada.minhabiblioteca.com.br/#/books/9786556271637/>.

IETF, I. E. T. F., 2001. Disponível em: <https://www.ietf.org/standards/>.

MACHADO, D. S. COSTA.; ZAINAGHI, D. S. *CLT interpretada:* artigo por artigo, parágrafo por parágrafo. [s.l: s.n.].

MALATESTA, N. F. DEI. A *Lógica das Provas em Matéria Criminal.* 2017. v. 2a. edição. p. 8-688. Disponível em: <http://www.dominiopublico.gov.br/pesquisa/DetalheObraForm.do?select_action&co_obra=61577>. Acesso em: 23 jan. 2022.

MANTOVANI, Dante. *A influência da liderança transformacional no grau de comprometimento de profissionais da geração Y.* 2019. Dissertação (Mestrado em Administração) – Faculdade de Economia, Administração e Contabilidade, Universidade de São Paulo, São Paulo, 2019. doi:10.11606/D.12.2020.tde-19122019-153334. Acesso em: 22 jan. 2022.

MUSSI, C. C. *Frames Tecnológicos e Avaliação de Sistemas de Informação:* Uma Perspectiva Interpretativista. Universidade de São Paulo, 2008.

RUSSOMANO, M. V. *Princípios Fundamentais do Direito do Trabalho.* (TRT8, Ed.), 1980. Disponívelem: <https://juslaboris.tst.jus.br/bitstream/handle/20.500.12178/94315/1980_russomano_mozart_principios_fundamentais.pdf?sequence=1>.

SÁ, A. DE. *Perícia Contábil.* [s.l.] Grupo GEN, 2019.

SILVA, Rodrigo Cunha da. *A abordagem geracional como proposta à gestão de pessoas.* 2013. Tese (Doutorado em Administração) – Faculdade de Economia, Administração e Contabilidade, Universidade de São Paulo, São Paulo, 2013. doi:10.11606/T.12.2013.tde-22012014-140459. Acesso em: 22. jan. 2022.

TEPEDINO, G. *Fundamentos do Direito Civil* – Teoria Geral do Direito Civil. 2. ed. [s.l: s.n.]. v. 1

ZOCHIO, Marcelo Ferreira. *Qualidade dos laudos periciais emitidos na Comarca de São Paulo.* 2010. Dissertação (Mestrado em Sistemas Eletrônicos) – Escola Politécnica, Universidade de São Paulo, São Paulo, 2010. doi:10.11606/D.3.2010.tde-18082010-164616. Acesso em: 22 jan. 2022.

Algumas Notas sobre a Jurisprudência e a Prova Digital no Procedimento Disciplinar e Processo do Trabalho em Portugal

Duarte Abrunhosa e Sousa[1]

João Moreira Dias[2]

Introdução[3]

A velha e persistente tendência para o progresso e avanço tecnológicos promove, de forma cada vez mais acentuada, uma digitalização da sociedade e, por inerência, do trabalho. Num contexto em que a atividade profissional é, cada vez mais, prestada de forma digital — até mesmo de forma totalmente digital[4] —, é natural que daí advenham profundas alterações no modo como as partes se relacionam, bem como nos processos e procedimentos subjacentes. Isto provoca uma profunda alteração na forma como o poder de direção e, em especial, o poder de controlo do empregador são exercidos.

---

(1) Doutor em Direito pela Universidade de Santiago de Compostela. Investigador do Centro de Investigação Jurídico-Económica da Faculdade de Direito da Universidade do Porto. Docente convidado. Membro do Comité Executivo da rede CIELO Laboral. Vice-presidente e associado fundador da AJJ — Associação de Jovens Juslaboralistas.

(2) Doutorando na Universidade de Santiago de Compostela. Membro da rede CIELO Laboral. Membro da AJJ — Associação de Jovens Juslaboralistas. Advogado.

(3) Abreviaturas utilizadas: Ac. (Acórdão); CC (Código Civil); CNPD (Comissão Nacional de Proteção de Dados); CT (Código do Trabalho); CRP (Constituição da República Portuguesa); LNPD (Lei Nacional de Proteção de Dados Pessoais); RGPD (Regulamento Geral de Proteção de Dados); STJ (Supremo Tribunal de Justiça); TRC (Tribunal da Relação de Coimbra); TRE (Tribunal da Relação de Évora); TRG (Tribunal da Relação de Guimarães); TRL (Tribunal da Relação de Lisboa); TRP (Tribunal da Relação do Porto).

(4) A propósito do contexto pandémico, que determinou uma utilização massiva do regime de teletrabalho, a CNPD pronunciou-se acerca do controlo à distância em regime de teletrabalho, através da orientação emitida a 17.04.2020.

Neste ensejo, quando se fala de prova no âmbito judicial ou extrajudicial, cada vez é mais comum a conjugação com a palavra "digital"[(5)]. Esta *prova digital* é, não raras vezes, essencial ou até imprescindível para a descoberta da verdade material. A digitalização não deve, portanto, afastar a capacidade probatória das partes. Contudo, a utilização da prova não é absoluta, nem ilimitada, encontrando-se cerceada por limites de natureza distinta. É precisamente quando se torna necessário avaliar e identificar, claramente, os limites da prova, que os problemas se iniciam. Sucede que, no caso da prova digital, é ainda mais complexa a delimitação destes limites, sobretudo pela quantidade e pelo caráter potencialmente intrusivo da informação que se poderá obter, e pelo facto de, no âmbito laboral, poder constituir uma intromissão injustificada na vida privada do trabalhador[(6)].

No caso concreto do objeto deste estudo, debate-se esta dificuldade no âmbito do exercício do poder disciplinar do empregador, pois como se verá, os meios de prova utilizados, ainda que não afetem, necessariamente, a legalidade do procedimento, poderão ter implicações num eventual processo judicial que se poderá suceder. Com efeito, o poder disciplinar, exercido no âmbito das relações privadas, poderá ter de enfrentar o crivo judicial[(7)]. Isto implica que o empregador

---

(5) Para mais desenvolvimentos acerca da tensão entre o processo penal e a evolução da ciência FIGUEIREDO DIAS (2009; 808-809).

(6) Basta pensar, a título de exemplo, no potencial de intrusão que os dispositivos móveis apresentam para a vida privada do trabalhador. Este dispositivos, entre os quais os, telemóveis convencionais, smartphones, gadgets e tablets, possuem uma série de sensores e equipamentos que permitem uma captura ininterrupta e invisível de dados, tais como o microfone, câmara, acelerómetro, giroscópio, magnetómetro, GPS, barómetro, sensor de proximidade, sensor de luz ambiente, sensor de infravermelho ou sensores de recolha de dados biométricos, nomeadamente impressão digital, entre outros. Além da sua função imediata, que se esgota na captação dos dados (para a qual foram concebidos), existem ainda sensores baseados em software, que combinam os dados obtidos, aumentando a informação armazenada. Por exemplo, é já recorrente a utilização do acelerómetro ou do giroscópio para a criação de perfis e direcionamento de campanhas de marketing; também já se analisou e testou o aproveitamento do sensor de luz ambiente para saber se o utilizador está acompanhado ou quais as condições de iluminação que prefere (OLEJNIK, 2016). Um outro exemplo diz respeito à realização de um estudo que visou determinar os padrões de consumo e do padrão de compra de um conjunto de voluntários utilizando apenas os sensores de movimento e a localização deles (CHENG *et al*, 2015).

Por outra via, os utilizadores estão frequentemente em estado de hiperconectividade, quer pelo acesso facilitado a massificado a ligações *wireless*, quer pelo acesso à rede através das ligações garantidas pelas operadoras móveis.

Ainda sobre o tema, com especial relevância para a utilização da Big Data ou a aplicação de técnicas de deep e predictive learning no exercício do poder de controlo do Empregador, veja-se DONINI (2018).

(7) "De modo prévio, preparatório, necessário e autossuficiente, tenta-se através do procedimento disciplinar e do escrupuloso respeito pelo contraditório e pelos direitos de defesa dos trabalhadores, alcançar a decisão disciplinar que seja a mais justa e consentânea ao caso concreto; porém, e para a mera eventualidade de tal não se lograr alcançar, consagrou-se, de igual modo, um sistema de controlo da decisão disciplinar a posteriori, do qual faz parte, em ultima ratio, o controlo judicial" PINHEIRO (2021; 514)

tenha de fazer prova dos factos imputados ao trabalhador perante o tribunal. Assim, em virtude da sujeição hipotética do procedimento disciplinar ao controlo judicial, cremos que se impõe, a bem da viabilidade da aplicação da sanção, um exercício prévio de análise da licitude da prova.

Também não é alheia a esta discussão a alteração do paradigma regulatório em matéria de proteção de dados pessoais, como consequência do Regulamento Geral de Proteção de Dados[(8)] e da sua adaptação ao direito nacional por via da Lei n. 58/2019, de 08 de agosto. O empregador assume, em regra, a qualidade de Responsável pelo Tratamento na relação de trabalho, procedendo a um conjunto muito alargado de tratamento de dados pessoais para diferentes finalidades, na maioria das vezes associada ao cumprimento de obrigações legais ou à execução do contrato de trabalho. Assim, quer de forma imediata ou mediata, o tratamento de dados pessoais carece sempre de uma base de licitude, algo que se coloca em causa quando se pretende utilizar determinada informação em sede disciplinar (mormente elementos de prova digital, com dificuldade acrescida quando se tratam de infrações em ambiente extralaboral[(9)] e conhecidas, por exemplo, através das redes sociais). O regime vigente em matéria de proteção de dados implica uma maior responsabilidade do empregador nos tratamentos que leva a cabo, sobretudo pela implementação do paradigma da autorregulação[(10)] — ou seja, é o

(8) Regulamento (UE) 2016/679 do Parlamento Europeu e do Conselho, de 27 de abril de 2016, relativo à proteção das pessoas singulares no que diz respeito ao tratamento de dados pessoais e à livre circulação desses dados e que revoga a Diretiva 95/46/CE.

(9) Não se trata de situações restritas a comportamentos ou atos praticados e detetados através das redes sociais ou qualquer outro meio digital. Refira-se, por exemplo, o despedimento ocorrido na sequência de acidente de trabalho motivado pela prestação de trabalho e condução com excesso de álcool tratado no Acórdão do TRP de 10.07.2013, Proc. n. 313/12.9TTAZ.P1. Para mais desenvolvimentos PALMA RAMALHO (2013).

(10) Sem prejuízo de outras normas aplicáveis, o regime era regulado pela Lei n. 67/98, de 26 de outubro, que transpôs para o direito nacional a Diretiva n. 95/46/CE, do Parlamento Europeu e do Conselho de 24 de outubro de 1995 relativa à proteção das pessoas singulares no que diz respeito ao tratamento de dados pessoais e à livre circulação desses dados. Para realização de vários tipos de tratamento, o regime vigente impunha que determinados tratamentos de dados pessoais estivessem sujeitos a autorização prévia por parte da Comissão Nacional de Proteção de Dados. Exemplo disso, é a utilização de meios de vigilância à distância no local de trabalho, que carecia da autorização da CNPD. Apesar de o Código do Trabalho ainda se referir a esta obrigatoriedade (art. 21º do CT), por força da alteração do enquadramento legal em matéria de proteção de dados, tal já não se revela necessário.

Adicionalmente, é relevante referir que Portugal foi o primeiro país a conferir dignidade constitucional à proteção de dados pessoais, através da Constituição da República Portuguesa aprovada a 02.04.1976 (LOPES, 2016; 15-23). Todavia, só em 1991 é que foi publicada a lei que viria a concretizar os vários aspetos que a Constituição elencava, através da Lei da Protecção de Dados Pessoais face à Informática (Lei n. 10/91, de 29 de abril). Além do já mencionado Autor, recomenda-se ainda, para uma perspetiva histórica mais aprofundada, (BACELAR GOUVEIA, 1991). Para outros apontamentos acerca da tutela dos dados pessoais dos trabalhadores na CRP veja-se SARMENTO E CASTRO (2002; 29-34).

responsável pelo tratamento de dados pessoais que tem de assegurar a conformidade entre as suas práticas e o cumprimento das obrigações legais.

1. O poder disciplinar do empregador e o direito à prova

Nos termos do art. 97º do CT, compete ao empregador estabelecer os termos em que o trabalho deve ser prestado, dentro dos limites decorrentes do contrato e das normas que o regem. Por sua vez, o art. 98º do CT refere que o empregador tem poder disciplinar sobre o trabalhador ao seu serviço, enquanto vigorar o contrato de trabalho. Deste modo, "a titularidade do poder disciplinar, enquanto emanação essencial contida no contrato de trabalho (...), está legalmente conferida ao empregador."(11). Apesar disso, não significa que se trate de um direito absoluto do empregador, encontra-se desde logo condicionado pelos limites gerais da boa fé(12) e do abuso de direito, bem como pelo respeito dos direitos fundamentais do trabalhador. Este poder "(...) não é um poder arbitrário, tem de ser um poder ao serviço da organização e não da pessoa que tem a sua titularidade (BAPTISTA, 2006; 218). Está igualmente sujeito, em termos genéricos, aos direitos de audiência e de defesa consagrados no n. 2 do art. 32º da CRP(13).

Independentemente da discussão acerca da autonomia do poder disciplinar em face do poder de direção(14), da sua natureza(15) ou do seu fundamento(16), é inelutável que aquele garante uma maior eficácia na conformação da prestação de trabalho, recordando a conceção de que o contrato de trabalho é um contrato tendencialmente duradouro. Destarte, o exercício do poder disciplinar, mormente através de um procedimento disciplinar, pode conduzir à aplicação da sanção mais grave prevista no Código do Trabalho: o despedimento com justa causa.

(11) Acórdão do STJ de 21.03.2012, Proc. n. 161/09.3TTVLG.P1.S1.

(12) No caso do Código do trabalho, este princípio encontra-se especialmente refletido no art. 1º, no n. 1 do art. 126º (o empregador e o trabalhador devem proceder de boa fé no exercício dos seus direitos e no cumprimento das respetivas obrigações) e ainda no âmbito da negociação coletiva.

(13) Conforme se destaca no acórdão do STJ de 07.04.2018, Proc. n. 235/16.4T8VLG.P1.S1, "[c]omo referiu o Tribunal Constitucional (Ac. 338/10, publicado no DR 1ª série, de 08/11/2010), o procedimento disciplinar laboral "enquanto conjunto ordenado de atos dirigido à eventual aplicação de uma sanção, poderá considerar-se um processo (em sentido amplo) de natureza sancionatória", pese embora a sua natureza privada e o facto de ser levado a cabo por um dos sujeitos de uma relação jurídica obrigacional (que visa realizar fins próprios/privados) e [que] culmina sempre num "ato de parte", ato que nas situações mais graves configura tipicamente uma declaração resolutória (como é o caso do despedimento)".

(14) Veja-se, entre outros, ASSIS (2005; 98-108).

(15) PINTO (2009; 16-23)

(16) Para mais desenvolvimentos, LIMA, 2014; p. 19 e ss.

O procedimento disciplinar é um procedimento privado, que embora apresente semelhanças com o processo penal, não tem a mesma natureza, nem está sujeito a regras tão exigentes[17]. E isso justifica-se, desde logo, pela necessidade de se verificar um procedimento mais célere[18] e, em regra, mais simples, adequando-se à realidade e dimensão das empresas. Refira-se, ainda, que a distinção quanto à finalidade do procedimento disciplinar — aplicação de uma sanção conservatória[19] ou despedimento — acaba por ter relevância prática, na medida em que os procedimentos disciplinares com o intuito de proceder ao despedimento implicam uma maior exigência formal e material[20]. Sendo certo que, como regra, esta exigência também se deverá verificar em relação à prova a utilizar, discute-se a (ir)relevância da prova em sede de procedimento disciplinar, porquanto terá de ser novamente produzida em tribunal. Em todo o caso, secundamos PINHEIRO (2021; 516-519), ao defender que o procedimento disciplinar tem um valor probatório próprio e que o respetivo processo físico deve, pelo menos, ser valorado enquanto prova documental.

No que diz respeito à prova, aí se incluindo os meios de prova, o Código do Trabalho dispõe de forma específica e autónoma acerca dos seus pressupostos e limites, ainda que, quanto a estes últimos, se aborde no capítulo seguinte os termos em que são apurados. Do mesmo modo, também não se verifica uma referência autónoma à prova digital, contrariamente ao que vem sucedendo noutras

(17) Tal não implica que, noutro âmbito, não exista uma aplicação subsidiária do Código Penal e do Código de Processo Penal, nos termos do n. 7 do art. 12º da Lei n. 7/2009, de 12 de fevereiro, onde se estatui que "[o]regime sancionatório constante do Código do Trabalho não revoga qualquer disposição do Código Penal.". Neste sentido, LEITE (2018; 183).

(18) BAPTISTA (2006; 217) afasta a ideia da jurisdicionalização do procedimento disciplinar com observância das garantias do processo penal e de uma decisão jurisdicional.

(19) O art. 328º do Código do Trabalho indica quais as sanções que poderão ser aplicadas pelo Empregador e que, além do despedimento com justa causa (sem indemnização ou compensação), incluem: repreensão; repreensão registada; sanção pecuniária; perda de dias de férias; suspensão do trabalho com perda de retribuição e de antiguidade. Para além destas, o legislador concede a possibilidade de se definirem outras sanções disciplinares através de instrumento de regulamentação coletiva de trabalho.

(20) Conforme se refere no Acórdão do TRP de 18.10.2021, Proc n. 12827/20.2T8PRT.P1, o procedimento disciplinar que visa a aplicação de uma qualquer outra sanção que não o despedimento, não está sujeito à mesma exigência que se verifica quando se pretende aplicar o despedimento com justa causa. Em bom rigor, tal como nos demonstra o acórdão referido, "[e]ste procedimento disciplinar menos complexo nem sequer está sujeito a forma escrita. O que é indispensável é que sejam observados os princípios da audiência prévia (artº 329º n. 6), do direito de defesa do trabalhador e da proporcionalidade da aplicação da sanção, bem como respeitados os prazos para o exercício do poder disciplinar (329º/2), punibilidade da infracção (329º/1) e aplicabilidade da sanção (329º/3)". No mesmo sentido, quanto à garantia dos direitos de defesa do trabalhador, veja-se ainda o Acórdão do TRC de 16.12.2015, Proc. n. 3501/14.0T8VIS.C1.

áreas do direito, especialmente no Direito Penal, pese embora acabe por ser tido em consideração em determinados aspetos laborais. A fim de compreender o que é que poderá estar em causa quando se fala em prova digital, recorremos ao conceito oferecido por RODRIGUES (2011; 39), segundo o qual "[a] prova electrónico-digital pode definir-se como qualquer tipo de informação, com valor probatório, armazenada [em repositório electrónico-digitais de armazenamento] ou transmitida [em sistemas e redes informáticas ou redes de comunicações electrónicas, privadas ou publicamente acessíveis], sob a forma binária ou digital.". Esta proposta oferece um conceito suficientemente abrangente para se considerar quaisquer instrumentos de armazenamento de informação que existam ou venham a existir, atenta a velocidade com que a inovação tecnológica se tem manifestado.

Retomando o tema do ónus da prova, tendo em conta que, em sede de procedimento disciplinar, é ao empregador apresentar a descrição circunstanciada dos factos imputados ao trabalhador (n. 1 do art. 353º do CT) e a fundamentação da decisão (Art. 357º do CT), é a ele que cabe, segundo o art. 342º do CC, fazer prova dos factos constitutivos do direito alegado. A circunstanciação dos factos, pelo menos no procedimento tendente ao despedimento, é feita na nota de culpa. Enquanto documento acusatório, devem constar todos os factos que são utilizados para imputar um determinado comportamento violador dos deveres laborais ao trabalhador e serão apenas esses factos que, no essencial, poderão ser utilizados. Quanto aos meios de prova, não se verifica a mesma obrigação, já que, sede judicial, o empregador poderá utilizar outros meios de prova que não tenham sido referidos ou utilizados no processo disciplinar(21). Na verdade, o empregador terá de produzir novamente prova tribunal, ainda que conste da própria documentação constante no processo (exemplo: ouvir novamente declarações de testemunha apesar de já terem sido reduzidas a escrito através de auto).

Por último, importa ainda uma referência às causas de ilicitude do despedimento, a qual poderá decorrer, designadamente, da sua motivação — ausência de justa causa reconhecida judicialmente. Deste modo, ainda que o empregador

(21) Veja-se, a título de exemplo, Acórdão TRP de 22.04.2013, Proc. 73/12.3TTVNF.P1, onde se refere "Se é verdade que o empregador está impedido de invocar na acção de impugnação judicial do despedimento factos e fundamentos que não constem da decisão disciplinar (art. 98º- J, n. 1 do CPT e 387º, n. 3 do CT) e que nesta não podem ser invocados factos não constantes na nota de culpa ou da resposta do trabalhador, salvo se atenuarem a sua responsabilidade (art. 357º, n. 3, parte final do CT), tal não significa que esteja impedido de invocar outros elementos probatórios que não considerou no processo disciplinar. E a invocação destes "outros" meios de prova não põem em causa o direito de defesa do trabalhador, pois este pode, na respectiva acção judicial, defender-se, exercendo o respectivo contraditório"..

faça prova cabal dos factos que suportam a sua decisão de despedimento com justa causa, ainda assim, a decisão judicial pode ir no sentido de reconhecer a falta de justa causa. Imagine-se um trabalhador que foi objeto de um procedimento disciplinar que culminou com o seu despedimento porque se atrasou um minuto num dia de trabalho sem qualquer consequência. Neste caso, ainda que o empregador prove este atraso, a decisão disciplinar de despedimento seria sempre desproporcional.

Para além disto, se o procedimento for inválido, também será considerado ilícito, nos termos do art. 382º do CT. As causas de invalidade estão igualmente elencadas na lei, designadamente no n. 2 do art. 382º do CT, sendo elas: (i) falta de nota de culpa ou se esta não for escrita ou não contiver a descrição circunstanciada dos factos imputados ao trabalhador; (ii) falta da comunicação da intenção de despedimento junta à nota de culpa; (iii) desrespeito pelo direito do trabalhador a consultar o processo ou a responder à nota de culpa ou, ainda, pelo prazo para resposta à nota de culpa; (iv) A comunicação ao trabalhador da decisão de despedimento e dos seus fundamentos não for feita por escrito, ou não esteja elaborada nos termos do n. 4 do art. 357º ou do n. 2 do art. 358º.

2. A tutela da personalidade do trabalhador em especial, da vida digital

Entre os elementos caracterizadores da relação laboral sobressaem, pela sua especificidade e âmbito, o facto de se tratar de uma prestação de natureza pessoal e, por outro, pela necessária subordinação jurídica. Em face da impossibilidade em cindir a pessoa, o cidadão e o trabalhador (LOBO XAVIER, 2014; 474-485), são reconhecidos os chamados direitos laborais inespecíficos[22]. Ou seja, para além dos direitos especificamente laborais (ex. direito à greve e o direito ao trabalho, previstos, respetivamente, nos arts. 57º e 58º da CRP), o trabalhador beneficia ainda da tutela dos seus direitos fundamentais enquanto cidadão. Conforme refere PALMA RAMALHO (2014), a preservação dos direitos de personalidade do trabalhador apresentam três implicações: (i) o trabalhador tem

(22) Recorda-se a decisão do Acórdão do Tribunal da Relação de Lisboa, de 05.08.2002, Proc. n. 0010134, onde o tribunal do trabalho se declarou materialmente incompetente para conhecer de ação de condenação onde se peticionava a retirada das máquinas de filmar dos locais de trabalho onde os trabalhadores exerciam funções. Ainda que se tenha admitido que viola direitos de natureza iminentemente civil, como seja a tutela geral da personalidade (art. 70º do C.C.), como o direito à imagem (art. 79º do C.C.), tais direitos não são específicos das relações laborais, são independentes e constituem-se fora da órbita do direito laboral, podendo incidir sobre trabalhadores, prestadores de serviço, clientes, quaisquer pessoas que possam estar ao alcance das máquinas de filmar.

"o direito de exigir ao empregador que respeite os seus direitos"; (ii) os direitos de personalidade do trabalhador impõem-se também ao empregador no vínculo laboral, pelo que, como regra, devem prevalecer sobre outros direitos do empregador[(23)]; (iii) e as restrições aos direitos de personalidade, no contexto laboral, devem ser limitadas ao mínimo necessário.

O Código do Trabalho[(24)] procede a uma maior densificação de alguns desses direitos de personalidade a que já se aludiu, nomeadamente nos arts. 14º a 22º do Código do Trabalho, os quais, apresentados conforme a disposição no CT, dizem respeito à "Liberdade de expressão e de opinião". Integridade física e moral", Reserva da intimidade da vida privada", Proteção de dados pessoais", "Dados biométricos", "Testes e exames médicos", "Meios de vigilância à distância", "Utilização de meios de vigilância à distância e "Confidencialidade de mensagens e de acesso a informação". Conforme refere MOREIRA (2011a;70), esta secção visa proteger a situação pessoal do trabalhador perante "(...) as novas realidades relacionadas com os desenvolvimentos tecnológicos, tais como o desenvolvimento da informática, a utilização e o manuseamento de tecnologias de informação e comunicação e comunicação, o incremento e utilização de técnicas de captação e armazenamento de imagens e dados pessoais (...)". Embora seja também certo que é relativamente simples o apagamento de informação digital, na realidade os computadores permitem uma conservação de informação de modo quase ilimitado, permitindo a criação de perfis (MOREIRA, 2013; 57). Daí decorre que o recurso à prova digital estará necessariamente sujeito a limites mais exigentes. Tal não significa que a prática de atos no "digital" possam ser objeto de proteção por carecer de meios probatórios, uma vez que não são um campo de impunidade (SOUSA, 2020; 125-138). Com respeito das necessárias adaptações, a prova digital deve ser recebida com naturalidade nos processos judiciais, tendo em conta esta desmaterialização da nossa sociedade.

Sem prejuízo de uma análise com maior detalhe aquando da referência à jurisprudência, destacamos, pela maior pertinência, a tutela em relação às formas de controlo à distância e à confidencialidade das comunicações.

Quanto aos meios de vigilância à distância (arts. 20º e 21º do CT), o Código do Trabalho estipula que, como regra, o empregador não pode utilizar meios de

---

(23) Conforme refere LEAL AMADO (2011; 216), "[o] que temos aqui, quase sempre, é um problema de conflito de direitos (dir-se-ia: o conflito entre a liberdade de empresa e a liberdade na empresa)". *Vide*, para mais desenvolvimentos, MOREIRA *(*2010; 329 e ss.) e ABRANTES (2005; 59 e ss.).

(24) Acerca dos antecedentes veja-se, entre outros, MARTINEZ (2004a; 51) e (2004b; 573).

vigilância a distância no local de trabalho, mediante o emprego de equipamento tecnológico, com a finalidade de controlar o desempenho profissional do trabalhador. No entanto, a utilização de equipamentos tecnológicos pode ser lícita sempre que tenha por finalidade a proteção e segurança de pessoas e bens ou quando particulares exigências inerentes à natureza da atividade o justifiquem. Como condição adicional da licitude da sua utilização, exige-se ainda que o empregador informe o trabalhador sobre a existência e finalidade desses meios, com o intuito de proteger o trabalhador contra formas de vigilância ocultas. Por sua vez, quanto à confidencialidade de mensagens e de acesso à informação, o n. 1 do art. 22º do CT estipula que o trabalhador goza do direito de reserva e confidencialidade relativamente ao conteúdo das mensagens de natureza pessoal e acesso a informação de carácter não profissional que envie, receba ou consulte, nomeadamente através do correio eletrónico (embora, como veremos, esta proteção se estenda a outros canais de comunicação). No entanto, é também conferida legitimidade ao empregador para poder regular a utilização dos meios de comunicação da empresa (o que poderá implicar, por exemplo, a proibição de utilização desses meios para fins pessoais).

3. Jurisprudência

Atentas as considerações já expostas, debrucemo-nos, então, sobre algumas das tendências que se foram verificando ao longo dos anos na jurisprudência nacional e que abrangem as temáticas relacionadas com a videovigilância, o controlo da internet, a utilização do GPS, as redes sociais e as comunicações.

3.1. Controlo acessos à internet

Neste âmbito queremos apenas problematizar o eventual controlo do empregador sobre a utilização feita pelo trabalhador do computador e do acesso à internet no âmbito da sua atividade profissional. Apesar de existirem algumas decisões interessantes sobre o tema,[(25)] destacamos o Acórdão do Tribunal da

(25) Outro exemplo, no âmbito das relações de trabalho de emprego público, diz respeito ao Acórdão do Tribunal Central Administrativo Sul de 23.10.2014, Proc. N. 01693/06. Trata-se de factos que remontam ao ano de 2003, de tal modo que, à data, ainda se usavam disquetes. Estava em causa a utilização de ficheiros temporários como prova a utilizar contra o trabalhador (professor) de este ter visto pornografia durante o horário e no local de trabalho.

No sumário do acórdão, refere-se que "A gravação em disquete, e posterior utilização como prova em processo disciplinar, dos denominados *'Internet Temporary Files'*, demonstrativos da utilização de um computador da escola para acesso a sites de teor pornográfico, não consubstancia uma situação que se inclua no âmbito da proteção de dados pessoais ou que configure a interceção ou gravação de uma

Relação de Guimarães, de 11.06.2015, Proc. N. 15/11.3TTVRL.G1. Foi analisada a decisão de despedimento de um trabalhador motivada por uma utilização excessiva da internet, ao ponto de implicar, só no mês de maio de 2010, o equivalente a 17 dias úteis de trabalho. O Tribunal, partindo da ideia de que os dados pessoais relativos à esfera privada não são, por regra, acessíveis sem prévia autorização do titular, considerou lícito o meio de prova utilizado, mormente os registos do tempo de permanência na internet. Para tanto, relevou o facto de o trabalhador ter assinado um documento autorizando o empregador a "(...) auditar, investigar e analisar tudo o que seja criado, armazenado, enviado ou recebido através dos computadores do ... a aceder todos os materiais criados, armazenados, enviados ou recebidos através da rede do ... ou da sua ligação à internet". E mesmo que assim não fosse – adianta o Tribunal —, não existiria qualquer ilegalidade ou violação.

Na análise efetuada, o julgador delimitou os limites a que deveria atender, sendo eles: (i) inexistência de um controlo e fiscalização do acesso à internet individualizado e de forma automatizada; (ii) realização de um controlo meramente estatístico, que incidia sobre os tempos despendidos na internet[(26)]; (iii) não visualização dos sites consultados pelo trabalhador; (iv) tratamento limitado à recolha do site visitado e aos dados relativos ao tempo de permanência; e (v) inexistência de uma análise que permitisse ao empregador conhecer os hábitos de consulta do trabalhador[(27)]. Neste caso, o trabalhador não beneficiava da proteção dos arts. 16º do CT art. 22º do CT, relativo à confidencialidade de mensagens e de acesso a informação. Em face do exposto, concluiu-se que a diminuição da produtividade e a desobediência a regras internas, provadas pelo registo de horas

---

qualquer conversação ou comunicação. Nem constitui um caso de acesso, pela entidade patronal/escola, a registos de atividade na internet inserida na esfera da vida privada do trabalhador/professor, mas antes, a utilização de um computador da escola para fins alheios à escola e proibidos pelos deveres funcionais inerentes às funções desempenhadas.". Deixa-se apenas uma última nota para o facto de o tribunal ter empregado, indevidamente, o termo *cookies*, pois neste caso não era disso que se tratava, mas sim dos ficheiros temporários (*cache*) armazenados no próprio computador. Trata-se de informação recolhida pelo browser e armazenada fisicamente no computador, por forma a permitir um acesso mais rápido a conteúdos, em vez de ter de fazer novamente download de alguns dados. Já os cookies dizem respeito à informação relativa às preferências e comportamento de um determinado utilizador enquanto acede a determinado website.

(26) Havia ainda licitude para o tratamento ao abrigo da anterior lei nacional de proteção de dados pessoais, designadamente para execução do contrato ou até para prossecução interesses legítimos do responsável pelo tratamento.

(27) Como se refere no acórdão, "(...) no que concerne aos dados relativos ao acesso à informação disponível na net, os relativos ao "tipo de acesso" integram-se na reserva privada (que não íntima), enquanto permitem ou permitam caraterizar o individuo, ao nível dos seus hábitos, tendências (...).

de permanência na internet, e atendendo ao cargo de confiança que o trabalhador ocupava, constituem justa causa de despedimento.

3.2. E-mail, serviços de mensagens e redes sociais

Neste domínio, aquilo que se tem vindo a tutelar é a privacidade ou a expectativa da privacidade(28), algo que deve ser ponderado em função da plataforma utilizada. Assim, a tendência vai no sentido de ser expectável uma maior tutela da privacidade no âmbito das aplicações de comunicação (*Messenger*, *WhatsApp*, *SMS*) quando comparado com as redes sociais(29) como o Facebook ou o LinkedIn, em que tendencialmente a informação tem um grau de exposição superior.

No caso do correio eletrónico, discute-se o alcance da tutela do art. 22º do CT, que garante ao trabalhador o direito de reserva e confidencialidade relativamente ao conteúdo de mensagens de natureza pessoal e acesso a informação de caráter não profissional que envie, receba ou consulte. Têm sido vários os acórdãos que já se debruçaram sobre o tema, como por exemplo no Acórdão do STJ de 05.07.2007, Proc. n. 07S043, e no Acórdão do TRP de 26.06.2006, Proc. n. 0610399. Nestas decisões estava em causa a utilização de emails trocados entre colegas de trabalho, com conteúdo ofensivo dirigido aos superiores hierárquicos, como prova e fundamento de despedimento. Em ambos os casos os despedimentos foram considerados ilícitos, embora por razões diversas: no acórdão do STJ, considerou-se que a prova obtida era ilícita, porquanto estaria sujeita à tutela do art. 21º do CT; por outro, no acórdão do TRP, os emails foram admitidos como prova, mas o tribunal entendeu que o teor da comunicação não sustentava o despedimento com justa causa. Destaca-se ainda, quanto ao referido acórdão do STJ, o entendimento de que não é pelo facto de "(...) os intervenientes se referirem a aspectos da empresa a comunicação assume desde logo natureza profissional (...)" e que "(...) não é o facto de os meios informáticos pertencerem ao empregador que afasta a natureza privada da mensagem e legitima este a aceder ao seu conteúdo (...).

(28) A delimitação deste conceito apresenta várias dificuldades, uma vez que depende de uma multiplicidade de fatores endógenos ou exógenos em relação aos indivíduos (cultura, os valores da sociedade, a forma como o indivíduo se identifica, entre outros). Para mais desenvolvimentos (GLANCY, 1979).

(29) REDINHA (2010; 33) define rede social enquanto "uma aplicação internet, qualificável como medium social, que permite a criação de conteúdos gerados pelos utilizadores e se destina a congregar, em regra, por multiplicação, comunidades virtuais assentes na partilha de informações, interesses e atividades".

Passando a outro ponto, a validade da utilização de conversas do *MSN Messenger* para prova de ilícito disciplinar foi suscitada pela primeira vez no Acórdão do TRL de 07.03.2012, Proc. n. 24163/09.0T2SNT.L1-4. O tribunal entendeu que estas comunicações estavam tuteladas pelo direito à confidencialidade de mensagens(30) e de acesso à informação nos termos do art. 22º e da liberdade expressão, art. 14º, ambos do CT. Estabeleceu um paralelismo interessante, referindo que o acesso às comunicações privadas equivale à realização de escutas ilegais ou a leitura de cartas, sem o consentimento prévio do trabalhador. Uma das circunstâncias que acentuou a ilicitude do acesso às comunicações, foi o facto de não estar regulado o seu acesso pelo empregador, através de regulamento(31) ou código de conduta. Apesar disso, a inexistência de tal política, o empregador não poderia controlar o conteúdo sem uma autorização judicial e, mesmo que houvesse regra e o trabalhador a tivesse violado (MOREIRA, 2012;140). Por fim, foi desvalorizada a circunstância de as mensagens estarem guardadas no servidor central da empresa, desde logo porque isso não afeta a sua natureza de dados pessoas e confidenciais. Assim, esta ideia de propriedade dos instrumentos de trabalho não legitima, pelo menos em absoluto, toda e qualquer ação levada a cabo pelo empregador(32).

Em sentido convergente, mas desta vez em relação a conversas no *WhatsApp*(33), o Acórdão do TRE de 28.03.2019, Proc. n. 747/18.5T8PTM.E1, concluiu ser proibida a utilização de mensagens emitidas pelo trabalhador num grupo privado e fechado do Whatsapp, que chegaram ao conhecimento do empregador,

(30) Beneficiando igualmente da proteção do art. 34º da CRP, onde se consagra, no n. 1, que o sigilo da correspondência e de outros meios de comunicação privada é inviolável.

(31) Nos termos do art. 99º do CT, o Empregador pode elaborar regulamento interno de empresa sobre organização e disciplina do trabalho. No âmbito da eventual limitação de direitos fundamentais, o regulamento pode assumir um papel preponderante no sentido de legitimar determinadas iniciativas do empregador, como por exemplo para prevenção e controlo do consumo de álcool ou para acesso a determinados conteúdos, como por exemplo o email profissional, aí se regulando a possibilidade de ser ou não utilizado para fins pessoais. Quanto a este último, o n. 2 do art. 22º do CT, relativo à confidencialidade de mensagens e de acesso a informação, prevê expressamente que o Empregador pode estabelecer regras de utilização dos meios de comunicação na Empresa, nomeadamente do correio eletrónico.

(32) No Acórdão é referida a opinião de JÚLIO GOMES, onde se reconhece que a utilização da internet e do correio eletrónico pelos trabalhadores pode representar, na ótica do empregador, uma possível fonte de prejuízo, como por exemplo quanto ao "tempo de trabalho inutilmente gasto em mensagens ou na simples navegação na internet, com fins exclusivamente pessoais, a despesa inerente à manutenção de todo o sistema informático (...)" ou "(...) a violação de direitos de autor, através do download, a partir de sites ilegais, de música, jogos, programas, etc. (...).

(33) Para um estudo mais aprofundado veja —, em especial, (REDINHA, 2010).

por via indireta. Ou seja, uma vez que não era o destinatário das mesmas, tampouco participava nesses grupos, tratando-se de comunicações pessoais e privadas, o recurso a esse meio de prova foi considerado nulo. Também a mesma Relação, em acórdão de 06.04.2020, Proc. N. 2034/19.2T8PTM.E1, considerou que as mensagens de WhatsApp trocadas entre dois trabalhadores de uma empresa, no âmbito da sua relação pessoal e privada, não podem ser utilizadas pelo empregador em procedimento disciplinar dirigido contra eles.

Porém, o tema assume contornos distintos quando se refere a abordagem que a jurisprudência tem vindo a ter em relação às redes sociais, do que são exemplos dois acórdãos de 2014, nos quais se conclui pela licitude do despedimento com base em factos e prova resultantes das redes sociais[34].

Em primeiro lugar, no Acórdão do Tribunal da Relação do Porto, de 09/08/2014, Proc. n. 101/13.5TTMTS.P1 discutia-se a relevância e as implicações laborais de vários textos publicados num grupo fechado (com 140 membros) do *Facebook* em relação a uma empresa de segurança. O trabalhador despedido era delegado sindical[35] e publicou uma série de textos a denunciar certas situações, nomeadamente quanto à remuneração, incluindo ainda incentivos à greve e acusações a outros membros do grupo. Pretendia-se avaliar, entre outros, a valoração das provas obtidas pela entidade e a justa causa de despedimento. Pesando o teor das mensagens publicadas no referido grupo, o elemento central deste caso residiu não tanto na existência de justa causa em sentido estrito, isto é, abstratamente existia uma violação dos deveres do trabalhador à luz dos factos apurados, mas sim discutir a relevância jurídica de uma publicação no Facebook e, como não podia de deixar de ser, se estaria a coberto do direito à vida privada do trabalhador. O tribunal elencou uma série de elementos de ponderação relevantes para

(34) A proteção das publicações nas redes sociais ao abrigo do art. 22º do CT, invocado para os casos descritos anteriormente, parece de difícil concretização ou, pelo menos, de aplicação restrita, sobretudo quando a prova a utilizar se trata de informações disponibilizadas pelo Trabalhador, em que a expectativa de privacidade pode ser inexistente. Para mais desenvolvimentos, CAMPOS (2015; 117 e ss).

(35) O exercício de funções no seio de um sindicato, ponderados os seus direitos e deveres, tem tido um tratamento bastante peculiar na jurisprudência, essencialmente pela responsabilidade acrescida materializada no dever de urbanidade que comummente se expõe. Assim, por ser feita referência a este aspeto, atente-se nas palavras de (GOMES, 2007; 531) quando refere que "[o] dever de urbanidade não é, como vimos, incompatível com um direito à crítica por parte do trabalhador, desde que essa crítica seja feita, ela própria em termos corteses e educados e não viole um dever de sigilo, nem prejudique a imagem da empresa. A crítica, mormente a interna, que obedeça a estes requisitos poderá ser considerada um facto normal e saudável na vida de uma empresa. Importando uma outra perspectiva, merece ainda referência o artigo de (MOREIRA, 2011b; 245-ss) e o Ac. do STJ, de 07.04.2013, Proc. N. 7583/11.8T2SNT.L1.S1, a título exemplificativo.

aferir da legitimidade, "(...) designadamente o tipo de serviço utilizado, a matéria sobre que incidem as publicações, a parametrização da conta, os membros da rede social e suas características, o número de membros e outros factores que se perfilem como pertinentes em cada caso a analisar (...)". Atendendo às circunstâncias, não existindo expectativa de privacidade e porque o trabalhador sabia que aquela informação poderia ser partilhada, não poderia invocar o carácter privado do grupo e a natureza pessoal das publicações, não beneficiando da tutela da confidencialidade prevista no art. 22º do Código do Trabalho.

Por seu turno, o Acórdão do Tribunal da Relação de Lisboa, de 24.09.2014, Processo 431/13.6TTFUN.L1-4, apresentou um contributo relevante para a caracterização da privacidade no âmbito das redes, detendo-se, inclusive, sobre o conceito de "amigo" do *Facebook*. A este respeito, refere que naquele conceito "(...) cabem não só os amigos mais próximos, como também outros amigos, simples conhecidos ou até pessoas que não se conhece pessoalmente, apenas se estabelecendo alguma afinidade de interesses no âmbito da comunicação na rede social que leva a aceitá-los como "amigos"". Indo ao caso dos autos, discutia-se a licitude da utilização de uma publicação de Facebook em que um trabalhador proferia acusações e insultos ao respetivo empregador, incentivando a sua rede à partilha daquela publicação, como meio de prova do despedimento. Ainda que tenha ponderado os limites da liberdade de expressão do trabalhador, o tribunal conclui que se verificava a existência de justa causa de despedimento, atendendo ao caráter ofensivo da publicação, e que tendo em conta que não havia expectativa de privacidade, a publicação podia ser utilizada como prova. Como refere MOREIRA (2013; 91) "(...) quem permite que não só os amigos, mas também os amigos dos amigos e público em geral consultem o seu perfil, perde o direito de invocar o aspeto privado do mesmo".

3.3. Gravações e escutas telefónicas

A utilização de gravações deve ser apreciada no âmbito das normas respeitantes à utilização de meios de vigilância à distância, designadamente nos termos dos arts. 20º e 21º do CT. Assim, a utilização de gravações de chamadas realizadas pelos trabalhadores pode ser admissível, desde que no estrito cumprimento das normas legais vigentes e em respeito pelos direitos fundamentais.

A título do exemplo, o Acórdão do Tribunal da Relação de Lisboa de 22.05.2013, Proc. n. 2567/12.1TTLSB.L1-4ª. Quanto aos factos, discutiu-se o incumprimento de procedimentos associados ao registo de contratos pelo trabalhador sem registo de voice recording; o registo de preços superiores aos acordados com os clientes para aumentar as comissões do trabalhador e a sua avaliação; e ainda a relevância da realização de chamadas fora do âmbito profissional (foi alegado que em novembro e dezembro de 2011 se realizaram 1325 chamadas, das quais 443 não foram efetuadas no exercício de funções.

Relativamente à primeira parte, o tribunal concluiu que a "(...) audição, por amostragem, pela entidade empregadora dos voice recording efectuados pelo trabalhador não constitui violação dos arts. 20º e 21º do Código do Trabalho, dado que o meio de controle à distância (registo telefónico do contrato celebrado com terceiro com autorização da CNPD[(36)]) é efectuado pelo próprio trabalhador, sendo lícita à entidade patronal tal audição, a fim de verificar se as gravações estão de acordo com as normas legais e internas da empresa.". Todavia, na mesma decisão o tribunal já considerou ilícito o recurso à lista de chamadas efetuadas pelo trabalhador no local de trabalho, incluindo chamadas de natureza pessoal, que foi elaborada pelo Empregador, para provar as 443 chamadas fora do âmbito profissional. Conforme se pode verificar no sumário do acórdão, a "prova obtida com base nas listagens em nome do trabalhador (elaboradas sem o estabelecimento de regras pela entidade patronal quanto à utilização dos seus meios de comunicação) das chamadas telefónicas (incluindo as chamadas de natureza particular) efectuadas no local de trabalho deverá ser considerada nula, em virtude de ocorrer o tratamento de dados pessoais, de natureza privada, sem o consentimento previsto no art. 6º da lei n. 67/98, de 26/10.".

No que concerne à utilização de escutas telefónicas, que apresentam uma natureza muito mais intrusiva, partilhamos o Acórdão do Tribunal da Relação de Lisboa de 11.09.2019, Proc. n. 449/17.0T8AGH.L1-4. Um trabalhador do serviço de correios integrava uma rede de tráfico de droga, tirando partido das suas funções. Após ter sido acusado, o empregador recebeu uma comunicação do despacho de acusação desse mesmo trabalhador e, com base nela, deu início ao procedimento disciplinar. O acesso às escutas telefónicas, ou sendo mais rigorosos, aos resumos das escutas telefónicas, com transcrições parciais, apenas se deu no processo judicial, após o Empregador ter requerido a junção destes documentos. Por usa vez, o tribunal de 1ª Instância, tendo sido admitidos aqueles meios de prova, entendeu valorar as respetivas escutas, complementadas pelo depoimento

(36) Recomenda-se a consulta da Deliberação n. 629/2010 – Princípios aplicáveis ao tratamento de dados de gravação de chamadas.

das testemunhas. Assim, o Tribunal da Relação entendeu que a prova é nula[37] com fundamento na violação do n. 1 do art. 25º, n. 8 do art. 32º (estatui que são nulas todas as provas obtidas mediante (...) abusiva intromissão na vida privada, no domicílio, na correspondência ou nas telecomunicações), n.s 1 e 4 do art. 34º (O domicílio e o sigilo da correspondência e dos outros meios de comunicação privada são invioláveis), todos da CRP.

3.4. Utilização do GPS

Pese embora não seja liminarmente proibido o recurso a dispositivos de geolocalização, a questão de saber se se trata de um meio de prova lícito, mormente pela sua qualificação enquanto meio de vigilância à distância, beneficiando da tutela do art. 20º do CT, continua a gerar debate. Ainda assim, a sua qualificação como meio de vigilância não obsta que seja utilizado como prova, mas carece de um juízo prévio quanto à sua licitude.

A CNPD admite o tratamento de dados relativo à geolocalização para veículos automóveis nas seguintes situações: (i) Gestão da frota em serviço externo nas áreas da assistência técnica eterna/ao domicílio; distribuição de bens; transporte de passageiros; transporte de mercadorias; segurança privada; e (ii) proteção de bens, nomeadamente transporte de materiais perigosos e transporte de materiais de valor elevado. Admite ainda a instalação para participação criminal em caso de furto, mas aí o empregador só pode utilizar os dados se a viatura for furtada. Por último, no caso de telemóveis e computadores portáteis o empregador não pode tratar dados de geolocalização desses equipamentos nem instalar aplicações que possam ativar esses sensores.

O STJ[38] entende que o n. 1 do art. 20º do CT apenas se reporta aos equipamentos que, de alguma forma, procedessem à captação da imagem, som ou ambos, de tal forma que permitissem a identificação das pessoas e o seu comportamento. Assim, não tem concebido o GPS enquanto meio de vigilância à distância. Secundando este entendimento, o Acórdão do TRE de 26.10.2017, Proc. n. 1184/15.9T8BJA.E1, evidencia que a utilização do sistema de geolocalização na viatura de serviço não pode ser qualificado como meio de vigilância à

(37) No âmbito penal, sustenta a proibição de prova nos arts. 125º, n. 3 do 126º e 187º, todos do CPP, dos quais se extrai que as provas obtidas mediante intromissão na vida privada, no domicílio, na correspondência ou telecomunicações sem o consentimento do respetivo titular são nulas. No fundo, trata-se de um meio de prova que, atendendo ao contexto, apenas poderia ser valorado em processos de natureza penal.

(38) Acórdãos do STJ de 22.05.2007, Proc. n. 07S054 e de 13.11.2013, Proc. n. 73/12.3TTVNF.P1.S1.

distância no local de trabalho, porquanto apenas permite a localização do veículo em tempo real, sem que isso possibilite verificar exatamente o que faz o respetivo condutor.

Em sentido oposto, o TRP(39) entende que o GPS permite ao empregador "(...) seguir passo a passo o percurso do trabalhador e apesar de não ver o que este faz, sabe onde ele está a cada momento.". E numa referência clara ao entendimento do STJ, assume que "(...) para se vigiar alguém não é necessário ver-lhe a face, mas tão só saber-se da sua posição, onde se encontra, por anda e por onde vai.". Resta dizer que, nos autos, não foi admitida a utilização daqueles registos, sendo nulos por violação do n. 8 do art. 32º da CRP. Em sentido convergente, no Acórdão do Tribunal da Relação de Guimarães de 03.03.2016, Proc. N. 20/14.7T8VRL.G1(40), também se entendeu que o GPS constituía um meio de vigilância à distância, mas conclui que a sua utilização como prova era válida.

3.5. Videovigilância

A maior parte das decisões existentes foram tomadas ainda no âmbito do anterior enquadramento em matéria de proteção de dados pessoais, que impunha, da parte do Responsável pelo tratamento/Empregador, o pedido de autorização prévio à CNPD(41) para poder proceder à recolha de imagens. Daqui decorre que, caso não existisse este pedido prévio, a instalação de meios de videovigilância no local de trabalho seria ilícita e isso afetaria a sua validade probatória.

---

(39) Acórdão do TRP de 22.04.2013, Proc. N. 73/12.3TTVNF.P1.

(40) No aresto em questão estava a discussão de saber se era lícita a utilização do GPS para validar a informação relativa aos km declarados por um trabalhador por comparação com a distância efetivamente percorrida. Neste acórdão, refere-se, desde logo, que no conceito de desempenho profissional se inclui não só as concretas funções atribuídas, mas também a forma como são desenvolvidas, ou seja, onde, como e quando. Todavia, a utilização do GPS para validação de informação não relacionada com a atividade profissional é, por isso, lícita. Neste caso, o trabalhador estava a declarar que percorria mais km do que aqueles que verdadeiramente declarava (declarava mais 7851km do que aqueles que realmente percorreu). Ainda que haja alguma conexão com o desempenho da atividade profissional, o tribunal entendeu tratar-se de uma finalidade distinta, de dados obtidos para confirmar os KMs percorridos, por isso não estava em causa a avaliação do desempenho profissional.

(41) A CNPD já se pronunciou na sua Deliberação n. 6172004, de 19 de abril [22] sobre os princípios orientadores para o correto cumprimento da Lei de Proteção de Dados, em matéria de videovigilância, bem como as condições gerais aplicáveis ao tratamento de dados pessoais para a finalidade de protecção de pessoas e bens. Decorrem desses princípios, bem como da lei laboral e da jurisprudência, os seguintes limites ao tratamento:

(...)

Não podem as câmaras incidir regularmente sobre os trabalhadores durante a actividade laboral, nem as imagens podem ser utilizadas para o controlo da actividade dos trabalhadores, seja para aferir a produtividade seja para efeitos de responsabilização disciplinar (cf. arts. 20º e 21º do Código do Trabalho).

A proibição da prova estende-se, inclusivamente, ao depoimento de testemunhas que tenham visionado as referidas imagens, aludindo-se à teoria do fruto envenenado, conforme resulta do Acórdão do Tribunal da Relação do Porto, de 17.12.2014, Proc. n. 231/14.6TTVNG.P1. Ou seja, se a primeira das provas violou princípios constitucionais do trabalhador, nomeadamente a reserva da intimidade da privada, e tendo sido a prova obtida pela primeira, então trata-se de uma proibição de prova abrangida pelo art. 32º da CRP. Acresce ainda que o empregador tem ainda de fazer prova da licitude da utilização dos meios de controlo a distância.

Em todo o caso, e como o evidencia de forma estruturada e pragmática, o Acórdão do Tribunal da Relação do Porto de 09.09.2019, Proc. n. 1437/18.4T8VFR.P1[42], dá conta de que, para além da posição existente na doutrina, a jurisprudência maioritária tem evoluído no sentido da admissibilidade deste meio de prova, quando esteja em causa a proteção e segurança de pessoas e bens[43], da utilização de imagens captadas por sistema de videovigilância para efeitos disciplinares. No mesmo sentido, veja-se ainda o Acórdão do Tribunal da Relação de Coimbra de 06.02.2015, Proc. n. 359/13.0TTFIG-A.C1.

Conclusão

Aqui chegados, entendemos que a prova digital deve ser integrada no atual contexto da nossa sociedade, afastando um processo inicial de desconfiança. Este processo de assimilação está a decorrer com a maior das naturalidades respeitando o princípio de que o digital não deve ser campo de impunidade.

---

(42) Nos autos estava em causa a discussão da licitude do despedimento, tendo também por meio de prova as imagens de videovigilância, relativamente a uma trabalhadora que utilizava o cartão de fidelização de uma cadeia de supermercados para creditar descontos de outras pessoas, não detentoras daquele cartão, nomeadamente para aquisição de desconto em combustível aquando da realização de compras superiores a 40,00€.

(43) Merece ainda referência a discussão em torno da limitação da finalidade quanto à utilização das imagens, nomeadamente por se entender que no âmbito da proteção de segurança e de pessoas e bens, aquele meio de prova apenas pode ser utilizado em processo criminal. Todavia, considera-se que tal posição não é razoável e gera incongruência. Como refere FESTAS (2004; nota 121), "(...) estranho seria que a videovigilância, instalada e utilizada, por exemplo, para a protecção e segurança de pessoas e bens, não pudesse fundamentar uma actuação contra aqueles que, pelas funções que desempenham, mais poderão atentar contra as finalidades que a instalação visa defender. Assim, cumpre proteger pessoas e bens não apenas contra actos ilícitos de terceiros mas também de trabalhadores.". E remata, afirmando "(...) que o art. 20º/1 do CT definitivamente veda é a utilização de meios de vigilância à distância tão só para controlar o desempenho profissional do trabalhador. Mas nada impede que, estando em causa uma das finalidades legalmente previstas, tal desempenho seja indirectamente controlado já que, verdadeiramente, o controle desse desempenho surge como uma consequência marginal relativamente à finalidade primordialmente prosseguida com a instalação de meios de vigilância à distância.".

Não obstante, tendo em conta a experiência portuguesa, parece-nos que existe ainda pouca abundância de jurisprudência com vista a analisar vários cenários probatórios em contexto laboral. Isto não quer dizer que os tribunais portugueses não tenham já sido certeiros em algumas questões mais polémicas, como por exemplo, quanto ao recurso de redes sociais como elementos probatórios. Na verdade, o princípio da análise da expectativa de privacidade é um indicador judicial modelador da compreensão do recurso às redes sociais como elemento probatório.

Assim, face ao exposto, a integração da prova digital é um caminho que ainda está a ser percorrido, mas que acabará por se tornar cada vez mais comum nos próximos anos. Nesta medida, os tribunais portugueses têm conseguido compreender esta evolução garantindo interpretações que, na maioria das vezes, foram equilibradas em relação ao seu contexto.

Referências

ABRANTES, José João. *Contrato de Trabalho e Direitos Fundamentais.* Coimbra, 2005.

ASSIS, Rui. *O Poder de Direcção do Empregador* — Configuração geral e problemas actuais. Coimbra Editora, 2005.

BACELAR GOUVEIA, Jorge. Os Direitos Fundamentais à Protecção dos Dados Pessoais Informatizados. *Revista da Ordem dos Advogados*, ano 51, 1991.

BAPTISTA, Albino Mendes. Ideias para uma reavaliação das práticas e das regras em matéria de procedimento disciplinar laboral. *Estudos sobre o Código do Trabalho.* 2. ed. Coimbra Editora, 2006. p. 217.

CAMPOS, Alice Pereira de. Infrações disciplinares em redes sociais online. *Direito e Justiça*, 1 (Especial), 2015, p. 111-133.

CHENG, N. S.; PATHAK, P.; MOHAPATRA, P. Long-Term Privacy Profiling through Smartphone Sensors. 2015. *IEEE 12th International Conference on Mobile Ad Hoc and Sensor Systems*, 2015, p. 639-644.

DONINI, Annamaria. Tecniche avanzate di analisi dei dati e protezione dei lavoratori. *Diritto delle Relazioni Industriali*, n. 1, Giuffrè Editore, 2018, p. 222-242.

FESTAS, David de Oliveira. O direito à reserva da intimidade da vida privada do trabalhador no Código do Trabalho. *Revista da Ordem dos Advogados*, ano 64, 2004.

FIGUEIREDO DIAS, Jorge de. O processo penal português: problemas e prospectivas. In: *Que Futuro Para o Direito Processual Penal?* – Simpósio em homenagem a Jorge de Figueiredo Dias, por ocasião dos 20 anos do Código de Processo Penal Português, Coimbra Editora, 2009.

GLANCY, D. J., The invention of the right to privacy. *Arizona Law Review*, vol. 21, n, 1, 1979, disponível em: <https://pdfs.semanticscholar.org/0732/2a964cffaa125689f-dad146bb5c911596b20.pdf>.

GOMES, Júlio Manuel Vieira. *Direito do Trabalho* — Relações Individuais de Trabalho. vol I. Coimbra Editora, 2007.

LEAL AMADO, João. *Contrato de Trabalho*. 3. ed. Coimbra Editora, 2011.

LEITE, André Lamas. Nótulas sobre os tipos legais de crime previstos no Código do Trabalho. (Coords.) Catarina de Oliveira Carvalho, Carmo Sousa Machado e Ricardo Costa. Colecção Estudos n. 7 – *Desafios Laborais*, Almedina, 2018.

LIMA, Maria Helena Salazar da Costa. *O poder disciplinar do empregador* – Em especial o seu exercício com vista ao despedimento do trabalhador", 2014. Disponível em: <ht-tps://recipp.ipp.pt/bitstream/10400.22/6041/1/PTE_LimaHelena_2014.pdf>.

LOBO XAVIER, Bernardo da Gama.*Manual de Direito do Trabalho*. 2. ed. Verbo.

LOPES, Joaquim de Seabra. O Art. 35º da Constituição: Da génese à atualidade e ao futuro previsível. *Fórum de Proteção de Dados*, n. 2, CNPD, 2016.

MARTINEZ, Pedro Romano. Considerações gerais sobre o Código do Trabalho. In: *VI Congresso Nacional de Direito do Trabalho – Memórias*. Almedina, 2004.

______. O Código do Trabalho – Directrizes de reforma; sistematização; algumas questões. In: *Estudos de Direito do Trabalho em Homenagem ao Professor Manuel Alonso Olea*. Almedina, 2004.

MOREIRA, Teresa Coelho. *A Privacidade dos Trabalhadores e as Novas Tecnologias de Informação e Comunicação:* contributo para um estudo dos limites do poder do controlo electrónico do empregador. Almedina, 2010.

______. Direitos de Personalidade. In: *Estudos de Direito de Trabalho*, Almedina, 2011. (a)

______. Limites à Liberdade de Expressão de Sindicalistas: Comentário à decisão do TEDH, de 8 de Dezembro de 2009 – Aguilera Jiménez e outros c. Espanha. *Estudos de Direito do Trabalho*. Almedina, 2011. (b)

______. Controlo do Messenger dos trabalhadores: anotação ao Acórdão do Tribunal da Relação de Lisboa de 7 de março de 2012. *Prontuário de Direito do Trabalho*, ns. 91-92, Coimbra Editora, 2012.

______. A privacidade dos trabalhadores e a utilização de redes sociais online: algumas questões. *Questões Laborais n. 41*, Coimbra Editora, 2013, p. 41 a 101.

OLEJNIK, Lukasz. *Privacy analysis of Ambient Light Sensors.* 2016, Disponível em: <ht-tps://blog.lukaszolejnik.com/privacy-of-ambient-light-sensors/>.

PINHEIRO, Paulo Souza. *O Procedimento Disciplinar no Âmbito do Direito do Trabalho Português*. Almedina, 2021.

PINTO, Nuno Abranches. *Instituto Disciplinar Laboral*. Coimbra Editora, 2009.

PALMA RAMALHO, Maria do Rosário. *Tutela da personalidade e equilíbrio entre interesses dos trabalhadores e dos empregadores no contrato de trabalho.* Breves notas. 2014. Disponível em: http://www.stj.pt/ficheiros/coloquios/coloquios_STJ/V_Coloquio/int2014/prof_maria_rosario_ramalho.pdf>.

______. Factos da vida privada do trabalhador, prova ilícita e despedimento – Comentário ao Acórdão do Tribunal da Relação do Porto de 10 de julho de 2013. *Questões Laborais*, n. 42, Coimbra Editora, 2013, p. 581-596.

REDINHA, Maria Regina. Redes Sociais: Incidência Laboral. *Prontuário de Direito do Trabalho*, CEJ, set./dez. 2010, p. 33-44.

RODRIGUES, Benjamim Silva. *Da Prova Penal, Tomo IV* – Da Prova – Electrónico – Digital e da Criminalidade Informático-Digital (Contributo Para a Fundamentação de um Modelo Dinâmico-Reversivo de Ciência Forense Digital em sede de Investigação da Cyber-Criminalidade Informático-Digital e à Luz do Novíssimo Regime da Lei do Cibercrime Portuguesa), 1. edição. Rei dos Livros, 2011.

SARMENTO E CASTRO, Catarina. A protecção dos dados pessoais dos trabalhadores. *Questões Laborais*, n. 19, Coimbra Editora, 2002, p. 27-60.

SOUSA, Duarte Abrunhosa. Impacts of social networks in the employment environment from the traditional subjects to the particular case of employment non-compete clauses. *Labour law and the gig economy challenges posed by the digitalisation of labour processes*, Ed. Jo Carby-Hall, Lourdes Mella Méndez, Routledge, 2020, p. 125-138

Acórdãos

a) Acórdão do Acórdão do Tribunal Central Administrativo Sul de 23.10.2014, Proc. N. 01693/06. Disponível em: <http://www.dgsi.pt/jtca.nsf/-/595B4CF2E881B6BF80257D7E00547E3A>.

b) Tribunal da Relação de Coimbra de 06.02.2015, Proc. n. 359/13.0TTFIG-A.C1. Disponível em: <http://www.dgsi.pt/jtrc.nsf/c3fb530030ea1c61802568d9005cd5bb/fe545bb508b68e6980257dee004bf0bd?OpenDocument>.

c) Acórdão do Tribunal da Relação de Coimbra de 16.12.2015, Proc. n. 3501/14.0T8VIS.C1. Disponível em: <http://www.dgsi.pt/jtrc.nsf/8fe0e606d8f56b22802576c0005637dc/01e4dd27a1b732fa80257f300058db89?OpenDocument>.

d) Acórdão do Tribunal da Relação de Évora de 26.10.2017, Proc. n. 1184/15.9T8BJA.E1. Disponível em: <http://www.dgsi.pt/jtre.nsf/134973db04f39bf2802579bf005f080b/881f07454d30d38a802581d20032e6c7?OpenDocument>.

e) Acórdão do Tribunal da Relação de Évora de 28.03.2019, Proc. n. 747/18.5T8PTM.E1. Disponível em: <http://www.dgsi.pt/jtre.nsf/134973db04f39bf2802579bf005f080b/55801c7296f02f54802583d90052c54c?OpenDocument&Highlight=0,whatsapp>.

f) Acórdão do Tribunal da Relação de Évora de 06.04.2020, Proc. N. 2034/19.2T8PTM.E1. Disponível em: <http://www.dgsi.pt/jtre.nsf/134973db04f39bf2802579bf005f080b/5fae4ab6e3821e2080258592002cd56e?OpenDocument>.

g) Acórdão do Tribunal da Relação de Guimarães, de 11.06.2015, Proc. N. 15/11.3TTVRL.G1. Disponível em: <http://www.dgsi.pt/jtrg.nsf/86c25a698e4e7cb7802579ec004d3832/602f7d06304fc8bc80257eb20036e5fe?OpenDocument>.

h) Acórdão do Tribunal da Relação de Guimarães de 03.03.2016, Proc. N. 20/14.7T8VRL.G1. Disponível em: <https://jurisprudencia.csm.org.pt/ecli/ECLI:PT:TRG:2016:20.14.7T8VRL.G1.1A/>.

i) Acórdão do Tribunal da Relação de Lisboa, de 05.08.2002, Proc. n. 0010134. Disponível em: <http://www.dgsi.pt/Jtrl.nsf/33182fc732316039802565fa00497eec/21f99198104c6dd780256be2005351ed?OpenDocument>.

j) Acórdão do Tribunal da Relação de Lisboa de 07.03.2012, Proc. n. 24163/09.0T2SNT.L1-4. Disponível em: <http://www.dgsi.pt/jtrl1.nsf/0/109499c90995e66d802579bf0050cfa4?OpenDocument>.

k) Acórdão do Tribunal da Relação de Lisboa de 22.05.2013, Proc. n. 2567/12.1TTLSB.L1-4. Disponível em: <http://www.dgsi.pt/jtrl.nsf/33182fc732316039802565fa00497eec/4953f8333ff1142180257bb100470d48?OpenDocument>.

l) Acórdão do Tribunal da Relação de Lisboa, de 09/24/2014, Processo 431/13.6TTFUN.L1-4. Disponível em: <http://www.dgsi.pt/jtrl.nsf/33182fc732316039802565fa00497eec/ecca98e591fa824780257d66004b4283?OpenDocument>.

m) Acórdão do Tribunal da Relação de Lisboa de 11.09.2019, Proc. n. 449/17.0T8AGH.L1-4. Disponível em: <http://www.dgsi.pt/jtrl.nsf/33182fc732316039802565fa00497eec/e648308bed03240b8025847b0037b062?OpenDocument>.

n) Acórdão do Tribunal da Relação do Porto de 22.04.2013, Proc. N. 73/12.3TTVNF.P1. Disponível em: <http://www.dgsi.pt/jtrp.nsf/d1d5ce625d24df5380257583004ee7d7/5ce6ac2d39e5c7c080257b6300301ec5?OpenDocument>

o) Acórdão do Tribunal da Relação do Porto, de 09/08/2014, Proc. N. 101/13.5TTMTS.P1. Disponível em: <http://www.dgsi.pt/jtrp.nsf/56a6e7121657f91e80257cda00381fdf/917c9c56c1c2c9ae80257d5500543c59?OpenDocument>.

p) Acórdão do Tribunal da Relação do Porto, de 17.12.2014, Proc. n. 231/14.6TTVNG.P1. Disponível em: <http://www.dgsi.pt/jtrp.nsf/56a6e7121657f91e80257cda00381fdf/d8b30e6de8712dd580257dc700551703?OpenDocument>.

q) Acórdão do Tribunal da Relação do Porto de 18.10.2021, Proc n. 12827/20.2T8PRT. P1. Disponível em: <http://www.dgsi.pt/jtrp.nsf/56a6e7121657f91e80257cda00381fdf/388440c57d58a7818025879c00505f63?OpenDocument>.

r) Acórdão do Supremo Tribunal de Justiça de 05.07.2007, Proc. n. 07S043. Disponível em: <http://www.dgsi.pt/jstj.nsf/954f0ce6ad9dd8b980256b5f003fa814/54d3c9f0041a33d58025735900331cc3>.

s) Acórdão do Supremo Tribunal de Justiça de 22.05.2007, Proc. n. 07S054. Disponível em: <http://www.dgsi.pt/jstj.nsf/954f0ce6ad9dd8b980256b5f003fa814/1771be8dfd54aa72802572e40034640f?OpenDocument>.

t) Acórdão do STJ de 21.03.2012, Proc. n. 161/09.3TTVLG.P1.S1. Disponível em: <http://www.dgsi.pt/jstj.nsf/954f0ce6ad9dd8b980256b5f003fa814/cf994124238f5920802579cd003881d2?OpenDocument>.

u) Acórdão do Supremo Tribunal de Justiça de 13.11.2013, Proc. n. 73/12.3TTVNF.P1.S1. Disponível em: <http://www.dgsi.pt/jstj.nsf/954f0ce6ad9dd8b980256b5f003fa814/e32eab3444364cb980257c2300331c47?OpenDocument>.

v) Acórdão do STJ de 07.04.2018, Proc. n. 235/16.4T8VLG.P1.S1. Disponível em: <http://www.dgsi.pt/jstj.nsf/-/37558A947FD44CA4802582C00056E325>.

Deliberações — Comissão Nacional de Proteção de Dados

1. Deliberação n. 629/2010 – Princípios aplicáveis ao tratamento de dados de gravação de chamadas. Disponível em: <https://www.cnpd.pt/media/q01alptr/del629_2010.pdf>.

2. Deliberação n. 1638/2013 – Aplicável aos tratamentos de dados pessoais decorrentes do controlo da utilização para fins privados das tecnologias de informação e comunicação no contexto laboral. Disponível em: <https://www.cnpd.pt/media/kuqbxfdv/delib_controlo_tics.pdf>.

3. Deliberação n. 7680/2014 – Aplicável aos tratamentos de dados pessoais decorrentes da utilização de tecnologias de geolocalização no contexto laboral. Disponível em: <https://www.cnpd.pt/media/zvxmdfad/del_7680-2014_geo_laboral.pdf>.

4. Orientação de 17.04.2020 – Orientações sobre o controlo à distância em regime de teletrabalho. Disponível em: <https://www.cnpd.pt/media/zkhkxlpx/orientacoes_controlo_a_distancia_em_regime_de_teletrabalho.pdf>.

Ferramentas para a Otimização da Análise dos Dados Obtidos com as Provas Judiciais

Ana Paula Silva Campos Miskulin[1]

Danielle Bertachini[2]

Crisnamurti Vale[3]

Gustavo Nunes e Castro[4]

Introdução

No ano em que a Justiça do Trabalho completou 80 anos, o Tribunal Regional do Trabalho da 12ª Região, de forma pioneira, criou o Núcleo de Provas Digitais, órgão de apoio à efetividade da prestação jurisdicional, vinculado à Secretaria de Execução do referido Tribunal.

---

(1) Juíza do Trabalho do TRT da 15ª Região. Mestre em Direito do Trabalho pela USP. Especialista em Direito e Processo do Trabalho pela UFG. É pesquisadora do Núcleo de Pesquisa e Extensão: o trabalho além do Direito do Trabalho da USP. Professora. Autora do livro Aplicativos e Direito do Trabalho: a era dos dados controlados por algoritmos. Coordenadora de obras sobre Direito Processual do Trabalho e Tecnologia. Fez parte da primeira turma do curso de Formação de Formadores promovido pela ENAMAT, em abril de 2021, sobre Provas Digitais, tendo após atuado como tutora do respectivo curso na Enamat e ministrado outros cursos e palestras, também sobre o mesmo tema.

(2) Juíza do Trabalho desde 2000, tendo iniciado no TRT15. Em 2010 foi removida ao TRT12, estando atualmente lotada na 7ª VT de Florianópolis. Concluiu o curso de especialização em Direito Econômico do Trabalho pela Unicamp/CESIT e o Master em Direito Social do Trabalho na França, em Lyon (Université Lumière 2), entre 2004 e 2006. Fez parte da primeira turma do curso de Formação de Formadores promovido pela ENAMAT, em abril de 2021, sobre Provas Digitais, tendo após atuado como tutora do respectivo curso na Enamat e ministrado outros cursos e palestras, também sobre o mesmo tema.

(3) Analista judiciário/Tecnologia da Informação no TRT 12ª Região. Bacharel em Ciência da Computação e Especialista em Banco de Dados.

(4) Atua como chefe do Núcleo de Provas Digitais — NPD no TRT da 12ª Região. Bacharel em Engenharia de Produção Civil e especialista em Engenharia de Produção. Acadêmico em Direito.

A iniciativa foi idealizada pela juíza Danielle Bertachini, juíza substituta no mesmo Regional, após sua participação no curso de formação de formadores realizado pela ENAMAT (Escola Nacional de Formação e Aperfeiçoamento dos Magistrados do Trabalho), tendo em vista a necessidade de se ampliar a utilização de ferramentas digitais que possam auxiliar o magistrado na otimização da tramitação dos processos, tendo em vista os princípios da duração razoável do processo e da segurança jurídica.

Durante o período pandêmico, a utilização de tecnologias digitais de comunicação e informação ganharam relevo e o Poder Judiciário adotou ações inovadoras para evitar que a prestação jurisdicional fosse interrompida.

Além de audiências telepresenciais e do balcão virtual, intensificou-se a utilização de *links* para juntada de documentos em nuvem, de aplicativos de teleconferência e da comunicação por *e-mail*, a qual inclusive passou a ser a forma prioritária de citação em detrimento das demais, conforme a Lei n. 14.195/2021, que, recentemente, alterou o Código de Processo Civil.

Nesse contexto, os órgãos do Poder Judiciário Trabalhista não poderiam ficar inertes, sendo certo que, paulatinamente, estão implementando medidas para regulamentar a juntada de provas digitais nos processos eletrônicos, revestindo-as dos requisitos de validade necessários para a sua validade.

Exemplo disso, foi a Portaria PRE-SGJUD N. 20/ 2020 do TRT da 10ª Região, que regulamentou a disponibilização de arquivos de áudio/vídeo em processos que tramitam no PJe daquele regional e determina que a parte interessada em juntar referidos documentos deve disponibilizar o arquivo respectivo na nuvem, informando tanto o *link* quanto um código de *hash*, para que a prova se torne imutável.

Neste artigo, pretendemos apresentar as ferramentas criadas pelo TRT da 12ª Região para a obtenção e tratamento de provas digitais, o que se revela como uma iniciativa vanguardista, de uma Justiça que busca atuar em conformidade com as necessidades atuais, ainda que para o Direito seja sempre um desafio acompanhar o desenvolvimento da tecnologia.

Assim, no primeiro tópico, abordaremos como ocorreu a ideia de criação do referido núcleo e acolhimento da proposta pelo Tribunal Regional da 12ª Região.

Em seguida, apresentaremos, no item dois, a regulamentação inicial do Núcleo de Provas Digitais e suas atribuições.

No item 3, citaremos duas ferramentas que já foram criadas pelo Núcleo de Provas Digitais do TRT da 12ª Região, explicando seu funcionamento e utilidade.

Ressalta-se que esse artigo não tem por objetivo apontar todas as possibilidades de produção de prova trazidas — ou permitidas — pelos meios digitais, e sim de apresentar, de forma ilustrativa, duas ferramentas já criadas para a facilitação da leitura e análise de dados obtidos por esse meio, as quais têm sido de extrema utilidade para os magistrados do TRT12, uma vez que as ferramentas ainda estão restritas ao referido regional por razões de licenças e homologações ainda em trâmite.

Esperamos que as ferramentas sejam incorporadas aos demais tribunais do trabalho e todos criem um Núcleo de Provas Digitais como órgão de apoio à prestação jurisdicional.

1. Surgimento do Núcleo de Provas Digitais do TRT da 12ª Região

Em 2020, iniciou-se uma ação institucional chamada de Programa Provas Digitais(5), voltada à capacitação de magistrados e servidores da Justiça do Trabalho, com vistas à maior celeridade e também à busca da verdade dos fatos alegados.

No início de 2021, a Escola Nacional de Formação e Aperfeiçoamento de Magistrados do Trabalho (ENAMAT) realizou o primeiro curso de formação de formadores em "Produção e Análise de Provas Digitais", tendo em vista a necessidade de repensar o modelo atual de produção de provas diante da velocidade com que as inovações tecnológicas avançam na sociedade, trazendo consigo uma nítida mudança de hábito das pessoas que passaram a utilizar com muito mais intensidade das facilidades desse mundo hiperconectado. Com isso, além da geração de uma quantidade imensa de dados digitais, alguns tantos são coletados e compartilhados nesse novo mundo dominado pelo *marketing* digital e capitalismo de vigilância(6).

---

(5) De acordo com o Conselho Superior da Justiça do Trabalho, "o Programa Provas Digitais é uma ação institucional de formação e especialização de magistrados e de servidores da Justiça do Trabalho na produção de provas por meios digitais, dando maior celeridade à tramitação processual, além de contribuir para a busca da verdade dos fatos".

(6) A expressão Capitalismo de Vigilância foi cunhada pela autora Shoshana Zuboff, professora aposentada de administração e negócios da Harvard Business School, para descrever um novo tipo de capitalismo que se vale do homem enquanto experimento para fins de monetizar e maximizar lucros a partir da coleta de dados e alertar sobre os perigos decorrentes dessa prática que está a moldar o futuro digital, segundo a autora.

Seja por meio de fontes abertas, assim entendidas as informações disponíveis e públicas, seja por meio de fontes fechadas, que são aquelas de acesso restrito e não estão disponíveis publicamente, o contexto da sociedade da informação permite que técnicas de mineração de dados diversos sejam utilizadas para esclarecer fatos controvertidos no processo, possuindo maior confiabilidade e precisão que uma prova testemunhal, por exemplo. Isso, em razão dos vieses inerentes e naturais a esse meio de prova, muitas vezes carregada de emoções, de preconceitos, de sugestões inconscientes ou até mesmo de induções conscientes.

No entanto, fato é que nem todos os operadores do direito têm familiaridade com a informática e que o manuseio de suas ferramentas requer a utilização de equipamentos adequados, obtenção de licenças para uso de *softwares* e, é claro, uma equipe capacitada para esse fim.

Nesse contexto, foi apresentada ao TRT da 12ª Região/SC uma proposta de criação de um Núcleo de Provas Digitais, com o objetivo de auxiliar os magistrados, sobretudo diante dessa nova realidade processual, e isso depois de dois de seus magistrados terem participado do curso de formação de formadores promovido pela Escola Nacional de Formação e Aperfeiçoamento de Magistrados do Trabalho (ENAMAT) em abril de 2020 e ministrado pelo promotor de Justiça da Bahia, doutor Fabrício Patury.

Uma das justificativas para a criação do referido núcleo especializado foi o fato de terem sido apresentadas aos magistrados participantes inúmeras ferramentas que podem auxiliar na busca e análise de dados e informações digitais obtidos no curso do processo, voltados à efetiva prestação da jurisdição, tanto na fase de conhecimento quanto na de execução.

Outra justificativa para a criação do referido núcleo foi a questão da legitimidade para o uso de referidos dados, sejam aqueles obtidos por requerimento das partes interessadas, sejam os requisitados pelo próprio magistrado, com base na previsão expressa na Lei do Marco Civil da Internet (Lei n. 12.965/2014) e na da Lei Geral de Proteção de Dados (Lei n. 13.709/2018), frisando que ambas se referem à autorização de tratamento de bases legais e de dados sensíveis, inclusive em processo **judicial**, administrativo ou arbitral, dando respaldo à previsão especial já existente e prevista no art. 765 da CLT.

Não é demais ressaltar que a quantidade de trabalho demandado dos magistrados faz com que nem sempre eles disponham de uma estrutura organizacional suficiente, seja física, em termos de aparelhamento, seja de pessoal, para que se dediquem à análise detalhada dos dados digitais apresentados no contexto probatório. Além disso, muitas vezes, as respostas às solicitações feitas àqueles que detêm as informações provindas de fontes tanto abertas quanto fechadas vêm de forma codificada ou em formatos que requerem um determinado tratamento, uma leitura digital, uma conversão para que seja inteligível e de fácil compreensão, sendo esta, inclusive, um dos requisitos de validade da própria prova digital, qual seja, sua acessibilidade, não apenas ao magistrado, como também aos demais envolvidos e interessados no processo, para a garantia ao devido processo legal — digital — e do amplo contraditório.

Além disso, constou, na justificativa apresentada para a criação do Núcleo de Provas Digitais, que há outras situações controvertidas que podem ensejar a utilização de informações restritas, cujo acesso, muitas vezes, demanda tanto uma assinatura que poderia ser firmada por meio de convênios, quanto ferramentas de leituras desses dados, as quais requerem treinamento específico e familiaridade no manuseio delas.

Por essas razões, seria muito produtivo e eficaz que a coleta e tratamento desses dados digitais ficassem concentrados em um setor específico e especializado, capacitando-se pessoal e unificando ferramentas e informações de forma mais precisa e eficaz, inclusive com a criação de um banco de dados digitais que pudesse ser acessado por todas as unidades da jurisdição.

Assim, em 19 de maio de 2021, foi publicada pelo Tribunal da 12ª Região, a Portaria SEAP n. 83, dispondo sobre o funcionamento do Núcleo de Provas Digitais (NPD) no âmbito do Tribunal Regional do Trabalho da 12ª Região (hoje, Seção de Provas Digitais).

2. Regulamentação do Núcleo de Provas Digitais do TRT da 12ª Região

A Portaria SEAP n. 83, de 19 de maio de 2021, dispõe que o Núcleo de Provas Digitais (NPD), órgão de apoio à efetividade da prestação jurisdicional, é vinculado à Secretaria de Execução do referido Tribunal, competindo a ele, nos termos do art. 3º:

> I – prestar apoio para a produção de provas relacionadas às partes e pessoas envolvidas em processos judiciais, por meio da obtenção e tratamento de provas digitais (registros em sistemas de dados das empresas, ferramentas de geoprocessamento, dados de redes sociais, rastreamento por celular, mensagens em aplicativos, biometria, e outras);

> II – consultar e organizar as provas digitais de fonte aberta e de fonte restrita, estas obtidas por ordem judicial ou por compartilhamento pelo detentor dos dados interessado na produção da prova;
>
> III – propor convênios e parcerias entre instituições públicas, como fonte de informação de dados cadastrais ou cooperação técnica, que facilitem e auxiliem a realização dos trabalhos;
>
> IV – encaminhar às instituições responsáveis as ordens judiciais de fornecimento de provas digitais de fontes restritas;
>
> V – produzir relatórios circunstanciados dos resultados obtidos com ações de pesquisa e tratamento de dados;
>
> VI – formar bancos de dados das atividades desempenhadas e seus resultados;
>
> VII – praticar todos os atos procedimentais necessários ao regular andamento dos processos;
>
> VIII – exercer outras atividades inerentes à sua finalidade.

Em relação ao setor de Tecnologia de Informação, a portaria ainda dispõe, em seu art. 7º, que:

> A Secretaria de Tecnologia da Informação e Comunicação prestará suporte tecnológico ao núcleo, inclusive quanto ao uso de ferramentas eletrônicas para extração e análise de massas de dados, a implantação e manutenção de soluções voltadas à segurança da informação, o desenvolvimento de ferramenta de tecnologia para automatização de serviços de perícia digital utilizando dados disponíveis nas redes sociais, programas abertos e dados informados por empresas de telefonia e outras.

A fim de possibilitar o desenvolvimento dessas ferramentas, o parágrafo único do art. 7º da portaria preceitua que a SETIC poderá também sugerir o auxílio e ancoramento do projeto ao Laboratório de Inovação, Inteligência e Objetivos de Desenvolvimento Sustentável do Tribunal — LIODS-TRT12.

Desse modo, a Secretaria de Tecnologia da Informação e Comunicação (SETIC) deve prestar suporte tecnológico ao núcleo, inclusive no tocante ao desenvolvimento de ferramentas de tecnologia para automatização de serviços de perícia digital, utilizando dados disponíveis em redes sociais, aplicativos de fonte aberta, dados informados por empresas de telefonia, entre outros.

Nesse compasso, o Núcleo não tardou a funcionar a pleno vapor, movido por demandas dos magistrados que já vinham utilizando as provas digitais, e sobretudo no desenvolvimento de ferramentas sugeridas pelos usuários para otimizar e acelerar a leitura e transcrição de dados de ERB (sigla de Estação de Rádio Base, ou seja, antenas de celular encaminhados pelas empresas de telefonia móvel, e aplicar camadas de filtros para individualizar dados gerais exportados, sobretudo pelo Google/IOS *Takeout*.

A seguir, contextualizaremos essas necessidades e as funcionalidades das ferramentas sugeridas e criadas, cujo acesso, atualmente, ocorre apenas aos membros do TRT da 12ª Região por meio de sua Intranet, havendo um acesso direto vinculado à página da Secretaria de Execução, mas com vários campos de pesquisa já apartados, conforme ilustra a figura abaixo:

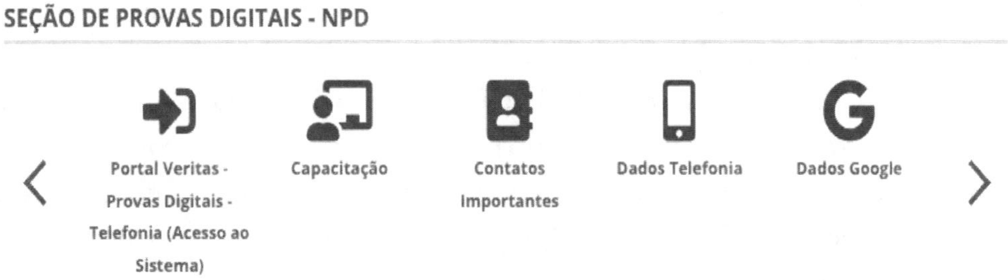

3. Ferramentas criadas pelo Núcleo de Provas Digitais do TRT da 12ª Região

3.1. Ferramenta para leitura de dados de geolocalização fornecidos por operadoras de telefonia móvel (ERB)

A primeira ferramenta criada pelo Núcleo de Provas Digitais foi desenvolvida pelo servidor Crisnamurti Evaristo Silva do Vale, na época chefe da seção de inteligência de dados.

A ferramenta destina-se à otimização da leitura e visualização de dados fornecidos pelas operadoras de telefonia por meio das estações rádio base, conhecidas como ERBs, as quais servem para trazer elementos precisos de geolocalização. Vamos entender melhor.

Segundo a explicação didática extraída do site Passa Palavra (2020) no artigo *Grampos e interceptações telefônicas*,

> [...] o telefone celular tem este nome por causa da sua técnica de comunicação. Para resumir uma explicação bastante complexa, basta dizer que a rede telefônica usada pelos celulares é praticamente a mesma que a dos telefones fixos até chegar naquelas enormes torres de celular, chamadas de *estação rádio base* (ERB). Cada ERB cobre uma área, chamada de *célula* no jargão técnico das telecomunicações: quanto mais ERB houver, maior será a quantidade de células.

De acordo com o referido artigo, quando você tentar ligar para alguém, o pedido é enviado por ondas de rádio, numa sintonia que só vai funcionar para essa ligação, quando então o pedido é captado pela estação ERB da célula onde você está. Por sua vez, essa ERB tenta localizar o número do destinatário, primeiro procurando se ele está na mesma célula que você, quando apenas completa a ligação, ou "a antena" ERB "conversa" (via cabo ou micro-ondas) com a Central de Comutação e Controle (CCC), que tem um banco de dados atualizado a cada segundo, informando em qual célula está cada aparelho da cidade, para então mandar a informação da chamada para a estação da célula de destino, o que acontece em menos de um segundo. E, para que um número de celular seja identificado, utiliza-se o *chip*, ou cartão SIM, o qual serve para duas coisas: identificar o usuário (dados básicos de identificação do aparelho, como informações do assinante, agenda, preferências) e criptografar a ligação, assegurando segurança e privacidade das informações.

Atualmente existem mais de cem mil ERBs espalhadas pelo Brasil (BRANDÃO, 2020)[(7)].

Portanto, esses dados de geolocalização, que podem ser obtidos do mapeamento do uso de antenas de telefonia móvel em todas as suas possibilidades, como ligações (efetuadas ou recebidas, ainda que não completadas), SMS e dados de conexão móvel, podem ser extremamente úteis em inúmeras situações trazidas ao Poder Judiciário Trabalhista, como nas controvérsias envolvendo a frequência na prestação do serviço, na permanência em determinado local após o apontamento do ponto, no deslocamento habitual para instituição bancária com transporte de valores, entre outros.

Ocorre, todavia, que as informações encaminhadas pelas operadoras de telefonia móvel, detentora de tais registros, são apresentadas em arquivos com formatos variados, além de conterem inúmeras informações, as quais podem variar entre as operadoras, a saber: identificador da antena que capta o sinal, o endereço de localização da antena e/ou os dados de latitude e longitude da mesma antena, a data e hora precisa do registro, o raio de alcance do sinal daquela antena, bem assim o azimute, ou seja, o ângulo em que a antena está posicionada na torre em relação ao norte geográfico.

---

(7) É possível consultar a localização das respectivas antenas por meio do site: <https://www.telecocare.com.br/mapaerbs/>.

Assim, ainda que os pedidos por esses registros sejam feitos por amostragem, fato é que a quantidade de informações e a visualização destes dados não são de simples compreensão, pois, muitas vezes, precisamos fazer a conversão desse arquivo em formato legível, por exemplo em tabela Excel, para, então, transportarmos manualmente cada uma das informações citadas para um mapa[(8)], possibilitando a visão macro dos dados de forma geográfica. Ademais, conforme o período de solicitação, na grande maioria das vezes, é muito difícil, senão impossível, a individualização apenas dos dias e horários realmente controvertidos no feito, o que pode implicar questionamentos no tocante à invasão de privacidade.

Por conta dessa problemática, foram levadas sugestões ao NPD, para que fosse desenvolvida uma ferramenta voltada a otimizar a leitura e tratamento desses dados de registro.

Abaixo, descreveremos qual foi a tecnologia utilizada para o desenvolvimento da ferramenta.

O projeto piloto constituiu-se de um ambiente *web*, para o qual os dados encaminhados pelas operadoras de telefonia são transpostos de forma automatizada e onde os magistrados podem visualizar diretamente um mapa geográfico com a localização da parte ou terceiro durante todo o período solicitado.

A ferramenta em questão foi totalmente desenvolvida em Python, uma linguagem de programação de alto nível utilizada nas mais diversas aplicações, como *desktop*, *web*, servidores e ciência de dados, sendo uma das principais linguagens de programação atualmente utilizadas tanto no quesito de ciência de dados quanto em inteligência artificial e, no caso deste projeto em particular, utilizando-se do *framework* Django[(9)].

Para demonstrarmos a utilidade da ferramenta, traremos algumas ilustrações que mostram como os dados são recebidos pela operadora, como a alimentação dos dados é feita de forma manual (sem o uso da ferramenta), como aparece o resultado com esta opção e, depois, como esses mesmos dados são visualizados com o uso da ferramenta criada.

---

(8) Disponível em: <https://servicos.pc.sc.gov.br/antena/?t=e&d>.

(9) "Para entender o que é framework, de forma simples, podemos dizer que é uma espécie de *template* que conta com diversas funcionalidades que podem ser utilizados pelo desenvolvedor em seus projetos." Disponível em: <https://www.hostgator.com.br/blog/frameworks-na-programacao/>.

1. Dados de registros recebidos pela operadora de telefonia móvel

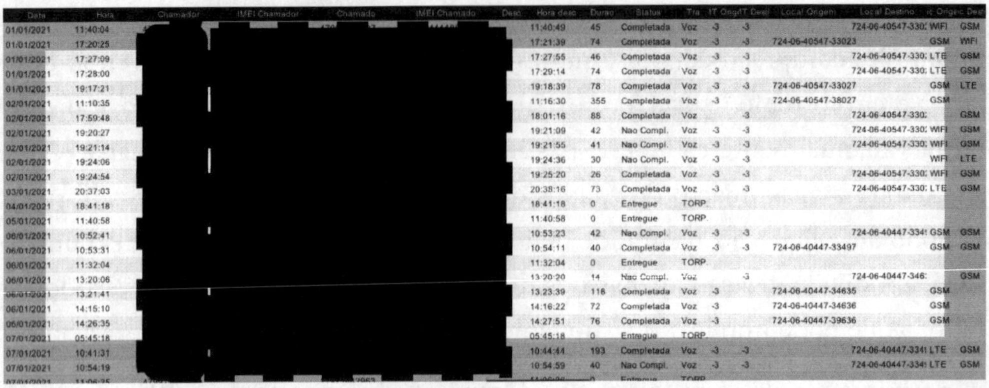

Data	Hora	Chamador	IMEI Chamador	Chamado	IMEI Chamado	Desc	Hora desc	Durac	Status	Tra	IT Orig	IT Dest	Local Origem	Local Destino	tc Orig	tc Dest
01/01/2021	11:40:04						11:40:49	45	Completada	Voz	-3	-3		724-06-40547-330:	WIFI	GSM
01/01/2021	17:20:25						17:21:39	74	Completada	Voz	-3	-3	724-06-40547-33023		GSM	WIFI
01/01/2021	17:27:09						17:27:55	46	Completada	Voz	-3	-3		724-06-40547-330:	LTE	GSM
01/01/2021	17:28:00						17:29:14	74	Completada	Voz	-3	-3		724-06-40547-330:	LTE	GSM
01/01/2021	19:17:21						19:18:39	78	Completada	Voz	-3	-3	724-06-40547-33027		GSM	LTE
02/01/2021	11:10:35						11:16:30	355	Completada	Voz	-3		724-06-40547-38027		GSM	
02/01/2021	17:59:48						18:01:16	88	Completada	Voz		-3		724-06-40547-330:		GSM
02/01/2021	19:20:27						19:21:09	42	Nao Compl.	Voz	-3	-3		724-06-40547-330:	WIFI	GSM
02/01/2021	19:21:14						19:21:55	41	Nao Compl.	Voz	-3	-3		724-06-40547-330:	WIFI	GSM
02/01/2021	19:24:06						19:24:36	30	Nao Compl.	Voz	-3	-3			WIFI	LTE
02/01/2021	19:24:54						19:25:20	26	Completada	Voz	-3	-3		724-06-40547-330:	WIFI	GSM
03/01/2021	20:37:03						20:38:16	73	Completada	Voz	-3	-3		724-06-40547-330:	LTE	GSM
04/01/2021	18:41:18						18:41:18	0	Entregue	TORP.						
05/01/2021	11:40:58						11:40:58	0	Entregue	TORP.						
06/01/2021	10:52:41						10:53:23	42	Nao Compl.	Voz	-3	-3		724-06-40447-334!	GSM	GSM
06/01/2021	10:53:31						10:54:11	40	Completada	Voz	-3	-3	724-06-40447-33497		GSM	GSM
06/01/2021	11:32:04						11:32:04	0	Entregue	TORP.						
06/01/2021	13:20:06						13:20:20	14	Nao Compl.	Voz		-3		724-06-40447-346:		GSM
06/01/2021	13:21:41						13:23:39	116	Completada	Voz	-3		724-06-40447-34635		GSM	
06/01/2021	14:15:10						14:16:22	72	Completada	Voz	-3		724-06-40447-34636		GSM	
06/01/2021	14:26:35						14:27:51	76	Completada	Voz	-3		724-06-40447-39636		GSM	
07/01/2021	05:45:18						05:45:18	0	Entregue	TORP.						
07/01/2021	10:41:31						10:44:44	193	Completada	Voz	-3	-3		724-06-40447-334!	LTE	GSM
07/01/2021	10:54:19						10:54:59	40	Nao Compl.	Voz	-3	-3		724-06-40447-334!	LTE	GSM

2. Carregamento manual dos dados para a visualização no mapa (*link* mencionado):

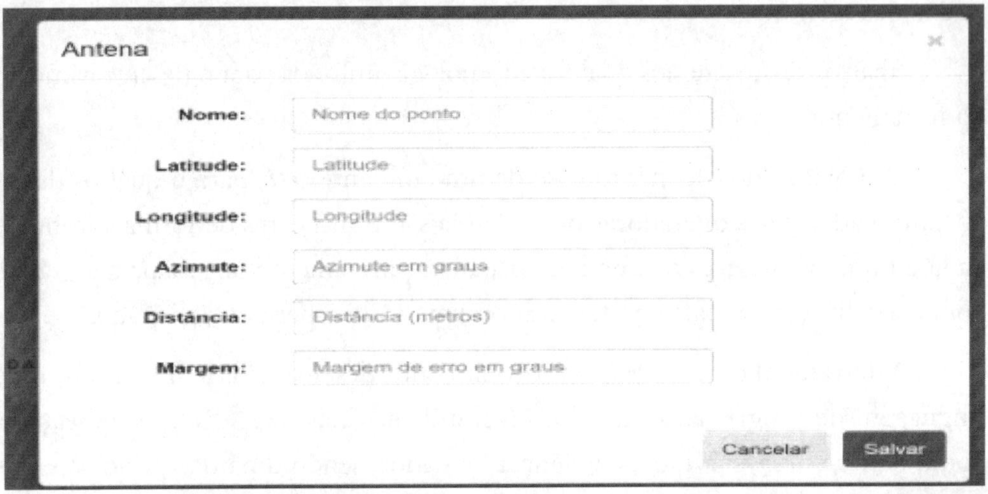

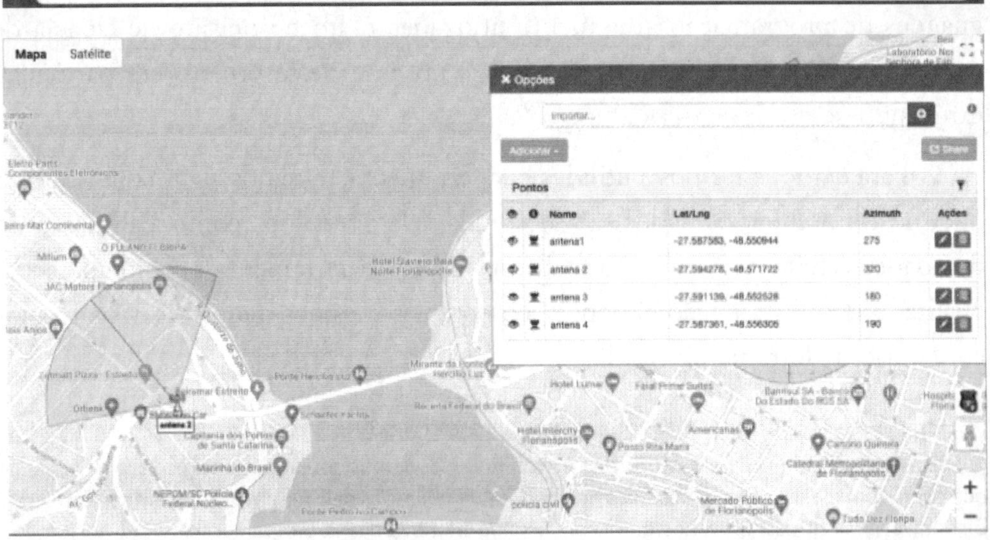

3. Visualização pelo carregamento automático com a ferramenta no mesmo mapa, mas já com o filtro referente aos dias controvertidos cujas informações interessem ao processo:

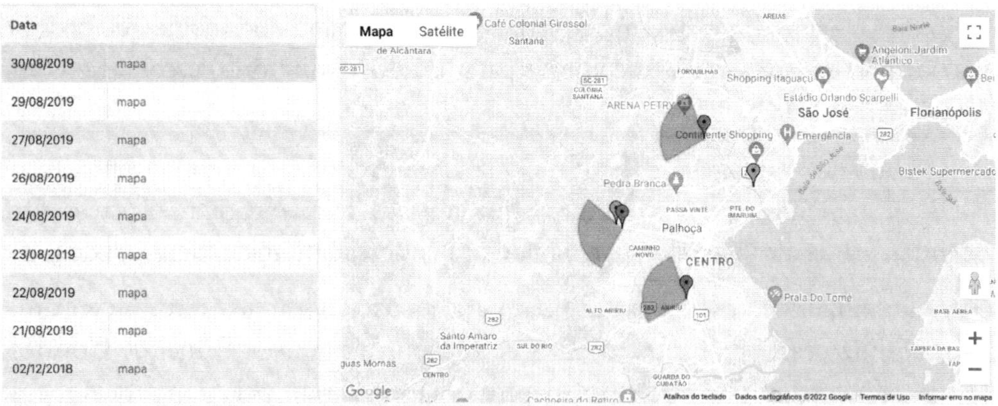

Observemos que, além de a ferramenta otimizar o tempo que seria gasto com o preenchimento de dados de forma manual dentro do mapa para visualização, ela permite uma apresentação mais clara, limpa e padronizada, pois, conforme mencionado, é possível escolher a data desejada e ainda individualizar no mapa períodos determinados, bem como endereços específicos, tais quais a residência da parte ou terceiro e o local do trabalho ou do cliente.

Desse modo, tanto as partes quanto os juízes podem verificar, de forma mais transparente e pontual, exatamente quais foram os dados de geolocalização obtidos no lapso temporal determinado, confrontando-os com as demais provas porventura que existam ou venham a ser produzidas, quando necessário.

Ressaltamos que os dados armazenados pelo TRT12 são todos criptografados e, além disso, todo o conteúdo exibido pela ferramenta permanece em uma área restrita, inacessível pelos robôs de busca de empresas como *Google*, *Yahoo* e *Facebook*.

Isso ocorre em razão da preocupação existente com a segurança dos dados e da necessidade de resguardar a privacidade dos envolvidos, evitando que os dados obtidos mediante provas digitais sejam utilizados para finalidades que destoem do âmbito de atuação do Poder Judiciário, nos termos do art. 23 da Lei Geral de Proteção de Dados.

3.2. Ferramenta para inserir e/ou sobrepor filtros nos arquivos de Takeout (Google)

Outra forma de obtermos dados de geolocalização de um dispositivo é por meio do *Google Takeout*, assim chamada a funcionalidade do Google que possibilita a exportação dos dados escolhidos para um drive (diretório) escolhido ou um *e-mail* selecionado.

Uma das vantagens dessa funcionalidade em relação ao mapeamento de ERB é justamente a precisão, uma vez que, no caso desta, o registro ocorre dentro de uma área de alcance de raio, e não de um endereço ou local identificado.

Porém, há um complicador, pois, para a parte anexar aos autos ou encaminhar ao Juízo esses dados de localização disponíveis em seu Painel de Controle (ou Dashboard), o que ela faz mediante o acesso direto pela conta do Google (clicando na foto ao alto à direita — Gerenciar sua Conta — Dados e Privacidade — Fazer o *download* dos seus dados — *Takeout*), a única opção possível é a escolha do Histórico de Localização, sem ter a opção de especificar um período determinado. Assim, exportam-se TODOS os dados de geolocalização, inclusive aqueles fora do período contratual, o que pode ensejar a violação à privacidade da parte devido à exposição de dados fora do período controvertido.

Sendo assim, ante as sugestões dos magistrados e servidores do TRT da 12ª Região, foi desenvolvida pelo servidor Gustavo Nunes e Castro, técnico judiciário e chefe do Núcleo de Provas Digitais NPD (hoje, Seção de Provas Digitais), uma ferramenta específica que serve exatamente para individualizar, naquele compilado de dados de localização, apenas os períodos controvertidos e relevantes à solução do feito.

Para compreendermos como essa ferramenta funciona, precisamos antes entender melhor como nossos aparelhos de celular ou outros dispositivos móveis (como *tablets*, *palm tops* ou maquinetas) captam nossos dados de localização.

Antes de mais nada, convém lembrar que, em 2020, nove em cada dez brasileiros usaram celular Android[10], de propriedade do Google, e, assim, para a configuração e uso do dispositivo, uma conta Google é requisitada[11].

---

(10) Disponível em: <https://www.techtudo.com.br/noticias/2020/09/9-em-cada-10-brasileiros-usam-celular-android-diz-relatorio-do-google.ghtml>.

(11) Por isso, vamos focar, neste artigo, os dados de localização de aparelhos Android, mas não há impedimento para o uso da mesma ferramenta com base na exportação de dados pelo sistema IOS (iPhone), pelo painel na web, portanto não via aplicativo.

Segundo consta no site do próprio Google, em sua Ajuda da Conta do Google, "ao ativar as configurações de local, é possível usar serviços com base na localização, como para receber melhores resultados da pesquisa local, previsões de deslocamento diário e ver restaurantes próximos baseados na localização do smartphone".

Além disso, mediante as informações extraídas do Google[(12)], existem outras funcionalidades com base no uso da geolocalização, tais como:

- Precisão de local do Google do dispositivo Android (também conhecida como Serviços de localização do Google): para ver uma localização mais precisa no smartphone, aprenda a gerenciar a Precisão de local.
- Serviço de localização de emergência para o dispositivo Android: aprenda a gerenciar o Serviço de localização de emergência do Android.
- Alertas de terremoto do dispositivo Android: para receber atualizações no smartphone sobre terremotos por perto, aprenda a gerenciar alertas de terremoto.
- Usar o local para determinar o fuso horário do dispositivo Android: a fim de receber atualizações de fuso horário com base no local, aprenda a gerenciar a localização para determinar o fuso horário.
- Histórico de localização da Conta do Google: para ver e gerenciar os lugares em que o smartphone esteve, aprenda a ativar o Histórico de localização.
- Compartilhamento de local do Google Maps: para que outras pessoas vejam onde o smartphone está, aprenda a compartilhar sua localização em tempo real pelo Google Maps.
- Localização na pesquisa: para ver mais resultados úteis ao pesquisar no Google, aprenda a gerenciar as permissões de localização de sites e apps.
- Busca por Wi-Fi e Bluetooth: para ajudar os apps a receber informações melhores sobre o local, aprenda a buscar por dispositivos Bluetooth ou de rede.

Dessa maneira, ante as configurações de cada dispositivo, que, em sua maioria, já vêm "de fábrica", os referidos dados coletados de geolocalização podem ser disponibilizados espontaneamente pela parte, sobretudo considerando a aptidão

(12) Disponível em: <https://support.google.com/accounts/answer/3467281?hl=pt-BR>.

para a produção da prova, seja com a petição inicial (art. CPC), seja com a defesa (art. CPC), ou ainda podem ser requeridos pelo magistrado tanto à parte, ao terceiro quanto ao próprio Google, responsável pela guarda desses dados, com base nos arts. 5º, VIII, e 15 da Lei n. 12.965/2014.

3.2.1. Tecnologia utilizada

Trata-se de Painel de Controle (*Dashboard*) construído com a ferramenta Google Data Studio para a visualização e filtragem de dados obtidos por meio do *Google Takeout* mencionado supra.

O painel da ferramenta desenvolvida é composto por mapa (*Google Maps*), gráficos, tabela dinâmica e menus, constituindo um conjunto em que todos os elementos são filtros de dados interativos entre si. Assim, a ferramenta busca atender ao estabelecimento de prova digital por meio da tradução dos dados obtidos e da fácil visualização e manipulação deles, com orientação em conceitos de *Visual Law*.

Para facilitarmos a compreensão, a seguir demonstraremos, com imagens, algumas das funcionalidades dessa ferramenta:

Visualização do painel de forma geral: gráficos dinâmicos de locais de visita (em laranja) e tempo de permanência (em verde), mapa (que interage com os demais filtros de forma dinâmica para visualização), gráfico de somatório de permanência (linha interativa em azul) e tabela dinâmica de locais e horários.

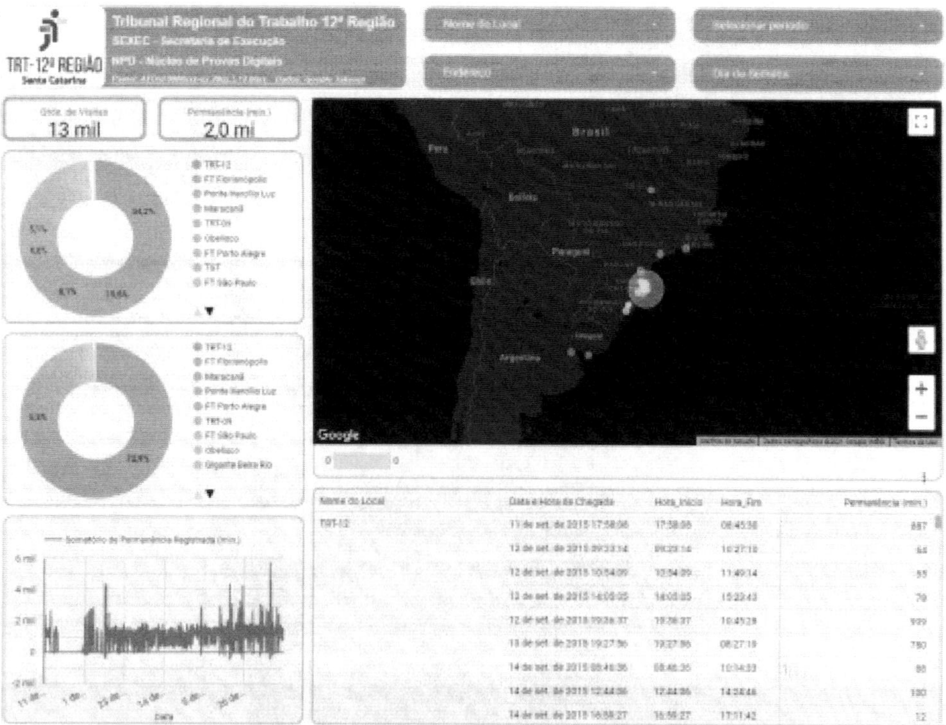

Quando recebidos e tratados os referidos dados, eles são separados em pastas anuais, contendo arquivos de dados mensais no formato *JSON*. Os dados disponibilizados são então unidos e tratados por meio de *script* no *software* para o saneamento das informações referentes às visitas (*placeVisit*) registradas e conversão em arquivo Excel (*xlsx*), em estado bruto.

Depois, os dados são realocados em uma planilha Google específica que realiza toda a conversão de dados geográficos, datas e horários dos eventos e uniformização de locais e endereços, preparando para o acesso pelo *Dashboard* e, uma vez tratados, os dados são disponibilizados em uma aba específica da planilha Google, estando prontos para uso no *Google Data Studio*.

Para a exportação dos dados, é possível que ela seja feita por meio daqueles que já foram filtrados pela ferramenta nos formatos CSV ou Planilhas Google, sendo recomendável esta última para facilitar o uso em outros trabalhos ou para simples conferência. Do mesmo modo, também é possível exportar a visualização selecionada em formato PDF em qualquer filtragem atribuída aos dados, ou seja, se optar pela visualização dos dados de localização em um local específico, apenas a disposição dentro do mapa nesse local — dia, horário, permanência — pode ser exportada.

É relevante destacar que essa ferramenta vem passando por constantes melhorias, sempre no intuito de facilitar a leitura dos dados para a transparência das informações e, mais uma vez, a garantia do amplo contraditório.

Exemplo básico de uso dos filtros disponíveis nessa ferramenta:

• filtrar apenas um local determinado:

• A tabela dinâmica (abaixo do mapa) possui dados estruturados e filtrados. Para exportar, posicione o cursor sobre a tabela dinâmica no canto superior direito, clique nos três pontos verticais "Mais" e selecione "Exportar":

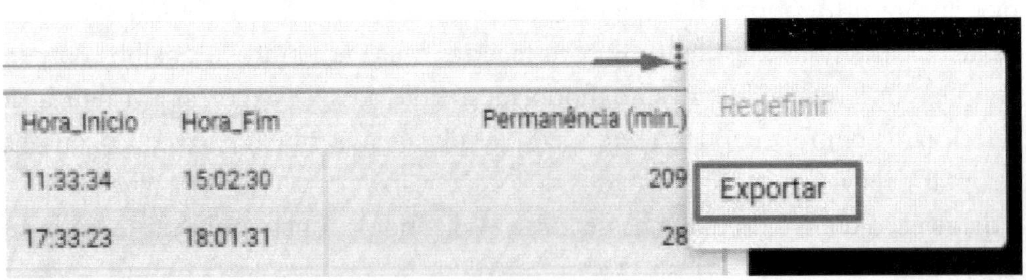

— Escolha o formato de exportação do arquivo para planilhas Google;

Portanto, com o uso das referidas ferramentas e de outras ainda em desenvolvimento, buscamos uma facilitação no uso dos dados e informações obtidos das provas digitais e maior transparência na sua demonstração como fundamento para a formação do convencimento do magistrado, busca da verdade, além da otimização de tempo e da imprescindível preservação de dados privados estranhos aos autos.

Considerações finais

Quando a Justiça do Trabalho foi instalada em 1941, após sua reorganização pelo Decreto n. 1.237/39, em três níveis — Juntas de Conciliação e Julgamento, Conselho Regional do Trabalho e Conselho Nacional do Trabalho —, ela nem sequer fazia parte do Poder Judiciário, o que só ocorreu desde a Constituição de 1946.

De lá pra cá, foram inúmeras as transformações, aí inclusas a criação de 24 Tribunais Regionais do Trabalho, a exclusão dos juízes classistas e a implantação do processo eletrônico.

Agora, passados 80 anos da sua criação, a Justiça do Trabalho é considerada pioneira no desenvolvimento e tramitação processual e está completamente envolvida em iniciativas para a Consolidação do Programa Justiça 4.0, instituído pelo Conselho Nacional de Justiça.

Durante o período pandêmico, centenas de unidades jurisdicionais adotaram o atendimento virtual das partes por meio da ferramenta balcão virtual e realizaram audiências e sessões de julgamento no formato telepresencial, para que a prestação jurisdicional não fosse interrompida em decorrência do distanciamento social obrigatório.

Houve uma mudança de paradigma em relação aos hábitos da sociedade, o que requer um olhar atento dos órgãos judiciais que não podem desprezar as mudanças culturais.

O Programa Provas Digitais foi criado nesse contexto e está alinhado com o propósito do Programa Justiça 4.0, que visa a "impulsionar a transformação digital do Judiciário, para garantir serviços mais rápidos, eficazes e acessíveis".

A criação do Núcleo de Provas Digitais do Tribunal Regional do Trabalho da 12ª Região é uma pequena amostra de como os órgãos do Poder Judiciário podem ser inovadores e criativos, quando o assunto envolver soluções colaborativas que servirão para otimizar o trabalho de magistrados, advogados e servidores.

As ferramentas criadas pelo NPD demonstram tanto a evolução da Justiça do Trabalho durante esses 80 anos quanto, acima de tudo, o comprometimento de seus integrantes no intuito de trabalhar incansavelmente para assegurar a entrega de uma prestação jurisdicional efetiva e justa.

Referências bibliográficas

<https://www.academia.edu/50842523/ACESSO_%C3%80_JUSTI%C3%87A_E_VIRADA_TECNOL%C3%93GICA_NO_SISTEMA_DE_JUSTI%C3%87A_BRASILEIRO_Direito_Processual_e_Tecnologia_Civil_Procedure_and_Technology_amostra_>.

<https://www.academia.edu/40494959/Processo_Civil_vieses_cognitivos_e_tecnologias_alguns_desafios>.

<https://www.youtube.com/watch?v=1DjcDeM2kFE>.

<https://www.academia.edu/36577316/Efetividade_Processo_e_Gestao_Novo_CPC_Leonardo_Wandelli>.

<https://passapalavra.info/2020/01/129580/>.

BRANDÃO, Hemerson. *Brasil atinge marca de 100 mil ERBs*. Disponível em: <https://www.minhaoperadora.com.br/2020/06/brasil-atinge-marca-de-100-mil-erbs.html>. Acesso em: 25 mar. 2022.